中国皇帝全传

辽·金·西夏·元·明·清

丁振宇 著

华中科技大学出版社
http://www.hustp.com
中国·武汉

图书在版编目(CIP)数据

中国皇帝全传／丁振宇著. ——武汉：华中科技大学出版社，2022.5
ISBN 978－7－5680－7351－6

Ⅰ.①中… Ⅱ.①丁… Ⅲ.①皇帝－列传－中国 Ⅳ.①K827＝2

中国版本图书馆 CIP 数据核字(2022)第 053768 号

中国皇帝全传
Zhongguo Huangdi Quanzhuan

丁振宇 著

策划编辑：亢博剑
责任编辑：康　艳　孙　念
装帧设计：今亮後聲·小九
责任校对：刘　竣
责任监印：朱　玢

出版发行：华中科技大学出版社(中国·武汉)　　电话：(027)81321913
　　　　　武汉市东湖新技术开发区华工科技园　　邮编：430223
印　　刷：鑫艺佳利(天津)印刷有限公司
开　　本：710mm×1000mm　1/16
印　　张：115.75
字　　数：2200 千字
版　　次：2022 年 5 月第 1 版第 1 次印刷
定　　价：398.00 元(全四册)

本书若有印装质量问题，请向出版社营销中心调换
全国免费服务热线：400－6679－118　　竭诚为您服务
版权所有　侵权必究

【序】

在历史中寻找人生智慧

著名历史学家托马斯·卡莱尔说:"在我看来,世界的历史,人类在这个世界上已经完成的历史,归根结底是世界上耕耘过的人为的历史,甚至不妨说,他们是创世主。……整个世界历史的灵魂就是这些伟人的历史。"

哲学泰斗黑格尔说:"世界和人类整个历史是由理性统治的,'绝对精神'或'世界理性'是世界万物的本源。……人民就是不知道自己需要什么的那一部分人……他们的行动完全是自发的,物理性的,野蛮的,恐怖的。"

政治学家马基雅维利说:"一个君主如果能够征服并保持那个国家的话,他所采取的手段总是被人们认为是光荣的,并且将受到每一个人的赞扬,因为群氓总是被外表和事务的结果所吸引,而这个世界尽是群氓。"

以上三位是英雄史观的拥趸,所持观点是唯心主义的,他们认为,历史是少数英雄和帝王将相的意志、品质、才能决定的;虽然历史并非个人随心所欲的结果,却是由某种精神、意志决定的,伟大人物是世界精神的代理人。

翻开史书,我们几乎不用思考就能发现这么一个"真理":每个朝代的盛世,都是由帝王带领一批文武大臣缔造的;每当历史来到了紧要关头,明君贤臣良将便从天而降,受命于危难之际,挽狂澜于既倒,扶大厦于将倾。

这些帝王胸怀天下、雄才伟略、文武兼备、超群绝伦，带领众人建立新朝：普天之下，莫非王土；率土之滨，莫非王臣。他们通过建立封建专制制度，化国家为自己家，"手握生杀大权""天下之事无大小皆决于上"。

他们是众生的"主宰"，天威不可犯，表面看是历史的创造者，事实果真如此吗？

伟大的思想家马克思、恩格斯提出了新观点，他们指出："历史活动是群众的活动，随着历史活动的深入，必将使群众队伍扩大……人民自己创造了历史。"唯物主义者认为，人民群众是物质生产活动的主体，是社会历史的创造者。

孰是孰非，答案不言而喻。人类的实践历史证明了唯心主义观点是错误的，验证了历史是由人民创造的这个颠扑不破的真理。

英雄、帝王，的确是万人敬仰的伟大人物，他们也的确在历史进程中脱颖而出，并带领众人建立了不朽功勋。但是，那也是因为他们感受到了时代的情绪、时代的脉络、时代的欲望、时代的压迫感、时代的困扰，这种敏感让他与时代合二为一，与时代的脚步同步，相互配合，最终取得成功，而绝不是他们独自完成了历史进程的使命。人们不过是将功劳记在了英雄、帝王身上，他们集众誉于一身，以至于造成"历史是由帝王、英雄所创造"的假象。

巴黎公社的实践、十月革命的一声炮响、中国革命的胜利，都证明了人民才是历史的创造者，人民才是真正的英雄。习近平总书记说，人民是历史的创造者，是真正的英雄。波澜壮阔的中华民族发展史是中国人民书写的！博大精深的中华文明是中国人民创造的！历久弥新的中华民族精神是中国人民培育的！中华民族迎来了从站起来、富起来到强起来的伟大飞跃，这是中国人民奋斗出来的！

那么，英雄、帝王在历史发展进程中究竟发挥了什么作用？

中华民族是伟大的民族，拥有5000多年源远流长的文明历史，是世界唯一幸存至今的古文明国家。在这5000多年的历史长河中，

2000多年的封建社会不可忽视，数百位帝王更是难以绕过去。

自公元前221年，秦始皇正式建立秦朝，开启了我国封建社会历史进程，到公元1912年清政府灭亡，封建社会走到了尽头，退出了历史舞台。在这2000多年里，中国封建社会几乎遵循治乱周期率，历经数十个朝代、数百位帝王。这些帝王对我国历史发展进程产生了非常重要的影响。

积极正面的帝王发挥的作用是多方面的，他们是历史任务的倡导者和发起者，还是重大历史事件的组织者与参与者，更是历史发展进程的促进者和影响者。

比如中国第一个统一帝国的创建者、中国第一个封建帝王秦始皇。秦始皇雄才伟略，顺应历史潮流，横扫六国，终结了数百年群雄割据的局面，为中国历史跨入封建社会阶段做出了开天辟地的大贡献。他首创皇帝专制政体，颁布书同文、车同轨等政策，使中国进入了中央集权的帝制时代；他派兵北扫匈奴、修长城，南下百越，开灵渠，为民族融合统一做出了巨大贡献，后来长城成为中华民族的象征之一，成为中华民族精神的重要标志；他统一文字，为中华民族共同体提供了坚实的文化基础；他废分封，立郡县，开创了中国统一行政管理模式，为后代所沿用、发展。

比如汉武帝。他采取推恩令，解决了封建诸侯尾大不掉的问题，稳固了中央集权；他一改战略防守为战略反击，对匈奴宣战，奏响了"明犯强汉者，虽远必诛"的最强音；他罢黜百家，独尊儒术，强化封建思想统治，为后代封建统治者所推崇，使儒家思想成为2000多年来中国传统文化的正统和主流思想。

比如"开皇之治"的创造者杨坚。他结束了东汉灭亡后长达300多年的战乱，使各民族再次统一；他通过系列改革，休养生息，使国力增强，国民渐富，为隋唐辉煌打下了坚实的基础；他改革官制，确立中央五省六部制、地方州县二级行政体系，修订开皇律，开创科举制度，为后面封建王朝的行政制度奠定了基础。

比如"贞观之治"的开创者李世民。他文韬武略，南征北战，以"亡隋为戒"，任贤纳谏，"九瀛大定"，为大唐盛世打下了坚实的基础；面对强敌突厥，他励精图治，恩威并施，实行开明的民族政策，形成"四方来贺，八方来朝"的局面，使唐朝走向世界；他"偃武修文"，致力于经济建设，虚怀纳谏、不拘一格选贤任能，开创了我国封建史上又一个辉煌盛世。

比如被西方称为"全人类的帝王"的成吉思汗。他性格坚毅、富有韬略，锻造了一支令全世界闻风丧胆的军队，冲锋陷阵，无往不利，书写了冷兵器时代骑兵战争的巅峰传奇；他统一蒙古，灭辽、灭金等，为中华民族的融合发展做出了巨大的贡献；他的后代继承其遗志，统一中原，开创了我国封建史上少数民族政权建立大一统王朝的先河；他的后代子孙几次西征，影响了中亚、欧洲的历史发展进程。毫无疑问，他是中国历史上最具世界影响力的帝王。

比如布衣皇帝朱元璋。他出身寒门，却在乱世中杀出重围，最终剪灭元朝及地方割据势力，重新建立了大一统王朝；他以强力手段废丞相制度，加强中央集权，创设大量的典章制度，不仅为大明三百年基业打下基础，还影响了清朝行政体系的建设；他稳定政治局势，出台系列改革措施，发展经济，铸成"洪武之治"；他铁腕反腐，确保明初较长时间政治清明，官吏廉洁、百姓安居乐业。他是一位武定祸乱、文致太平的伟大帝王。

托尔斯泰在《安娜·卡列尼娜》一书中写道："幸福的家庭都是相似的，不幸的家庭各有各的不幸。"这句话放到帝王身上似乎也适用。成功的帝王都有共同的特点，但失败的帝王却"千奇百怪"。

比如晋武帝。别的帝王后宫佳丽三千，他的后宫美妇则在万人以上。为了公平，他经常坐着羊车到后宫游幸，羊车停在哪儿，他便宠幸哪位妃子。

比如东晋孝武帝司马曜。他曾重用贤人谢安，力挫前秦苻坚率领的80万大军，但他又纵情声色犬马不能自拔，最终被自己最宠爱的妃子用被子捂死。

比如北齐文宣帝高洋。他也曾励精图治，使北齐成为强国，但他纵欲酗酒，当众奸污大臣妻女，并亲自肢解尸体，残暴虐杀，杀人如麻，俨然暴君典型。

比如梁武帝萧衍。他在位40多年，曾宵衣旰食治国理政，建立了"文物之盛，独美于兹"的"天监之治"，但他沉迷佛法，纵容邪恶，致使奸臣当道，国力衰微，最终成为"南朝四百八十寺，多少楼台烟雨中"的素材。

比如唐明皇李隆基。他开创了"开元盛世"，执政后期却沉迷享乐，最终导致了"安史之乱"，使大唐帝国由盛转衰。

比如乾隆皇帝弘历。他在位前期政治清明，但后期奢靡无度，任人唯亲，大兴文字狱，导致吏治败坏，农民起义频发。

比如唐僖宗李儇与宋徽宗赵佶，身为皇帝，却不理政务，喜欢打马球、玩蹴鞠，甚至拿国家大事开玩笑，以球艺好坏来任命重要官员，结果导致政亡人息。

比如汉灵帝刘宏、南朝宋少帝刘义府、南朝齐废帝萧宝卷，明明是天潢贵胄，锦衣玉食，不愁吃穿，却在宫廷中"列肆"，自己穿上商贩衣服，做起买卖来。

比如北齐后主高纬，明明身份高贵，却喜欢当乞丐，下令在豪华的宫廷内开辟场地、兴建农舍，他自己则穿着破衣服，装扮成乞丐，沿街乞讨。

……

著名历史教授许倬云曾说："历史是人文学科里，与人最有关联的部分——文学、艺术和音乐，激发促进内心的感受，而历史是认识自己，加强对自我的认知。人，必须知道过去，才能知道今天，才能知道未来。所以，史学应该为一般人提供'知道自己'的基础知识。"

历史发展虽然有规律可循，但绝不是宿命论。本来是国泰民安，却因昏君主政、奸臣当道，造成国内危机重重，甚至改朝换代；本来国运不济，大厦将倾，但有英主当政，任人唯贤，最终化险为夷，国富民强。要知道历史必然性是寓于历史偶然性之中的，历史发展有顺利时期，也有曲折时期，但它们都是由历史偶然事件促成的。明白了这个大道理，对历史人物，尤其是对历代君主正反两方面的作用，就会有自己的评判和思考。

在撰写本书的过程中，作者查阅大量史料、典籍，精挑细选，汇集了我国封建社会时期几十个朝代的数百位帝王，上迄封建王朝的开创者秦始皇，下至末代皇帝溥仪，按朝代的先后顺序进行编排，主次分明，详略得当，既全面讲述了在历史上有较大影响的帝王，也简述了在位时间短的帝王，突出一个"全"字。

本书通俗易懂、正本清源，可以使读者对中国封建社会各个历史时期的治乱兴衰一目了然，从而了解中国封建社会各个历史时期的基本概况，这对于普及历史知识，并从中汲取可以借鉴的经验教训，是非常有益的。本书还是一套颇有价值的工具书，可对各个朝代、各个时期的帝王在位时的功过，以及历史各个阶段的政治、经济、文化发展状况进行检索查询。

读者如果能通过这部书获得对中国历代帝王比较清楚而客观的认识，作者的心愿便算达成了。因作者水平有限，书中难免有谬误之处，敬请读者不吝批评、指教。

辽　朝

　　太祖耶律阿保机　/ 1319
　　太宗耶律德光　/ 1327
　　世宗耶律阮　/ 1332
　　穆宗耶律璟　/ 1335
　　景宗耶律贤　/ 1340
　　圣宗耶律隆绪　/ 1344
　　兴宗耶律宗真　/ 1350
　　道宗耶律洪基　/ 1354
　　天祚帝耶律延禧　/ 1360

辽朝·北辽

　　宣宗耶律淳　/ 1365
　　神宗耶律雅里　/ 1368

辽朝·西辽

　　德宗耶律大石　/ 1371

仁宗耶律夷列 / 1374

末帝耶律直鲁古 / 1376

金 朝

太祖完颜阿骨打 / 1378

太宗完颜晟 / 1383

熙宗完颜亶 / 1387

海陵王完颜亮 / 1391

世宗完颜雍 / 1396

章宗完颜璟 / 1400

卫绍王完颜永济 / 1405

宣宗完颜珣 / 1408

哀宗完颜守绪 / 1412

西 夏

景宗李元昊 / 1416

毅宗李谅祚 / 1422

惠宗李秉常 / 1426

崇宗李乾顺 / 1429

仁宗李仁孝 / 1433

桓宗李纯祐 / 1437

襄宗李安全 / 1439

神宗李遵顼 / 1442

献宗李德旺 / 1446

末帝李睍 / 1448

元　朝

　　太祖铁木真　/ 1451
　　太宗窝阔台　/ 1461
　　定宗贵由　/ 1469
　　宪宗蒙哥　/ 1473
　　世祖忽必烈　/ 1481
　　成宗铁穆耳　/ 1494
　　武宗海山　/ 1500
　　仁宗爱育黎拔力八达　/ 1504
　　英宗硕德八剌　/ 1509
　　泰定帝也孙铁木耳　/ 1513
　　天顺帝阿速吉八　/ 1517
　　明宗和世琜　/ 1519
　　文宗图帖睦尔　/ 1522
　　宁宗懿璘质班　/ 1526
　　顺帝妥懽帖睦尔　/ 1528
　　昭宗爱猷识理达腊　/ 1535
　　天完帝脱古思帖木儿　/ 1541

明　朝

　　太祖朱元璋　/ 1544
　　惠帝朱允炆　/ 1555
　　成祖朱棣　/ 1559
　　仁宗朱高炽　/ 1577
　　宣宗朱瞻基　/ 1584

英宗朱祁镇 / 1591

代宗朱祁钰 / 1602

宪宗朱见深 / 1607

孝宗朱祐樘 / 1611

武宗朱厚照 / 1615

世宗朱厚熜 / 1623

穆宗朱载垕 / 1632

神宗朱翊钧 / 1639

光宗朱常洛 / 1653

熹宗朱由校 / 1658

思宗朱由检 / 1663

清　朝

太祖努尔哈赤 / 1673

太宗皇太极 / 1680

世祖福临 / 1684

圣祖玄烨 / 1689

世宗胤禛 / 1697

高宗弘历 / 1702

仁宗颙琰 / 1710

宣宗旻宁 / 1714

文宗奕詝 / 1718

穆宗载淳 / 1722

德宗载湉 / 1726

宣统帝溥仪 / 1731

辽朝

太祖耶律阿保机

耶律阿保机档案

生卒年	872—926 年	在位时间	907—926 年
父亲	耶律撒剌	谥号	大圣大明神烈天皇帝
母亲	宣简皇后萧氏	庙号	太祖
后妃	述律平	曾用年号	神册、天赞、天显

耶律阿保机，复姓耶律，名亿，乳名啜里只，契丹迭剌部人，耶律撒剌长子，辽朝的开国君主。

耶律阿保机于后梁开平元年被契丹八部推举为可汗，后在龙化州金铃岗称帝，建立了以契丹族为主的大辽政权。后梁贞明二年，群臣及诸属国上尊号曰大圣大明神烈天皇帝，建元神册。

天赞五年（926 年），耶律阿保机驾崩，终年 55 岁，谥号大圣大明神烈天皇帝，庙号太祖，葬于祖陵。

少年英武　威震四方

耶律阿保机的祖父耶律匀德实是一个很了不起的人物，掌握着契丹联盟的兵马大权，率领手下南征北战，屡战屡胜。同时，他也非常关注联盟内部的发展，使部落联盟变得更加强大。当时联盟中有一个名叫耶律狼德的贵族，觊觎耶律匀德实的权力和地位，于是采取卑鄙手段杀了耶律匀德实，然后夺取了部落领袖的位置。耶律匀德实的妻子萧月里朵为免遭到耶律狼德的毒手，带着4个儿子和几个年幼的孙子到突吕不部贵族塔雅克家中躲避。耶律阿保机从小聪明伶俐，深受祖母喜爱。萧月里朵担心他会受到伤害，便特别将他藏在一个偏僻的小帐篷里。

耶律狼德的行为激起了很大的民愤，老夷离堇①蒲古只联合其他部落贵族，设计杀死了耶律狼德，并推举耶律匀德实次子耶律岩木担任部落夷离堇。耶律岩木退任后，先后由耶律阿保机之父耶律撒剌、耶律撒剌从兄耶律偶思、耶律撒剌三哥耶律释鲁继任夷离堇。

耶律阿保机渐渐长大成人，体格雄壮，勇武非常，据说他"身长九尺，丰上锐下，目光射人，关弓三百斤"，而且胸怀大志，多次参与攻打相邻部落的战斗，锻炼出了过人的胆识和谋略。当时，契丹内部也在不断地变化和革新，耶律释鲁创建了一支名为"挞马"的侍卫部队。耶律阿保机奉命率领这支部队东征西战，不断地扩大契丹的疆域，并抢掠了大量牲畜、财物和奴隶，名声大振，人称"阿主沙里"。

因为不满足于夷离堇的地位，耶律释鲁特意为自己创立了一个新官职，名为于越（总知军国事），掌握联盟的军事和行政大权，使作为部落首领的可汗变得有名无实。耶律释鲁做了于越后，夷离堇由其从弟耶律罨（yǎn）古只接任，由于越指挥。耶律释鲁独断专行的举动，很快引起了其他贵族的不满。蒲古只的三族子孙耶律辖底、贵族萧台哂及耶律释鲁之子耶律滑哥联合发动叛乱，杀死了耶律释鲁。契丹贵族见耶律释鲁被杀，深感不安，契丹痕德堇可汗派耶律阿保机率挞马军平息了叛乱。之后，贵族赫底里被推举为于越，耶律阿保机则担任迭剌部夷离董。

唐天复元年,耶律阿保机率领挞马军攻打室韦、乌古②等各部落,虏获大量的财物和奴隶。次年七月,他又率数十万大军进攻代北地区,攻下九郡,俘获人口九万五千,牛马羊数不胜数。天复三年春,他向北讨伐女真部落,收获颇丰。九月,他率部南下进攻怀远军,攻占蓟北,随后被提升为于越,掌握了部落联盟大权。

唐天祐元年,耶律阿保机再次率兵攻打黑车子室韦③,取得了重大胜利,从此名震中原。此时的唐朝,藩镇割据,内战频仍。次年,河东节度使李克用想趁乱夺取中原,于是派人到契丹请求结盟。耶律阿保机也正想扩张自己的势力,双方一拍即合,联合攻打幽州,并大获全胜。不久,梁王朱温也遣使到契丹请求结盟,耶律阿保机当即同意。

在与中原几个藩镇交好的过程中,耶律阿保机逐渐意识到农业的重要性,于是大力发展农业、畜牧业、手工业等,使契丹的经济迅速发展起来。

契丹痕德堇可汗去世后,在契丹大多数贵族的拥护下,耶律阿保机于次年成为新一任契丹可汗。

登基称帝　建立国家

根据传统,可汗一般是3年改选一次。为了让自己成为终身可汗,耶律阿保机采取了一系列措施。首先调整各部落的地位,消除贵贱之分,使各部落处于平等的地位,由此提高自己的声望,巩固自己的地位。其次,任命耶律迭栗底为夷离堇,协助自己掌管军事大权;又任命耶律辖底担任于越,让他不至于反对自己;还设立了一个新的官职——惕隐,由族弟耶律撒剌担任,主要负责处理各贵族内部事务;最后,组建一支强有力的近卫军,用来维护自己的统治地位。

在地位得到巩固后,耶律阿保机根据形势的变化,制定了一套远交近攻的外交政策。此时,河南藩王朱温废掉唐哀帝李柷,建立后梁。耶律阿保机闻讯,立即派人带着礼物到后梁拜访,主动要求册封。后来,李存勖称帝，耶律阿保机依然和他保持着良好的关系。

卢龙节度使刘仁恭自唐乾宁二年割据幽州以后，多次派兵攻打契丹，抢掠财物，契丹人对他恨之入骨。后来，刘守光篡权夺位，拘禁父亲刘仁恭，建立了大燕。李存勖率兵讨伐，刘守光不敌，派人向契丹求救，遭到耶律阿保机拒绝。耶律阿保机还趁机率兵攻打契丹的后方黑车子室韦，征服其八部；又命惕隐耶律撒剌带兵攻打乌丸等部。之后，他亲自统领大军，征服东西各族，使自己的势力向东扩展到渤海，向南扩展到今北京密云，向西扩展到松漠，向北扩展到潢水之地。

耶律阿保机继位第五年，契丹政权内部发生动乱，他的弟弟耶律剌葛、耶律迭剌、耶律寅底石、耶律安端及其养子涅里思，于越耶律辖底、惕隐耶律滑哥等人联合起来，密谋夺权。耶律安端的妻子听到风声后，急忙告知耶律阿保机。耶律阿保机大吃一惊，立即派人带着近卫军平定了叛乱，并以宽大的胸怀原谅了这些叛乱者。

后梁乾化二年，耶律阿保机率领大军出征西南，命夷离堇耶律剌葛领兵攻打平州。耶律剌葛攻打平州后，回到契丹本部，见耶律阿保机还没有回来，便再次煽动于越耶律辖底、惕隐耶律滑哥等多人发动叛乱。耶律阿保机闻讯率兵南移，找了个地方安顿下来。之后，他召集各部落首领，举行大汗即位仪式，以巩固自己的地位，并再次原谅了叛乱者。然而，他的一再忍让并没有感动耶律剌葛等人。耶律剌葛联合契丹乙室部贵族，来到北部乙室堇淀，谋求独立。耶律阿保机得到消息后，指挥已经归顺契丹的室韦、吐谷浑部出兵阻拦耶律剌葛，他自己则率领契丹精锐对耶律剌葛发起猛烈进攻。

这时，耶律剌葛的手下耶律寅底石也率领一支队伍攻打耶律阿保机的行宫，耶律阿保机的妻子述律平率人顽强抵抗，但因寡不敌众，辎重、神帐全部被焚毁，象征权力的旗鼓和先祖的牌位也被抢走，幸好援军及时赶到，最终追回了旗鼓。之后，耶律剌葛在耶律阿保机的前后夹击下，丢下抢来的牌位，狼狈而逃。耶律阿保机下令部队进行休整，接着趁耶律剌葛的部众思念家乡、情绪低落之际，发起突袭将其擒获。

为了进一步巩固自己的地位，耶律阿保机召集各部落贵族，再次举办了更为隆重的即位仪式，对部落内的各职务进行调整，同时严厉惩罚了叛乱者，其养子涅里思被乱箭射死，贵族雅里、弥里被活埋，解理等被绞杀，乙室部的迪里古等被追杀。对于叛乱首领耶律剌葛、耶律迭剌，耶律阿保机则采取宽容的方式，杖刑后释放；胁从者耶律寅底石、耶律安端因有悔改之意，便不予追究；惕隐耶律滑哥由部落首长会议决定，被凌迟处死，家产分给将士。

解除了本部落的威胁后，契丹内部仍有7个部落反对阿保机，这些部落联合起来，以恢复旧制为名强迫他退位。耶律阿保机无奈之下，只好交出大权，率领一部分汉人来到汉城。汉城不仅盐、铁丰富，经济也很发达。耶律阿保机与妻子述律平商议，派人转告各部落首领说："我把盐、铁供应给了大家，希望大家也有所回报。"众人不知是计，便带着大量物资到汉城慰问。耶律阿保机趁众人喝醉之时，命伏兵将所有人杀死，夺回了自己的位子。

神册元年（916年），耶律阿保机接受属下建议，自称"大圣大明神烈皇帝"，其妻述律平称"应天大明皇后"，国号为契丹，立长子耶律倍为皇太子。耶律阿保机设立中央机构各部门的官职，任命曷鲁为阿庐朵里于越，协助皇帝管理国政；任命汉族士人韩延徽为政事令，参与谋划所有军政大事；任命韩知古总知汉儿司事④，负责管理汉族人民事宜。另外，他还制定了一套新的礼仪制度，明确了各官员的品秩次序。

神册三年（918年），耶律阿保机采纳韩延徽的建议，将都城设在黄河沿岸的契丹故地，并派汉人礼部尚书康默记负责律造皇宫。次年（919年）八月，阿保机又亲自祭拜孔庙，皇后、皇太子、众大臣依次行礼，表示对汉族文化的尊重和崇拜。

此前契丹没有自己的文字，耶律阿保机的三弟耶律迭剌便利用回鹘文字创制契丹文字，但数量极少，称为契丹小字。神册五年（920年），耶律阿保机又派耶律突吕不、耶律鲁不古协同汉人，仿照汉字创造了几千个契丹文字，称为契丹大字。

契丹因为以前没有文字，所以也没有固定的法律，这对一个国家来说是不行的。耶律阿保机上任之初就设置了管理监狱的法官。神册六年（921年），他又让大臣制定了一部完整的法律，即"决狱法"，并要求各族制定属于本族的族法，汉人则依据唐律。

耶律阿保机还以迭次部、乙室部设置北院和南院，各院设宰相1名，为最高行政长官。神册三年，萧达鲁任北院宰相，南院宰相则由皇室贵族担任。耶律阿保机还扩大近卫军人数，设立"宫卫骑军"，各地区由贵族统率的州县部队镇守。

戎马一生　因病逝世

耶律阿保机野心勃勃，并不满足于仅统治北部荒芜的草原地区，中原的富庶和繁盛的汉族文化对他有强大的吸引力。

神册元年八月，耶律阿保机亲率30万大军，号称百万，攻占朔州，俘获振武军节度使李嗣本；又向大同防御使李存璋索要大量财物，遭到拒绝后，他便以此为借口，进攻云州。由于李存璋顽强抵抗，加上李存勖率兵前来支援，耶律阿保机一时难以取胜，只得下令撤离。同年十一月，他再次出兵南下，很快拿下新州、武州、蔚州、妫州、儒州等地，并改武州为归化州、妫州为可汗州。

神册二年（917年）二月，新州裨将卢文进杀死主将李存矩（李存勖之弟），带领军队及当地百姓北上投奔耶律阿保机。三月，耶律阿保机和卢文进率兵攻打新州，新州守将安金全仓皇逃跑。卢文进占领新州，又乘胜追击，进攻幽州。守将周德威奋起抵抗，多次击败敌人进攻。八月，李存勖派李嗣源带兵支援，打败了契丹军队。耶律阿保机派弟弟耶律安端攻打云州等地，牵制敌军，他自己则统兵北上，消灭北部的乌古、党项等部落。

神册五年十月，耶律阿保机征服了北部各部落，掉头南下，攻打晋天德军，俘获天德军节度使宋瑶，并将当地百姓迁走。随后，他兵分两路，从居庸关、古北口分别南下，进攻檀、顺以南直到遂城、望都。李存勖亲率大军迎敌，耶律阿保机败退。神册七年（922年）二月，耶律阿保机改元天赞，继续发兵征讨。

由于党项、奚族先后反叛，耶律阿保机决定放缓对南部用兵，将重点放在西部，去征服党项、土谷浑、阻卜[⑤]等部落。

天赞三年（924年）六月，耶律阿保机命令太子耶律倍留守京都，次子耶律德光随行出征，以大将曷剌为先锋，很快拿下了素昆那山东部，八月到达乌孤山，直逼古单于国。稍做休整后，耶律阿保机于十月过流沙，占领浮图城，征服浮图各部后凯旋。此前，耶律阿保机命耶律德光率军攻打党项，之后向南征服小蕃诸部。这次大规模征讨降伏了西部各部落，扩大了契丹的统治疆域。

天赞四年（925年）十二月，经过短暂的休整，耶律阿保机再次出兵东征渤海，皇后、皇太子、次子全部随行。这年年底，契丹大军包围了扶余。次年（926年）正月初三，扶余城破，守将被杀。渤海国王派兵阻击契丹军，结果被惕隐耶律安端、萧阿古只打败。正月十四，渤海国王率领文武大臣几百人向契丹投降。

天赞五年（926年）二月，耶律阿保机祭拜天地，改元天显，同时改渤海为东丹，改忽汗城为天福城；册封皇太子耶律倍为东丹王，又称"人皇王"，称制决事，建元甘露，特赐天子旌旗；任命以耶律迭剌为首的左、右、太、次四相，辅助耶律倍治国。渤海旧臣也分别录用。周边部落看到这种情况，纷纷归降。

三月，耶律阿保机从渤海凯旋，途经扶余时突发疾病，医治无效而驾崩。

注释：

①夷离堇：官名，突厥语 Irkin 的音译，意为"智慧"。契丹族首领臣服于突厥时，被称为"夷离堇"，汉译为"大王"。夷离堇作为契丹各部军事首领，掌握本部兵马大权，拥有极大权力。

②乌古：中国古代北方部落名。又称乌古里、于厥、于厥里、于骨里等。辽代始见于史书记载，为人数众多的部落集团，分布于今克鲁伦河下游、呼伦湖、哈拉哈河及根河、海拉尔河等地。

③黑车子室韦：中国古代北方部落名。以拥有大量黑车而得名。唐代始见于史载。分布于今呼伦湖东南至兴安岭一带。自9世纪末逐渐南徙至内蒙古锡林郭勒盟一带，后臣服辽朝，为辽朝五十九属国之一，并建黑车子室韦国王府。

④总知汉儿司事：官名。辽朝置。设于太祖时，以韩知古总知汉儿司事，统领汉人事务。置汉人枢密院后，废。

⑤阻卜：辽金对鞑靼的称呼，其名仅见于《辽史》，汉意为沙碛、沙滩，是契丹人对蒙古草原各部族的通称。大多居住在今蒙古国境内，今贝加尔湖以南部分地区亦为其故壤。主要从事游牧，辅以狩猎。

太宗耶律德光

耶律德光档案

生卒年	902—947 年	在位时间	926—947 年
父亲	辽太祖耶律阿保机	谥号	孝武惠文皇帝
母亲	述律平	庙号	太宗
后妃	萧氏等	曾用年号	天显、会同、大同

耶律德光，字德谨，契丹名耶律尧骨，辽太祖耶律阿保机次子，辽朝第二位皇帝。

天显元年（926 年），辽太祖耶律阿保机驾崩，耶律德光在母亲述律平的帮助下登基称帝，沿用天显年号。大同元年（947 年），耶律德光将国号改为"大辽"。

同年四月二十二日，耶律德光在河北栾城杀胡林驾崩，终年 46 岁，谥号孝武惠文皇帝，庙号太宗，葬于凤山怀陵。

受母宠爱　越位承嗣

辽太祖耶律阿保机共有 4 个儿子，其中 3 个为皇后述律平所生：长子耶律倍自幼聪明好学，胸怀宽广，不喜武术，酷爱读书，精通文章诗赋、音律绘画，多才多艺，而且还懂医术，先被立为皇太子，后又封东丹王，称"人皇王"；次子耶律德光身材魁梧，精于骑射，长期随父征战沙场，立下了赫赫战功，并经常参与国家政事的决策，年纪轻轻便被封为天下兵马大元帅；三子耶律李胡年幼，无功业。

耶律倍、耶律德光和父亲一样，都很崇拜中原文化，尤其是耶律倍，他被立为皇太子后，参与国家大事的决断，言行颇有汉族风格。耶律德光除了精于汉学，写得一手好汉字，还精于骑射，在战场上屡立奇功，在契丹军队中享有很高的声望。而他们的母亲述律平却固守传统思想，很看不惯甚至有些讨厌皇太子耶律倍，更喜欢次子耶律德光。耶律德光也非常孝顺，在述律平生病的时候日夜在其身边服侍，从不违抗母亲的话。

天显元年，耶律阿保机染病驾崩，许多觊觎皇权的贵族都蠢蠢欲动。这时，皇后述律平挺身而出，很快稳住了局面。她先在军帐中设下埋伏，召众臣议事，然后下令将那些觊觎皇权者全部杀死，为先帝殉葬者多达百人。这一行动既震慑了人心，也使很多人不服。有人问她："你让别人去陪葬先帝，为什么自己不去？"述律平不慌不忙地回答说："诸子幼弱，国家无主，无法前往。"说完，她突然拔出刀，朝自己的手腕砍下去，顿时鲜血四溅。随后，她面不改色，放下刀，拾起被砍掉的那只手，递给身边的侍从说："既然我身子无法前往，就用这只手去陪先帝吧。"在场的人都被这一幕惊呆了，半晌说不出话来。自此，再也没有人敢说什么。述律平也因为这一勇敢的举动，被称为"断腕皇后"。

回到京都后，述律平再次召集众臣商议继位人选。贵族大臣、南院夷离堇耶律迭里认为应立皇长子耶律倍为帝，得到了很多人的支持。这显然不符合述律平的心意，她一心想立次子耶律德光为帝，但她也知道在这种情况下让次子强行继位是行不通的，势必引起众臣的反对和抵制，所以，她决定先清除障碍。

述律平不愧为断腕皇后，她首先拿耶律迭里开刀，将他投入大牢，以谋反罪处死；又到处抓捕所谓的余党，凡支持耶律倍为帝者一个不留，全部杀死，使百十人受到牵连。这样一来，朝中人人自危，再也不敢提让耶律倍继位之事。

耶律倍看到这种情况，知道再坚持下去说不定下一个被杀的就是自己,于是对众臣说:"吾弟德光德高望重、文武兼备,由他来继位是众望所归。"既然耶律倍表态愿意放弃帝位,事情也就到此结束了。

天显二年(927年)十一月十五日,耶律德光登基称帝,祭拜太祖庙,行柴册礼①,接受群臣庆贺,上尊号"嗣圣皇帝",尊述律平为应天皇太后,册封妃子萧氏为皇后。

为了报答述律平的断腕之恩,耶律德光特别建了"断腕楼",刻碑纪念,定述律平的生日为永宁节,在述律平的出生地仪坤州树立"太后诞圣碑"。与此同时,耶律德光对耶律倍并不放心,除了派人对他进行监视,还设法削弱东丹国的实力。耶律倍心中甚感不平,于是带领侍臣40多人投奔后唐,后被李从珂派人杀死。

伺机而动　图谋中原

耶律德光称帝后,继承耶律阿保机的遗志,继续采取对外扩张的政策。此时,契丹西、北、东三方的部落邻邦均已臣服,唯有南面中原地区的后唐政权,国力强盛,兵多将广,士兵们都穿着黑衣,俗称"鸦军",战斗力很强。而契丹的军队是亦民亦兵,没有受过专业的军事训练,所以一时半会奈何不了后唐,只能慢慢地寻找机会。

天显三年(928年),后唐义武军节度使王都反叛,后唐朝廷派兵镇压,王都自知不敌,急忙向契丹求助。耶律德光派大将秃里铁剌前去支援,结果全军覆没,秃里铁剌也战死。耶律德光闻讯大怒,打算举全国之力兴兵讨伐后唐。这时,后唐派人过来修好,耶律德光考虑到自己刚刚继位,很多事情急需处理,遂放弃出兵,只要求后唐放回被俘的人员。

天显八年(933年),后唐内部生乱,耶律倍看准时机,派人给耶律德光送信,让他尽快发兵。耶律德光十分兴奋,亲自统兵南下。正当他在前线取得节节胜利的时候,后方却传来不幸的消息,太皇太后萧氏因病逝世,又有北院宰相涅里衮叛变。耶律德光只得留少量兵力继续攻打新州,自己则率领大部分兵力撤回契丹。

天显十一年(936年),后唐河东节度使石敬瑭起兵反叛,后唐朝廷派重兵征讨。石敬瑭以向契丹称臣并割让卢龙一带及雁门关以北诸州为条件，向契丹求援。耶律德光闻讯大喜，立即派兵支援，先解了石敬瑭的太原之围，后又亲率大军帮助石敬瑭消灭后唐，改后唐为后晋，立石敬瑭为"大帝"。此战契丹收获很大，除了每年可以得到石敬瑭进献的30万匹帛，还得到了幽云十六州，破除了进攻中原的最后一道屏障，耶律德光的野心也更大了，想要统治整个天下。

壮志难酬　遗憾离世

在消灭后唐，扶持石敬瑭登上帝位后，耶律德光班师回朝，开始整顿内政，休养生息，养精蓄锐，为再次南侵做准备。

天显十三年（938年）十一月，石敬瑭派人给契丹送来第一份大礼——幽云十六州的户籍和地图。耶律德光非常高兴，又一次举行柴册礼，大赦天下，改元会同，同时建立：上京临潢府、中京大定府、东京辽阳府、南京析津府、西京大同府。为了更好地统治国家，耶律德光独创了一套完善的"以国治契丹，以汉制待汉人"的特殊制度。他还设立了两套统治机构，分南面官和北面官。北面官负责管理契丹和其他游牧民族，南面官负责管理幽云十六州等地区的汉民。耶律德光很重视汉族人才，官职的名称也继续沿用汉制；将贵族的私城改为国家的州县，派官吏统一管理，改善奴隶的待遇；又将于谐里河[②]、胪朐河[③]一带的土地改成农田，引导百姓耕种。在他的治理下，契丹的政治、文化、经济都得到了飞速的发展，从一个奴隶制国家转变为封建制国家。

会同五年（942年）六月，石敬瑭去世，其子石重贵继位后，对契丹的态度发生了很大变化，坚决不愿向契丹称臣，只愿称孙。耶律德光十分气恼，亲率大军前去讨伐，于大同元年正月攻陷后晋都城汴梁，消灭了后晋。进入开封以后，耶律德光为了证明自己已经是全国的皇帝，特意举行了隆重的登基仪式，完全以汉族的礼仪接受胡族贵族、汉族官僚的朝贺，并将大契丹国改为大辽。

这以后，耶律德光自认为天下已定，有些得意忘形，做出了很多有悖民意、激化社会矛盾的事情。他纵容契丹人以牧马之名四处抢掠，自筹给养，美其名曰为"打草谷"，使汴京方圆数百里变成白地。他还以犒军为由，下令在中原各州强征大量财物，准备运回北方。因为猜忌汉族官员，他将朝中的重要职位都安排给自己的亲信。

耶律德光的行为很快引起后晋官员和百姓的强烈不满，敌对情绪越来越严重。尤其是中原地区的百姓，联合聚集在山林中的后晋起义军，攻打州县衙门，杀死大辽官员。耶律德光任命赵晖为陕州留后，但赵晖杀了来使，发动起义。恰在这时，后晋河东节度使刘知远称帝，建立后汉，各地的后晋官员纷纷投奔而去。耶律德光见自己在中原已无立足之地，只得撤回老家。

大同元年（947年）四月，耶律德光以天气炎热，回上京探望太后为由，带兵离开汴京。临走时，他针对自己的失败总结出了三个教训：第一，让契丹士兵打草谷，危害百姓；第二，搜刮各地百姓钱财；第三，没有尽早遣返节度使治理各镇。

四月十三日，耶律德光行至临城时身染重病，病情迅速恶化，并于四月二十二日行至栾城杀胡林时驾崩。

远在上京的太后述律平得知耶律德光驾崩的消息，悲痛异常，下令生要见人，死要见尸。时值盛夏，天气炎热，耶律德光的尸首很快腐烂，无法运到上京。大臣们担心"断腕皇后"怪罪，只得将耶律德光的尸体做成"帝耙（bā）"，即干尸，这也使耶律德光成为中国历史上唯一一个木乃伊皇帝。

注释：

①柴册礼：古时礼仪。积薪为坛，皇帝受群臣所上玉册，然后燔柴祀天，谓之柴册。

②于谐里河：位于内蒙古新巴尔虎左旗政府所在地阿穆古郎镇西南约37公里。该河流连接呼伦湖和贝尔湖，北流汇入呼伦湖，其河口在呼伦湖东岸的吉布胡郎图苏木西面。

③胪朐河：即源出蒙古国肯特山，东流注入中国呼伦湖的克鲁伦河。

世宗耶律阮

耶律阮档案

生卒年	917—951 年	在位时间	947—951 年
父亲	东丹王耶律倍	谥号	孝和庄宪皇帝
母亲	萧氏	庙号	世宗
后妃	甄皇后等	曾用年号	天禄

耶律阮，东丹王耶律倍长子，辽太宗耶律德光之侄，辽朝第三位皇帝。

在父亲耶律倍被后唐末帝李从珂派人杀死后，耶律阮回到辽国，被封为永康王。辽太宗耶律德光攻打后晋时，耶律阮趁机发兵夺取南京。辽太宗耶律德光去世后，耶律阮被拥立为帝，由此与在上京的述律平和耶律李胡发生内讧。述律平战败，经大臣耶律屋质的劝说，同意让耶律阮继任辽国皇帝。

耶律阮性格沉稳，做事果断干练，在位期间大力推行中原汉制，严厉打击契丹内部的守旧势力，对于辽朝的进一步封建化起到了非常重要的作用。他在位时间并不长，但政绩显著。

天禄五年（951 年），耶律阮被泰宁王耶律察割杀死，终年 35 岁，谥号孝和庄宪皇帝，庙号世宗，葬于显陵。

北返途中　登基称帝

耶律阮和叔叔耶律德光一样,长得高大伟岸,又精于骑射,为人宽厚,乐善好施,在契丹朝廷中有很高的声望。

会同九年(946年),耶律德光率兵南侵,耶律阮随行,立下了汗马功劳。契丹灭亡后晋以后,大赦天下,重赏百官,耶律阮被封为永康王,又跟随耶律德光返回上京。不料耶律德光在归途中身染重病,不久驾崩。当时统领契丹兵马的南院大王耶律吼和北院大王耶律洼,认为耶律德光的长子寿安王耶律璟、胞弟耶律李胡以及皇太后述律平都远在京城,无法传达消息,但军中不可一日无帅,国家不可一日无主,于是找到耶律阮说明了他们的意思。

耶律阮自然是求之不得,但他又害怕太后怪罪,一时左右为难。谋士进言道:"二位大王既然推举你,就不要再犹豫,你若能称帝,乃众望所归,此事不可拖延。如果等太后知道,必定立耶律李胡为帝。耶律李胡为人残暴是众所周知的事情,他若登基称帝,江山社稷危矣。"耶律吼点头道:"此言极是!"于是召集全军,当即宣布立耶律阮为帝,并号令全军说:"永康王是'人皇王'的长子,称帝是理所当然,有胆敢不从者,杀无赦!"众人无不从命。耶律阮遂于耶律德光灵前继位,接受众将叩拜。

果然,耶律阮继位的消息传到上京后,皇太后述律平怒不可遏,立即派耶律李胡、耶律天德统兵南下夺取皇位。耶律阮闻讯,急忙带兵进驻南京,派皇族五院夷离堇耶律安端、详稳①耶律刘哥率兵迎战耶律李胡,耶律李胡大败而归。随后,述律平又亲率大军前来,双方在潢河之横渡对峙,后在耶律屋质的劝说下达成了横渡之约,述律平和耶律李胡被迫承认耶律阮继承皇位。

大同元年(947年)七月,耶律阮率领大军回到上京,耶律李胡不甘心就此失去皇帝的宝座,于是纠结了一股势力,准备发动政变。耶律阮得知消息后抢先动手,以"谋废立"之罪将耶律李胡抓了起来,连同述律平一起押往祖州囚禁,并处死了参与政变的所有贵族。

同年九月,耶律阮按照契丹传统的方式举行隆重的登基仪式,自称天授皇帝,改元天禄,尊母亲萧氏为太后,追谥耶律倍为"让国皇帝"。

成也政变　败也政变

耶律阮和父亲耶律倍一样,很倾慕汉族文化,所以他刚继位便迫不及待地推行汉制,在政治上重用汉族士人,在军事上则重用后晋降将,这也引起契丹贵族官员的担忧和不满。

天禄二年（948年）正月,萧翰和耶律天德、耶律刘哥、耶律盆都等相互勾结,阴谋发动政变。耶律阮听到风声后,马上派人将他们抓起来严刑拷问,最后,耶律天德被杀,耶律刘哥被流放,耶律盆都被罚出使黠戛斯国,萧翰则被施以杖刑后释放。天禄三年（949年）,萧翰联络耶律阿不里[②]、耶律安端,再次发动政变。耶律阮气得暴跳如雷,下令将萧翰处死、耶律阿不里关进大牢,贬耶律安端统领部族军。不久,耶律阿不里死于狱中。

天禄五年（951年）九月,耶律阮再次率兵南下。大军行至归化州祥古山时,耶律阮和萧太后一起祭拜了耶律倍,又设宴与群臣畅饮,直至大醉。耶律察割趁机联合伟王之子耶律呕里僧再次发动叛乱。当天晚上,他们率兵闯入耶律阮和萧太后帐中,将二人杀死。

注释：

①详稳：辽国官名。又译相温、详温、襄昆、桑昆、想昆等。为汉语"将军"的契丹语转译。

②耶律阿不里（？—949年）：契丹皇族,东丹王耶律倍之女,辽世宗耶律阮的亲妹妹。

穆宗耶律璟

耶律璟档案

生卒年	931—969年	在位时间	951—969年
父亲	辽太宗耶律德光	谥号	孝安敬正皇帝
母亲	萧氏	庙号	穆宗
后妃	萧皇后等	曾用年号	应历

耶律璟，辽太宗耶律德光长子，辽朝第四位皇帝。

耶律璟初封寿安王，后被立为太子。天禄五年，世宗耶律阮被耶律察割杀死，耶律璟带兵平定了叛乱，随后，宗室大臣和酋长簇拥着耶律璟从火神淀到幽州继位，改元应历。

耶律璟在位期间，先后镇压了4次政变。他深知对外无力发动大规模的南侵战争，只应北汉请求，出兵救援北汉，抵御后周，维持现状。

应历十九年（969年）二月，耶律璟在怀州游猎回到行帐，被近侍宵格、盥人华格、厨子锡衮等6个奴隶杀害，终年39岁，谥号孝安敬正皇帝，庙号穆宗，附葬于怀陵。

平叛有功　掌握皇权

耶律璟少年时被封为寿安王，后被立为太子。天禄五年九月，耶律察割发动政变，杀死世宗耶律阮，欲自立为帝。当时耶律璟也随军出征，正在军帐中睡觉，听到叛乱的消息后，他不敢怠慢，急忙起床，带兵将耶律察割的府邸围得如铁桶一般，宣称院子里的人主动出来投降者，可以既往不咎。耶律察割的部下纷纷跑出来投降，耶律察割见大势已去，为了活命，遂将院子里的其他人扣留做人质，威胁耶律璟说，如果不退兵，将杀死所有人。耶律璟担心耶律察割狗急跳墙，一时犹豫不决。这时，被扣做人质的耶律敌烈向耶律察割献计说："我愿意替你向寿安王议和，只要你拥立他为帝，他肯定会放过你。"耶律察割觉得他言之有理，于是就派他去议和。耶律璟当即表示同意，让耶律敌烈把耶律察割叫来当面商议，并下令撤去围兵。

耶律察割大摇大摆地走进耶律璟的营帐中，刚刚坐下还没有说话，耶律璟的叔父耶律娄国便拔出宝剑刺去，耶律察割当即身亡。

耶律璟如此果断而又迅速地平定了叛乱，使得众人对他钦佩不已，纷纷跪倒在他面前，拥立他为帝。

酒猎皇帝　贪图享乐

耶律璟虽然登上了皇位，但仍面临着众多兄弟的敌视。为了巩固自己的地位，他将原来与世宗耶律阮关系亲近的大臣或罢官，或不再重用；对于公开反对他的，则毫不手软地进行镇压。

应历二年（952年）六月，担任政事令的国舅萧眉古得和宣政殿学士李澣等人密谋投奔后周，事情泄露后，萧眉古得被杀，李澣被处以杖刑。同年七月，耶律娄国又想自立为帝，被绞杀，同谋耶律敌烈也被下狱。次年十月，耶律李胡之子耶律宛起兵叛变，想要夺取帝位，耶律璟的弟弟以及世宗耶律阮时的重臣耶律安搏也参与其中。事发后，耶律安搏死于狱中，其他人也被处死，耶律璟的弟弟和耶律宛则被释放。应历九年（959年）十二月，耶律敌烈主谋反叛，耶律璟下令释放耶律敌烈，其他人全部被杀死。为了警示众人，耶律璟还大规模地祭祀天地祖先。应历十年（960年）七月，政事令耶律寿远、太保楚阿不等人谋反，同样被耶律璟发现并处死。十月，耶律李胡之子耶律喜隐又叛乱，耶律璟下令将耶律李胡父子关进监狱。

除了强力镇压叛乱以外，耶律璟还不许大臣随便议论朝政，否则就会被贬官、罢官。

耶律璟在位时，南面是五代中最有实力的后周，周世宗柴荣雄才大略，而耶律璟则嗜酒，喜好打猎、游玩，致使朝政荒废，政权很不稳定。应历四年（954年）二月，柴荣刚刚继位，北汉的刘崇趁柴荣服孝期间，决定出兵讨伐后周，并求辽国派兵相助。耶律璟派耶律敌禄和大将杨衮率兵援助刘崇，共同攻打后周。柴荣不顾冯道阻拦，于三月御驾亲征，双方在高平展开激战，刘崇初战告捷，但在柴荣和后周大将赵匡胤等人的督率下，后周军反败为胜，将后汉军彻底击溃。

和其他皇帝不同，耶律璟不好女色，但酷爱喝酒、打猎。他还没有当皇帝之前，便已和萧氏完婚，但是结婚多年，萧氏一直没有生育。太后为此十分着急，于是从契丹贵族中挑选了上百美女充实后宫，但都被耶律璟以不合适为由一一拒绝。为了堵住太后和大臣们的嘴，耶律璟将世宗耶律阮遇害时撇下的次子耶律明扆收为养子。

耶律璟对酒可以说十分痴迷，但凡听说哪位大臣家中藏有美酒，必定登门品尝，直到喝得烂醉如泥才肯罢休。酒酣之时，他还大加赏赐。时间长了，他又厌烦这样的喝酒方式，开始乔装打扮成平民的模样，到大街上寻找酒馆。他晚上喝酒，白天睡觉，以至于大臣们很难见到他的影子，故送给他一个绰号——睡王。

打猎是耶律璟的爱好之一，每年春、秋两季，他都要出外狩猎。春天他带着千名侍从及海东青（一种经过特殊驯养的鹰，专门用来捕猎），前呼后拥地来到水边，敲响战鼓，惊起成群的白天鹅，再放开手中的海东青去追赶，看它们打得难分难解，别有一番乐趣。到了秋天，他便去上京临潢府附近的黑山，在那里安营扎寨，白天打猎，晚上喝酒，一住就是几个月。

耶律璟在位期间很少对外用兵，与邻国的矛盾得到了缓和。这一时期，中原也发生了很大的变化，进入了后周时代。经过柴荣的一番改革，后周的经济和军事实力得到了很大的发展，于是，他开始实施伟大的复兴计划，亲率大军讨伐辽国，欲夺回失去的幽云十六州。大军所到之处，守将纷纷投降，短短40天就拿下了瀛州、莫州、易州三州和瓦桥、淤口、益津三关。辽国兵马总督萧思温被打得狼狈不堪，急忙向国内求援。当时耶律璟正在饮酒，听到来人禀报，不以为意地说："那里本来就是汉人的地盘，现在人家要走了，算是归还，怎能说是失守呢。"说完继续饮酒。恰在这时，柴荣身染重病，不得不停止进攻。

耶律璟通常只在每年冬、夏两季举行朝臣论政会议，其余时间由北院大王耶律屋质和南院大王耶律挞烈处理政务，幸好他们都对朝廷尽心尽力，没有二心。而且，他们都不主张用兵，注重发展国内经济，采取了均赋役、劝农桑等积极措施鼓励农业发展，使辽国出现了"部民化之、户口丰殖、百姓无称、年谷屡稔"的大好局面。他们二人也因此被称为"富民大王"。

嗜杀成性　刀下丧命

耶律璟在位后期，又多了一个爱好——杀人。说起他这个爱好，不得不提起一个名叫萧古的女人。据说萧古是个女巫，自称懂得延年益寿之术，她向耶律璟献计说："只要服用男人的胆，就可以延年益寿，青春永驻。"耶律璟信以为真，便命人拉来一个奴隶，将他杀死，当场挖胆服用。可是，他的青春非但没有永驻，身体反而变得越来越差。他知道自己上了当，派人将萧古找来，欲用响箭射死，萧古吓得仓皇逃命，耶律璟便跨上战马追赶，用马蹄将她活活踩死。

事后，耶律璟似有所悟，对大臣们说："有罪者，法当刑。朕或肆怒，滥及无辜，卿等切谏，无或面从。"但不久他又旧病复发，滥杀无辜。应历十七年（967年）十一月，皇宫内鹿坊跑了几只鹿，耶律璟非常恼怒，命人将养鹿的65名奴隶带过来，挥剑乱砍。王子和大臣们闻讯赶来，苦苦相劝，但最终仍有40多人惨遭毒手。

耶律璟如此残暴的行为，激起了奴隶们的仇恨。应历十九年（969年）二月十二日，耶律璟又一次带人到黑山打猎，收获颇丰。当天晚上，他大摆酒宴，直喝得酩酊大醉才被人搀扶着回到营帐。夜半醒来，他忽然觉得有些饿了，便让身边的近侍宵格去取饭。宵格慌忙来到厨房，做饭的两位厨子已经睡觉，又被叫起床，做饭自然迟了一些。耶律璟等不及，大声喊叫："再不送饭过来，就将你们全部杀死！"他们在厨房听到后，想到反正都是一死，不如杀了这个暴君，于是手持短刀，来到耶律璟帐中将他杀死。

景宗耶律贤

耶律贤档案

生卒年	948—982 年	在位时间	969—982 年
父亲	辽世宗耶律阮	谥号	孝成康靖皇帝
母亲	萧氏	庙号	景宗
后妃	萧绰等	曾用年号	保宁、乾亨

耶律贤，原名明扆，字贤宁，辽世宗耶律阮次子，辽朝第五位皇帝。

耶律贤4岁时，因父母死于火神淀之乱①，被堂叔耶律璟收养于永兴宫。耶律璟在位期间，沉湎于酗酒、打猎，又残暴滥杀，引起大臣们强烈不满。耶律贤渐渐长大后，看到这种情况，便开始暗中培植自己的势力，准备有朝一日夺取皇位。应历十九年二月，耶律璟被奴隶杀死，耶律贤被契丹和汉族大臣推举为帝，尊号天赞皇帝，改元保宁。

乾亨四年（982年）九月，耶律贤驾崩于焦山，终年35岁，谥号孝成皇帝，后加谥孝成康靖皇帝，庙号景宗，葬于乾陵。

侥幸逃生　得继帝位

天禄五年，世宗耶律阮正准备兴兵南伐，耶律察割发动政变，耶律阮知道自己在劫难逃，急中生智将年幼的儿子耶律明扆托付给御厨尚书刘解理。刘解理不敢怠慢，急忙用一条毛毡将孩子包起来藏到柴堆里，躲过了叛军的搜查。天亮后，耶律璟率军赶来平定了叛乱，将耶律明扆从柴草中救出，一直好生抚养。后来，因为皇后不能生育，耶律璟干脆将耶律明扆收为养子，为他改名耶律贤。

耶律璟虽然贪玩，但对耶律贤的要求非常严格，给他请来最好的契丹和汉族老师，教他学习文化。耶律贤因为目睹父母被害，精神上受到了刺激，但智力并没有受到影响。他很聪明，也很向往和推崇汉族文化，学习十分刻苦，深受耶律璟喜爱。

应历十九年二月，耶律璟准备外出狩猎，出发前他特意将耶律贤叫到跟前，看到22岁的养子长得英俊伟岸，非常自豪地说："我儿长大成人，可以参与政事了。"让人意想不到的是，这句话很快便成为现实。

不久，耶律璟为奴隶所杀。消息传到宫中，耶律贤连忙赶往黑山，看到耶律璟的尸体后，他痛哭失声。国不可一日无主，在大臣萧思温、高勋的劝说下，耶律贤于灵前继位，成为大辽第五位皇帝。

推崇汉制　加快汉化

耶律贤继位以后，为了巩固自己的地位，首先以防备松懈为借口杀死了掌管兵权的殿前都点检耶律夷腊葛、右皮室详稳[②]萧乌里只，又解除了重臣耶律屋质的大权，将北院大王改为于越，使耶律屋质不掌握实权；同时大力提拔拥立自己为帝的人，任命萧思温为北院枢密使，高勋为南院枢密使，汉人韩匡嗣为上京留守，耶律贤适为检校太保。

由于喜爱汉族文化，耶律贤对汉人的重用甚至超过了契丹贵族，契丹贵族对此十分不满，从而使汉族大臣与契丹大臣之间的矛盾开始激化。高勋先派人杀了萧思温，之后耶律贤又将高勋处死，任命汉人郭袭为南院枢密使，后加封政事令。耶律贤又提拔汉人室昉③为工部尚书，后改任枢密使兼北院宰相，加封同平章事。

由于耶律贤实行"重用汉臣，仿汉治国"的方针，辽国的经济、军事、农业都有了飞速发展，农耕土地面积和参与农业生产的人口迅速增加，出现了"编户数十万，耕垦千余里"的大好局面。

甩手掌柜　死于游猎

由于幼年时受过惊吓，耶律贤的身体一直不大好，所以他在位期间，军国大事一般是由萧皇后召集群臣商议，拿出具体的可行性意见，再交给耶律贤批阅。这也使萧皇后在朝中享有很高的威望。乾亨三年（981年）五月，驻守上京的汉军叛乱，正是因为契丹大臣和汉族大臣都效忠于萧皇后，齐心合力平息叛乱，辽国才平安无事。经过这场叛乱后，萧皇后的威望更高了，耶律贤完全可以做一个甩手掌柜而后顾无忧。

乾亨元年（979年），赵匡胤消灭了北汉政权，又不顾群臣反对，率军北伐，欲收复幽云十六州，结果反而被辽军打败。此后，辽军出互桥关打败宋军，俘虏数名宋朝大将，杀人无数，即瓦桥关之战。

乾亨四年九月，耶律贤到焦山狩猎时突发重病，急忙打道回府，但他还没有走下焦山便去世了。

注释：

①火神淀之乱：辽朝前期一个重要的政治事件，由于辽世宗多用后晋降臣，轻慢契丹贵族，又在统治不稳固的情况下，屡议兴兵南伐，遭诸部贵族的反对，致使内乱爆发，为宗室重臣耶律察割所杀。之后辽太宗长子耶律璟起兵讨伐耶律察割，平定叛乱之后坐上了皇帝的宝座。

②右皮室详稳：辽朝官职，为北面右皮室军长官，乃辽军重要将领。

③室昉（920—994年）：辽朝大臣，历仕太宗、世宗、穆宗、景宗、圣宗五朝。圣宗初年，与韩德让、耶律斜轸一同辅政，改革时弊。

圣宗耶律隆绪

耶律隆绪档案

生卒年	971—1031 年	在位时间	982—1031 年
父亲	辽景宗耶律贤	谥号	文武大孝宣皇帝
母亲	萧氏	庙号	圣宗
后妃	皇后萧氏、顺圣元妃等	曾用年号	统和、开泰、太平

耶律隆绪,小字文殊奴,辽景宗耶律贤长子,辽朝第六位皇帝。

耶律隆绪初封梁王。乾亨四年九月,辽景宗耶律贤在焦山打猎时病逝,耶律隆绪在大臣们的拥立下登基称帝,因其年幼,萧皇后奉遗诏摄政。同年十月,耶律隆绪临朝,上尊号昭圣皇帝。

耶律隆绪执政长达49年,是整个辽朝当政时间最长的皇帝,他在位期间成功地完成了契丹封建化的过程,使契丹进入全盛时期。

太平十一年(1031年),耶律隆绪驾崩于大福河北行宫,终年61岁,谥号文武大孝宣皇帝,庙号圣宗,葬于庆陵。

少年天子　母后护佑

乾亨四年九月,辽景宗耶律贤到焦山打猎突发重病,他预感到自己时日无多,便找随行大臣耶律斜轸、韩德让[①]到病榻前交代后事:由长子梁王耶律隆绪继位，军国大事听从皇后安排。就这样，12岁的耶律隆绪稀里糊涂地当上了皇帝，尊萧皇后为太后，韩德让和耶律斜轸为顾命大臣。由于皇帝年幼，大权完全掌握在萧太后手中。

萧太后是一个了不起的政治家，为了巩固自己和耶律隆绪的地位，她派耶律休哥总管南面行军都统，负责对中原地区的军事行动，内政则完全托付给韩德让和耶律斜轸。为了笼络这几位重臣，她将自己的侄女嫁给耶律斜轸，又让耶律斜轸和耶律隆绪在自己面前交换弓矢鞍马，对天盟誓互不背叛。随后，她又让耶律隆绪将自己的坐骑赐给宗室名将耶律休哥，耶律休哥以此为荣，发誓以死报答。而对汉人韩德让，萧太后可谓费尽心机。据说，她曾单独将韩德让叫到自己的行宫中，含情脉脉地说："当初父亲曾将我许配于你，只是后来发生变故而没有实现，你在我心中一直占据着很重要的位置。现在皇帝已经不在，我们可以重续前缘了。耶律隆绪是我的儿子，也是你的儿子，你一定要好好地辅助他。"这以后，韩德让可以自由进出皇宫，无人敢过问。韩德让虽然是汉人，但其祖上已在辽朝为官，他有弟兄5人，全都掌握着兵权，控制着大辽半壁江山。为了更好地利用韩德让，萧太后派人杀死韩德让的妻子，将韩德让接到宫中居住，赐名耶律隆运，配备百人护卫，享受皇帝的待遇，朝野上下无人可比，也无人敢有非议。

萧太后对耶律隆绪的要求非常严格，习文学武，无一日放松。同时，她对朝政之事也毫不懈怠，事必躬亲。为了锻炼耶律隆绪的执政和处事能力，在对外出兵的时候，萧太后经常将他带在身边，但绝不让他上战场，以防有失。

在萧太后的精心培养下，耶律隆绪"性英辨多谋，神武绝冠"。他酷爱读书，尤其是对唐朝的《贞观政要》和《玄宗实录》爱不释手，经常教导身边的人说："五百年来中原之英主，远的要数唐太祖和唐明皇，近的也只有宋太祖了。"另外，他还亲自将白居易的《讽谏集》翻译成契丹文，让大臣们阅读。

母子协力　澶渊结盟

统和四年（986年），宋太宗赵光义下令北伐，兵分三路，浩浩荡荡地向辽国杀来。其中，大将潘美、杨继业率领西路大军势如破竹，攻城略地，取得了辉煌的战绩。边防告急文书传来后，萧太后带着儿子率军抵抗，先在涿州驻扎，等宋军一到便发起突然袭击。宋军毫无准备，顿时阵脚大乱，慌忙撤退，一直到岐沟关。辽军穷追不舍，在五台、飞狐两地接连取胜，使宋军精锐损失殆尽。从此，宋辽的军事力量对比发生了根本性的转变，辽国由守转攻，始终占领上风，而北宋则由攻转守，被动防御。此后十几年，辽国几乎年年都要对北宋用兵。北宋无力抵抗，只好向辽国进贡大量财物，以求息事宁人，甚至到宋真宗赵恒时，情况也没有什么变化，依然采取向辽国缴纳岁贡的方式来自保。

统和二十二年（1004年），萧太后和耶律隆绪又发兵20万南征，一路过关斩将，很快拿下北宋的天雄、德清两个军事重地，直逼澶州，形成三面合围之势。澶州守将李继隆奋力抵抗，用床子弩向敌军射击。辽统军使、顺国王萧挞凛中弩身亡，将士死伤无数，辽军不得不停止进攻。

然而，就在宋军形势转好的时候，宋真宗赵恒胆小怕事，无心再战，派大臣曹利用到辽营求和。辽军孤军深入，后援不足，又损失惨重，本就无心再战，现在见北宋主动前来求和，正中下怀，于是采取威逼利诱的方式，迫使北宋签下屈辱性的条约：每年向辽缴纳布帛20万匹、白银10万两，对萧太后称叔母。这就是历史上著名的"澶渊之盟"。之后，辽军撤退，双方的战事告一段落。

效仿唐宋　亲政有为

叱咤风云的萧太后薨逝后，皇帝耶律隆绪得以亲政，改国号为契丹，开始对国家实行一系列的改革。

因为辽朝前几任皇帝都很崇尚汉族文化，尤其是在澶渊之盟后，他们对境内汉人的统治、官服的制作、朝政机构的设置都是仿效唐朝的制度和风俗。耶律隆绪继位以后，更是将唐朝奉为圭臬，下令官员必读《贞观政要》，发誓要全面超越宋朝。

为了接触更多的汉人，学到更多的汉族文化，耶律隆绪决定放弃原国都上京，重新建造一个国都——中京。他大量征集燕云之地的工匠，以长安和汴京为蓝本，建设陪都和大定府城。新的都城建成后，耶律隆绪放弃在草原上接见来使的传统，改在中京进行，并将办公和军政机构全部搬过去。

辽朝的科举制度是辽景宗耶律贤在位时期从汉族学来的，只是规模很小，录取的名额也很有限。耶律隆绪亲政以后，随着做官的汉人越来越多及对外交往的规模越来越大，仅凭科考时录取的士人已经远远无法满足需求，于是他决定扩大规模，大量招收汉族人才，并规定接见士人和颁赐时的特殊仪式，给汉族人才以殊荣。另外，他还规定科举制度只对汉人开放，契丹人不准参加。

在民族治理方面，耶律隆绪更是做出了巨大的贡献。他首先下令改编部族，此前打仗得来的俘虏往往充当奴隶，在贵族家中或者皇宫中听用，主人可以随意杀戮。耶律隆绪下令将原来的二十部增加到三十四部，将稍瓦部②、曷术部③并列，使负责捕捉禽兽和冶铁的奴隶变成平民，与契丹人一样享受平等的地位。另外，对俘虏来的奴隶及新征服的各族百姓也不再编为宫中奴隶，而改设其他部族。辽太祖耶律阿保机在位时曾制定"同罪异论"的法律，即不同民族犯同样的罪，可以得到不同的处罚结果。到穆宗耶律璟在位时，法律更不公平，汉人平民和契丹奴隶备受歧视，随时可能遭到屠杀，以致阶级矛盾日益尖锐。耶律隆绪决定消除这种隐患，调整民族关系，下令契丹人犯下"十恶罪的，也依照汉人法律制裁"，后又规定："若奴婢犯罪至死，听送有司，其主不得擅杀。"

政通人和　善始善终

耶律隆绪性情温和，胸怀宽厚，善于听取大臣的意见，而且凡事能以身作则，起了很好的带头作用。他以前很喜欢和臣僚们玩一种击球游戏，后来谏议大夫马得臣上书劝谏，他便立即改正，再也不玩这种游戏。上行下效，在他当政期间，大辽政治清明，百姓安居乐业，形势一片大好。

在对外关系上，耶律隆绪也表现出仁慈宽厚的一面，对于属族小国，从不恃强凌弱、骚扰搜刮。他还先后将两位公主嫁给西夏国王李继迁，无论李继迁的态度如何变化，他都抱着宽容安抚的态度，与西夏保持友好关系。

对于北宋，自澶渊结盟以后，耶律隆绪严格按照条约规定办事，从不多要财物。每年宋使到来，他都亲自接见，走的时候又亲自送别，对于给宋使馈赠的礼品也一一过目，不敢马虎。宋使回到中原后，极力夸赞他的仁义。据说有一年，洪水冲塌了专为宋使建造的会同驿馆，耶律隆绪便亲自在别的地方选址，重新建造了一座驿馆。

宋真宗赵恒驾崩后，宋使到辽朝报丧，进入幽州。幽州守将连忙派人上报，耶律隆绪得到消息后，悲痛异常，不等宋使到达京城，他便下令满朝文武大臣以及后宫妃女，为赵恒服孝。宋使到达京城后，耶律隆绪亲自召见，听说新任皇帝愿意秉承父志，与辽继续保持友好关系，他非常高兴，又下诏在燕京悯忠寺为宋真宗赵恒设灵堂，建道场，举国致哀，百日而罢。其间，他传令沿边州军不得作乐，举国上下、文臣百官、僧道、军人、平民百姓，凡犯赵恒讳者，一律改名。之后，耶律隆绪大病一场。

太平十一年（1031年）六月，耶律隆绪身染重病，特地将儿子耶律宗真和大臣萧孝穆、萧孝先叫到床前托付后事：梁王耶律宗真继位；不得违背"澶渊之盟"和北宋立下的协议。不久，耶律隆绪驾崩。

注释：

①韩德让（941—1011年）：辽朝汉臣，其祖父韩知古、父亲韩匡嗣均以汉人为辽朝大臣。圣宗幼年继位，萧太后主持国政，韩德让有勇有谋，深受萧太后赏识，总领宿卫，统和三年（985年）任政事令，后拜大丞相，封齐王。"澶渊之盟"后赐姓耶律，改封晋王，地位在亲王之上。

②稍瓦部：契丹部族名。"稍瓦"，契丹语，意为"鹰坊"。取部分皇族宫帐奴隶置稍瓦石烈（县，一说乡），居辽水东，专事罗捕飞禽，供皇族享用。

③曷术部：契丹部族名。"曷术"，契丹语，意为"铁"。取部分皇族宫帐奴隶置曷术石烈（县，一说乡），居柳湿河、三黜古斯、手山，专事冶铁。

兴宗耶律宗真

耶律宗真档案

生卒年	1016—1055 年	在位时间	1031—1055 年
父亲	辽圣宗耶律隆绪	谥号	神圣孝章皇帝
母亲	元妃萧耨斤	庙号	兴宗
后妃	仁懿皇后萧挞里等	曾用年号	景福、重熙

耶律宗真,契丹名只骨、木不孤,字夷不堇,辽圣宗耶律隆绪长子,辽朝第七位皇帝。

耶律宗真由齐天皇后萧氏抚养长大,成年后通晓音律,爱好儒家学说,性格豁达。他3岁时被封为梁王,太平元年(1021年)被册立为皇太子;太平十年(1030年)六月,兼任北、南院枢密使事。太平十一年六月,圣宗耶律隆绪驾崩,耶律宗真继位,改元景福。

重熙二十四年(1055年)七月,耶律宗真外出巡幸时身患重病,八月即驾崩,终年40岁,谥号神圣孝章皇帝,庙号兴宗,葬于庆陵。

少年无用　皇后专政

耶律隆绪的正妻本是齐天皇后萧氏,她才貌双全,深得耶律隆绪喜爱。她和耶律隆绪生过两个儿子,但都不幸夭折。后来,耶律隆绪临幸述律平皇后之弟萧阿古只的五世孙女萧耨斤，不久萧耨斤怀孕，生下一个儿子，他就是耶律宗真。这时，耶律隆绪已经46岁。

耶律宗真小时候非常可爱，3岁便被封为梁王，6岁被册立为太子。他天资聪慧，善骑射，通音律，受到耶律隆绪和齐天皇后萧氏的喜爱，15岁时被任命为北、南院枢密使事。

太平十一年，耶律隆绪身染重病，知道自己离大去之日不远，特意嘱咐耶律宗真说："皇后跟我已经40年，只是因为她没有儿子，所以才立你为嗣。希望你继位以后，要善待皇后。"不过他仍不放心，又下诏立齐天皇后为皇太后，萧耨斤为皇太妃。但他咽气之后，萧耨斤便扣下遗诏，自立太后，称"法天皇后"，将军政大权全部揽在手中。

和宋真宗赵恒去世时受到的礼遇一样，宋仁宗赵祯得知耶律隆绪驾崩，下令边关不得奏乐欢宴，为其哀悼。而耶律宗真在守丧期间，照样与群臣饮酒作乐、赌博、嬉闹，没有丝毫悲伤的表现，对朝政大事也不闻不问。这刚好给了他的母亲萧耨斤可乘之机，使她可以擅权专政。

随着手中的权力越来越大，萧耨斤甚至派人监视儿子的一举一动。这引起了耶律宗真的极大不满，母子间开始产生矛盾，而且愈演愈烈。据说有一次，耶律宗真将自己用过的酒樽和银带赏赐给自己喜爱的乐工孟五哥，萧耨斤知道后非常生气，将孟五哥狠狠地责罚了一顿。耶律宗真见孟五哥受到责罚，十分心疼，怀疑是内侍高庆郎告密，便派人杀了高庆郎。萧耨斤更是气得暴跳如雷，把耶律宗真派去杀高庆郎的人交到司法部门问罪，并要耶律宗真前去作证，遭到耶律宗真严词拒绝。

萧耨斤见耶律宗真已经不受自己控制，产生了废除之心，她和自己的弟弟萧孝先密谋立小儿子耶律重元为帝，不料耶律重元竟将此事告诉耶律宗真。耶律宗真再也不顾母子情分，拉拢萧耨斤身边的亲信，又接受宦官赵安仁的建议，先抓住萧孝先严刑拷问，逼其招供。之后，他带人包围太后行宫，收缴玉玺，把萧耨斤抓起来，押往庆州囚禁，并将其余党全部处死。

吃喝玩乐　不务正业

耶律宗真成功粉碎萧耨斤的阴谋后，自认为高枕无忧，可以为所欲为，于是带领一群侍从前呼后拥，到各地游玩打猎。他最喜爱追逐围猎虎、熊等猛兽。据说有一次，太保郭三被一只猛虎吓得战战兢兢拉不开弓，耶律宗真以其怯懦为由，罢免其官职。

耶律宗真生性放荡、不拘小节、极爱饮酒，和穆宗耶律璟一样喜欢微服到市井饮酒。不过，他又下令大臣们除婚姻祭祀之外，一律不准酗酒，否则严惩。这样一来，他身边虽然聚集着一群酒徒，倒也没有因酒误政事。

耶律宗真还有一个爱好——崇拜僧道，逢人就问别人信佛还是信道，还经常请僧人到宫中讲解佛法，提拔僧人当官。在他的带动下，辽国国内很快刮起了信奉佛教之风，很多官员、贵族争相将自己的儿女送进寺院。

讹诈宋朝　兵败西夏

"澶渊之盟"订立以后，辽宋双方互遣来使，维持了数十年的和平局面。宋仁宗康定年间，北宋和西夏发生了战争，连吃败仗，北部防守空虚。耶律宗真听说此事后，下令调集部队，以萧惠、耶律重元为统帅，准备讨伐北宋，并派人向北宋索要财物，为出兵寻找借口。北宋刚刚在西夏吃了败仗，国力空虚，听说辽国又来侵犯，急忙送上20万绢银，以求息事宁人。耶律宗真十分高兴，还特意让群臣给自己加尊号为"聪文圣武英略神功睿哲仁孝皇帝"，又册封皇后为"贞懿宣慈崇圣皇后"，命人刻碑纪念，大赦天下，对主张南伐的大臣也大加赏赐。

辽国和西夏也保持了多年的友好关系，西夏王李德明的儿子是辽国的驸马。重熙七年（1038年）四月，远嫁西夏的兴平公主去世后，两国的关系日渐疏远。

重熙十三年（1044年）九月，耶律宗真亲自统兵10万，以耶律重元为马步军大元帅，率军自南路出发，萧惠率数万精兵自北路出发，浩浩荡荡地向西夏进发，结果雷声大雨点小，不久就灰溜溜地溃败而回。

重熙十七年（1048年）二月，西夏王李元昊去世，其子李谅祚继位。耶律宗真认为一雪前耻的机会到了，于是再次兴兵讨伐西夏，结果胜负各半。

两次征讨西夏失败，在一定程度上消耗了辽国的国力，但并没有从根本上动摇其根基。总的来说，耶律宗真在位期间，辽国基本上处于和平时期，岁丰年稔，边境土地进一步扩张，经济得到持续发展。

重熙二十三年（1054年），群臣再次为耶律宗真上尊号为"钦天奉道祐世兴历武定文成圣神仁孝皇帝"。次年七月，耶律宗真生病，八月病情变得严重起来，于是将皇太子、燕赵国王耶律洪基召到床前托付国事，几天后驾崩。

道宗耶律洪基

耶律洪基档案

生卒年	1032—1101 年	在位时间	1055—1101 年
父亲	辽兴宗耶律宗真	谥号	仁圣大孝文皇帝
母亲	皇后萧挞里	庙号	道宗
后妃	萧观音、萧坦思登等	曾用年号	清宁、咸雍、大康、大安、寿昌

耶律洪基,字涅邻,小字查剌,辽兴宗耶律宗真长子,辽朝第八位皇帝。

重熙二十四年八月,辽兴宗耶律宗真驾崩,耶律洪基继位,改元清宁。

耶律洪基继位后,尊辽兴宗的弟弟耶律重元为皇太叔,加封天下兵马大元帅。清宁九年(1063 年)七月,耶律重元有意谋夺皇位,不料消息走漏,被耶律洪基抢先派兵打败,最后自杀身亡。

寿昌七年(1101 年)正月,耶律洪基患病,不久驾崩,终年 70 岁,谥号仁圣大孝文皇帝,庙号道宗,葬于庆陵。

朝令夕改　枉杀忠良

少年时的耶律洪基性格沉稳、彬彬有礼，6岁即被封为梁王；重熙十一年（1042年）封燕王，总领中丞司事；次年，又封总管南、北院枢密使事，加尚书令，晋封燕赵国王。重熙二十一年（1052年），耶律洪基晋封为天下兵马大元帅，知惕隐事，开始参与朝政。重熙二十四年八月，辽兴宗耶律宗真驾崩，耶律洪基继位。

耶律洪基继位之初，颇有明君风范，曾下诏无论贵贱贫富，皆可直言进谏。同年十二月，他再次下诏，要求群臣积极进谏，无论对错，但说无妨。但仅仅过了5天，耶律洪基又下令："事关机密，即奏朕知。凡是投书诽谤朝政，以及接受、阅读这种谤书者，格杀勿论。"

大臣萧革是前朝遗老，曾接受耶律宗真托孤。但是，此人奸佞，在前朝时即擅权越位，又受到耶律洪基的提拔重用，获封楚王，任北院枢密使，更加肆意妄为。在先朝遗老中，耶律仁先颇有威望，却始终得不到耶律洪基的重用。驸马都尉萧阿剌也是刚直不阿的忠良之臣，同样得不到信任。清宁七年（1061年）五月，辽国出现旱灾，耶律洪基祈雨，萧阿剌进谏时言辞有些激烈，结果被耶律洪基命人拖下殿去，活活勒死。

平定叛乱　怒杀皇叔

辽兴宗耶律宗真尚在世时，皇太后萧耨斤便准备立次子耶律重元为帝。但耶律重元重兄弟之情，竟然向耶律宗真告密，以致计划失败，萧耨斤也遭到囚禁。

耶律洪基继位以后，给予皇叔耶律重元极为优厚的待遇：不直呼其名，上朝可以不参拜，封为天下兵马大元帅，赐金券、四顶帽、二色袍；封其子耶律涅鲁古为楚王，知南院枢密使事。但是，耶律重元并不满足，一直伺机发动政变。

清宁四年（1058年），耶律涅鲁古劝说父亲装病，然后趁耶律洪基来探病时将其杀死。但是，耶律重元畏惧前朝遗老耶律仁先的威望，认为时机还不成熟，不敢轻举妄动。

清宁九年七月，耶律洪基到滦河太子山打猎，在随行的官员中，除了耶律仁先、耶律乙辛和太后萧挞里以外，其余都是耶律重元父子的心腹。他们认为这是最好的时机，决定发动政变，不料被敦睦宫使①耶律良得知，耶律良急忙报告太后萧挞里。萧太后大惊失色，马上以身体有病为由召耶律洪基进宫探望，将事情告诉他。耶律洪基半信半疑，派人召耶律涅鲁古过来询问。

当时，耶律涅鲁古正在紧张地部署政变，听说皇帝召见，猜到事情已经败露，于是一不做二不休，下令将来人看押起来。但是，卫兵一时疏忽，致使来人割断绳索，跑回去向耶律洪基报告。耶律洪基急忙召南院枢密使耶律仁先商议对策。

耶律仁先下令将车辆首尾相连，在行宫外筑成一道防线，亲率近侍30余人站在防线外守护，准备时刻御敌。不久，耶律涅鲁古、萧胡睹率领400多人气势汹汹赶来，近侍详稳阿厮一箭射过去，正中耶律涅鲁古的胸膛，使其当场毙命。其余反叛军士见状，立即撤退。

耶律涅鲁古死后，耶律重元仍不死心，先派兵将皇帝的行宫包围起来，到次日黎明，又率领2000名猎户去擒拿耶律洪基。然而，时机已经失去，大将萧塔剌、耶律敌烈听说有变，急忙率兵赶来支援。耶律重元见势不妙，急忙带着几个侍卫逃跑，后在耶律仁先的追截下拔剑自刎。之后，耶律洪基下令清理耶律重元的余党，杀死萧胡睹及其5个儿子和年迈的父亲萧孝全；萧革因为和耶律重元是儿女亲家，和他的儿子被一同凌迟处死。

在这次平叛中，耶律仁先立下大功，受到耶律洪基的重赏，被封为宋王，官拜北院枢密使。

狠心杀妻　虎毒食子

作为朝中举足轻重的人物，耶律乙辛被封为太师后，掌管军政大权，在朝中排除异己，公开受贿，十分嚣张。身为皇帝的耶律洪基对此睁一只眼闭一只眼，唯一能制衡耶律乙辛的只有皇后萧观音和皇子耶律濬。

萧观音是辽兴宗耶律宗真时大臣萧惠的女儿，在耶律洪基还是燕赵国王时，两人完婚。耶律洪基继位后，将她封为皇后，对她宠爱有加。萧皇后生下儿子耶律濬后，两人的感情更加深厚。

耶律濬自幼聪明好学，知书达理，文武双全，加上耶律洪基只有这么一个儿子，所以视其为心肝宝贝，耶律濬5岁时被封为梁王，7岁时被立为皇太子。有一年，耶律濬跟随父亲耶律洪基到中京打猎，箭无虚发。耶律洪基非常欢喜，专门摆宴庆贺。大康元年（1075年），耶律濬被任命为北、南院枢密院密使，总揽朝政，由忠直大臣耶律引吉辅佐朝政。太子掌权之后，亲君子远小人，令奸臣耶律乙辛深感不安，于是开始设法除掉他们母子。

萧皇后美貌绝伦，又多才多艺，通音律，会诗赋，和伶人赵惟一是知心朋友。萧皇后曾作一首《回心愿词》，只有赵惟一演奏得让她满意。耶律乙辛便在这事上大做文章，重金买通萧皇后的奴婢单登和教坊朱顶鹤，诬告萧皇后与赵惟一私通。耶律洪基不辨真伪，命耶律乙辛和北院宰相张孝杰审理此案。耶律乙辛又派人将赵惟一抓来，严刑拷打，弄出了一份假供状交给耶律洪基。耶律洪基不信，让张孝杰复查。在耶律乙辛的授意下，张孝杰添油加醋地将审查结果呈报给耶律洪基。耶律洪基信以为真，下令将赵惟一全族诛灭，并赐萧皇后自尽。太子耶律濬和公主痛哭流涕，苦苦相劝，甚至表示愿意替母受刑，但都遭到耶律洪基拒绝。萧皇后绝望之下，含冤自尽。耶律濬痛不欲生，大喊："耶律乙辛，是你杀死了我的母亲！"

萧皇后之死，使耶律濬与耶律乙辛的矛盾迅速激化。耶律乙辛深知，一旦耶律浚继位，自己必死无疑，于是又设法害死耶律浚。他买通了护卫太保②耶律查剌，诬告都部署③耶律撒剌、枢密使萧速撒拥立太子，企图发动政变夺取帝位。耶律洪基信以为真，下令严查，但查来查去，什么也没有查到。耶律洪基仍不放心，下令将耶律撒剌、萧速撒贬官；又将耶律浚身边的600多名护卫将士痛责一顿，调往边境；同时接受耶律乙辛的建议，下诏凡检举太子谋反者，予以重赏。

耶律浚百般委屈，找到耶律燕哥，请他在耶律洪基面前为自己求情。但耶律燕哥正是耶律乙辛的死党，不但不为耶律浚求情，反而落井下石。耶律乙辛又将与耶律浚关系比较亲密的人抓捕入狱，百般折磨，屈打成招。耶律洪基看到供词，气得暴跳如雷，下令将耶律浚废为庶人，囚于上京。太子宫内的所有人全部被诛杀，牵连者多达千人。

但耶律乙辛仍不肯罢休，想要斩草除根。大康三年（1077年）十一月，他派人追到上京将耶律浚杀死。上京留守萧挞得谎称太子因病致死，耶律洪基心中怜悯，将其葬于龙门山。

耶律浚死后，耶律洪基没有了儿子，只得将寄养在大臣萧怀忠家中的孙子耶律延禧和孙女耶律延寿接回宫中。耶律乙辛心中明白，兄妹二人长大成人后，知道父母被他害死，一定会报仇，于是又想将他们兄妹二人害死。

有一次，耶律洪基出去打猎，耶律乙辛建议将耶律延禧留在宫中。耶律洪基不知是计，点头答应。所幸大臣萧兀纳早已看透耶律乙辛的心思，急忙劝道："皇孙年幼，必须好好保护，以免发生意外，请把臣也留下，时刻照顾皇孙。"耶律洪基似有所悟，下令耶律延禧随行。

后来，耶律乙辛因为始终无法得手，担心遭到报复，又想投降宋朝，结果被人揭发。耶律洪基这才看清他的真面目，下令将其处死。

寿昌六年（1100年）十二月，耶律洪基生病，在太医的精心调理下，勉强坚持到了寿昌七年（1101年）。正月初一，他强打精神在清风殿接受百官朝贺，于正月初三驾崩。

注释：

①敦睦宫使：官名。辽朝北面官，敦睦宫长官。下设副使、太师、太保、侍中等职。

②护卫太保：官名。辽朝北面官，北、南护卫府官员，各设左、右护卫司，以护卫太保领之。

③都部署：官名。马步军都部署的简称，其简称还有部署、兵马都部署、步军都部署等。五代后唐初置，为战时指挥官。宋置于邻接辽、夏地区，为地方军事长官，掌军队屯戍、防守、训练、教阅、赏罚事务。辽北大王院、南大王院设此官，北面宫官有诸行宫都部署、契丹行宫都部署，北面边防官有兵马都部署。

天祚帝耶律延禧

耶律延禧档案

生卒年	1075—1128 年	在位时间	1101—1125 年
父亲	耶律濬	谥号	恭怀皇帝
母亲	贞顺皇后萧氏	庙号	恭宗
后妃	萧皇后、萧师姑等	曾用年号	乾统、天庆、保大

耶律延禧,字延宁,小字阿果,辽道宗耶律洪基之孙,昭怀太子耶律濬之子,辽朝第九位皇帝。

耶律延禧年少时险些死于权臣耶律乙辛之手,幸得大臣萧兀纳保护才逃过一劫,此后受封梁王、燕国王等爵位,加守太尉,兼中书令;大安七年(1091年),担任天下兵马大元帅,总北、南枢密使事,加尚书令。寿昌七年正月初三,辽道宗耶律洪基驾崩,耶律延禧继位,改元乾统。

耶律延禧在位期间贪图玩乐,不理朝政,毫无作为,致使辽国走向灭亡。辽为金国所灭后,他也被金兵俘虏。

金天会六年(1128年),耶律延禧病逝(一说被金人所杀),终年54岁,谥号恭怀皇帝,庙号恭宗,葬于乾陵。

年少多难　不辨忠奸

耶律延禧3岁时，父母因奸臣耶律乙辛被迫害致死，他和妹妹也被祖父耶律洪基无情地逐出宫去，寄养在大臣萧怀忠家中。第二年，在大臣萧兀纳、萧陶隗的再三劝说下，耶律洪基才将耶律延禧兄妹接入宫中。耶律乙辛一直想谋害耶律延禧兄妹，幸得萧兀纳极力保护才幸免于难。大康五年（1079年）十月，耶律乙辛被罢官出朝，之后耶律延禧被封为梁王，加太尉，兼中书令。耶律洪基还专门派了6个侍卫保护他。随着时间的流逝，耶律洪基越来越觉得有愧于儿子耶律浚，加上耶律乙辛罪行败露，知道儿子是被冤枉的，更是追悔莫及，追封耶律浚为昭怀太子，其尸骨以天子礼仪改葬于玉峰山。这以后，他将满腹愧疚之情转化为对孙子的疼爱，晋封耶律延禧为燕国王。

耶律洪基自己不学无术，却对耶律延禧寄予厚望，先后请知制诰王师儒、牌印郎君耶律固及萧兀纳当他的老师。萧兀纳发现耶律延禧身上有很多毛病，于是经常对他进行严厉批评，并向他讲述勤于治国的道理。但是，耶律延禧阳奉阴违，对萧兀纳极为反感。

寿昌七年正月，辽道宗耶律洪基驾崩，耶律延禧于灵前继位，群臣上尊号天祚皇帝。

耶律延禧继位后，马上对耶律乙辛的残余势力进行报复，下令诛杀其余党，将其子孙流放边境，又命人挖开耶律乙辛、张孝杰的坟墓，开棺鞭尸。但是，他没有深究其他参与迫害自己父母的主要成员。他还下令为曾经受到耶律乙辛残害的官员昭雪平反，为贬官者复职，召回流放者，家产查没者由国家赔偿。因为反感萧兀纳，他将萧兀纳赶出朝廷，出任辽光军节度使。

耶律延禧贪图玩乐，不理朝政，将空虚的心灵寄托在打猎和佛教上。他刚刚继位时，就有奸臣摸准了他的脾气，奉承他说："巡幸打猎是国家大事，即便在为先帝服丧期间也不能间断。"耶律延禧信以为真，立即下诏取消围猎的禁令，带着一班人马到山上打猎。

耶律延禧在位期间，朝廷内部争权夺利、钩心斗角，国库亏空，百姓赋税沉重，民不聊生，阶级矛盾越来越尖锐，各地人民奋起反抗，辽朝的统治岌岌可危。

无力抗金　屈辱求和

金朝的前身是生活在我国东部的少数民族女真部落，于 11 世纪中叶在完颜部的领导以及宋朝的扶持下逐渐强大起来。尤其是到完颜阿骨打时，全国兵强马壮，完全有能力与逐渐衰弱的辽国抗衡。

天庆四年（1114 年）秋，完颜阿骨打率兵攻打辽国，多次取得胜利。第二年，完颜阿骨打自立为帝，建立大金国，率兵攻占辽国北部重镇黄龙府。

当时耶律延禧正在山上打猎，听说黄龙府被金军占领，他惊慌失措，连忙下诏御驾亲征。关键时刻，诸行营都部署耶律章奴又发动政变，国内百姓起义，耶律延禧好不容易才平息叛乱，镇压了农民起义。天庆七年（1117 年）八月，他任命大将耶律淳为元帅，率军迎战金军，结果又遭遇失败。

消息传到宫中，耶律延禧唯恐江山不保，危及自己性命，便想出逃。这时，金国派人过来表示愿意罢兵休战。耶律延禧惊魂初定，连忙点头答应。天庆八年（1118 年），双方达成协议：辽承认金国皇帝，辽帝称金国皇帝为兄，每年向金国缴纳 25 万银绢，另将长春、辽东等地割让给金国。从此，辽国每年都要将宋朝交来的大半财物送给金国。

天庆十年（1120 年），完颜阿骨打单方面违背协议，再次率兵攻打辽国，并于同年五月攻陷上京，又挖开辽宗室祖坟，取走宝物。消息传到中京，萧奉先隐瞒不报，后来实在无法掩盖，又敷衍说：" 金兵只是抢掠了一些财物，害怕陛下打回去，很快就走了，对于先祖的陵墓寸土未动。"

耶律延禧打算禅位给长子耶律敖鲁翰，掌握朝政大权的萧奉先担心耶律敖鲁翰当上皇帝后，自己地位不保，便让人诬陷大臣耶律余睹、耶律挞葛里及驸马萧昱等人欲发动政变，逼迫耶律延禧退位，立耶律敖鲁翰为帝。耶律延禧闻讯大怒，下令将驸马萧昱、耶律挞葛里处死，又赐死耶律敖鲁翰的生母萧瑟瑟；耶律敖鲁翰则暂不治罪，以观后效。耶律余睹得知消息后，知道自己跳进黄河也洗不清，回中京只有死路一条，干脆带着部下1000人投奔了金国。

完颜阿骨打认为这是消灭辽国的最好时机，于是亲统大军，以耶律余睹为先锋，大举进攻辽国。

亡命天涯　形同监禁

保大二年（1122年）正月，金军在耶律余睹的带领下，攻占辽国都中京大定府。耶律延禧刚刚逃出中京，来到燕京，得知都城丢失，担心金军追过来，于是命宰相张琳、李处温、耶律淳留守燕京，自己则向西京大同府逃去。金兵得知他逃往西京，穷追不舍。耶律延禧骑着一匹快马，弃年幼的女儿不顾，只身一人仓皇逃出西京。

同年五月，西夏国王李乾顺听说耶律延禧逃亡的消息，派人将他接到西夏国避难。耶律延禧感激不尽，不顾中军都督耶律敌烈等人的劝阻，执意前往西夏。但他刚刚渡过黄河，便听说西夏已经和金国达成协议，要共同捉拿自己，连忙掉头逃进突吕不部。

保大四年（1124年）正月，耶律延禧又跑到耶律马哥军中，屁股还没坐稳，金军便突然来袭，他又仓皇而逃，耶律马哥被俘。在逃跑途中，耶律延禧遇见了前来迎接他的部将谟葛失，获得牛、马、羊等，这才吃上了一顿饱饭。

但谟葛失带来的东西很快便吃光了，耶律延禧饿得肚子咕咕直叫，一路走一路脱下自己的衣服跟沿途百姓换口饭吃。好不容易流亡到乌古敌烈部，遇见被俘虏的耶律大石逃了出来，还带着7000多人马，耶律延禧非常兴奋，又召集谟葛失部族，决定收复失地，光复大辽，但他率领的人马与金军一触即败，溃不成军。耶律延禧只得再次踏上流亡之路。这时宋朝又派使者来接他到宋朝避难，耶律延禧考虑到宋朝也是风雨飘摇，遂委婉拒绝，改逃山阴。

来到山阴后，耶律延禧身边又多了4000户居民和1万名将士。他饱暖思淫欲，霸占了突吕不人厄哥的妻子，封厄哥为本部节度使。他这种无耻的行径激起很大民愤，突吕不人暗中联合起来，打算造反，但被护卫太保萧术者率军镇压。

保大五年（1125年）正月，耶律延禧又前往党项部落，途中遇到金兵，吓得他带着十几个侍卫仓皇而逃。由于天降大雪，金军顺着脚印追击，很快将他俘虏。

之后，耶律延禧被押到金国，封为海滨王，押送到白山东监视居住，于金天会六年去世。

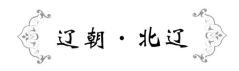

辽朝·北辽

宣宗耶律淳

耶律淳档案

生卒年	1063—1122年	在位时间	1122年
父亲	耶律和鲁翰	谥号	孝章皇帝
母亲	不详	庙号	宣宗
后妃	德妃萧普贤女	曾用年号	建福

耶律淳,小字涅里,辽兴宗耶律宗真之孙,宋魏王耶律和鲁翰之子,北辽第一位皇帝。

耶律淳曾任彰圣军节度使,先封郑王,后又加封为越王。乾统六年(1106年),耶律淳担任南院宰相,改封魏王。在父亲耶律曷鲁翰去世后,耶律淳袭职南京留守。保大二年,耶律淳被拥立为帝,改年号为建福,史称北辽。

同年六月,耶律淳驾崩,终年60岁,谥号孝章皇帝,庙号宣宗,葬于永安陵。

逃离上京　建立北辽

耶律延禧继位以后，耶律曷鲁翰被尊为皇太叔，封天下兵马大元帅、太师、惕隐，加"义和仁寿"封号，曾任二京留守，算是朝中重臣。耶律淳曾任彰圣军节度使、东京留守、南京留守、都元帅，封秦晋国王。

耶律淳生得眉清目秀，性情温顺，深受父亲耶律曷鲁翰喜爱，给他取了一个带有汉族意味的名字"淳"。辽兴宗耶律宗真的皇后萧挞里对这个皇孙宠爱有加，特意接到宫中抚养了几年。后来，耶律淳出任彰圣军节度使。此后20年间，他的职位不断变动，乾统六年被召入朝中，任南院宰相，后加封为魏王。

耶律延禧昏庸的统治不但激化了国内的民族矛盾，也激起了女真族的强烈反抗。在完颜阿骨打的率领下，女真部落接连打败辽军，致使大辽政权岌岌可危。契丹贵族们恨透了耶律延禧，联合起来想要废掉他，而耶律淳在朝中享有很高的声望，成为新君的最佳人选。

保大二年，耶律延禧逃出上京，来到燕京。上京陷落后，他担心金人跟踪追击，便再次出逃，委派耶律淳、张琳、李处温留守燕京。他刚离开燕京，耶律淳便在张琳、李处温、耶律大石等人的拥立下称帝，改元建福，被群臣尊为"天赐皇帝"，册立德妃萧普贤女为皇后，史称北辽。

无力回天　抑郁而死

耶律淳刚即位便应群臣之请，处死耶律延禧的宠臣、内库都检点刘彦良及其妻子云奇。

此时，北辽占据着燕、云、中京、上京、辽西等地，但是随着金军的不断胜利，北辽的地盘急剧缩小。为了维护自己的统治地位，耶律淳以免除岁币为条件,向宋朝求援,但却遭到拒绝。宋军还趁机占领了涿州,耶律淳大怒,又派耶律大石等率兵攻打涿州,取得了胜利。

随着金军的不断逼近,耶律淳迫于压力,只得派人向完颜阿骨打求和,但完颜阿骨打没有同意,还向他传话说:"再不投降,将死无葬身之地。"耶律淳忧心忡忡,积郁成疾。不久,他又得到可靠消息,说他的侄子耶律延禧已经集结5万重兵,要在八月间打回燕京,这使他更为惊恐,病情也加重了。他意识到自己将不久于人世,便将军政大权交给李处温。

建福元年(1122年)六月,耶律淳驾崩,由萧普贤女监朝称制。

神宗耶律雅里

耶律雅里档案

生卒年	1094—1123 年	在位时间	1123 年
父亲	辽恭宗耶律延禧	谥号	无
母亲	萧氏	庙号	无
后妃	不详	曾用年号	神历

耶律雅里，字撒鸾，辽恭宗耶律延禧次子，北辽第二位皇帝。

耶律雅里 7 岁时受封梁王。保大三年（1123 年），耶律雅里投奔耶律延禧，当时耶律延禧正向西逃跑，耶律雅里被耶律敌烈、特母哥等人劫夺，向北奔逃。同年五月，耶律雅里在百官的拥立下称帝，改元神历。

这年十月，耶律雅里病逝，终年 30 岁。

被救突围　沙岭称帝

耶律雅里 7 岁时，辽恭宗耶律延禧打算立他为皇太子，但最终只为他设置禁卫，封为梁王。

保大三年四月，耶律雅里兄弟几人跟随父亲逃亡，在青冢寨被金军包围，幸得太保特母哥拼死相救才得以逃脱。他们抄小路逃到阴山，听说耶律延禧兵败后已经逃往云内,又急忙向云内逃去。当时有1000多人跟随耶律雅里,比耶律延禧身边的随从还要多。耶律延禧担心特母哥叛乱,便以他不能将诸王全部救出为借口,准备将他杀死。他先命人将特母哥抓起来审讯,又问耶律雅里特母哥都说了些什么。耶律雅里不明就里,回答说什么也没有说,耶律延禧这才放下心来,释放了特母哥。

耶律延禧打算渡过黄河逃往西夏,部将耶律敌烈苦苦相劝无效后,便和特母哥等人挟持耶律雅里向北奔逃,于五月到达沙岭,欲投奔北辽皇帝耶律淳。当他们到达北辽时,耶律淳和摄政的萧普贤女均已去世,朝中正缺少一位皇位继承人,百官们决定拥立耶律雅里为帝。3天后,耶律雅里正式称帝,改元神历,成为北辽的第二位皇帝。

心地善良　待民以宽

耶律雅里心地善良,对抓回的逃跑者只准许使用笞刑,对于自动投奔而来的,还授予官职。他对左右说:"想依附我的就来,不想依附我的可以离开,强扭的瓜不甜,为何非要逼他们呢?"他上朝的时候,经常让侍从取出唐朝的《贞观政要》以及林牙[①]耶律资忠所作的《治国诗》给大臣们诵读,以此感化他们。正因为他胸怀宽广,乌古部节度使纠哲、造烈部统军挞不也、都监突里不等人先后率领部众前来投奔。其他部落听到消息,也相继投奔而来。

耶律雅里在位期间,任命耶律敌烈为枢密使,特母哥为枢密副使。有一次,耶律敌烈弹劾西北路招讨使萧纠里蛊惑皇上,有不臣之心,耶律雅里便下令将萧纠里和他的儿子萧麻涅一同处死,之后改派遥设继任西北路招讨使,率军与周边诸部交战,但遥设屡吃败仗,结果受到耶律雅里的惩处,被杖击并罢免官职。

当时群牧运送盐和粟米,经常被当地百姓盗走。大臣们建议抓住盗取者让他们加倍赔偿。考虑到百姓生活艰难,耶律雅里拟定了一个赔偿标准:每盗一车粟米,赔偿一只羊;三车赔偿一头牛;五车赔偿一匹马;八车赔偿一头骆驼。大臣们认为赔偿太少,纷纷劝道:"现在一只羊想换两斗粟都做不到，竟然可以用来赔偿一车粟米，这处罚也太轻了！"耶律雅里却大度地说："民有就是我有。如果让他们赔得太多了，倾家荡产，他们还怎么生活呢?"

神历元年（1123年）十月，耶律雅里到查剌山打猎，一天之内猎得40只黄羊、21匹狼，结果因过度劳累而昏倒，几天后驾崩。

注释：

①林牙：辽朝官名。北面行军官有行枢密院，为枢密院的派出机构。辽北面官有北面都林牙、北面林牙承旨、北面林牙、左林牙、右林牙，为掌理文翰之官。

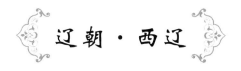

辽朝·西辽

德宗耶律大石

耶律大石档案

生卒年	1085—1143 年	在位时间	1132—1143 年
父亲	不详	谥号	不详
母亲	不详	庙号	德宗
后妃	感天皇后萧氏等	曾用年号	延庆、康国

耶律大石，字重德，辽太祖耶律阿保机八世孙，西辽第一位皇帝。

天庆五年（1115 年），耶律大石得中进士，被封为翰林应奉，不久升为翰林承旨，历任泰州、祥州刺史及辽兴军（治所在平州）节度使。

保大二年，辽恭宗耶律延禧逃亡，耶律大石留守南京，拥立耶律淳为帝。次年四月，耶律大石率兵抗金被俘，后逃脱至耶律延禧处。在耶律延禧准备发兵与金军决战时，耶律大石因耶律延禧没有采纳自己"养兵待时"的意见，杀死大臣萧乙薛、坡里括，然后率铁骑二百逃遁，设置北、南面官署，自立为王。

保大四年（1124 年），耶律大石到达辽朝北疆重镇——西北路招讨司驻地可敦城，召集 18 个部族首领举行大会，安置官吏，整顿兵马，得精兵万余人。延庆元年（1132 年）二月五日，耶律大石在叶密立城登基称帝，史称西辽。

康国十年（1143年），耶律大石驾崩，庙号德宗。

脱离恭宗　建立西辽

耶律大石自幼流落民间，聪明好学，能读书识字，又会骑马射箭。天庆五年，他通过科考，得中进士，被封为翰林应奉，不久升任翰林承旨。因为翰林在契丹文中读作"林牙"，所以他被称为大石林牙。后来，他又历任泰、祥二州刺史和辽兴军节度使。

保大二年三月，金军攻打辽国，耶律延禧惊慌而逃，耶律淳被拥立为帝，史称北辽。当时耶律大石正担任辽兴军节度使，隶属南京道，因此成为耶律淳的朝官。不久，他奉命征讨宋朝，虽然取得了胜利，但仍无法挽救北辽破碎的山河。金兵很快占领居庸关，耶律大石奉命保护皇后萧普贤女撤离。

次年，耶律大石保护着皇后来到天德军，找到了流亡至此的耶律延禧，并受命攻打圣州。因遭到金军袭击，耶律大石兵败被俘。金军对他威逼利诱，但他坚决不降，并伺机逃出敌营，又一次找到耶律延禧。然而，耶律延禧不能原谅他拥立别人的行为，甚至想要杀死他。这使耶律大石感到十分心寒，产生了脱离耶律延禧的想法。

保大四年七月，耶律大石杀死监视自己的北院枢密使萧乙薛和坡里括，率领200人出逃，到西北重镇可敦城安营扎寨，打出恢复辽国的口号，得到了当地贵族的积极响应。耶律大石很快拉起一支队伍，自立为王。

延庆元年二月五日，耶律大石在贵族将领们的拥立下登基称帝，号称"葛尔罕"，上汉文尊号为"天祐皇帝"，追封祖父为嗣元皇帝、祖母为宣义皇后，册封妻子为昭德皇后，史称西辽。因为西辽是在哈喇汗国的基础上建立起来的，故又称哈喇契丹或黑契丹。

延庆三年（1134年），耶律大石定都巴拉沙衮，号虎思斡耳朵（契丹语"有力的宫殿"之音译），改元康国。

东征无望　向西扩张

耶律大石称帝后，采取了一系列措施来巩固自己的统治，首先镇压了康里叛乱，然后向各地派遣沙黑纳（意为监督官），传达政令，征收赋税。为了缓和各民族之间的矛盾，耶律大石所征的赋税很轻，对归附自己的各族首领也采取宽容的政策，允许他们自治，保留其宗教信仰。这种相对宽容的政策赢得了中亚地区人民的欢迎和拥护，因此，他在位期间社会秩序相对稳定。

经过几年的休整，耶律大石见西辽已是兵强马壮、国富民强，便想光复大辽。康国元年（1134年），耶律大石命令六院司大王萧翰里拉为兵马都元帅，领兵7万东征。起初东征进展顺利，先后收复了喀什喀尔、和州等地，但在向东进发的时候，突然遇到了自然灾害，人马大量死亡。耶律大石见状，知道东征无望，仰天长叹道："皇天不顺，数也！"随后灰心丧气地回到虎思斡耳朵，再也不提复国之事。

东征无望后，耶律大石开始向西方扩张，使西辽成为西至咸海、北到叶尼塞河上游、南达阿姆河的疆域辽阔的强大国家。

康国十年（1143年），耶律大石驾崩。

仁宗耶律夷列

耶律夷列档案

生卒年	？—1163 年	在位时间	1143—1163 年
父亲	辽德宗耶律大石	谥号	无
母亲	感天皇后萧氏	庙号	仁宗
后妃	不详	曾用年号	咸清、绍兴

耶律夷列，西辽德宗耶律大石之子，西辽第二位皇帝。

康国十年，辽德宗耶律大石去世，耶律夷列年幼，由萧皇后摄政，改元咸清。咸清七年（1150 年），萧皇后退位，耶律夷列亲政，改元绍兴。

绍兴十三年（1163 年），耶律夷列驾崩，庙号仁宗。

政治清明　推动发展

萧皇后和耶律夷列执政时期，西辽社会稳定，政治清明，经济发展迅速，百姓安居乐业，各族人民团结友好，朝廷和地方官员恪尽职守、奉公守法，国力进一步增强。辽德宗耶律大石在虎思斡耳朵建都的时候，这里人口稀少，经济十分落后。到耶律夷列执政期间，虎思斡耳朵发展成了规模较大的城市，骑马走上半天才能绕城一周，周边也被百姓开垦成富庶的农业区，水利灌溉相当发达。

在耶律夷列统治期间，西辽朝廷进行了一次全国人口普查，查出官府登记在册的 18 岁以上的平民有 84500 户。因此，历史学家认为耶律大石是西辽的奠基者，萧皇后和耶律夷列则是西辽国力和经济发展的推动者。

耶律夷列在位期间，发生的唯一一次战争是在绍兴八年（1158 年），花剌子模的哈剌鲁人首领在西辽管辖的撒马尔罕被杀，于是，哈剌鲁人集结重兵攻打撒马尔罕。耶律夷列派兵救援，逼退了哈剌鲁人。

绍兴十三年（1163 年），耶律夷列驾崩。

末帝耶律直鲁古

耶律直鲁古档案

生卒年	？—1213 年	在位时间	1178—1211 年
父亲	辽仁宗耶律夷列	谥号	无
母亲	不详	庙号	无
后妃	无	曾用年号	天禧

耶律直鲁古，西辽仁宗耶律夷列次子，西辽第三位皇帝。

崇福十五年（1178年），六院司大王萧斡里剌发动政变，杀死承天太后耶律普速完，拥立耶律直鲁古为帝，改元天禧。

天禧三十四年（1211年），蒙古降将屈出律起兵叛乱，擒拿耶律直鲁古，迫使他让位，尊为太上皇，仍用西辽国号。天禧三十六年（1213年），耶律直鲁古驾崩。

得益政变　幼年继位

辽仁宗耶律夷列驾崩后，因儿子年幼，由其妹妹耶律普速完权国称制。耶律普速完自称承天太后，改元崇福。她和驸马萧朵鲁不的弟弟萧朴古只沙里通奸，贬驸马萧朵鲁不为东平王，后又罗织罪名将其杀害。

驸马萧朵鲁不的父亲萧斡里剌是朝中元老，任六院司大王，儿子被害后,他发动政变,率兵围攻皇宫,射杀了耶律普速完和萧朴古只沙里,然后拥立耶律夷列的小儿子耶律直鲁古继位,改元天禧。由于耶律直鲁古昏庸无能,朝政大权掌握在萧斡里剌手中。

用人不明　政权被夺

天禧二十七年(1204年),蒙古族领袖铁木真杀死乃蛮部①太阳汗,太阳汗的儿子屈出律率兵反击,也被打败,于天禧三十一年(1208年)逃到虎思斡耳朵。

屈出律来到西辽以后,利用花言巧语取得了耶律直鲁古的信任,并成为他的驸马。这以后,屈出律野心膨胀,打算利用乃蛮部和蔑儿乞部杀死耶律直鲁古,夺取帝位。他以召集旧部为名,向耶律直鲁古索要了一笔钱财,然后招兵买马,很快建立起一支属于自己的队伍。

天禧三十四年,耶律直鲁古在秋猎时为屈出律所擒,之后屈出律窃取帝位,尊耶律直鲁古为太上皇,仍用西辽国号。天禧三十六年,耶律直鲁古病逝。5年后(即1218年),屈出律为蒙古兵所杀,西辽宣告灭亡。

注释:

①乃蛮部:又译乃马、乃满、乃蛮、奈曼等。于11世纪开始居住在蒙古高原西部,牧地在阿尔泰山与杭爱山之间。

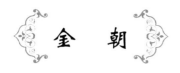

金　朝

太祖完颜阿骨打

完颜阿骨打档案

生卒年	1068—1123 年	在位时间	1115—1123 年
父亲	完颜劾里钵	谥号	应乾兴运昭德定功仁明庄孝大圣武元皇帝
母亲	那拉氏	庙号	太祖
后妃	唐括氏、裴满氏、仆散氏等	曾用年号	收国、天辅

完颜阿骨打，汉名完颜旻，女真族，完颜劾里钵之子，金朝的开国皇帝。

辽天庆四年（1114 年），完颜阿骨打起兵反抗辽朝，次年正月登基称帝，国号为金，年号收国，建都会宁府。

完颜阿骨打在位期间，命人创造并颁行女真文字，完善了女真末期部落组织的猛安谋克①制度，改为军事行政组织。

天辅七年（1123 年）八月，完颜阿骨打领兵返回上京，行经部堵泺西行宫时驾崩，终年 56 岁，谥号武元皇帝，庙号太祖，葬于睿陵。皇统五年（1145 年）十月加谥为应乾兴运昭德定功仁明庄孝大圣武元皇帝。

少年壮志　起于抗辽

女真族生活在我国东北地区，历史悠久，骁勇善战，根据血缘关系分为不同的部落。女真部族之间因为互不统属，所以战争不断。唐末，契丹迅速崛起，征服了女真。为了加强对女真的控制，将其一分为二，一部分迁至辽东半岛，编入契丹国籍，称为"熟女真"；一部分留居松花江之北，今吉林扶余之东，称为"生女真"。

生女真中有个部落叫完颜部，10世纪时完颜部的首领是绥可，他带领部落定居于按出虎水河畔，以农业为生。后来，完颜乌古廼（nǎi）继位，从邻国购买铁器，铸造弓箭兵器，统一了生女真各部落，形成了一个强大的军事联盟。

完颜乌古廼去世后，次子完颜盈歌继位，即金穆宗。完颜阿骨打是完颜盈歌的侄子，从小骁勇善战，臂力惊人，箭法精准，能射320步之远。他跟随完颜盈歌四处征战，勇猛果敢，曾带兵打败纥石烈部等，后来被辽朝封为详稳。

辽天庆三年（1113年），完颜部首领、金康宗完颜乌雅束病逝，完颜阿骨打继任。由于痛恨辽朝对女真的高压统治，完颜阿骨打下定决心要摆脱辽朝统治，为此他多次派人甚至亲自到辽国以进行外交活动为名，了解辽国虚实。

在统一女真部落后，完颜阿骨打大力发展军事力量，号召部落民众积极种田，多存粮食，铸造兵器，饲养良马，为战争做准备。而辽国对此却不甚在意，一如继往地压榨女真。耶律延禧每年都派人到女真索取被他们视为图腾的海东青。辽国使者不仅大肆敛财，还贪图女色，看到美女，无论婚否，一律强抢，女真人对他们恨之入骨。辽天庆二年（1112年），耶律延禧在混同江②举行"头鱼宴"，各部落首领都来庆祝。酒至正酣时，耶律延禧让各部落首领起舞助兴，唯有完颜阿骨打坐在那里一动不动。耶律延禧看出完颜阿骨打的英勇气概，知道他将来必为辽朝大患，便想将他杀死，经辅臣萧孝先劝说才作罢。

辽天庆四年，完颜阿骨打宣布起兵，亲自率领2500人对辽北方军事重镇宁江州发起进攻，在激战中斩杀辽将耶律谢十，攻占宁江州。之后，完颜阿骨打一鼓作气，又率军攻打辽另一军事重地出河店。这里由辽都统萧纠里、副都统萧挞不野率领10万精兵驻守。完颜阿骨打运用机动灵活的战术，给辽军出其不意的打击，又一次取得了胜利。女真由此实力大增，队伍壮大到万人。而辽军在接连两次遭到痛击后，一蹶不振。

建国称帝　灭辽友邻

辽天庆五年（1115年），完颜阿骨打的部下吴乞买、撒改、辞不失等，请求他建国称帝。完颜阿骨打也正有此意，于是诏令天下，登基称帝，建国号为金，建元收国。

此时还有一部分女真部落处于辽国的统治之下，为了实现真正的统一，完颜阿骨打兵分三路，向辽国发起攻击。一路由斡鲁古、完颜娄室率领，进攻咸州；一路由夹谷撒改率领，进攻保州、开州，以断绝黄龙府的外援；他自己则亲率主力围攻黄龙府。经过几次激烈的战斗，金军攻占了黄龙府。

黄龙府失守的消息传到辽国中京，朝野为之震动。辽恭宗耶律延禧集结70万重兵，御驾亲征，欲夺回黄龙府。大军来到驼门驻扎，绵延百里。而金军不过2万余人，明显处于劣势。但是，完颜阿骨打并不畏惧，下令将士修筑战壕，坚守待命，避免与敌人正面交锋。他用刀子划破前额，血流如注，仰天大哭，与将士们诀别说："当今大敌当前，强于我数十倍，如众将怕死，可将我献于辽军，或可保命。"将士们都大声呼喊，要与敌人决一死战。

几天后，金军擒获一名辽将，得到一个意外的消息：耶律延禧于两天前撤退了。完颜阿骨打认为反击的时候到了，于是率军追赶，在护步达冈追上辽军，杀得辽军人仰马翻，伤亡惨重。辽恭宗耶律延禧在众将的保护下狼狈而逃，星夜兼程500余里到达广平淀行宫，才稍作安歇。

收国二年（1116年），渤海人高永昌反叛辽国，辽恭宗耶律延禧派张琳、耶律淳前去平叛。高永昌向金国求助，没想到完颜阿骨打不但不救，反而命完颜斡鲁去攻打高永昌，占据了辽东京全部州县。为了庆祝这次胜利，完颜阿骨打为自己加号为大圣皇帝，次年改元天辅。

天辅元年（1117年），国论昊勃极烈③完颜杲奉命攻陷泰州，斡鲁古攻取显州，乾、懿、豪、徽、成、川、惠等州也相继投降金国。大辽灭亡已成定局。

为了集中兵力攻打辽国，完颜阿骨打对西夏、高丽和北宋均采取和平友好的政策。天辅三年（1119年），完颜阿骨打派人到北宋商议联合讨伐辽国。次年，双方达成协议，由宋军攻取辽南京析津府，金军负责进攻辽中京大定府，灭辽以后，北宋收回幽云十六州，将每年送给辽国的岁币转送给金国，史称"海上之盟"。

双方按照事先的约定出兵，天辅六年（1122年），金国都统完颜杲攻取辽中京，占据泽州，迫使辽耶律延禧逃往鸳鸯泊。由于金军穷追不舍，耶律延禧继续逃往西京，金兵随即攻占西京、天德、云内、宁边、东胜等州。耶律延禧又逃往夹山。同年六月，完颜阿骨打亲自统兵追伐耶律延禧，攻取归化、奉圣二州。与此同时，宋军却连打败仗，最后还是依靠金军的力量拿下了辽南京。金军以南京是自己攻陷的为由据之不还，经多次交涉，北宋在原定条件的基础上增加100万贯岁币的代价，终于取回蓟、景、涿等六州。

攻陷上京后，完颜阿骨打下令焚烧辽国宗庙，又将辽国历代帝王墓掘开暴尸，以泄仇恨。

创造文字　安邦定国

消灭了辽国，完颜阿骨打开始集中精力治国安邦。首先是对朝廷内部的权力进行调整，确立皇权，在中央设立"勃极烈制"。其次，积极改革弊政，确立新的法制，规定民无贵贱，在法律面前一视同仁。为了提高女真人的素质，他下令革除原始婚俗，严禁同姓通婚，同姓间凡是在宁江州战役结束后成婚的，婚约无效。

此前女真没有文字，完颜阿骨打命大臣完颜希尹创造文字。完颜希尹不辱使命，用汉字结合女真语言，很快创造了一套女真文字。女真文字的创造，给人们的生活带来了极大的便利。完颜阿骨打非常清楚地认识到汉族文化的先进性和重要性，积极任用汉族士人，凡是有才能的汉族知识分子，只要愿意到京师来，必定重用。他也非常重视收集各种文献、书籍。攻打辽国时，他多次告诫部下注意保护经典文献。占领中京以后，他下令将辽国礼乐仪式类的书籍资料全部搬运回国。

完颜阿骨打还完善了女真末期部落组织的猛安谋克制度，即按什伍进位编制，分别设立伍长、什长、谋克、猛安等基层单位。完颜阿骨打改编军队，打破血缘关系，规定以户为计算单位，每300户组成一谋克，设百夫长为首领；每10谋克为一猛安，设千夫长为首领。战时打仗，闲时耕种。

对辽战争的胜利，使完颜阿骨打的声望益隆，周边的小部落纷纷前来归顺。完颜阿骨打对他们一视同仁，不分贵贱，特意下发诏令，要求对归属的各族百姓予以安抚，发放官粮，不得打压。同时，他还号召全国百姓大力开荒，发展生产。

天辅七年八月，完颜阿骨打在从燕京返回上京途中驾崩。

注释：

①猛安谋克：金代女真族的军事和社会组织单位。有时作为女真人户的代称。它们是原始社会后期基于征掠、围猎的需要而设的军事首领，后发展为固定的军事组织。猛安谋克作为军事编制单位，人数多少不定。

②混同江：古水名。"辽太平四年（1024年）圣宗诏改鸭子河为混同江，始见其名。"辽与金初仅指鸭子河，后指今松花江及黑龙江下游。

③国论昊勃极烈：金代早期官名，女真语音译，亦作昊勃极烈。《金史·金国语解》谓"阴阳之官"，主管司祭等，一说为管理众人的第二勃极烈。金太祖完颜阿骨打建国后，设谙班、国论、国论阿买、国论昃（zè）勃极烈，共掌国政，太祖之弟完颜杲首任此职。天眷元年（1138年）熙宗推行汉法，颁行汉化官制后废止。

太宗完颜晟

完颜晟档案

生卒年	1075—1135 年	在位时间	1123—1135 年
父亲	完颜劾里钵	谥号	体元应运世德昭功哲惠仁圣文烈皇帝
母亲	那拉氏	庙号	太宗
后妃	唐括氏等	曾用年号	天会

完颜晟，又名吴乞买，完颜劾里钵之子，金太祖完颜阿骨打四弟，金朝第二位皇帝。

天辅七年，金太祖完颜阿骨打驾崩，按照兄终弟及的传统，完颜晟继位称帝，改元天会。

天会三年（1125年）十月，完颜晟命令谙班勃极烈①完颜杲为都元帅，率领金军分两路进攻北宋首都汴京，双方订立"城下之盟"。次年八月，完颜晟再次命完颜宗望、完颜宗翰领兵进攻汴京，并成功攻占汴京。

天会十三年（1135年）正月，完颜晟驾崩于明德宫，终年61岁，谥号文烈皇帝，庙号太宗，葬于和陵。其后代为海陵王完颜亮所杀，海陵王迁都后，完颜晟被改葬于大房山，称恭陵。

秉承兄志　南下灭宋

完颜晟曾被金穆宗完颜盈歌收为养子。辽天庆五年（1115年），女真在与辽国的战争中取得了重大胜利，完颜阿骨打登基称帝，建立金国。完颜晟被任命为谙班勃极烈。天辅五年（1121年），完颜晟奉诏知国政，协助处理军国大事，为完颜阿骨打在对辽战争中解决了后顾之忧。天辅七年（1123年），完颜阿骨打驾崩，完颜晟继位。

完颜晟继位后，秉承兄志，继续对辽国进行军事打击，将耶律延禧追得无处可逃。天会三年（1125年），完颜晟终于将耶律延禧抓获，辽国宣告灭亡。

天辅七年（1123年），金朝大将率领部下脱离金国，投奔北宋。完颜晟震怒，加上完颜宗翰、完颜宗望的鼓动，他决定发兵攻打北宋。

天会三年（1125年），耶律延禧被俘，西部战事结束。完颜晟下令整备军马，调拨粮草，准备南下。同年十月，他下令兵分两路南下伐宋，一路由左副元帅完颜宗翰率领，从云中攻太原；一路由右副元帅完颜宗望率领，从平州攻燕山府。北宋燕山府守将郭药师投降，并引金军渡过黄河，包围汴京。宋徽宗赵佶贪生怕死，仓皇而逃，其子赵桓继位，以割让太原、中山、河间三镇并增岁币为条件，来换取金朝退兵。此时，其他地区战事正酣，北宋大将姚平仲在孟阳被完颜宗望打败；完颜宗翰攻下隆德府，北宋大将种师中在井陉被杀。

次年八月，金军再次南下攻宋，很快攻取太原、井陉、真定。十一月，金军渡过黄河，再次包围汴京。宋钦宗赵桓拒绝任用李纲等抗金良将，而轻信郭京所谓的"六甲兵法"，结果汴京陷落，赵佶、赵桓二帝被俘。

天会五年（1127年）冬，完颜晟再次下令进攻中原，其中，完颜宗翰进攻河南，完颜宗辅进攻山东；同时又下令追击在扬州的宋高宗赵构。天会六年（1128年），金国大将完颜娄室攻取陕西。天会七年（1129年）二月，金军再度南下，赵构仓促渡过长江，奔向瓜洲，最后逃至建康；闰八月，金兵继续南征，赵构又逃往镇江，于十月逃至杭州；十一月，完颜宗弼率兵渡过长江，攻陷建康。赵构一路逃往越州、明州。金军穷追不舍，赵构逃到海上，来到定海。完颜宗弼乘船追赶，但没有追上。后来，宋军又收复建康。

天会八年（1130年）三月，完颜宗弼与南宋大将韩世忠在镇江交战，被击败。之后，双方又在长江上交战，完颜宗弼利用火攻打败了韩世忠，得以渡江，占据六合。随后，完颜晟将主要战场移至陕西，南宋名将张浚被完颜宗辅打败，陕西五路相继失守。天会九年（1131年），完颜宗弼率军进攻和尚原，被南宋名将吴玠、吴璘击败，完颜宗弼中箭负伤，宋军取得了交战以来的最大胜利。天会十一年（1133年），完颜宗弼再次进兵，终于攻克和尚原，接着又攻打仙人关，被吴玠击败，从此不敢再图谋蜀地。完颜晟又派完颜宗辅、完颜昌权为左右副元帅，南渡淮河，再次进攻南宋。关键时刻完颜晟却突发重病，金军于是撤退。

息兵罢战　专心治国

完颜晟在位期间，非常重视农业生产，将从辽国俘虏的宫妃、婢女、工伎共计3000多人押往金国，送给猛安谋克户②当作劳动力。对于家贫缺少耕牛的农户，则下令定期发放官牛。他还多次下令，不许士兵滋扰百姓，不许贵族奴役百姓，不许将汉人变成奴隶，在女真旧地实行赋税制，令各地方官员督促农业生产，派遣专业的劝农使到各地巡察农桑情况。在地方政权的建设上，他实行南、北面官制。他原本想在汉族聚集区实行猛安谋克制，但因遭到汉人的强烈反对，遂沿用汉制。

完颜晟病重后，根据祖上的规矩，本应立弟弟完颜杲为谙班勃极烈，但完颜杲英年早逝，完颜晟只好立自己的儿子为谙班勃极烈。正在外地的完颜宗翰听到消息后，急忙返回朝中，与完颜希尹、完颜宗干联合，逼迫完颜晟改立太祖嫡孙完颜亶为谙班勃极烈；同时逼迫完颜晟分封宗室，封完颜宗翰为右勃极烈兼都元帅，掌管全国的政治、军事大权。完颜晟为此深感不安，于天会十一年（1133年）下诏收回元帅府的任命官吏权，改为朝廷选派，以削弱完颜宗翰的权力。

天会十三年（1135年）正月，完颜晟在上京驾崩。

注释：

①谙班勃极烈：官名。金代置。金太祖建国后，废女真部落联盟制，设谙班、国论、国论阿买、国论昃勃极烈共掌国政。以谙班勃极烈为首，由完颜晟（金太宗）充任。军出作战，设都元帅，例由谙班勃极烈兼任。金太宗时，成为皇位继承者的官封。熙宗改制后废。

②猛安谋克户：金户类之一。金代女真人编入猛安谋克，不与民户杂居，称猛安谋克户。

熙宗完颜亶

完颜亶档案

生卒年	1119—1150 年	在位时间	1135—1149 年
父亲	景宣皇帝完颜宗峻	谥号	弘基缵武庄靖孝成皇帝
母亲	富察氏	庙号	熙宗
后妃	悼平皇后等	曾用年号	天眷、皇统

完颜亶,女真名合剌,金太祖完颜阿骨打嫡长孙,景宣皇帝完颜宗峻之子,金朝第三位皇帝。

天会十年,完颜亶在完颜宗干、完颜宗翰等诸宗亲勋贵的支持下,成为皇位继承人。天会十三年,辽太宗完颜晟驾崩,完颜亶继位,但他很少参与政事,朝政大权被完颜宗翰、完颜宗干、完颜宗弼等开国功臣把持。直到皇统八年(1148 年)十月完颜宗弼去世,他才亲政。

皇统九年(1149 年)十二月①,完颜亶被杀。金世宗完颜雍继位后,于大定元年(1161 年)恢复完颜亶的帝号,并追谥为武灵皇帝,庙号闵宗,后改谥号弘基缵武庄靖孝成皇帝,庙号熙宗。

汉家少年　推崇汉制

天会十年,完颜亶被立为谙班勃极烈,成为皇位继承人。天会十三年，辽太宗完颜晟驾崩，完颜亶继位。

完颜亶幼年师从韩昉等汉人名儒，学习刻苦，加上天资聪明，能用汉文写诗赋词，对于汉族的礼乐、服饰十分喜爱，因此被宗室大臣称为"汉家少年"，而完颜亶则针锋相对，称他们是"无知夷狄"。在宗室之中，只有完颜宗干、完颜宗弼对汉族文化感兴趣，尤其是完颜宗弼，因为曾担任主帅与宋朝进行过长期的战争，对汉族文化十分了解，深为汉族文化所折服。辽太宗完颜晟在位时，完颜宗弼便曾力主推行汉制，但并没有受到重视。

完颜亶继位后，虽然接受了完颜宗弼、完颜宗干的建议，但并没有马上实施改革。因为大臣之中有很多守旧派，若想改革顺利进行，必须清除这些人。当时朝中主要有两股势力：一股是以完颜宗翰为首的守旧势力，他们曾为国家立下赫赫战功，关系盘根错节，难以撼动；一股是以完颜宗磐②为代表的新生势力，其中包括完颜宗干、完颜宗弼。在新生势力的大力支持下，完颜亶顺利清除了完颜宗翰等守旧大臣，开始对朝政实行全面改革。

天眷三年（1140年）十一月，完颜亶下诏由孔子第49世孙孔璠袭封衍圣公，还数次到孔庙祭拜。此后，他更加致力于学习和推广汉族文化，对《论语》《尚书》等经典赞不绝口。他拜自己的老师韩昉为翰林学士、参知政事，并重用汉族士人蔡松年、曹望之、许霖等。他重用汉人的举动得到了汉族地主阶级的大力支持，既维护了女真族的统治地位，也为下一步进行汉制的改革打下了坚实的基础。

在汉族文化的影响下，完颜亶产生了浓厚的皇权思想，他下诏废除女真传统的"勃极烈"制度，全面仿照辽、宋官制。在朝廷中，行政方面，皇帝之下设太师、太傅、太保（三师）和太尉、司徒、司空（三公）；军事方面，设最高军事机构都元帅府，首领为都元帅，另设左、右副元帅，左、右监军，左、右都监。在地方上，下诏废除刘豫的齐政权，在汴京等汉人地区仍保持原来的汉族制度不变，官员也以原任官员为主，同时以契丹、女真、渤海人任副职。在金朝内部，沿用辽、宋旧有的制度，设路、府、州、县四级，各路设兵马都总管，掌握军事大权。

天眷元年（1138年），完颜亶对已经确立的官制进行重大改革，颁布了新的制度，于十月制定了封国制度。为了加强皇权，他还增设平章政事和参知政事，地位在左、右丞相和副丞相之下。平章政事为宰相，参知政事为执政官，进一步增强了丞相和副丞相的权力。他在朝廷中又设立御史台，长官为御史大夫，副职为御史中丞，负责监督和弹劾官员。

对于礼仪典制，完颜亶同样做了改革，将皇帝所在的地方设为京城，称上京，所在的府称为会宁府；建设皇宫，设置仪卫将军，禁止王公大臣佩刀上殿，既提高了皇帝的威严，又保证了皇帝的安全；百官上朝必须穿朝服，行君臣大礼，皇帝则穿龙袍。

为了更好地维护自己的统治，完颜亶命人以本国的法制为基础，参照宋、辽法律，制定了一部系统的法典——《皇统制》，作为治国的依据。在民生方面，完颜亶依然沿用"移民实内"的措施，下令女真人大规模南迁，与汉人杂居，进行屯田，严禁将农民变成奴隶。为了发展农业，他委派专职官员对国内闲置的土地进行统计，然后分给农民耕种。他还强令将王公贵族荒芜的土地分给农民耕种，只收取少量赋税。在楚政权破灭后，他又废除楚政权，让士兵们都回家务农。这些措施对发展农业起到了很大的推动作用。

天眷三年，完颜亶认为以武力征服南宋已无可能，决定与南宋议和。宋高宗赵构为了议和，下令解除韩世忠、岳飞、张凌三位抗金名将的职务，甚至以莫须有的罪名杀死了岳飞。皇统元年（1141年），宋金双方经过多次谈判达成了协议：南宋接受金国封号，对金称臣，划定东以淮河为边界，西以大散关为界，南属于宋，北属于金。南宋割让唐、邓、商、秦等地给金国，每年再向金国缴纳银两25万两、绢25万匹。

贪恋女色　滥杀忠良

完颜亶在位期间，广纳美女，金国内13～20岁的女子无论贵贱，全部收入后宫。他还滥杀无辜，导致一批元老大臣冤死。后来，完颜宗干、完颜宗弼先后病逝，完颜亶变得更加昏庸，疏于政事，意志消沉，以至于大权落入皇后裴满氏手中。裴满氏与完颜亮、完颜宗宪、完颜秉德把持朝政，胡作非为。完颜亶心中烦闷，酗酒成性，最终失去理智，在酒醉后下令处死弟弟完颜元、完颜查剌、裴满氏及后宫多个妃子，使满朝文武人人自危。

皇统九年十二月，完颜亮、驸马都尉唐括辩、寝殿小底③大兴国发动政变，率领10多名侍卫闯入宫中，杀了完颜亶，之后降其为"东昏王"，葬于裴满氏的墓中。贞元三年（1155年），后人将其改葬于大房山。

注释：

①皇统九年十二月已经进入公元1150年。

②完颜宗磐（约1095—1139年）：金朝宗室大臣，金太宗完颜晟嫡长子。跟随金太祖、金太宗伐辽灭宋，战功卓著。历任内外诸军副都统、国论勃极烈。金熙宗完颜亶时，封尚书令、宋国王、太师。后以谋反罪处死。

③寝殿小底：辽朝宫中杂役名。属著帐户司承应小底局，掌寝殿侍候事。例由著帐户充任。

海陵王完颜亮

完颜亮档案

生卒年	1122—1161 年	在位时间	1150—1161 年
父亲	完颜宗干	谥号	炀帝
母亲	大氏	庙号	无
后妃	徒单皇后等	曾用年号	天德、贞元、正隆

完颜亮，女真名迪古乃，字元功，金太祖完颜阿骨打庶长孙，辽王完颜宗干次子，金朝第四位皇帝。

完颜亮曾任骠骑上将军、同判大宗正事、尚书左丞、平章政事、右丞相等职。皇统九年正月，完颜亮兼都元帅，三月又拜为太保、领三省事。之后，完颜亮发动政变，杀死金熙宗完颜亶，自立为帝，改元天德。

完颜亮在位期间，虽然残暴荒淫，诛杀异己，但在治理国家方面也显示出雄才大略的一面。他能够听取臣下的一些有益建议，鼓励农业，澄清吏治，完善财制，并大力推广汉化，迁都燕京，促进了各民族文化的交流。

正隆六年（1161 年），完颜亮被杀，终年 40 岁；次年被贬为海陵郡王，谥号炀，葬于大房山鹿门谷；大定二十年（1180 年），又被贬为海陵庶人。

野心勃勃 杀兄登极

完颜亮自幼聪明好学，曾拜汉人名儒张用直为师，琴棋书画无所不能。他性格豪爽，胸怀大志，喜怒不形于色，善于察言观色。

天眷三年（1140年），19岁的完颜亮被封为奉国上将军，跟随完颜宗弼作战，立下了赫赫战功，不久，升为骠骑上将军。皇统四年（1144年），完颜亮被封为龙虎卫上将军，留守中京后，又升为光禄大夫。

完颜亮城府颇深，对完颜亶继位心怀不满，认为自己是辽太祖完颜阿骨打的嫡孙，最有资格继承皇位，于是暗中培植势力，伺机夺位。皇统七年（1147年），完颜亮受诏入京，先任同判大宗正事，后为尚书左丞。他利用职权的便利，将萧裕提拔为兵部侍郎，不久又升其为北京留守。次年，完颜亮升任右丞相。皇统九年九月完颜亮兼都元帅，从此掌握朝政大权。

辅政大臣完颜宗弼、完颜宗干相继病逝后，完颜亶又失去了两个皇子，整天郁郁寡欢，借酒消愁。皇后裴满氏趁机揽权，和完颜亮勾结在一起，祸乱朝纲。完颜亶虽然有所觉察，但却无心过问。皇统九年，完颜亮生日那天，完颜亶赏赐他大量金银财宝，然后派近侍小底大兴国送去。大兴国路过裴满氏行宫时，顺便将她赐予完颜亮的礼物一同捎去。完颜亶听说后醋意大发，除了狠狠地责罚大兴国之外，又诏令裴满氏将礼物追回。完颜亮惊恐不已，恰在这时，发生了学士张钧没有按照皇帝旨意起草诏书被赐死一事。大臣完颜宗贤弹劾完颜亮参与此事，完颜亶趁机贬其官职，调任行台尚书省事。完颜亮赴任途经北京，受到北京留守萧裕的热情接待。二人经过商议，决定拥立完颜亮于河南称帝，然后兴兵北进。但他们进行兵变的准备时，完颜亮又接到了让他还京的圣旨，行动暂时停止。回到京城后，他被授予平章政事，加紧进行政变准备。

代国公主为母亲裴满氏做佛事时，完颜亮抓住时机，与驸马都尉唐括辩、右丞相完颜秉德经过细致的谋划，率领十几名近侍闯入皇宫，趁夜杀害完颜亶，然后自立为帝，改元天德。

巩固地位　改革朝政

为了巩固得来不易的皇位，完颜亮开始在朝中诛杀异己，处死了大臣完颜宗敏、完颜宗贤等人；对于拥立有功者则予以厚赏，任命完颜秉德为左丞相兼侍中、左副元帅等职，驸马唐括辩为右丞相兼中书令，完颜乌带为平章政事等。

不过，唐括辩和完颜秉德并非真心拥立完颜亮，只是临时起意而已。完颜亮对此也心知肚明，所以在提拔他们之后，便开始寻找机会清除二人。天德二年（1150年），完颜乌带向完颜亮告发完颜秉德、完颜宗本有意谋反，完颜亮趁机将完颜秉德处死，并株连完颜秉德家族数十人。同年，完颜亮又相继将完颜宗本、唐括辩除掉，还派人杀死东京留守完颜宗懿、北京留守完颜卞、完颜宗翰子孙30多人，彻底灭绝了完颜晟一系。

巩固了自己的帝位，完颜亮没有了后顾之忧，开始对朝政实行改革。针对中央统治机构臃肿、大臣揽权的现象，完颜亮下令精简机构，加强中央集权以及中央对地方官员的管理，将整个国家划为五大京路和十四个总管府。

他诏令天下，无论王公大臣还是平民百姓，均可参与政事，对皇帝提出意见。为此他还专门成立了一个智囊团，供自己咨询。他对文武百官的要求也非常严格，一旦发现有人执法犯法，必定严惩不贷；而对政绩优秀的官员，则按照制度予以提拔重用，赏罚分明。

他还接受大臣梁汉臣的建议，将首都迁至燕京，改燕京为中都，升析津府为大兴府，改汴京为南京、辽中京大定府为北京、辽阳府为东京、大同府为西京。迁都完成之后，完颜亮继续推行移民政策，将女真贵族大批南迁，在大房山建造陵墓，将完颜阿骨打、完颜晟迁葬过去，原来上京的宫殿全部毁掉，改为耕地，分给当地农民。

在司法制度方面,完颜亮在辽熙宗完颜亶制定的《皇统制》基础上,做了进一步的完善,于正隆年间又推出一部新的司法蓝本《续降制书》,设置提刑司等职位,专门负责刑狱,减少了冤假错案的发生。对于人才的培养和任用,完颜亮同样非常重视。天德年间,他仿照中原的王朝制度设置国子监和教育生员,大力提倡科举制度,提拔有真才实学者为朝廷官员。都城迁到燕京以后,开殿试,他亲自命题及考核。

在经济方面,完颜亮鼓励农民开荒垦地,加派劝农使到全国各地督促生产;同时派大臣巡视全国,对荒芜的土地进行统计,然后再分给农民,向他们收取少量赋税。

荒淫无度　引火烧身

完颜亮生活节俭,继位以后依然保持朴素风尚,经常穿着破旧的衣服接见大臣,饮食也很简单。他还专门下达了禁酒令,规定除了有使者来朝外,其余时间一律不许饮酒。

但他和完颜亶一样,纵欲无度,继位后陆续册立了12个妃子、9个昭仪、3个婕妤,还有数以千计的宫女。即便如此,他仍不满足,多次下诏在全国选拔美女,纳入后宫。

其中,平章政事完颜乌带的妻子定哥天生丽质,完颜亮十分喜爱。为了达到长期霸占定哥的目的,他授意定哥谋害自己的丈夫,然后将她召入后宫,封为贵妃。辽太宗完颜晟子孙70多人被诛杀后,他们的妻子全部被完颜亮据为己有。

完颜亮梦想一统天下,为了达到这一目标,他特意将都城南迁,重用汉族人士。但是,对于他这一伟大抱负,朝廷中只有少数大臣表示支持,大部分人都持反对态度。贞元三年(1155年)十月,太后徒单氏来到中都,多次劝说完颜亮不要兴兵南伐,挑起战争,但完颜亮却阳奉阴违。后来,徒单氏劝说的次数多了,完颜亮愤怒至极,下令将徒单氏杀死,并以火焚尸,然后将其残骸投入井中。

正隆六年(1161年)六月,完颜亮再次下令迁都汴京。同年九月,他亲率大军，分四路向寿春发起进攻。战争开始后，除了完颜亮率领的一路在宋军毫无防备的情况下占领了庐州、和州、扬州之外，其余三路均告失败。完颜亮不甘战败，下令建造舰船，亲自登台指挥将士渡江作战，但金军不习水性，加上宋军顽强抵抗，渡江受挫，只好移驻瓜洲。完颜亮想从瓜洲渡江夺取镇江，于是传令将士：士卒畏退者斩其猛安，猛安后退者杀其总管。

这时，传来了完颜雍在东京称帝的消息，顿时军心涣散，士气低迷。正隆六年十一月二十七日，兵部尚书兼浙西道兵马都统制完颜元宜等人，闯入完颜亮的营帐，将其杀死。尚书右丞李通、监军徒单永年、近侍局梁珫（chōng）、副使大庆山也被杀死。完颜元宜领兵返回后，在南京将太子完颜光英杀死。

世宗完颜雍

完颜雍档案

生卒年	1123—1189年	在位时间	1161—1189年
父亲	完颜宗辅	谥号	光天兴运文德武功圣明仁孝皇帝
母亲	贞懿皇后李氏	庙号	世宗
后妃	昭德皇后、元妃张氏等	曾用年号	大定

完颜雍，原名完颜褒（xiù），字彦举，女真名乌禄，金太宗完颜阿骨打之孙，金睿宗完颜宗辅之子，金朝第五位皇帝。

正隆六年，海陵王完颜亮征宋，封完颜雍为东京留守。完颜雍趁朝内空虚，在东京称帝。

完颜雍在位期间，下令停止侵宋战争，对内励精图治，选贤治吏，轻赋重农，尊崇儒学，并革除海陵王完颜亮统治时期的一些弊政，实现了"大定盛世"的繁荣昌盛局面。

大定二十九年（1189年），完颜雍驾崩，终年67岁，谥号光天兴运文德武功圣明仁孝皇帝，庙号世宗，葬于兴陵。

乘虚夺权　登基为帝

完颜雍 13 岁那年，父亲完颜宗辅去世，依照女真风俗，他的母亲应该嫁给宗族中的男人，但她坚决不同意，选择了出家为尼。

完颜雍成长于辽熙宗完颜亶和海陵王完颜亮政权交替时期。完颜亶和完颜亮为了巩固皇权，都采取了打压宗室的政策。完颜雍早年发奋读书，用心习武，后来追随完颜宗翰、完颜宗弼、完颜昌等金朝名将，南征北战，立下了汗马功劳，锻炼出了高超的军事才能和应变能力。皇统年间，完颜雍被授予光禄大夫，加封葛王，任兵部尚书。辽熙宗完颜亶晚年昏庸无能，妄加猜忌。完颜雍为了保全自己，将家中的珍宝玉器进献给皇室后宫，博得了悼平皇后的欢心，也因此保住了兵部尚书的职位。

完颜亮继位后，再次采取高压政策，对皇室宗族进行杀戮。为了躲避灾难，完颜雍再次将家中珍藏的辽骨睹犀佩刀、吐鹘良玉茶盏等稀世珍宝献给完颜亮，总算保住了性命，但仍被贬为外官，先后担任会宁牧、中京留守、济南尹。

完颜雍父母早逝，后来与乌林答氏成婚，两人感情深厚，十分恩爱，相敬如宾。完颜雍在济南任职的时候，完颜亮听说乌林答氏貌美倾城，便召她入宫，想据为己有。乌林答氏无法忍受这样的屈辱，在途中投水自尽。完颜雍闻讯悲痛欲绝，发誓一定要为妻子报仇，于是开始暗中培植势力，等待时机。

贞元三年（1155 年），完颜雍改任东京留守，将以舅舅李石为首的渤海李氏家族团结在自己身边，并与当地贵族张家结为姻亲，渐渐形成了自己的势力集团。加上他个人威望颇高，女真权贵豪杰以及海陵王朝的文武官员也竞相前来投奔。

正隆六年，完颜亮下令征伐南宋，大将完颜福寿统领大军由山东道南下，途经泰安时，完颜福寿不愿继续前行，便召集众将商议，拥立完颜雍为帝，得到了大家的一致响应。于是，完颜福寿率领 2 万人马北还，至辽口，与完颜雍派来迎接的徒单思忠会合。完颜雍派人杀死暗中监视自己的东京副留守高存福，正式称帝，改元大定。

完颜雍继位后，为了笼络人心，采取了一系列的宽松政策。首先吸纳完颜皇族的成员，组成最高中央统治机构，并继续任用完颜亮时期的旧臣。他还大赦天下，除弑杀父母的重罪之外，其他罪犯一律赦免。同时下令将完颜亮征召来修建宫殿及南征伐宋的民夫全部遣散。

为了结束南北两个金国政权对峙的局面，完颜雍派人秘密潜入中都，对效忠完颜亮的中都官员进行策反，劝他们认清形势，承诺答应归顺的将予以重用；同时又派完颜福寿之子完颜和尚，带着自己的诏令前往南京，劝告南京太傅张浩归降。

大定元年（1161年）十月，完颜雍昭告天下，列举完颜亮的种种罪状：滥杀无辜、毁坏上京宫殿、有悖人伦等，然后带着完颜允济、完颜允迪以及满朝文武和2.5万多名将士，向中都燕京进发，于十月十九日进入中都燕京。

当时完颜亮正率军攻打南宋，听说完颜雍占领了燕京，震惊不已，将士们更是失去了斗志，纷纷败退。大将完颜元宜借机发动政变，以乱箭射杀了完颜亮。完颜雍闻讯，马上与完颜元宜取得联系，同时派使臣到南宋主动求和，表示愿意归还被完颜亮侵占的土地。

恢复宗本　兼顾汉制

完颜雍称帝的时候，由于前朝的高压统治，金国政局不稳、危机四伏。为了稳定局面，他下令为前朝被杀的皇室宗族、文武大臣平反昭雪，尸骨由朝廷收殓厚葬；家产被抄、家眷充公者，归还家产，释放家眷。对于被削职、降职的官员，官复原职。对于曾经跟随金太祖完颜阿骨打、金太宗完颜晟行军打仗而未升职的官员，也量才升迁。宗室中未担任官职者，授予闲散官职，给予适当俸禄。对于完颜亮时期的旧臣，完颜雍也表现出宽大的胸怀，既往不咎，愿意留任的予以留任，不愿意留任的，许其还乡。这些举措很好地安抚了人心，对稳定社会起到了积极作用。

完颜雍和之前的几位皇帝稍有不同，他大力提倡女真旧俗，告诫子女和下属不可忘记祖宗之本。他还特意宴请文武大臣，让歌伎伶人集体演唱女真族的古老歌曲。为了更好地恢复女真传统，他又下令禁止女真人穿汉服，以及与汉人通婚、改汉姓。他的几个儿女都出生在海陵王完颜亮对汉族文化狂热追求的时代，起的也是汉名，为此他特意委托大臣们替自己的儿女改名。

当然，完颜雍也没有排斥汉族文化，他大力推崇汉族的仁义道德，提倡仁政。他广开言路，虚心纳谏。大定二年（1162年）正月，他告诫臣下说："诸位爱卿有事尽管上奏，千万莫要荒废朝政，放任自流。"之后又说："唐尧虞舜都是古代圣主，尚且兼览博照，终成帝业，而海陵王独断专行，刚愎自用，最终灭亡。"

对于人才，完颜雍求贤若渴，下诏称文武大臣都有举荐贤才的义务。他非常重视通过科举考试选拔人才。大定初年，有近侍建议取消科举，完颜雍召集群臣商议此事，问道："自古帝王有不用文学之士的人吗？"大臣张浩回答说："有。"完颜雍又问："是谁？"张浩回答："秦始皇。"完颜雍听了，看着大臣们说："如果我们取消了科举选拔，岂不是和秦始皇一样了吗？"于是，科举制度非但没有被取消，反而得到了进一步推广。大定四年（1164年），完颜雍下诏，凡在科举考试中被列入优的士子，德才兼备者全部录用，人数不限，官员队伍得以壮大。

完颜雍在生活中很注重节俭，多次下诏放免宫女，减除御膳，节省皇宫开支。为了修缮宫室，他经常减少宫廷费用，御用器物大多是原有旧物。有一次，他听说凡是自己巡检时住过的房屋都被封闭起来，禁止别人居住，心里很不高兴，下令开放准许他人居住。

大定二十九年（1189年）正月，完颜雍驾崩于太安殿。

章宗完颜璟

完颜璟档案

生卒年	1168—1208 年	在位时间	1189—1208 年
父亲	完颜允恭	谥号	宪天光运仁文义武神圣英孝皇帝
母亲	徒单氏	庙号	章宗
后妃	富察皇后、李元妃等	曾用年号	明昌、承安、泰和

完颜璟,小字麻达葛,金世宗完颜雍之孙,宣孝太子完颜允恭之子,金朝第六位皇帝。

完颜璟曾被封为金源郡王,历任尚书右丞相等职,其父完颜允恭去世后不久,完颜璟被立为皇太孙。大定二十九年正月,完颜雍驾崩,完颜璟继位,改元明昌。

泰和八年(1208年),完颜璟驾崩,终年41岁,谥号宪天光运仁文义武神圣英孝皇帝,庙号章宗,葬于道陵。

秉承遗志　繁荣金国

完颜璟11岁时被封为金源郡王,开始学习女真和汉族文化,由进士完颜匡、司经徐孝美侍读。大定二十五年(1185年),其父完颜允恭病逝，完颜璟被晋封为原王，判大兴府事；第二年又升为尚书右丞相，并被册立为皇太孙。大定二十九年正月，金世宗完颜雍驾崩，完颜璟于灵前继位，改元明昌。

完颜璟生长于金世宗完颜雍执政的顶峰时期，深受完颜雍推崇汉族文化的影响，所以继位后也延续了完颜雍时期的执政方针，继续推行仁政路线，进行官制改革，整顿三省六部的建制。同时，他改变完颜雍恢复女真旧俗的政策，大力推广汉制，不断完善各种制度，使女真族彻底进入了封建社会。

承安三年（1198年），完颜璟下令在中央设立提刑司，后改为安抚司，主要负责镇抚各地百姓，纠察边防军务，审查朝廷内外重大案件。安抚司内再设安抚判官，专管女真猛安谋克。次年，安抚司更名为按察司，负责参查刑狱、弹劾官吏、劝课农桑。

为了提高官吏的执政能力，泰和四年（1204年），完颜璟仿照唐朝制度，制定了针对文武官员的考课法，规定不同的官员按政绩大小决定升迁。泰和六年（1206年），完颜璟在各地设置递铺，铺兵腰佩响铃，日行300里，凡是元帅府、六部的文件以及皇帝的圣旨和各地的奏表，都可以入铺传送，大大提高了传送效率。泰和八年，完颜璟又效仿宋、辽旧制，精简户部官员，设置三司，分别掌管盐铁、度支、劝农三职；同时重开登闻鼓院，设置审官院、内侍寄禄军、军器监、甲坊署等行政机构。完颜雍在位时期是金朝人口最多的时候，明昌六年（1195年），仅契丹和女真就有7223400户，4849万多人。

金国一直没有完整的礼乐制度，直到金世宗完颜雍晚期，才开始参照唐、宋制度，制定礼乐，先后开设"详定所""详校所"，由学识渊博的官员主持制定。到明昌初年，400多卷的《金纂修杂录》终于编成。礼部尚书张㬚又编成一部《大金礼仪》，由吏部侍郎李炳、国子司业蒙古仁本、知登闻检院①乔宇进行审定。经过两代皇帝的努力，金朝总算有了一套完整的礼乐制度。

完颜璟少年时就很熟悉汉族文化，对于儒家经典《诗经》《尚书》《孟子》等倒背如流。继位以后，他下令由孔子后裔孔元措承袭衍圣公，并修建孔庙，大力推举科举制度。他规定凡35岁以下的女真将士，必须熟读《孝经》和《论语》。在科举方面，完颜璟继续推行前朝的词赋、经义、策论、经童和女真进士等科目，明昌初年又增设了制举宏词科②，以待非常之士，进一步完善了金朝的科举制度。

在法律方面，完颜璟也进行了改革，特地组建了审定律令的机构。右司郎中孙铎率先评定出了《名例篇》，不久其他篇章也先后评定出来，由中都路转运使王寂、大理卿董师中等重新校正，制成了一部《明昌律义》。完颜璟命人继续重修新律，到泰和元年（1201年），终于制定了《泰和律义》，这成为金朝最完备的一部法律。

在经济方面，完颜璟在继位之初便下诏将宫籍中属于父、祖辈的奴婢全部放免为农民；不久又下诏允许因贫困而卖身为奴的奴隶赎身为民，其子女也可从良。明昌二年（1191年）二月，他下令严禁诱使良人为奴，彻底废除了奴隶制度。

平定内乱　交好南宋

因为完颜璟是以皇太孙的身份继位，王室宗族中很多人不服，其中威胁最大的是郑王完颜永蹈和镐王完颜永中。为免发生不测，完颜璟在诸王府设置王傅和府尉官，名义上隶属王府，实际上负责监视诸王的一举一动。后完颜璟以郑王完颜永蹈有意谋反为名，将其诛杀。至于镐王完颜永中，完颜璟以其图谋不轨为名解除其官职，杖刑一百，这使完颜永中更加记恨。

完颜永中的舅母高陀斡对完颜璟继位非常不满，多次劝说完颜永中发动政变，还在家中挂出完颜永中母亲的画像，日日祭拜，又使用巫术诅咒完颜璟。完颜璟得知后，下令处死高陀斡，并对完颜永中采取限制措施。不久，完颜永中第四子因为不满朝廷对镐王府的限制，大发牢骚，被王府傅尉参奏。完颜璟遂下令查封镐王府，派御史中丞前去调查。镐王府奴婢德哥揭发完颜永中有谋反之心，完颜璟下令将完颜永中全家处死。

在对外方面，完颜璟不主张对南宋用兵，而是采取和平友好的方式相处，但为了防备南宋的攻击，他也下令在边境增兵，并要求将能使用的将士、舰船统统上报枢密院登记，以备不时之需，同时诏令全军将士积极献计献策，防御南宋。

泰和五年（1205年）五月，宋军果然向金发起攻击，完颜璟一面让枢密使派人指责南宋违背信义，要求南宋退兵；一面委派平章政事仆散揆为河南宣抚使，积极进行防御。

泰和八年（1208年），宋、金经过协商，再次达成协议，各自收兵，互称叔伯；南宋增加岁币30万两、犒军银300万两，金国归还南宋淮陕两地。时值宋宁宗嘉定元年，故称"嘉定和议"。

后宫作乱　憾无子嗣

完颜璟和结发之妻富察氏感情深厚，但富察氏在他继位前便已病逝，后来完颜璟一直没有立皇后。但是，他也有一个非常宠幸的女人，名叫李师儿。李师儿出身贫贱，因为父亲曾经犯罪被没入宫监。因为天生丽质、聪明娴静，李师儿在一次选秀中被选入后宫，而她又极会察言观色、随机应变，很快讨得了完颜璟的欢心，被封为昭容，后又封为淑妃。她的父亲也很快被追封为上柱国、陇西郡公。其兄李喜儿被封为宣徽使，赐名李仁惠；其弟李铁哥被授予近侍局[③]使。

眼见李家兄妹都成了皇帝身边的红人，逢迎巴结之徒蜂拥而至，甚至有人不惜修改族谱、出卖祖宗，拜投在李师儿门下。李师儿身边因此聚集了一群好事之徒。尚书右丞胥持国也想方设法收买了李师儿身边的宫女，李师儿便在完颜璟面前说胥持国的好话，使其得到重用。李师儿和胥持国相互勾结，把持朝纲，排除异己，陷害忠良，引起了群臣的不满。

泰和八年，完颜璟身患重病，久治不愈，临终留下遗言：宫中现有两人怀孕，生男孩者立为皇嗣，若两个都是男孩，则选其一。同年十一月，完颜璟驾崩。

注释：

①登闻检院：官署名。简称检院。唐垂拱二年置四匦（guǐ）于朝堂，接受士民投书。唐后期有匦院。宋太平兴国九年，改匦院为登闻院，景德四年改登闻检院，隶谏议大夫。负责接受文武官员及士民在登闻鼓院投书之被阻抑者。金代，登闻检院掌奏告尚书省、御史台处理不当事。

②制举宏词科：制举科与宏词科的合称。金代特设的延揽人才的制科之一。制举科设"贤良方正""直言极谏""博学宏材""达于从政"等科目，试无常期，多临时下诏举行。

③近侍局：官署名。掌皇帝侍卫。辽为北面官，隶侍卫司，置直长、小底等职。金设于泰和八年，隶殿前都点检司，置提点、使、副使、直长及奉御（旧名入寝殿小底）与奉职（旧名不入寝殿小底或外帐小底），掌侍从、承发敕令与转进奏帖。南迁后，其权尤重，经常被委以伺察百官和军中监战职，民间号为"行路御史"。

卫绍王完颜永济

完颜永济档案

生卒年	？—1213年	在位时间	1208—1213年
父亲	金世宗完颜雍	谥号	绍王
母亲	元妃李氏	庙号	无
后妃	徒单氏、袁氏等	曾用年号	大安、崇庆、至宁

完颜永济，本名完颜允济，字兴胜，金世宗完颜雍第七子，金朝第七位皇帝。

泰和八年十一月，金章宗完颜璟驾崩，完颜永济继位，改元大安。

完颜永济性格优柔寡断，缺乏安邦治国之才，只懂俭约守成。他用人不明、忠奸不分，最终引来了杀身之祸。

至宁元年（1213年）八月，蒙古军再次进攻中都，完颜永济因右副元帅胡沙虎（纥石烈执中）起兵谋反而被杀。贞祐四年（1216年），完颜永济被恢复卫王爵位，谥号绍王。

老来继位　内忧外患

大定十一年（1171年），完颜永济被封为薛王，不久晋封滕王；大定十七年（1177年），授世袭猛安；后历任开府仪同三司、秘书监、刑部尚书、殿前都检点；大定二十九年，晋封潞王。

泰和八年，金章宗完颜璟驾崩，因为他生前无子，完颜匡等人便拥立完颜永济继位为帝，改元大安。

完颜永济继位的时候，金朝正面临着内外交困的局面：一方面，金朝内部经过李氏祸乱之后，迅速走向衰亡；另一方面，北方蒙古部落崛起，不再臣服于金朝。泰和六年，铁木真建立蒙古汗国，被尊称为"成吉思汗"，公开起兵反金。完颜永济派人向蒙古传诏，被成吉思汗拒绝。不久，成吉思汗亲率大军讨伐西夏。

大安三年（1211年）四月，成吉思汗再次率兵南犯，对金朝发起进攻。告急文书传到宫中，完颜永济一面派北路招讨使前去议和，一面紧张地部署防御工作。因为议和失败，完颜永济下令迎敌，双方几经交战，金军大败而归。完颜永济只得再派完颜承裕（本名完颜胡沙）统领大军抵抗蒙古军，结果又在野狐岭被打败。蒙古军士气高涨，一路势如破竹，于同年十二月进至中都城下。

在朝中主战派完颜纲等大臣的建议下，完颜永济下令加固城防，坚守不出。蒙古军久攻不下，粮草匮乏，只好撤兵抢掠。

这次中都保卫战的胜利，使完颜永济重燃讨伐之心。至宁元年，他派完颜纲率10万精兵主动出击，在缙山与蒙古军再次交战，结果第三次战败，10万大军损失过半。

昏不辨奸　引狼入室

在军事上屡屡失败的时候，金朝内部又出现了分裂。

大安元年（1209年），曾经弃城逃跑的西京守将胡沙虎回到中京。完颜永济没有治他的罪，只是罢免其官职。不久，蒙古军队再次兵临城下。大敌当前，完颜永济想到了胡沙虎，于是任命他为右副元帅，率领5000精兵驻守中都城北。然而，胡沙虎并不积极备战，整日游猎玩乐。完颜永济听说以后，派人前去督促，胡沙虎非但不改正，反而起了反叛之心。

至宁元年八月，胡沙虎勾结文绣局直长完颜丑奴等多人，谎称大兴府徒单南平父子阴谋叛乱，杀了手握重兵、效忠完颜永济的大将福海，夺取兵权。

八月二十五日拂晓，胡沙虎在中都制造混乱，趁乱杀死守城的左副元帅徒单南平父子。符宝祗侯完颜鄩阳、护卫十人长完颜石古乃得知有人造反，忙带人抵抗，亦被叛军杀死。胡沙虎闯入宫中，杀掉护卫，劫持了完颜永济，改立金世宗完颜雍长孙完颜珣为帝。不久，完颜永济被毒杀。

宣宗完颜珣

完颜珣档案

生卒年	1163—1224 年	在位时间	1213—1224 年
父亲	完颜允恭	谥号	继天兴统述道勤仁英武圣孝皇帝
母亲	昭华刘氏	庙号	宣宗
后妃	王皇后等	曾用年号	贞祐、兴定、元光

完颜珣，又名吾睹补、从嘉，金世宗完颜雍长孙，完颜允恭庶长子，金章宗完颜璟异母弟，金朝第八位皇帝。

完颜珣曾被封为温国公，授特进之职；大定二十九年，被封为丰王，后任开府仪同三司等要职，先后改封翼王、邢王、升王。至宁元年，权臣胡沙虎谋害卫绍王完颜永济后，拥立完颜珣为帝，改元贞祐。

完颜珣在位十余年，空有一腔抱负，却无治国之才，对外措施频繁失误，先向蒙古大汗成吉思汗求和，又与西夏断交，并发动对南宋的战争，致使金朝陷于危亡之中。

元光二年（1223 年）十二月[①]，完颜珣驾崩于宁德殿，终年 62 岁，谥号继天兴统述道勤仁英武圣孝皇帝，庙号宣宗，葬于德陵。

乱中继位　忍辱求和

完颜珣幼年丧母，被寄养在宫中，深受祖母疼爱。他自幼聪慧，学习刻苦，能诗善赋，而且性格宽厚、待人真诚。大定十八年（1178年），完颜珣被封为温国公，后被封为丰王，不久改封翼王、邢王、升王。

至宁元年八月，胡沙虎发动政变，劫杀卫绍王完颜永济，拥立完颜珣为帝。同年九月，完颜珣于大安殿称帝，改元贞祐。

胡沙虎因为拥立有功，被任命为太师、尚书令、都元帅，加封泽王。不久，完颜珣又将驸马雄名府第赐给胡沙虎，授其中都路和鲁忽土世袭猛安，胡沙虎因此红极一时，把持朝纲，引起了大臣们的不满。近侍局提点②庆善努、副使惟弼等人，暗中请求完颜珣除掉胡沙虎，完颜珣感其功劳，心中不忍，没有答应。

同年十月，蒙古军再次来犯，胡沙虎命令元帅右监军术虎高琪带兵迎敌，但却战败。术虎高琪担心胡沙虎怪罪自己，便率兵包围胡沙虎的住处，将其杀死，取其首级面见完颜珣。完颜珣没有怪罪他，授其为左副元帅，后升为平章政事。

成吉思汗派人前来招降，朝中大臣对于是战是和，争论不休。完颜珣力排众议，派完颜承晖到蒙古军中议和。经过多次商议，双方达成了休兵协议，完颜珣答应将卫绍王完颜永济之女岐国公主献给成吉思汗，另附带童男童女各500名、绣衣3000件及大批金银珠宝。

仓皇迁都　中都沦陷

蒙古军撤走以后，朝廷中又展开了一场关于迁都的争论。元帅左都监完颜弼力主南迁，认为汴京南有淮水，北有黄河，西有潼关，犹如三道天然屏障，可凭险据守，并说："陛下若不早下决断，等到蒙古大军卷土重来，再行动恐将晚矣。"这一主张得到朝廷中大多数官员的响应。但也有少数大臣坚决反对迁都，认为那样会动摇民心，不利于政局稳定。完颜珣犹豫不决，这时，汴京统军使常寿、按察使王质等人再次上书请求迁都。完颜珣终于下定决心，迁都到汴京。

完颜珣命令尚书右丞相完颜承晖和左副元帅抹捻尽忠辅助太子留守中都，他自己则率领文武百官，用车驼载着皇室珠宝和文书，先行前往新都汴京。北方契丹贵族、汉军官吏、地主土豪见皇帝逃跑，人人惶恐，纷纷向蒙古军投降。

成吉思汗从降将口中得知金朝内部空虚、皇帝南逃的消息，认为消灭金朝的机会已经到来，于是命令蒙古将领三木合拔都、金朝降将石抹明安、汉人王楫统兵南下。一路上，金军望风而逃，蒙古大军势如破竹，抵达金中都城下。

消息传到汴京，完颜珣十分惊恐，担心中都不保，太子会有闪失，连忙召太子前往汴京。太子一走，城中更是慌乱。中都留守完颜承晖向汴京求助，但他和总揽军政大权的术虎高琪一向不和，所以术虎高琪拒绝发兵，中都陷入朝夕不保的危局之中。

中都留守副元帅、平章政事抹捻尽忠贪生怕死，见没有援兵，便和大将完颜师姑密谋出逃。

完颜承晖听到风声后，一怒之下将完颜师姑处死。他深知城将不保，自己必死无疑，愤然写下遗书说："高琪阴险，居心叵测，此人不除，终将祸国殃民。"然后派人将遗书送给汴京的完颜珣，自己拔剑自刎。抹捻尽忠遂放弃中都，逃往汴京。次日，蒙古大军开进中都城内。

北失南侵　江山危亡

抹捻尽忠逃回汴京后，完颜珣并没有过多地责备他，仍然让他担任平章政事。这时，大臣们又陷入了另一场难分难解的争执之中。以术虎高琪、高汝砺为首的一些大臣认为，既然不敌蒙古，不如将这股怨气撒向南宋，将北边失去的土地从南边找回来。而以平章政事胥鼎为首的大臣则坚决反对出兵,认为现阶段国力空虚、兵疲将乏,伐宋必败,如果和南宋联合,共御蒙古,或许还有生存的希望。然而,完颜珣不自量力,决定接受术虎高琪等人的建议,向南宋发起进攻。

在完颜赛不的率领下,金军一路连克光山、罗山、兴州等数城,杀死宋军近2万人。其余几路大军也在樊城、枣阳、光化军、大散关以及西和、阶州、成州等地和宋军交战。随着战事的深入,形势变得对金军越来越不利,许多城池得而复失,宋军开始了猛烈的反攻。由于战事不如预料的顺利,金朝产生了与南宋议和的想法。与此同时,西夏与蒙古联合,不断在边境地带向金国发起进攻;山东地区由汉人武装组成的红袄军声势日大,四处滋扰;在金国原先统治比较稳固的辽东地区,契丹人耶律留哥、蒲鲜万奴起兵叛乱,金朝可以说是四面受敌。

为了争得议和的话语权,金朝加紧了对南宋的攻势,但因形势不利,和议遭到南宋的坚决拒绝。完颜珣恼羞成怒,不顾国家安危,又兵分三路,西起陕西、东至江淮,向南宋发起新一轮的军事进攻。在东路,金军连下濠州、滁州、兴州、麻城、六合等地。这时,起义军领袖李全率领红袄军四处击杀金军,在化湖陂大败金军主力纥石烈牙吾塔部,并乘胜追击,金军损失惨重。在西路,金军同样先胜后败,在洋州被宋将张威截击,损失惨重,狼狈北逃。在中路,金军大将完颜讹可率数万金兵围攻枣阳2个多月,被宋将孟宗政击退。

完颜珣军事上无能,不辨忠奸,致使女真贵族内部矛盾迅速激化,他也因此郁郁寡欢,于元光二年十二月在宁德殿驾崩。

注释:

①元光二年十二月已进入1224年。
②近侍局提点:官名。金置,为近侍局的主官。

哀宗完颜守绪

完颜守绪档案

生卒年	1198—1234 年	在位时间	1224—1234 年
父亲	金宣宗完颜珣	谥号	无
母亲	王皇后	庙号	哀宗、义宗
后妃	徒单皇后等	曾用年号	正大、开兴、天兴

完颜守绪,原名完颜守礼,又名完颜宁甲速,金宣宗完颜珣第三子,金朝第九位皇帝。

泰和年间,完颜守绪被授予金紫光禄大夫。完颜珣继位后,完颜守绪封遂王,授秘书监、枢密使。后来,因皇太子完颜守忠、皇太孙完颜铿相继去世,完颜守绪被立为太子。元光二年,金宣宗完颜珣驾崩,完颜守绪成功挫败长兄完颜守纯的夺位阴谋,继位为帝,改元正大。

完颜守绪在位期间,力图振作,积极鼓励农业生产,休养生息,团结臣民,使国力有所恢复。在军事上,他重用完颜陈和尚、完颜合达等抗蒙名将,收复不少失地;停止南侵,积极缓和与南宋的关系,并与西夏修好。但他后期盲目信任近臣,导致跋扈的富察官奴专权,使朝廷内部陷入分裂斗争,也使本就风雨飘摇的金王朝更加摇摇欲坠。

天兴三年(1234年)正月,完颜守绪走投无路,选择传位给东面元帅完颜承麟,后自缢身亡,终年37岁,庙号哀宗。至此,立国120年的金朝宣告灭亡。

力图振作　重整山河

完颜守绪于承安三年（1198年）八月二十三日出生，因为仁圣皇后无子，故将其抚养在膝下。完颜守绪自幼酷爱读书，性格温和，颇有几分古人之风。泰和年间，他被授予金紫光禄大夫。完颜珣登基后，完颜守绪被封为遂王，兼任秘书监，后改任枢密使，总揽全国军政大权。完颜珣的长子早逝，皇太子完颜守忠因为中都失守，忧愤而死。次年，皇太孙完颜铿也英年早逝。于是，完颜珣册立完颜守绪为太子。元光二年，完颜珣驾崩，完颜守绪继位，改元正大。

完颜守绪继位的时候，金国正处于内外交困之中，北方蒙古军已经进犯至黄河岸边，南边和南宋的战事也处于胶着状态，西边又有西夏不断侵扰。而金国内部，各地起义接连不断，纷纷反抗朝廷的残暴统治。

完颜守绪没有被眼前的局势所吓倒，决心振兴金国。他认为，要治理好国家，必须从两个方面入手：第一，严明法纪，惩治贪官；第二，广开言路，虚心纳谏，鼓励臣民为国家献计献策。为了稳定人心，他继位后便下诏大赦天下，要求各级官吏严格按照国家法律秉公办事，严肃处理有法不依、执法犯法的贪官污吏；同时严厉处罚了一批贪生怕死、昏庸无能的官员，提拔了一批抗战有功的将领。

完颜守绪清醒地认识到，北方强盛的蒙古才是金国真正的敌人，要想自保，必须尽快结束与南宋的战争，全力抗击蒙古。正大元年（1224年）六月，他派人到光州一带张贴告示，声明以后不再侵略南宋，愿意与之友好相处，并下令边境上的金军不许擅杀越过淮河的红袄军。之后，他将与南宋交战的军队撤到北方，集中精力对付蒙古。

在西部，金国虽然和西夏发生了一些摩擦，但西夏同样面临着蒙古的威胁。基于此，完颜守绪认为可以和西夏联合，共同对抗蒙古。于是，他派人出使西夏，双方于正大二年九月达成协议，西夏不再向金称臣，改称弟，也不再使用金国年号，双方互不侵犯。

处理好了与南宋和西夏的关系，完颜守绪下令对蒙古作战，首先派兵进攻山西，经过一年多的战争，金军取得了一定的胜利，先后收复平阳、太原等地，斩杀多名蒙古大将。

西夏宝义元年（1227年）六月，西夏被蒙古消灭，蒙古得以集中兵力攻打金国。完颜守绪也意识到形势的危急，下令全国征兵，予以抗敌。

在金国危亡之际，岢岚节度使杨沃衍站在朝堂上，大义凛然地说："身为国家大将，吃着朝廷俸禄，不能为国家献身，不能算是大丈夫！"完颜守绪听了深受感动，对其予以提拔重用。杨沃衍也不负众望，奔走于泾、邠、陇三州之间，鼓舞将士，安定民心，并亲自带领将士浴血奋战，身先士卒，使蒙古军无法前进半步。

正在双方胶着之时，传来了成吉思汗驾崩的消息，蒙古将士无心再战，于是，汴京的危机暂时得以解除。

四处逃亡　悲剧落幕

成吉思汗驾崩后，窝阔台秉承父志，继续实行消灭金朝的政策。正大八年（1231年），蒙古军兵分三路，由窝阔台、翰陈那颜、拖雷分别率领，再次向金朝发起进攻。同年年底，蒙古大军攻破河中府。

次年，蒙古大军来到汴京城下。当时城内守军不足4万，形势严峻，完颜守绪一面加紧防御，一面派人向蒙古求和。蒙古提出条件，要金主投降。完颜守绪无奈，封完颜守纯之子完颜讹可为曹王，送到蒙古军中做人质。蒙军得到人质后，留大将速不台继续攻城，其余军队撤退。完颜守绪率领军民共同抗战，长达半个月之久。蒙古军久攻不下，正有些泄气，恰巧金军再次派人求和，速不台便借坡下驴，说道："既然已经议和，还攻城干什么。"于是下令撤兵。汴京得以保全，完颜守绪暂时松了口气，亲自登城奖励战士，并改元天兴，以示庆贺。

然而好景不长，窝阔台下定决心要灭掉金朝。天兴元年（1232年）七月，他再次派人到金朝招降，要求完颜守绪去掉帝号，对蒙古称臣。守城将士愤怒之极，斩杀蒙古使者，彻底断绝了议和之路。

完颜守绪知道此举必然惹怒蒙古，自己将性命不保，于是溜之大吉。天兴二年（1233年）正月，完颜守绪来到归德，河北溃败的军队也陆续赶到。但是，归德城内缺粮，一下子来了这么多人马，很快便出现粮草短缺的现象。完颜守绪只得放弃归德，前往蔡州。但到了蔡州，他才意识到自己的选择是多么愚蠢，当初他听说蔡州城池坚固、兵多将广，实际上蔡州既无险可守，又面临着南宋的威胁。

完颜守绪命令完颜仲德整顿兵马、修理兵器，军力稍稍得到恢复，便又率军西征，企图扩大自己的地盘。然而，此时南宋和蒙古已经签订协约，要联合灭掉金朝。南宋、蒙古两路大军很快攻至蔡州城下，围城3个月后，城内粮草断绝，完颜守绪只得下令杀战马充饥。

天兴三年正月初十，蒙古军在西城凿墙而入，与金军展开激战，直到夜晚方退。蒙古军退出后，完颜守绪召集百官，宣布将帝位传给皇裔完颜承麟。次日，金国君臣正在举行禅让仪式，南宋和蒙古联军已经攻进城来，仪式只得草草结束，将士们出宫迎战。不久，宋军攻下南城，蒙古军攻下西城，交战各方展开了激烈的巷战。中午，完颜守绪见败局已定，大金气数已尽，便独自来到幽兰轩中自缢身亡。完颜承麟也死于乱军之中。

景宗李元昊

李元昊档案

生卒年	1003—1048 年	在位时间	1038—1048 年
父亲	李德明	谥号	武烈皇帝
母亲	卫慕皇后	庙号	景宗
后妃	野利皇后、没藏皇后等	曾用年号	开运、广运、大庆、天授礼法延祚

李元昊,曾改姓嵬名,又名曩(nǎng)霄,小字嵬理,党项族,银州米脂寨人,北魏皇室鲜卑拓跋氏的后代(其远祖拓跋思恭在唐朝因功被赐李姓),西夏的开国皇帝。

李元昊继任西平王之位后,放弃李姓,自称嵬名氏。天授礼法延祚元年(1038年),李元昊正式称帝,国号为大夏,史称西夏,定都兴庆。天授礼法延祚十年(1047年),李元昊又改回李姓。

李元昊在位期间,修建宫殿,设立官制,创造西夏文,并颁布秃发令;兴修昊皇渠,并分别设置农田司、群牧司来管理农业和畜牧业;经过与北宋的三川口之战、好水川之战、麟府丰之战、定川寨之战,及与辽国的河曲之战,奠定了西夏与北宋、辽国三分天下的格局。

天授礼法延祚十一年（1048年），李元昊驾崩，终年46岁，谥号武烈皇帝，庙号景宗，葬于泰陵。

少年壮志　图谋霸业

李元昊有着一个神话般的出生故事，据说有一次他的父亲李德明带着妻子卫慕氏到贺兰山游玩，当天夜里，卫慕氏梦见一条白龙在她身边盘旋。不久，卫慕氏生下一子，哭声震天动地，双目圆睁，精光四射，这个孩子就是李元昊。

李元昊的祖父李继迁因反对北宋接管夏州政权，公开叛宋自立。李继迁死后，其子李德明继任夏州定难军留后，经过10多年的辛苦经营，成为当时仅次于宋、辽的一方势力。宋、辽两国都想拉拢李德明，宋朝封他为西平王，辽国封他为夏国王。

李元昊自幼酷爱学习，精通汉、藏文字，熟读宋朝、吐蕃的法律书籍，对于当时流传的兵书《野战歌》《太乙金鉴决》更是手不释卷。他出门总是前呼后拥，十分威武，加上传奇的出生故事，引起了许多人的好奇心理。北宋大将曹玮[①]听说李元昊的大名后，苦于无缘结识，便托人画了一张李元昊的像。拿到画像后，他连声赞叹："真乃英雄也！"并预言西夏和宋朝到李元昊在位时必有一争。

李元昊对于父亲向宋、辽称臣深为不满，劝父亲要自强。李德明开导儿子说："当初和宋朝打仗的时候，百姓们吃不饱穿不暖，还居无定所。现在不打仗了，百姓们都能穿上宋朝送来的绫罗绸缎，这有什么不好？"李元昊却反驳道："我们党项人本来就应该穿兽皮做的衣服，过马背上的生活，为什么非要按照汉人的习惯改变自己呢？大丈夫就要图谋霸业，何必只为一点蝇头小利而沾沾自喜呢？"又说，"现在我们部落虽日渐强大，但我们的财力毕竟有限，远远不能满足需求。所以，我们必须用从宋朝那里得来的财物训练我们的士兵，让他们练习骑马射箭，退可以保家卫国，进可以开疆拓土，何乐而不为？"李德明听了儿子的话，从此对他刮目相看。

李元昊26岁那年，奉命率领军队攻打回鹘凉州。他以智取胜，先攻破甘州，随后又声东击西，夺取瓜州、沙州等地，使党项的势力扩展到河西走廊一带。此战使李元昊声名大振，李德明更为有这样一个优秀的儿子而骄傲，于是将他立为太子。北宋明道元年（1032年）十月，李德明病逝，李元昊继承西平王之位，时年30岁。

宋、辽两国均对李元昊采取拉拢的政策。辽国先派使者加封李元昊为夏国王，并给予丰厚的赏赐。宋朝还为李德明举行了隆重的悼念仪式，加封李元昊为平西王。但是，李元昊不甘居于人下，决心自立为帝，雄霸天下。为了实现这一目标，他进行了内部改革，为称帝做准备。

一是强化部落的民族意识。李元昊下令废除唐、宋时期所赐的李和赵两个姓氏，恢复党项族本来的姓氏。在部落内自称"兀卒"（即天子、可汗），以示与中原王朝的天子平起平坐。在他父亲和祖父时期，使用的是宋朝的年号，李元昊以宋朝年号"明道"犯了父亲李德明的名讳为由宣布废弃，改元开运；之后他听说"开运"是后晋石重贵亡国前使用的年号，觉得很不吉利，于是又改为"广运"。

二是制定"秃发令"。即所有党项人的头发必须剃光，只在前额处留一小片头发，戴耳环，以示和其他民族的区别。李元昊严令百姓必须三日内执行，违令者处死。他又对服饰做了具体规定，要求不同身份的人必须穿不同的衣服：文官穿紫衣、红衣；武官要戴冠；平民百姓只准穿青衣或绿衣；而李元昊自己作为一国的统治者，要穿白衣，头戴珠冠，以显示王者的尊严。

三是创制本民族文字。李元昊命令党项族大学者野利仁荣仿照汉字创造党项族文字，并编纂成12卷"蕃书"，作为国字。从此，党项人用这种文字记事、翻译汉藏著作。文字创立几个月后，李元昊又设立"蕃字院"和"汉字院"，选拔文人学者翻译西夏与吐蕃、北宋等地的来往文书。

四是进一步完善国内的军事制度。李元昊规定，凡党项族男子年满15岁者必须纳入军籍，出征时按人口多少抽取兵役。军队分"正军"和"抄"两部分，正军专门打仗，抄则随军负责杂役。每1名正军配2

名抄。他下令组织族外兵,即从俘虏来的汉人中挑选年轻力壮者加以训练,战时负责冲在第一线。他还仿照宋朝军事建制,将全国的军队划分为左、右两厢,设12个监军司,并规定驻军的名称和职责,从贵族子弟中挑选5000名精壮武士作为自己的侍卫亲军。

经过6年的精心准备,李元昊完成了政治、经济、文化等各方面的改革。大庆三年(1038年)十月,他命人在兴庆府南郊筑起高台,祭拜天地,宣布登基,自称皇帝,国号为大夏,改元天授礼法延祚。

南征北讨 势成鼎立

天授礼法延祚二年(1039年)正月,李元昊派人到北宋,要求北宋承认西夏的合法地位,从此不再向宋朝称臣。宋仁宗赵祯十分生气,宣布与西夏断绝来往,关闭边关货贸,并昭告天下,悬赏捉拿李元昊。李元昊也不甘示弱,加紧练兵,准备逼迫宋朝承认自己的皇位。

早在大庆二年(1037年)九月,李元昊的叔父、左监军使嵬名山遇就劝李元昊不可对北宋用兵,因李元昊固执己见,嵬名山遇便投奔了北宋,但很快便被北宋送回。李元昊将嵬名山遇及其儿子全部处死。

天授礼法延祚三年(1040年),李元昊亲率10万大军向北宋西北重镇延州发起进攻,在三川口与宋军相遇,宋军大败而退。李元昊欲乘胜追击,再克延州,但因天气转凉,将士们缺乏御寒衣物,只得撤兵。

天授礼法延祚四年(1041年)二月,李元昊再次率军南征,目标是北宋的渭州。然而,宋军已有防备,士气高昂,李元昊久攻不下,心生一计,派小股部队前去骚扰,遇到宋军便佯装溃败。宋军求胜心切,穷追不舍,结果中了西夏军的埋伏,全军覆没。李元昊乘胜追击,连取北宋定川,破栏马、平泉,大肆抢掠后凯旋。

尽管李元昊连续取得了几次胜利,但战争也严重消耗了西夏的人力物力,使得西夏物价飞涨,民怨沸腾。加上辽国也与西夏断绝关系,并多次兴兵讨伐。面对内忧外患的局面,李元昊只得改变策略,派人与北宋议和。双方经过多次协商,达成协议:西夏仍然沿用旧制,向宋称臣，宋承认西夏现有领土，册封李元昊为西夏国主，双方重新开放边境贸易。

南面的边境得到了稳定，西夏与辽国的关系却再度紧张起来。李元昊在建国之前，为了表示对辽国的友好，多次向辽国求亲，娶了兴平公主为妻，但两人感情不和，兴平公主郁郁而终。西夏建立之后，李元昊唆使大批党项人叛辽投奔西夏，又纵容西夏人对辽地肆意抢掠，引起了辽国极大的愤怒。在西夏与北宋交战之机，辽国趁机讹诈西夏，又扣押了西夏派来的使者，令李元昊无法忍受，两国的关系宣告破裂。

天授礼法延祚七年（1044年），辽兴宗耶律宗真亲率10万大军，兵分三路向西夏发起进攻。李元昊率军迎战失利，败退至贺兰山中。辽军紧追不舍，李元昊诈称投降，在双方议和之际，他下令军队后撤百里，坚壁清野，使辽军无法就地抢掠粮草，然后突然发起反击，将辽军杀得大败，耶律宗真仅带数骑突围。战后，李元昊再次派人向辽国求和，并归还战俘。辽国无心再战，遂答应议和。从此，北宋、辽国、西夏三方形成鼎立之势。

荒淫无度　夺子所爱

李元昊晚年荒淫无度，后宫嫔妃成群，仍不知满足，竟以夺人所爱为乐。据说大将野利遇乞死后，其妻没藏氏削发为尼。李元昊爱其美色，多次以打猎为名前去幽会偷情，致使没藏氏怀孕生子，但又不便将其接入宫中，便将孩子寄养在没藏氏的哥哥没藏讹庞家中。没藏讹庞因此得封国相。

天授礼法延祚十年（1047年），太子李宁令哥举行完婚仪式。李元昊见儿媳妇貌若天仙，色心顿起，遂夺子所爱，将儿媳纳入自己后宫，宠爱有加。野利皇后见李元昊行事如此荒谬，忍不住劝说了几句，李元昊大怒，将其废掉，改封新贵人为皇后。太子李宁令哥因为失去了心爱的美人，对父亲心生怨恨。

国相没藏讹庞见李元昊沉湎酒色，疏于朝政，野心顿生，便想借刀杀人，除掉太子李宁令哥，改立自己的外甥李谅祚为太子。他利用李宁令哥与李元昊之间的仇恨，挑拨离间，表示愿意帮助李宁令哥发动政变。李宁令哥信以为真，暗中与野利族人浪烈联络，图谋发动政变。

天授礼法延祚十一年元宵节，李元昊喝酒至夜半，回到宫中正欲睡下，突然看见李宁令哥闯进来，挥舞着宝剑向自己砍来，他一时躲闪不及，被砍伤。这时，没藏讹庞预先埋伏在宫中的侍卫冲出来将李元昊救走。李宁令哥杀父不成，急忙逃进没藏讹庞家中，被没藏讹庞瓮中捉鳖，连同其母一同被处死。

次日，李元昊因伤势严重而驾崩。

注释：

①曹玮（973—1030年）：北宋名将，出身将门，驭军严明，赏罚立决。累迁至宣徽北院使、签书枢密院事，因宰相丁谓诬陷，被贬知莱州。晚年历知青州及天雄、永兴、河阳军，官终彰武节度使，封武威郡公。

毅宗李谅祚

李谅祚档案

生卒年	1047—1067 年	在位时间	1048—1067 年
父亲	夏景宗李元昊	谥号	昭英皇帝
母亲	没藏氏	庙号	毅宗
后妃	没藏皇后、梁皇后等	曾用年号	延嗣宁国、天祐垂圣、福圣承道、奲（duǒ）都、拱化

李谅祚，本名宁令两岔，夏景宗李元昊长子，西夏第二位皇帝。

天授礼法延祚十一年（1048年），夏景宗李元昊被太子李宁令哥弑杀，之后，李谅祚继位，改元延嗣宁国。

拱化五年（1067年）二月，李谅祚驾崩，终年21岁，谥号昭英皇帝，庙号毅宗，葬于安陵。

幼年继位　受人操纵

李谅祚的母亲没藏氏本是西夏大将野利遇乞的妻子，野利遇乞死后，李元昊贪恋没藏氏的美色，与其偷情，后来，没藏氏怀孕生下了李谅祚。因为李谅祚出生在河边，故取名宁令两岔，其中，"宁令"意为美好，"两岔"为河名。后来取其谐音，改名为李谅祚。

李元昊驾崩时，李谅祚刚满1周岁，他的舅父没藏讹庞打算立他为帝。朝中众臣慑于没藏讹庞和没藏皇后的淫威，只好表示同意。就这样，李谅祚成为西夏第二位皇帝，尊没藏氏为宣穆惠文皇太后，没藏讹庞为国相，总揽军政大权。

同年四月，北宋派人到西夏册封李谅祚为西夏国主。十二月，西夏派人回访，送上厚礼以示感谢。而辽国不仅没有派使者前来，还想趁李谅祚立足未稳之际发兵攻打。延嗣宁国元年（1049年），辽兴宗耶律宗真亲率大军，浩浩荡荡地奔西夏而来。辽军一路势如破竹，攻城略地，于次年五月进至兴庆府周围，大肆烧杀抢掠，接着又转向西夏囤积粮食的地方摊粮城。西夏军节节败退，致使大量粮食被抢，皇太后没藏氏无奈，只好向辽国求和。

贪图女色　怒杀舅父

据说皇太后没藏氏生性荒淫，与大臣李守贵相好。夏景宗李元昊驾崩后，她又和李元昊的侍从官私通。李守贵为此醋意大发，于福圣承道四年（1056年）十月趁他们出外游玩之时将他们杀死。没藏讹庞得知消息后，下令诛杀李守贵全家。因为没有了妹妹做靠山，没藏讹庞担心自己地位不保，遂将女儿嫁给李谅祚。这样一来，他又成了国丈，依然大权独揽，朝臣无不畏惧。

奲都三年（1059年），李谅祚已经13岁，开始亲政。李谅祚平时就对没藏讹庞的飞扬跋扈深感不满，加上亲信大臣高怀正、毛惟昌的弹劾，他有意废除没藏讹庞。没藏讹庞听到风声后抢先下手，下令将高怀正、毛惟冒二人诛杀。李谅祚劝阻无果，双方的矛盾日益激化。

奲都五年（1061年）四月，李谅祚看上了没藏讹庞的儿媳妇梁氏，没藏讹庞决意杀掉李谅祚，梁氏急忙向李谅祚通风报信。李谅祚便在宫中设下埋伏，然后召没藏讹庞父子入宫议事。当没藏讹庞父子走进宫中时，埋伏的士兵一拥而上，将他们二人杀死。之后，李谅祚下令废黜没藏皇后，将她囚禁于冷宫，后又赐死；另立梁氏为皇后。

少年亲政　锐意改革

李谅祚亲政以后，开始整顿朝政。他和辽国的几位皇帝一样，非常倾慕汉族文化，下令停止使用番礼，改用汉礼。他还派人出使北宋，请求赐予儒家经典，宋仁宗赵祯很高兴地将九经赐给了他。夏景宗李元昊曾下令将汉姓改回西夏党项族姓，而李谅祚仍沿用李姓。在朝廷中，他仿照北宋官制，增设各部尚书侍郎，南、北宣徽使等职，又大力提拔汉族知识分子，予以重用。为了发展西夏的经济，他派人多次出使北宋，商定两国边界，设立寨堡，并请北宋恢复榷场①，加强贸易。

在外交上，李谅祚也充分体现出自己的精明能干。对于比西夏强大的辽国，他主动求和，从不招惹；对于弱小的吐蕃则以拉拢为主，将宗室女嫁给吐蕃首领禹藏花麻。禹藏花麻感恩不已，特地将西使城和兰州城割让给西夏。对于逐渐衰弱的北宋，他时和时战，从中取利。拱化元年（1063年），宋仁宗赵祯去世，赵曙继位，是为宋英宗。李谅祚派人前去祝贺，因为礼仪不同，西夏使臣与北宋官员发生了争执。使臣回到西夏后，添油加醋地诉说了一番，李谅祚勃然大怒，于次年发兵伐宋，战争持续了两年，西夏并没有从中获利。拱化四年（1066年），李谅祚亲率大军再次攻打北宋，以重兵包围大顺城，猛攻三日，不但没有破城，他自己还中箭负伤，差点丢了性命，只好仓皇撤退。次年三月，李谅祚正欲再度起兵，忽闻宋神宗赵顼已继位，因忌惮其威名，李谅祚忙派人到北宋负荆请罪，并保证不再进犯。宋神宗赏赐其绢500匹、银500两。八月，两国中断了一年的贸易也得以恢复。

拱化五年二月，李谅祚突然患病，不久驾崩。

注释：

①榷场：是宋、辽、金、元各朝在边境设立的贸易市场。官吏主持场内贸易，除官营贸易外，商人必须纳税、交牙钱、领得证明文件（关子、标子、关引等）方能交易。榷场贸易的兴衰与国家的商税收入多寡密切相关。

惠宗李秉常

李秉常档案

生卒年	1060—1086 年	在位时间	1067—1086 年
父亲	夏毅宗李谅祚	谥号	康靖皇帝
母亲	梁皇后	庙号	惠宗
后妃	梁皇后等	曾用年号	乾道、天赐礼盛国庆、大安、天安礼定

　　李秉常，夏毅宗李谅祚长子，西夏第三位皇帝。

　　拱化五年，夏毅宗李谅祚驾崩，8 岁的李秉常继位，改元乾道。其母梁太后执政，国舅梁乙埋为国相。大安二年（1076 年），李秉常开始亲政，时年 17 岁。

　　大安六年（1080 年），李秉常被梁太后和梁乙埋囚禁于离宫 5 里左右的兴州木寨里。大安九年（1083 年）闰六月，李秉常复位，但因梁氏势力很大，无法轻易剪灭，所以他仍然无法亲政。

　　天安礼定元年（1086 年）七月，李秉常驾崩，终年 27 岁，谥号康靖皇帝，庙号惠宗，葬于献陵（贺兰山西北）。

太后主政　与宋为敌

　　李秉常出生于奲都四年（1060年），是夏毅宗李谅祚长子。他出生第二年，没藏讹庞企图谋害李谅祚，结果反被李谅祚所杀。李谅祚一怒之下又废除没藏皇后，改立没藏讹庞的儿媳妇梁氏为皇后。梁氏自知身为汉人，在朝中没有根基，难以站稳脚跟，便开始培植自己的势力。到李秉常继位时，她的关系网已经织就。其弟梁乙埋晋升为国相，从此，姐弟二人把持朝纲，选用亲信，培植党羽，排除异己，组成了一个牢固的政治集团。

　　梁太后心中明白，要想独揽朝政大权，光有这些心腹的拥护还不够，必须取得大部分党项贵族的支持。为此，她派人前往北宋，请求废除汉礼，恢复番礼，得到了宋神宗赵顼的同意。但是，这一措施却遭到西夏汉族人士的强烈反对，统治阶级内部由此产生了矛盾。为了转移矛盾焦点，梁太后决定对北宋发动战争。

　　天赐礼盛国庆二年（1070年）五月，梁太后集中数十万大军，浩浩荡荡向北宋进发。八月，西夏又兴兵数十万进攻北宋。然而，西夏大军还没有到达边境，便传来了吐蕃乘虚而入的消息，梁太后只得下令撤军，因此损失无数粮草辎重。这次征战未遂，梁太后不甘心，于次年再次发兵，但仍没有取得预期的胜利，幸得辽国的帮助才勉强抽身。梁太后连着两次征战，不但没有取得胜利，还严重消耗了国力，更加引起朝臣和民众的强烈反对。无奈之下，梁太后只得派人到北宋主动求和。

　　大安二年，李秉常已经17岁，理应亲政，但朝政大权仍然掌握在梁太后和国相梁乙埋手中，李秉常只是一个傀儡皇帝。大安六年，李秉常在一些皇族成员的支持下，提出废除番礼、恢复汉礼，遭到梁太后等人的坚决反对，只好放弃。

联宋失败　梁氏专政

至大安七年（1081年），李秉常对梁氏集团专权越发不满。为了反抗，他采纳大将李清的建议，以让出黄河以南的土地为交换条件，换取北宋出兵，帮助自己推翻梁氏集团。不料计划被梁太后探知，她一怒之下杀了李清，然后将李秉常囚禁于兴庆府城外。

李秉常被囚的消息不胫而走，激起很大的民愤，皇室贵族纷纷向梁太后发难，一时国内大乱。保泰统军禹藏花麻也向北宋求救，希望北宋出兵救出李秉常。宋神宗赵顼得知消息，认为替先祖一雪前耻的机会到了，于是兵分五路向西夏发起进攻。西夏大将采取先诱敌深入、再聚而歼之的计策，在灵州大败宋军。宋神宗不甘战败，于次年再度发兵。梁太后命令统军叶悖麻率领30万大军迎敌，在永乐城截断宋军的粮草、水源，又一次大败宋军。宋神宗只得下令停止进攻，再度与西夏议和。

西夏虽然连续取得了两次胜利，但也因此元气大伤，导致国内财力匮乏、物价暴涨、民不聊生，朝廷中要求李秉常复位的声音日渐高涨。梁太后和梁乙埋见众怒难犯，只好于大安九年（1083年）将李秉常放了出来。

大安十一年（1085年）二月，梁乙埋病逝，其子梁乙逋承袭父位，成为国相，继续和姑母梁太后把持朝纲。8个月后，梁太后也病逝。曾经受到梁氏打压的皇族宗室见梁氏集团大势已去，立即展开猛烈的反击。大将仁多保忠手握兵权，率先向梁乙逋发难，双方矛盾日益尖锐。

就在梁氏集团和皇族势力斗得难分难解之际，天安礼定元年（1086年），复位仅2年的李秉常忧愤而逝。

崇宗李乾顺

李乾顺档案

生卒年	1083—1139 年	在位时间	1086—1139 年
父亲	夏惠宗李秉常	谥号	圣文皇帝
母亲	梁皇后	庙号	崇宗
后妃	曹贵妃、任皇后等	曾用年号	天仪治平、天祐民安、永安、贞观、雍宁、元德、正德、大德

李乾顺，夏惠宗李秉常长子，西夏第四位皇帝。

天安礼定元年（1086年），夏惠宗李秉常驾崩，李乾顺继位，改元天仪治平。

李乾顺继位时年仅4岁，其母梁氏代为执政。在梁氏统治期间，西夏王朝政治腐败，军队衰弱，给了北宋可乘之机，两国时常交战，西夏军屡战屡败。永安二年（1099年），梁氏集团崩溃，李乾顺得以亲政。他整顿吏治，减少赋税，注重农桑，兴修水利，使西夏的经济得到了很好的发展。在外交上，他首先联辽侵宋，夺得了大片土地；后又联合金朝灭辽、宋，趁机取得河西千余里之地。

大德五年（1139年），李乾顺驾崩，终年57岁，谥号圣文皇帝，庙号崇宗，葬于显陵。

四岁继位　少年亲政

李乾顺出生于大安九年，梁太后晚年添孙，十分高兴，将他带在身边亲自抚养。天安礼定元年，梁太后和夏惠宗李秉常相继去世，李乾顺得以继位，于同年八月改元天仪治平，这一年李乾顺年仅4岁。次年正月，北宋册封李乾顺为夏国王。天仪治平四年（1089年）七月，辽朝也册封他为夏国王。

李乾顺继位时年幼，大权掌握在国相梁乙逋等人手中。但是，以嵬名阿埋和仁多保忠为代表的皇室贵族不服梁氏集团的统治，双方由此展开了一场争权夺利的斗争。其间，梁乙逋联合吐蕃首领阿里骨，攻打北宋的德靖砦，约定战胜后，双方瓜分土地。但梁迄逋只想坐收渔翁之利，并不是真心出兵，导致战争失败。后来，梁乙逋和辽国串通一气，再次对北宋用兵，结果又在绥德战败。

连着两次失败，动摇了梁氏集团的地位，加剧了朝廷内部的矛盾，梁氏兄妹因此反目，梁太后一怒之下将梁乙逋全家诛杀，独揽朝政大权。

天祐民安七年（1096年），梁太后带着李乾顺御驾亲征，发兵50万第三次攻打北宋。这一次取得了不小的胜利，攻陷北宋金明寨，将大批俘虏献于辽国。

过了一年，梁太后又下旨发兵40万，进攻北宋平夏城，因久攻不下，无功而返。梁太后不甘心，派人向辽国请求援助。辽朝看出了梁太后的颓势，不但没有派兵援助，反而派使臣到西夏，用毒酒将梁太后鸩杀，其党羽也随之倒台。之后，李乾顺得以亲政。

以和治国　推崇汉学

李乾顺亲政时，西夏正处于危急之中，虽然梁氏集团被灭，但朝政大权依然掌握在少数几个大臣手中，兵权则被嵬保没、陵结讹遇、仁多保忠等武将控制。在对外关系上，由于连年对北宋用兵，双方关系恶化，边境不断受到侵扰。面对内忧外患，李乾顺采取了一系列的措施。

首先调整外交策略，李乾顺在亲政当年就接受辽国的号令，也替辽国出兵攻打拔恩母（粘拔恩）部落。作为回报，辽朝也派使臣到北宋进行调停，让两国休兵息战。为了进一步拉近与辽国的关系，李乾顺还派人向辽朝求亲，得到应允，辽恭宗耶律延禧将成安公主嫁到西夏。

稳定了外部环境后，李乾顺开始着手朝政的改革。过去，西夏王朝由梁氏家族、仁多氏、嵬名氏皇族三大家族掌握大权。李乾顺亲政后，嵬名阿埋已死，其子嵬保没掌权。当时仁多保忠统兵在外，李乾顺首先拿嵬保没和陵结讹遇开刀，以他们曾劝梁太后对北宋用兵为借口，将梁太后之死归罪于二人，将他们处死。此举大大提高了李乾顺的威望。永安二年（1099年）闰九月，仁多保忠联合吐蕃攻打湟州失败，4年后，北宋宰相蔡京想要诱降他，李乾顺得知消息后，趁机收回仁多保忠的兵权。这样一来，朝中只剩嵬名氏。李乾顺仿照宋朝的制度，对嵬名氏宗室加官封爵，封勇武威猛的庶弟察哥为晋王，让他执掌兵权；封宗室景思之子仁忠为濮王、仁礼为舒王。仁忠、仁礼因为通晓吐蕃和汉族文化，又分别被封为礼部郎中、河南转运使。

前几代皇帝因为对汉礼和番礼存在不同的政见，所以这两种礼仪也就随着政权的更迭而变换使用。李乾顺认为，只有提高汉学的地位，才能从根本上改变西夏的落后状态。因此，他接受汉人御使中丞薛元礼的建议，尊儒学，推汉学，下令开办国学馆，挑选宗室贵族300人到国学馆学习。他还下令重用精通汉学、擅长诗文的士人。这一举措遭到了一些大臣的反对，他们认为重文轻武会大大减弱国家的战斗力，建议李乾顺多多提拔武将，但他却不为所动。

趁乱扩张　错纳降将

从贞观四年（1104年）起，西夏不断遭到北宋的讨伐，宋军一度逼近西夏都城兴庆府、灵州等地。李乾顺急忙向辽国求援，辽国派人到北宋进行调停，这才使西夏免于亡国。

此时，女真族首领完颜阿骨打建立了大金王朝，并迅速崛起。为了复仇，完颜阿骨打多次亲率大军讨伐辽国，并攻克辽国中京大定府，再克西京大同府。李乾顺为了报恩，也派军帮助辽国抵挡金国的进攻，结果战败。后来，辽恭宗耶律延禧逃入阴山，李乾顺派3万大军前去接应，在宜川河畔与金军相遇，经过一番激战，西夏军大败而归。次年，李乾顺再次派兵寻找辽恭宗耶律延禧，企图将他接到西夏避难。而他屡次援助辽国的举动也激怒了完颜阿骨打，完颜阿骨打警告他说，如果耶律延禧逃入西夏境内，必须交出，否则后果自负，并以割让辽国一部分国土给西夏为条件，要求李乾顺对金称臣。李乾顺考虑再三，最终答应了金国的要求，向金国上表称臣。不久，辽国为金国所灭，成安公主听到这一消息后万分悲痛，绝食而亡。

金国消灭辽国后，又将兵锋指向宋朝。李乾顺看准时机，派兵攻占北宋边境重镇天德、云内等州。这一举动令金国大为不满，遂派兵将西夏军驱逐。李乾顺不服，派人前去质问，金国便将河西大片土地割让给西夏作为补偿。此后几年，李乾顺仍然趁乱出兵，先后占领乐州、积石州、廓州等地，使西夏的疆域达到空前的规模。

南宋建立以后，宋高宗赵构多次派人出使西夏，希望结好。李乾顺见南宋国力衰弱，不予理会，并下令停止使用宋朝所赐历书。后来，李乾顺听说金国屯兵云中，准备攻打川陕，他担心金国攻打西夏，遂派使者到南宋表示愿意结盟。

宋朝西安州通判任得敬向西夏投降，并将自己的女儿嫁给李乾顺。李乾顺十分高兴，册封任氏为皇后，又任命任得敬为静州都统军。同年，将领李世辅投奔西夏。李乾顺连得两将，如虎添翼，任命李世辅为南军承宣使。

大德五年（1139年），李世辅奉命攻打延安府，率领3000人投奔宋朝。李乾顺闻讯气怒攻心，于同年六月驾崩。

仁宗李仁孝

李仁孝档案

生卒年	1124—1193 年	在位时间	1139—1193 年
父亲	夏崇宗李乾顺	谥号	圣德皇帝
母亲	曹氏	庙号	仁宗
后妃	罔皇后等	曾用年号	大庆、人庆、天盛、乾祐

李仁孝,夏崇宗李乾顺长子,西夏第五位皇帝。

大德五年,李乾顺驾崩,李仁孝继位,尊生母曹氏和嫡母任氏同为太后,次年改元大庆。

李仁孝在位期间,在政治上,注重法制,实行科举以选拔人才;在文化上,尊崇儒学,在各州、县设立学校,推广教育;在经济上,减免地租和赋税,禁止奢侈;在对外关系上,结好金朝,承认其宗主国地位,使西夏得到了一个安定的发展环境。

乾祐二十四年(1193 年)九月,李仁孝驾崩,终年 70 岁,谥号圣德皇帝,庙号仁宗,葬于寿陵。

少年勇武　多难兴邦

据说,李仁孝出生的时候,霞光满室,紫气缭绕,让人惊奇不已。

夏崇宗李乾顺第一任皇后成安公主看到孩子的模样，甚是喜爱，给他取名为"仁孝"。

李仁孝继位时，国内发生了一系列事件，极大地考验着这位少年皇帝的执政能力。

在金国的威逼利诱下，西夏答应与辽国决裂，间接加快了辽国的灭亡。成安公主为此绝食而亡，引起了辽国旧将萧合达的愤怒。萧合达当初护送成安公主嫁给李乾顺，被留了下来，担任夏州都统。他占据夏州，宣布脱离西夏，并联合阴山和河东的契丹人，欲拥立辽皇室后裔为帝。李仁孝大怒，派静州都统任得敬率军前去征讨，很快平定了叛乱。之后，任得敬升任翔庆军都统，封西平公。为了巩固皇室的权力，李仁孝仍然将朝政大权交给晋王察哥、濮王仁忠等皇室成员掌管。

大庆三年（1142年）、大庆四年（1143年），西夏国内发生了灾荒，造成大面积粮食歉收，粮价飞涨。灾荒还没有度过，国都兴庆府又发生地震，余震月余不断，造成房倒屋塌、人员和牲畜大量死亡，人心惶惶；夏州也出现地裂，从裂缝中涌出大量黑沙，数千居民被淹死。

尽管灾难连连，百姓处于水深火热之中，西夏统治阶级对百姓的剥削压榨却有增无减。百姓忍无可忍，威州大斌部、静州埋庆部、定州笹（chí）浪部先后发生农民起义，少则几千人，多则上万人，官兵不敌，纷纷败退。李仁孝忙派任得敬前去镇压。尽管农民起义被镇压下去，但李仁孝也从中看到了阶级矛盾的尖锐，明白自己的统治地位已经受到威胁，认识到了改革的重要性和必要性。

厉行改革　重定律例

李仁孝在位期间，鼓励农民垦荒，减免地租和赋税，均定租赋，并形成法律。他在制定的《新法》中规定：赐田按亩征收地租，土地占有者要向国家缴纳赋税，土地所有者在进行交易时要呈报官府，并在赋税册上勾掉卖主的名字，改填买主。这就避免了那些因贫穷而卖地的人再交税。

在政治方面,李仁孝将统治地区分成27个州,其中,黄河以南12个州,黄河以西11个州,在熙、秦河外还有4个州。地方的行政设置仍然采取夏崇宗李乾顺时期的方式,分州、县两级。朝廷负责委任州级官员,当地贵族担任县级官员。《天盛律令》中还明文规定了西夏官衙司署和州县的品秩。

在法制方面,李仁孝专门命人参考宋代法制,在前代律令的基础上加以增补修改,编纂了西夏文的《天盛改旧新定律令》共20卷,颁行全国;后来又编纂了《新法》,对前者进行增补。

在文化方面,李仁孝推崇汉族文化。他下令在各州、县兴办学校,在宫中设立贵族学校。规定凡年龄在7~15岁的宗室子弟必须入学;效仿中原制度,设立太学,并亲自参加学校的开学仪式,对学生和教师予以赏赐;尊孔子为文宣帝,在全国各地兴建孔庙;开办科举,选拔优秀人才为官。李仁孝信仰佛教,曾请来宗律大师、净戒大师、大乘玄密国大师等,在大度民寺举办盛法大会,并施散汉、夏佛卷15万册。

李仁孝还广开言路,虚心纳谏。为了使言路畅通,他下令将枢密院、中书等行政、军事首脑机关移至内门外。有一次,他率领文武百官到贺兰山打猎,途中摔伤了马腿,他十分生气,下令将修路官斩首。大臣阿华劝道:"陛下为了一匹马而斩杀大臣,难道臣子的性命还不及一条马腿吗?"李仁孝顿时醒悟过来,下令释放修路官。回到宫中后,他将这件事说给罔皇后听。罔皇后建议厚赏阿华,以鼓励百官直言劝谏。

此外,李仁孝还下令禁止奢侈浪费,为国家节约开支。

惩办权臣　古稀仙逝

在李仁孝的治理下,西夏经济繁荣发展,国力强盛,文化教育也得到了飞速的发展,封建制度逐渐确立,进入全盛时期。但是,李仁孝过度重文轻武,也带来了一些负面影响,比如军队的战斗力大大减弱,在他之后,西夏开始走向没落。

任得敬本来是宋朝西安州通判,投降西夏后,他将女儿献给李乾顺，因而受到重用。后来他平叛有功，又被封为西平公。但他仍不满足，上表李仁孝请求入朝为官。御使大夫热辣公济劝谏李仁孝说："任得敬请求入朝，是有意干预朝政。陛下应该知道，自古至今，凡外戚掌权者，必祸乱朝纲。况且任得敬并非党项族人，应严防他有二心。"李仁孝听从建议，没有允许。但是，任得敬并不死心，以重金收买晋王察哥，终于如愿被任命为尚书令，后升至中书令，官拜宰相，独揽大权。他结党营私、排除异己，提拔自己的亲信，将弟弟和侄子安插在重要职位上，又贬黜与自己对立的汉学教授翰道冲、御史大夫热辣公济。他如此嚣张的行为，不仅大臣们看不下去，就连他的女儿任氏也看不下去，多次进行劝说，但他根本听不进去。

随着权力越来越大，任得敬的野心也急剧膨胀，开始觊觎皇位。为了达到这一目的，他首先征用10万民夫，修建灵州城，然后逼迫李仁孝封自己为楚王，独立管辖西夏的一部分土地。李仁孝不仅满足了他的要求，还在他患病期间派御医为他治病。但任得敬毫无感恩之心，反而得寸进尺，提出无理的要求，让李仁孝派人到金国为自己请封，遭到李仁孝拒绝。任得敬恼羞成怒，遂联合宋朝攻打西夏。李仁孝闻讯，下令将任得敬处死，并将其余党和家族全部诛灭。

李仁孝执政时期，辽国灭亡，宋朝南渡，金国正盛。为了生存，他不得不采取附金和宋之策。西夏枢密使慕溍、慕洧兄弟二人谋反，欲投靠金国，被李仁孝处死。之后，李仁孝主动向金国说明这件事，求得了金国的原谅。后来，金国的完颜亮杀死金熙宗完颜亶，自立为帝，派使者到西夏告哀，李仁孝拒绝接见。金世宗完颜雍时期，金国先后关闭了两国的几处榷场。为了恢复边市贸易，李仁孝想方设法讨好金国。后来，李仁孝从金国获得德威、定边军等沿边土地，西夏疆域进一步扩大。

乾祐二十四年九月二十日，李仁孝驾崩。李仁孝是西夏在位时间最久、寿命最长的一个皇帝。

桓宗李纯祐

李纯祐档案

生卒年	1177—1206 年	在位时间	1193—1206 年
父亲	夏仁宗李仁孝	谥号	昭简皇帝
母亲	罗皇后	庙号	桓宗
后妃	不详	曾用年号	天庆

李纯祐,夏仁宗李仁孝长子,西夏第六位皇帝。

乾祐二十四年,李仁孝驾崩,李纯祐继位,时年17岁,改元天庆。

李纯祐在位期间,改兴庆府为中兴府,取夏国中兴之意;并延续夏仁宗李仁孝时期的政策,安内和外。但蒙古的崛起,对西夏产生了严重威胁;而西夏内部的权利斗争以及重文轻武的政策,也加速了西夏由盛转衰的过程。

天庆十三年(1206年),夏仁宗李仁孝之侄李安全发动政变,李纯祐被废,不久去世,终年30岁,谥号昭简皇帝,庙号桓宗,葬于庄陵。

青年无为 沿袭旧制

李纯祐是夏仁宗李仁孝的长子,母为章献钦慈皇后罗氏。乾祐二十四年,夏仁宗李仁孝因病驾崩,李纯祐继位后,改元天庆。李纯祐虽然正值血气方刚之年，但却缺乏李仁孝那种大刀阔斧、锐意改革的勇气，不懂审时度势，依然沿用李仁孝时期的旧制，安内和外。

天庆元年（1194年），金朝派人册封李纯祐为夏国主。李纯祐上表金朝，请求重开榷场，金朝应允，遂开放保安、兰州二地，保持与西夏的贸易往来。这些措施在李纯祐继位初期起到了积极的作用。但是，蒙古国的崛起，对西夏产生了严重威胁。而夏仁宗李仁孝多年重文轻武的政策，直接导致了西夏的战斗力急剧衰退。加上西夏党项贵族耽于享乐，毫无忧患意识，根本没有能力抵挡蒙古的进攻，西夏王朝灭亡的趋势已不可逆转。

天庆十二年（1205年），铁木真在消灭乃蛮部后，以西夏收留与蒙古为仇的桑昆为借口，向西夏发起进攻。蒙古军首先攻入河西，接着攻破力吉里寨、落思城、乞邻古撒城，对瓜州、沙州进行大肆掳掠，之后押着大批被俘虏的百姓和抢来的物资，大摇大摆地返回。经过这次战争，李纯祐似乎有些觉醒，急忙下令修复破损的城墙，加强防御，大赦天下，并改都城兴庆府为中兴府。

堂兄夺位　死因不明

在李纯祐因蒙古入侵而头疼的时候，后院又突然失火，其堂兄李安全虎视眈眈地盯上了皇位。

李安全的父亲李仁友与夏仁宗李仁孝是兄弟，曾经帮助李仁孝消灭任得敬及其党羽，立下了大功，被封为越王。李仁友去世后，李安全上表请求李纯祐表彰父亲的功劳，有意承袭父位。但李纯祐明白他的野心，趁机将他降为镇夷郡王。李安全因此心生怨恨，产生了篡权夺位的想法，于是千方百计讨取李纯祐的生母罗太后的欢心，逐渐把持朝政。

天庆十三年正月二十日，蒙古军刚刚撤退，西夏国内一片混乱，李安全趁机勾结罗太后，以抵御外敌不力为由发动政变，废黜李纯祐，自立为帝。3个月后，李纯祐驾崩，死因不明。

襄宗李安全

李安全档案

生卒年	1170—1211 年	在位时间	1206—1211 年
父亲	越王李仁友	谥号	敬穆皇帝
母亲	不详	庙号	襄宗
后妃	不详	曾用年号	应天、皇建

李安全，夏崇宗李乾顺之孙，夏仁宗李仁孝之侄，越王李仁友之子，西夏第七位皇帝。

在父亲李仁友去世后，李安全想要承袭越王爵位，但却遭到夏桓宗李纯祐拒绝，并被降封为镇夷郡王。李安全心怀不满，决定篡夺皇位。天庆十三年，李安全与夏桓宗李纯祐生母罗太后合谋，将李纯祐废除，然后自立为帝，改元应天。

皇建二年（1211 年），李安全的堂侄、齐王李遵顼发动政变，李安全被废黜，不久驾崩，终年 42 岁，谥号敬穆皇帝，庙号襄宗，葬于康陵。

蒙古入侵　不敌求和

天庆十三年正月，李全安和罗太后发动政变，废黜夏桓宗李纯祐，自立为帝，改元应天，成为西夏的第七位皇帝。

李安全继位后，为了巩固皇位，首先请求罗太后派人出使金国，请求金国册封。金章宗完颜璟派人到西夏调查李纯祐下台的原因，但因李纯祐已经去世，死无对证，他便顺水推舟，册封李安全为西夏国主。

这时，蒙古各部落长期分裂的局面已经结束，成吉思汗开始向外扩张。应天二年（1207年）秋，成吉思汗派兵进攻西夏，兀剌海城很快陷落。西夏在强大的蒙古军面前根本无力抵抗，蒙古军大肆抢掠后满载而归。

没几年，成吉思汗率领蒙古大军从黑水城出发，再次入侵西夏，很快来到斡孩罗城下，并发起猛烈进攻。李安全以儿子李承祯为元帅、大都督府令公①高逸为副元帅，率兵5万前去阻击。由于蒙古军实力强大、攻势迅猛，西夏军大败，高逸被俘，面对敌人的威逼利诱不屈而死。蒙古军攻入斡孩罗城内，俘获了西夏太傅西壁讹答，然后乘胜南进，直抵中兴府外围的重要关隘——克夷门。克夷门关外两山对峙，中间仅有一径可以通过，地势十分险要。

李安全命嵬名令公率5万精兵凭险据守，蒙古军多次对克夷门发起攻击，均被嵬名令公击退。双方相持两个月，成吉思汗看准西夏军放松之机，提前设下埋伏，派小股部队将嵬名令公诱入伏击圈。嵬名令公求胜心切，率军追击，落入敌人的伏击圈内，最终被俘。蒙古军一举攻破克夷门关隘，很快包围了中兴府，然后挖开黄河，引水灌城。西夏军民被淹，伤亡惨重，城墙几乎被水泡塌。

李安全见城将不保，急忙派使臣去向金国求救，但是金国卫绍王完颜永济不知唇亡齿寒的道理，说："敌人相攻，我国之福也，何患焉？"对西夏的求助置之不理。幸运的是，蒙古军的引水堤坝垮塌，大水漫进蒙古军营，造成了严重的伤亡。蒙古军迫于形势，只得接受李安全的求和，释放了西夏军统帅嵬名令公和太傅西壁讹答。李安全则献上自己的女儿以及许多金银财宝、大批牲畜，遣人赴蒙古大帐议和，蒙古大军方才退去。

报复金国　两败俱伤

此次蒙古入侵西夏，金国拒绝援助，使李安全心生怨恨，于是派大军攻打金葭州。此后，两国频繁交战，历经13年之久，共计大小战役20余次，给双方都带来了严重的后果：

一是"精锐皆尽，两国俱敝"，夏、金两国的军事力量受到极大的消耗，从而为蒙古灭夏、灭金创造了有利的条件。

二是两国人民饱受战争之苦，如西夏发兵进攻金国陇安军，到处烧杀抢掠，"掠民五千余口，牛羊杂畜数万而去"。至于西夏，"自兵兴之后，败卒旁流，饥民四散"。

三是西夏的经济蒙受了巨大损失，国力大大衰退。

在外部威胁还没有彻底解除的情况下，西夏朝廷内部又发生了叛乱。皇建二年七月，齐王李遵顼废黜李安全，自立为帝。一个月后，李安全去世。

注释：

①令公：古代对中书令的尊称。中唐以后，节度使多加中书令，使用渐滥，皆以令公称之。

神宗李遵顼

李遵顼档案

生卒年	1163—1226 年	在位时间	1211—1223 年
父亲	齐王李彦宗	谥号	英文皇帝
母亲	不详	庙号	神宗
后妃	不详	曾用年号	光定

李遵顼,齐王李彦宗之子,西夏第八位皇帝。

齐王李彦宗死后,李遵顼承袭齐王之位;后又升为大都督府主,掌握兵权。皇建二年(1211年),李遵顼趁李安全忙于应敌,无心处理朝政之机,发动政变,废黜李安全,自立为帝,改元光定。

乾定元年(1223年),李遵顼将帝位传给次子李德旺,自称太上皇。乾定四年(1226年),李遵顼驾崩,终年64岁,谥号英文皇帝,庙号神宗,葬于宁夏平羌堡西北。

投机取巧　多面树敌

李遵顼自幼聪慧,博览群书,于天庆十年(1203年)参加科举考试,夺得廷试武进士第一名。皇建二年八月,李遵顼发动政变,废黜李安全,自立为帝,成为中国历史上唯一的状元皇帝。

李遵顼很善于投机取巧，继位后见金国江河日下，便调整外交策略，与金国断绝关系，转而向蒙古示好。之后，他又趁蒙古与金国交战的机会，派兵攻打金国东胜城，但因金国救援及时，无功而返。皇建二年十一月，李遵顼趁蒙古攻打金国中都之机，再次派兵攻打金国平凉府，但金军防守甚严，他只好下令撤军。

光定二年（1212年）正月，李遵顼以派人出使为名，刺探金国虚实。金国卫绍王完颜永济不知其意，立即派使回访，册封李遵顼为西夏国主，企图拉拢。然而事隔不久，李遵顼突然翻脸，下令进攻金国葭州，结果被金军打败。李遵顼不甘失败，再次对金国发动袭击，一举攻占保安州，兵临庆阳府，接着攻陷金州。当完颜永济被杀，金国陷入内乱时，李遵顼下令兵进会州，被金军击败，但他并不气馁，又发兵攻破巩州，杀死巩州节度使夹谷守中。

李遵顼还派人联系南宋四川制置使董居宜，想与其联手进攻金国，但却遭到拒绝。于是，他决定自己出兵，进攻金国庆州、原州、延州，次年又进攻积石州、环州，但均以失败告终。不久，他又集结大军，攻陷金国临洮府，后又转攻绥德境内的克戎、绥平等地，在进攻临洮时遭到金军痛击。李遵顼屡败屡战，又联合蒙古攻打金国延州、代州和潼关，随后派兵围攻定西城，结果大败，伤亡惨重。

弄巧成拙　身败名裂

面对李遵顼的多次挑衅，金国终于下令兵分两路进攻西夏。李遵顼急忙调兵抵抗，双方激战多次，不分胜负。光定七年，蒙古向金国发动攻击，要求西夏一同出兵。李遵顼认为有机可乘，便派兵3万与蒙古军一同出击，在平阳府和金军激战，蒙古军大败。西夏军急忙撤退，结果在宁州中了金军的埋伏，伤亡惨重。

不久，蒙古又派人向西夏征兵，一同攻打中亚大国花剌子模[①]。李遵顼有意出兵，但因连年征战，国库空虚，民怨沸腾，国内厌战情绪强烈。李遵顼不敢罔顾民意，于是拒绝了蒙古。成吉思汗大怒，立即兴师问罪，围攻西夏中兴府。李遵顼无力抵抗，只得逃往西京避难，命令太子李德任留守抗敌。直到蒙古撤兵后，他才心有余悸地回到中兴府。

经过这几次战争以后，李遵顼认为蒙古才是潜在的威胁，遂改变策略，准备防御蒙古。光定八年（1218年），他派人向金国求和，但是金国恨透了他的反复无常，严词拒绝。李遵顼失望之余，又想到了南宋。光定九年（1219年），金国对南宋发动攻击。李遵顼见状，急忙派人到四川与南宋将领联络，表示愿意与南宋共同对付金国。光定十年（1220年），李遵顼如期发兵，进攻金国，于八月攻破金国会州城，金守将乌古论世显投降。金宣宗完颜珣急忙向西夏求和，李遵顼正值春风得意之时，拒绝议和，还派军攻打巩州，结果战败。

光定十一年（1221年），蒙古大将木华黎又一次攻打金国，要求西夏共同出兵。李遵顼接受上一次的教训，派兵5万随同蒙古军出战。同年十月，蒙、夏联军攻破葭州和绥德。十二月，金国派10万大军攻打西夏，李遵顼也调集10万大军，分三路进攻金国。次年六月，木华黎又率军进攻陕西诸州，借道西夏，李遵顼派兵支援，于九月攻克金国德顺城。十二月，李遵顼再次与蒙古联手攻打金国，战败退兵。

光定十三年（1223年）正月，蒙古向凤翔发起进攻，李遵顼再派兵10万协同作战。双方交战，西夏军被金军的气势吓到，慌忙撤退。蒙古军不知情，结果被金军打得大败，损失惨重。

连年的战争使得西夏的经济严重衰退，入不敷出，百姓怨声载道。同年五月，西夏兴州、灵州接连发生饥荒，然而，身为一国之主的李遵顼却继续穷兵黩武。以太子李德任为首的官员极力反对用兵，李遵顼恼羞成怒，下令将李德任等人幽禁在灵州。七月，西夏再次发兵，攻破金国积石州。成吉思汗为了发泄对西夏在凤翔临阵逃脱的怨气，下令围攻积石州，大肆抢掠后返回。

李遵顼如此好战，非但没有使西夏获利，反而被拖入无休止的战事之中，国内民怨沸腾，朝廷中也一片反对之声。而成吉思汗对李遵顼的反复无常也十分厌恶，多次派人到西夏督促他让位。李遵顼迫于压力，于十二月禅位于次子李德旺。

乾定四年（1226年），李遵顼驾崩。

注释：

①花剌子模：古代西域地区的大国，位于今乌兹别克斯坦及土库曼斯坦。强盛时期囊括中亚河中地区、霍拉桑地区与伊朗高原大部，长期控制着中西贸易，1231年为蒙古国所灭。

献宗李德旺

李德旺档案

生卒年	1181—1226 年	在位时间	1223—1226 年
父亲	夏神宗李遵顼	谥号	孝哀皇帝
母亲	不详	庙号	献宗
后妃	不详	曾用年号	乾定

李德旺，夏神宗李遵顼次子，西夏第九位皇帝。

光定十三年（1223年），李遵顼迫于蒙古和朝廷内的压力，传位给次子李德旺。

李德旺继位后，决心复兴西夏，为此制定了很多新政策，但经过夏襄宗李安全、夏神宗李遵顼两朝的穷兵黩武，西夏国力严重衰退，改革已经挽救不了摇摇欲坠的西夏王朝。为了生存，李德旺决定联金抗蒙，但金国也自顾不暇，最终，西夏走到了穷途末路。

乾定四年（1226年）七月，李德旺驾崩，终年46岁，谥号孝哀皇帝，庙号献宗。

难中即位　背叛蒙古

夏神宗李遵顼本来已经册立长子李德任为太子，但李德任反对李遵项的战争政策，因而遭到幽禁。同年，李遵顼在国内一片反对声浪和蒙古的逼迫下，不得不让位给次子李德旺。

鉴于西夏依附蒙古多次出兵，均徒劳无功，李德旺继位后，决定改变父亲在位时的策略，脱离蒙古并与之对抗。乾定二年（1224年）春，李德旺乘成吉思汗西征未归之机，联合漠北各个部落，议定共同抗击蒙古。

同年五月，成吉思汗得知西夏联外抗蒙，遂亲率大军进攻西夏，在沙州连攻多日均未能取胜，又派人攻打银州。九月，成吉思汗攻破银州，俘获银州守将塔海。西夏右丞相高良惠建议联合金国，共同抗击蒙古。李德旺忙派使臣到金国求助，然而，此时的金国也是自身难保，根本无力出兵。很快，蒙古军离开银州，直逼兴州。此时，沙州在被蒙古军围困半年之后，粮草断绝，外无救兵。李德旺只好投降，并答应将儿子送到蒙古做人质。

不守信用　下场可悲

乾定三年（1225年），成吉思汗回到蒙古，一直等不到西夏的人质，便派人前去催促。右丞相高良惠劝说李德旺遵守信用，况且蒙古实力强大，西夏无力对抗，若违背诺言，恐怕会引火烧身。但李德旺却不以为意，将蒙古来使打发走了。

成吉思汗见使臣无功而返，十分气恼，于乾定四年二月再次出兵讨伐西夏。蒙古军一路势如破竹，深入河西，连克西夏重镇墨水、兀刺海等地，直逼沙州。沙州军民在守将籍辣思义的率领下奋起抵抗，多次击败蒙古军，但终因寡不敌众，城池失陷。五月，蒙古军又攻陷肃州，接着围困甘州。成吉思汗派人去招降甘州守将曲也怯律，不料消息泄露，副将带人将曲也怯律和蒙古来使一同杀掉，然后率领军民浴血奋战，最终不敌阵亡。七月，蒙古军围攻西凉府，守将在屡战不胜的情况下只得开城投降。蒙古军很快占领了河西整个地区。

面对锐不可当的蒙古大军，李德旺束手无策，于七月中旬在惊吓和忧虑中驾崩。

末帝李睍

李睍档案

生卒年	？—1227 年	在位时间	1226—1227 年
父亲	清平郡王	谥号	无
母亲	不详	庙号	末帝
后妃	不详	曾用年号	宝义

李睍（xiàn），夏神宗李遵顼之孙，夏献宗李德旺之侄，西夏最后一位皇帝。

乾定四年，夏献宗李德旺驾崩，李睍继位，改元宝义。

宝义元年（1227 年）春，蒙古军在成吉思汗的率领下，包围西夏都城中兴府，恰逢一场强烈的地震，城内宫室遭到严重破坏，变成了一片废墟。李睍无力抵抗，只得向成吉思汗奉上祖传金佛和金银财宝请降，西夏宣告灭亡。

李睍在位 2 年，亡国后为蒙古兵所杀，庙号末帝，葬处不明。

被拥继位　大军压境

李睍曾被封为南平王。乾定四年夏献宗李德旺驾崩后，李睍被拥立为帝。此时西夏王朝已是摇摇欲坠,强大的蒙古军队势如破竹、长驱直入,使西夏的疆域急剧缩小。

同年八月,蒙古军西路越过沙陀,攻占黄河九渡,力吉里寨陷落。十月,蒙古西路军又攻破夏州,与东路军形成两面夹击之势,深入西夏腹地都城中兴与灵州地区。十一月,成吉思汗亲率大军将灵州包围,并发起猛攻。李睍急忙派大将嵬名令公率领10万兵马去救援灵州。当时天气异常寒冷,河面上结着厚厚的冰,双方在黄河上展开激战,经过多次交锋,西夏军被打败,灵州失守,兀剌海城落入蒙古军队之手。灵州守将、前太子李德任被蒙古军俘虏,宁死不屈,最后被杀。

十二月,盐州川也被蒙古军攻克,蒙古军一路烧杀抢掠,致使夏国"百无一二,白骨蔽野,数千里几成赤地"。成吉思汗拿下灵、盐二州后,又派兵攻打中兴府。李睍派大将驻扎于合剌合察儿地,与蒙古军相遇,双方相持不下,成吉思汗决定对中兴府实行长期围困。李睍忙派人到金国通知两国大使停止往来。

宝义元年正月,完颜守绪又派使节来到西夏,当时西夏正忙于跟蒙古军作战,接待金使"馆燕皆不成礼"。

二月,成吉思汗率领大军南下渡过黄河,攻入金国积石州,随后又破临洮府及洮、河、西宁三州。李睍听说蒙古军中有数万人患疫病,认为有机可乘,准备偷袭。但行动还没有实施,他又听说蒙古大将耶律楚材[①]用攻破灵州时缴获的大黄治好了蒙古士兵的疫病,只得放弃偷袭的计划。

三月,蒙古军再次对沙州发起进攻,成吉思汗派大将忽都鲁帖木儿招降沙州守将,沙州守将采取诈降之术,宰牛置酒,假意犒劳蒙古军,暗中却设下埋伏。忽都鲁帖木儿不知是计,欣然赴宴,结果险些被俘,事后他对沙州发动猛攻,沙州随之陷落。

祸不单行 无奈投降

李睍被围困在中兴府中,退敌无策,整天忧心忡忡。三朝老臣右丞相高良惠见状，"内镇百官，外厉将士"，坚守都城，自冬入夏昼夜亲自巡逻。部属官吏见他不辞辛劳，纷纷劝他保重身体，高良惠感叹道："我世受国恩，不能替皇上分忧，使寇深若此，生有何用？"终因年事已高，不堪劳累而逝。李睍亲自到他灵前祭拜，痛哭失声，中兴府也陷入一片悲怆凄凉的气氛之中。

宝义元年五月间，成吉思汗回师隆德，因天气炎热到六盘山避暑。他见李睍已经陷入孤立无援的境地，但仍不出城投降，便派御帐前首千户察罕到中兴府招降李睍，结果被李睍拒绝。

这年六月，西夏发生了较大规模的地震，宫室倒塌，瘟疫流行。而中兴府被围困半年多，也已粮草断绝，军民因患病无治，人心惶惶，完全丧失了作战能力。李睍在万分绝望之下，只得同意向蒙古投降，但他又提出一个条件，即将投降日期向后拖延一个月，待他处理完城中的事情，自己去见成吉思汗。

这时的成吉思汗已经身患重病，朝不保夕，得知李睍同意投降的消息后，他吩咐儿子们，自己死后秘不发丧，等到李睍来投降的时候将他们全部杀死。

一个月后，李睍率领文武百官向蒙古献城投降，行至萨里川时被蒙古军杀死。至此，西夏宣告灭亡。

注释：

①耶律楚材（1190—1244年）：契丹族，蒙古帝国政治家。蒙古军攻占金中都时，成吉思汗收耶律楚材为臣。耶律楚材先后辅助成吉思汗父子30余年，担任中书令14年之久，提出实行儒家治国之道，并制定了施政方略，为蒙古帝国的发展和元朝的建立奠定了基础。

西夏文敕符牌（正背面） ↑

符牌是西夏王朝传递文书、命令时，使者所用的身份证明。汉语意为"敕令驿马昼夜急驰"。

西夏武士像（画板画） ↓

1977年甘肃省武威市西郊林场西夏墓出土，甘肃省武威市考古研究所藏。

《称赞大乘功德经》书影（局部） ↓

1974年山西应县辽代佛宫寺出土，是辽代雕版印刷的大藏经《契丹藏》的一部分，统和二十一年（1003年）刊印于辽南京（今北京市）。

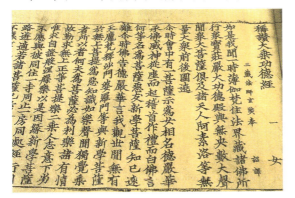

黑釉玉壶春瓶 ↑

金代盛器，山西省大同市南郊十里铺村出土。

卓歇图（局部） ↓

辽代契丹人胡瓌绘，表现契丹可汗率部下骑士出猎后歇息饮宴的情景。

正隆元宝 ↑

海陵王迁都到中都（今北京市）以后，于正隆三年（1158年）置监铸钱。正隆元宝是金朝最早铸造的铜钱。

契丹文铜镜 →

1973年内蒙古昭乌达盟（今赤峰市）喀喇沁旗出土。契丹文为"寿长福德"之意。现藏内蒙古博物院。

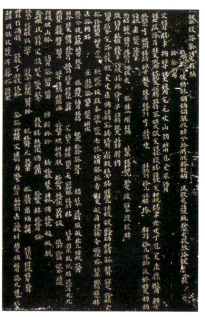

← 辽道宗宣懿皇后哀册

哀悼辽道宗皇后萧观音的石刻，分别镌刻契丹、汉两种文字，刻于乾统元年（1101年）。1930年出土于内蒙古巴林右旗，现存辽宁省博物馆。此为拓片。

西夏文石碑残片 ↑

1972年宁夏银川市西夏王陵出土，现藏国家博物馆。

西夏王陵 ↓

西夏历代帝王陵以及皇家陵墓，位于宁夏银川市西，西傍贺兰山，东临银川平原，是现存规模最大的一处西夏文化遗址。

金中都公园↑

坐落在八百多年前金中都城内的部分遗址上。贞元元年（1153年），海陵王改燕京为中都，正式迁都于此。中都的中心是皇城，基址位于今北京广安门南滨河路一带。

元太祖铁木真↑

旧藏清南薰殿，现藏台北故宫博物院。

元青花牡丹纹罐→

元代景德镇窑烧制，1973年出土于安徽蚌埠东郊明初大将汤和墓，现藏故宫博物院，是元代青花瓷器的代表作品。

元世祖出猎图→

绢本设色人物画，元代画家刘贯道创作，现藏台北故宫博物院。

中统元宝交钞↑

"中统元宝交钞"，元代纸币，发行于元世祖中统元年（1260年）。

←元太宗窝阔台

旧藏清南薰殿，现藏台北故宫博物院。

元世祖忽必烈↑

旧藏清南薰殿，现藏台北故宫博物院。

元成宗铁穆耳↑

旧藏清南薰殿，现藏台北故宫博物院。

元武宗海山↑

旧藏清南薰殿，现藏台北故宫博物院。

元仁宗爱育黎拔力八达↑

旧藏清南薰殿，现藏台北故宫博物院。

元文宗图帖睦尔↑

旧藏清南薰殿，现藏台北故宫博物院。

元宁宗懿璘质班↑

旧藏清南薰殿，现藏台北故宫博物院。

元世祖后半身像↑

旧藏清南薰殿，现藏台北故宫博物院。

元武宗后半身像↑

旧藏清南薰殿，现藏台北故宫博物院。

元顺宗后半身像↑

旧藏清南薰殿，现藏台北故宫博物院。

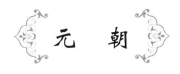

元　朝

太祖铁木真

铁木真档案

生卒年	1162—1227 年	在位时间	1206—1227 年
父亲	孛儿只斤·也速该	谥号	法天启运圣武皇帝
母亲	诃额仑	庙号	太祖
后妃	孛儿帖皇后、忽鲁伦皇后等	曾用年号	无

孛儿只斤·铁木真，蒙古族乞颜部①人，也速该之子，蒙古帝国第一任大汗，尊号"成吉思汗"，蒙古语意为"拥有海洋四方"，元朝的奠基者。

经过多年征战，铁木真统一了蒙古诸部。南宋开禧二年（1206年），铁木真在斡难河源头即皇帝位，建立了大蒙古国。他一生东征西伐，将西达中亚、东欧的黑海海滨地区纳入蒙古版图。

南宋宝历三年（1227年），铁木真在征伐西夏时驾崩，终年66岁，葬处不明，谥号法天启运圣武皇帝，庙号太祖。

战乱纷起　天生异象

铁木真幼年时期，无论是蒙古草原还是整个中原，都处于战争不断的乱世。

南宋绍兴十一年，南宋与金国签订了著名的"绍兴和议"，南宋向金国称臣，双方东以淮水、西以大散关为界，南宋每年向金国交纳银25万两、绢25万匹，称为"岁贡"。

南宋将领岳飞被秦桧杀害后，金国海陵王完颜亮将都城迁到汴京，并亲自统率数十万大军南下，企图统一中国，结果在采石矶被南宋大将虞允文打败。女真贵族完颜雍看准时机，率兵攻入中都，夺取帝位。完颜雍继位后急于稳定内部，既要镇压起义，又要对付南宋，无暇顾及部落林立的漠北地区，从而造成了蒙古、塔塔儿部②、乃蛮部、克烈部③、蔑儿乞惕部④五大部落各为政的局面。五部相互争夺草原、牧场、奴隶、牛羊，时常发生部族仇杀，整个漠北大草原处于混乱之中。

自从忽图剌可汗⑤去世后，因为部落利益的冲突和意见无法统一，蒙古一直没有推选出新的可汗。铁木真的父亲也速该是忽图剌可汗的侄子，英勇善战，因此被推为蒙古孛儿只斤乞颜氏的首领，同时负责整个蒙古部的军务。尽管他名义上不是蒙古可汗，但却被尼伦温等部奉为首领，成为蒙古部实际的可汗。

南宋绍兴三十二年秋，在也速该的指挥下，蒙古部发动了一场针对塔塔儿部的战争，双方几经交战，胜负难分。战争期间，也速该的妻子诃额仑即将临盆。最终，也速该大获全胜，并俘虏了塔塔儿部的两个酋长，其中一个为铁木真兀格。同时，诃额仑也生下了一个男孩，这对也速该来说算是双喜临门。令人惊奇的是，这个孩子一生下来就天赋异禀，满面红光，"手握凝血如赤石"。也速该联想到这次战争的胜利，便给儿子取名叫铁木真，蒙古语意为"铁之变化"。

命运多舛 丧父失妻

铁木真9岁那年,按照蒙古的风俗,已经到了定亲的年龄,父亲也速该带着他到弘吉剌部去求亲,弘吉剌部的智者德薛禅将自己的女儿孛儿帖许配给了铁木真。然而在他们返回蒙古草原途中,也速该被塔塔儿人札邻不合毒害。也速该死后,孛儿只斤氏族群龙无首,许多奴隶和属民相继投靠实力更加强大的部族,甚至乞颜氏的贵族也依附泰赤乌部⑥。铁木真一家陷入了困境,在斡难河上游不儿罕山⑦一带颠沛流离,过着艰苦的生活。

铁木真兄弟渐渐长大后,在斡难河畔以捕鱼打猎为生,家中的境况逐步好转。这时,夺走他们百姓和奴隶的泰赤乌部,担心铁木真兄弟日后报复,便将铁木真捉住,押回营地,戴上枷锁示众。铁木真趁看守不注意逃了出来,隐藏在温都儿山的密林中,结果又被抓住,多亏锁儿罕失剌父子的帮助才再次逃脱。

为了防备泰赤乌部再来追杀,铁木真一家转移到了不儿罕山前的古连勒古山中,在这里靠捕捉土拨鼠、野鼠生存。南宋淳熙七年(1180年),铁木真来到弘吉剌部,在德薛禅的主持下,与孛儿帖完了婚。但就在他新婚之际,孛儿帖被篾儿乞惕部抢走。铁木真愤怒至极,发誓一定要报仇,救回妻子。

抢走孛儿帖的篾儿乞惕部是个有着统一指挥的强大的部落联盟,想要打败他们并不容易,幸运的是,铁木真得到了克烈部首领王罕⑧和札答阑部贵族扎木合的帮助,最后成功击败篾儿乞惕人,救回了已怀有身孕的妻子孛儿帖。孛儿帖被救回不久,生下了儿子术赤。

妻子的回归和儿子的降生让铁木真深感欣慰,但部落内传言术赤并非铁木真的骨肉,而是孛儿帖和另一个男人的血脉。铁木真为此非常苦恼,但又拿不出证据,也因此埋下了矛盾的种子。

兵强马壮　兄弟相残

铁木真与札木合自幼结为安答（即异姓兄弟），在对蔑儿乞惕部的战争中，札木合帮助铁木真夺回了妻子，铁木真十分感激，两人的关系也因此更为密切。

在札木合的盛情邀请下，铁木真放弃桑沽儿河边的旧营地，和札木合一起开始了在豁儿豁纳黑川的游牧生活。后来，泰赤乌部的赤勒古台、塔乞兄弟，札木合的族人豁尔赤、阔阔出等，以及一些有名望的乞颜氏族人，比如合不勒可汗的长支主儿乞氏⑨的撒察别乞、泰出，忽图剌汗之子拙赤罕、阿勒坛，也速该的哥哥捏坤太师之子忽察儿别乞、也速该的弟弟答里台斡惕赤斤等，先后投到铁木真帐下。这些人的到来，使铁木真的力量迅速壮大。

在团结各部首领后，铁木真又率领自己的属民百姓，从斡难河中游的札木合营地迁回桑沽儿河边。南宋淳熙十六年（1189年），在部族联合会议上，铁木真被推举为可汗。

铁木真成为可汗后，马上着手建立和健全各级政权机构，首先封设了各种官职，负责掌管各种事务。为了进一步增强可汗的权力，便于统一管理，他还特别委任博尔术⑩、者勒篾⑪为众官之首，建立严格的制度，使部众更适合大规模行动，为统一蒙古打下了坚实的基础。

铁木真建立乞颜氏政权初期，部众并不多，势力范围也不大。经王罕允许，他继续依靠强大的克烈部，势力逐步扩大。这让扎木合感受到了威胁，他以弟弟被铁木真射杀为借口，率领13部共3万人，攻打铁木真。铁木真则将部众分为十三个翼抗敌，这是他称汗以后进行的第一场战争，最终以失败告终。札木合虽然大获全胜，但他大肆屠杀，用70口铁锅将人肉煮了吃，这种残忍的行为引起了人们的痛恨。而铁木真虽然战败，但他能够广泛团结贫穷的部众，受到了蒙古部民的真心拥护，不少蒙古氏族纷纷离开札木合投靠铁木真。这样一来，铁木真的力量非但没有被削弱，反而更加壮大。

面对铁木真的崛起，草原各部贵族推举札木合为"古儿汗"，即众汗之汗，决心与铁木真为敌。他们组建十二部联军，向铁木真和克烈部发起进攻。然而，札木合率领的联军根本经不起铁木真和王罕联军的猛烈攻击，不到一天就全线溃败，札木合也投降了王罕。

南宋庆元二年（1196年），铁木真联合王罕及其他各部配合金国夹击塔塔儿部，其首领札邻不合服毒身亡，塔塔儿部另一首领也客扯连被迫投降。当时，主儿乞部乘铁木真率兵出征之机，劫掠了他留在后方的家属、辎重，铁木真以此为由吞并了主儿乞部。南宋庆元六年（1200年）春，铁木真和王罕共同出兵攻打泰赤乌部，铁木真在战斗中被泰赤乌部将士射中脖颈，生命垂危。不过，第二天清晨，泰赤乌部便投降了。泰赤乌部的归降，使铁木真统一蒙古的步伐又前进了一大步。

联姻失败　小人离间

南宋嘉泰二年（1202年）秋，铁木真集中兵力，消灭了宿敌塔塔儿部，替父亲报了仇。从此，蒙古草原上富饶的大片东部土地和众多部落几乎都处于铁木真的统治之下，他的势力越来越大，为王罕所忌惮。

转眼间，铁木真的长子术赤已经长大成人，铁木真替他向王罕求婚，希望能够迎娶王罕的孙女，结果却遭到拒绝。铁木真非常气愤，从此不愿再做王罕的"海东青"。札木合知道后，便在王罕面前挑拨离间，并和王罕设下一个毒计，假意答应铁木真的求婚，并请其赴宴。铁木真信以为真，但赴宴途中马却无论如何也不愿再往前走，这使他产生了一种不祥的预感，于是以马劳累为由，派随从代自己赴宴，因此躲过一劫。

扎木合见铁木真没有上当，又劝王罕偷袭铁木真。此时铁木真兵少将寡，无法与王罕抗衡，为了保存实力，铁木真率部退往董哥泽，沿途收拢了许多溃散的人马。为了麻痹王罕，他派使者向王罕求和，并给王罕写了一封言辞恳切、催人泪下的信。王罕收到信后万分惭愧，赶走了挑拨离间的札木合，与铁木真和好如初。铁木真抓住这一时机休整兵马,决心彻底摆脱王罕,并发誓为此前惨败报仇。

南宋嘉泰三年(1203年)秋,铁木真探知王罕正搭起金帐,饮酒狂欢,毫无防备,便带大军偷袭了王罕驻地,经过三天三夜的激战,终于将王罕的主力击溃,至次年征服了克烈部。王罕带着残兵狼狈逃窜到乃蛮边界,被乃蛮守将认了出来。为了请功,乃蛮守将杀了王罕,并将其首级献给乃蛮部首领太阳汗。

太阳汗认为铁木真日后必定是自己的强敌,于是与扎木合联合,想要消灭铁木真。铁木真派哲别为先锋,与汪古部族联合,共同迎战太阳汗。为了迷惑敌人,铁木真下令将军马散布在萨里川,每5人燃起一堆篝火。太阳汗派出的探马看见后,向太阳汗报告说铁木真兵力强大,而且每天都在增兵。扎木合被铁木真"强盛的气势"所吓倒,带着自己的人马偷偷溜走了。太阳汗同样十分心虚,在交战中多处受伤,躲在一个小山坡上。其手下将士则被逼到陡峭的山中,许多人被迫跳崖自尽,其他人又自相践踏,伤亡惨重。

太阳汗战败后,扎木合因随从出卖,被铁木真活捉。铁木真杀死出卖扎木合的随从,然后将当年和扎木合结拜时的信物——小弓箭取出来,交还给扎木合,说道:"扎木合,你是我的兄弟,但是你背叛了我,必须处死。"至此,克烈部和乃蛮部被铁木真彻底消灭。

建号称汗 完善制度

南宋开禧二年春,归附铁木真的诸多部族首领一致推举铁木真为全蒙古的可汗,于是,铁木真告天即位,诸王群臣共上尊号曰"成吉思汗"。蒙古从此作为一个统一的民族出现在历史舞台上。

铁木真即位以后,把原来的千户制进一步完善和制度化,创立了一个新的军政合一的千户制,先后任命了一批千户官、万户官和宗室诸王,使之成为一个层层隶属、指挥灵活、便于统治、能征善战的军政合一组织,逐渐取代了旧时代的部落和氏族结构,蒙古的所有百姓都被纳入这个严密的组织之中。铁木真的亲属则组成蒙古国的最高统治集团,他按照分配家产的体制,把百姓分配给诸子诸弟领导。为了进一步巩固自己的王国,他将护卫军扩充为由 1000 名箭筒士、1000 名宿卫、8000 名散班组成的作战队伍,以保护金帐的安全及分管汗廷的各种事务。

此前,蒙古族没有文字,依靠结草刻木记事。统一以后,为了加强统治及方便传达指令,铁木真让精通文字的畏兀儿人⑫塔塔统阿用畏兀儿文字母拼写蒙古语,教太子诸王学习,即所谓的"畏兀字书"。正是因为有了文字,铁木真才顺利颁布成文法和青册,包括他去世后不久成书的第一部蒙古民族的史书——《蒙古秘史》,也是用这种畏兀字写成的。

在体制律令方面,铁木真依照蒙古人长期以来形成的社会习惯和行为规范,重新确定了札撒、训言、古来的体例,制定了蒙古法律,该法律由习惯法和训令构成,称为"大札撒"。"大札撒"律令的制定,进一步强化了蒙古政权,为铁木真进行扩张战争奠定了有力的基础。

攻夏克金　西征欧洲

铁木真统一蒙古后,各地尚有几个封建政权并存,彼此间连年征战。在河套以西有党项建立的西夏,河套以东有女真建立的金国,在西域有契丹族建立的西辽,在淮河以南有南宋,在西南有以白族为主的大埋政权。

铁木真统一中国北部地区以后,有了扩张的实力。当时,党项族建立的西夏居于金、宋、吐蕃、回鹘之间,是其进军中原的一大障碍。所以,西夏成了铁木真进攻的第一个目标。西夏称臣于金国,铁木真担心西夏与金国合力从两面牵制蒙古,为了清除这个潜在的威胁,他先离间了西夏与金国的同盟关系。之后他又三次出兵攻打西夏,西夏无力抵抗,只得俯首称臣。

随后,铁木真打着为父祖复仇的旗号,亲率大军从克鲁伦河流域出发,向南奔袭金国。金国几十万大军驻守野狐岭,经过一场激战,金军惨败。蒙古军乘胜追击,很快占领居庸关,随后兵分三路攻略中原腹地及辽西地区，兵临大都城下。因一时难以克城，铁木真遣使逼迫金朝送岐国公主联姻，并献上金帛和马匹，然后退出了居庸关。不久他又以金国迁都汴京而"违约"为借口，南下讨伐金国，逼近中都，附近守军纷纷归降，金军主帅弃城逃跑。

打败了金国，铁木真改编军队，踏上了西征之路。当时，位于阿姆河下游的花剌子模国在摆脱西辽和塞尔柱帝国⑬的统治以后，成为地处中亚最强大的国家，也成为铁木真西征的第一个目标。经过5个月的苦战，花剌子模国的军队主力被击溃。铁木真一边追击花剌子模的沙摩诃末，一边沿途征战于今阿富汗、伊朗一带。花剌子模的大部分领土被铁木真占领，只剩下都城玉龙杰赤等城池。玉龙杰赤城跨阿姆河两岸，中有一桥梁相连，易守难攻。

铁木真和四子拖雷久攻不下，转而从那黑沙不出发，过铁门关南下，分别攻打阿姆河北岸的要塞之地忒耳迷和呼罗珊诸城，攻破城堡后，毁掉城堡，屠杀百姓。接着，他们又攻占巴里黑城、塔里寒寨，将城内军民屠杀殆尽。铁木真的军队越战越勇，士气高涨，又将沙摩诃末之子札兰丁围困在申河边上，札兰丁好不容易突围，率几千残兵逃往印度。铁木真派人寻找未果，加上蒙古军受不了当地的酷暑，只好下令退兵，札兰丁借机逃到波斯躲藏。

南宋嘉定十七年春，铁木真率部返回蒙古。这次西征，蒙古军南至印度，西至伊拉克、阿塞拜疆、黑海北岸，北达基辅，战无不胜。铁木真将这些土地分给儿子们管理，他的儿子们都有了自己的领土，这也为后来诸子争夺汗位的派系斗争埋下了隐患。

抱病亲征　殒命疆场

南宋宝庆二年（1226年），进入暮年的铁木真身患重病，但仍抱病亲征西夏。在征战中，他自知病重，特意下令自己死后不准发丧、举哀。临终前，他把儿子窝阔台和拖雷叫到床前，叮嘱他们兄弟之间一定要相亲相爱、团结一致，并面授了征服金国的策略：金国的精兵重点把守潼关，因为其南面有群山依靠，北边有黄河相邻，易守难攻。如果向南宋借道，南宋和金国是世仇，肯定会答应，这样蒙古就可以出兵唐、邓两州，直接打到汴京。金国在情势危急的情况下，肯定会召回驻守潼关的军队支援汴京。援军长途跋涉，疲惫不堪，趁此大好时机可对其迎头痛击。

次年七月，铁木真病逝于六盘山下的清水县。

注释：

①乞颜部：蒙古族最古老的部落之一，源出古东胡柔然族，属于蒙古族始祖。蒙古乞颜部落世代居住在斡难河和不儿罕山地区。

②塔塔儿部：又称鞑靼部，是蒙古兴起以前漠北地区"人数众多、强大、富有的民族"，该部分支很多。驻牧地主要分布于阔连海、捕鱼儿海一带。

③克烈部：辽、金时期蒙古高原的强大部族。居地在土拉河、鄂尔浑河上游一带。

④蔑儿乞惕部：10至13世纪居住在今蒙古高原的一个部落，属蒙古四大兀鲁思之一，活动的地方在鄂尔浑河流域与色楞格河一带。

⑤忽图剌可汗：成吉思汗曾祖父合不勒第四子。

⑥泰赤乌部：12世纪蒙古草原的一个部落，在蒙古中部与东南部。属于尼伦蒙古，是俺巴孩汗的后代。后为成吉思汗所灭。

⑦不儿罕山：即肯特山，成吉思汗时称为不儿罕山。

⑧王罕：克烈部末代首领，原名脱斡或邻勒。早年结交成吉思汗之父也速该，击败叔叔古尔汗，夺取汗位，接受金国册封的"夷离堇"，故称王罕。

⑨主儿乞氏：铁木真四世祖合布勒的长子斡勤巴儿合黑，以长子地位挑选百姓中最勇敢善战者单建主儿乞氏族，势力强盛，其后人发展成主儿乞氏。

⑩博尔术（1162—1226）：原名孛儿楚，蒙古名将、成吉思汗"四骏"开国元勋之首。与木华黎、博尔忽、赤老温号称"四杰"。参加统一蒙古诸部战争，善战知兵，多立战功。蒙古帝国建国后，受封为右手

万户。

⑪哲勒篾：兀良哈氏，蒙元帝国名将，与哲别、速布台、忽必来并称为成吉思汗麾下"四犬"。自幼服侍铁木真，多次营救其于危难之中，深受信任。铁木真称汗后，封为千户长，十大功臣之一，拥有9次犯罪不罚的特权。

⑫畏兀儿人：又称西州回鹘，唐朝时称回鹘人。回鹘人原居于漠北，回鹘汗国时代，已有一些回鹘族部落迁居到今天山以北和河西一带。

⑬塞尔柱帝国：11世纪塞尔柱突厥人在中亚、西亚建立的帝国，亦称塞尔柱王朝。

太宗窝阔台

窝阔台档案

生卒年	1186—1241 年	在位时间	1229—1241 年
父亲	元太祖铁木真	谥号	英文皇帝
母亲	光献皇后孛儿帖	庙号	太宗
后妃	乃马真元皇后、孛剌合真大皇后等	曾用年号	无

窝阔台,元太祖成吉思汗第三子,蒙古帝国第二任大汗,史称"窝阔台汗"。

窝阔台在也儿的石河上游和巴尔喀什湖以东一带受封,建斡耳朵于也迷里城,被立为继承人。成吉思汗病逝后,蒙古贵族召开忽里勒台大会,拥戴窝阔台继位,并管理整个蒙古帝国。

窝阔台在位期间,继承父亲遗志,采取对外扩张政策,向南消灭金朝,派侄子拔都西征欧洲,扩大疆域版图。在朝中,窝阔台任用契丹人耶律楚材为中书令,推崇汉制,实行科举制度,重用中原文人,奠定了元朝的基础。但他野蛮残暴,晚年溺于酒色,荒于朝政。

南宋淳祐元年(1241 年)冬,窝阔台驾崩,终年 56 岁,葬于起辇谷。南宋咸淳二年(1266 年)冬,太庙建成,制尊谥庙号,窝阔台被追尊庙号太宗,谥号英文皇帝。

才能出众　荣登汗位

窝阔台出生时，正是北方草原群雄纷起、竞相逐鹿的年代。他自幼生长在兵戈相见、战乱不休的环境里，在马背上度过了少年时光。那时铁木真还只是蒙古乞颜部的首领，刚和札木合分开，在大草原上转战，寻找栖身之所。窝阔台跟随父亲四处征伐，成长为一员骁勇善战的虎将。

铁木真与克烈部王罕交战时，窝阔台随军出征。当时王罕的军队人多势众，战斗十分激烈，窝阔台的颈项不幸被敌人用箭射中，鲜血直流，但他仍然带伤杀敌，最后与博尔术、博尔忽[①]一起杀出一条血路，冲出包围，与父亲会合。后来，窝阔台又跟随铁木真消灭乃蛮部，北攻篾儿乞惕部，相继征服麦古丹、脱脱里、察浑三姓部众。

在蒙古帝国初具规模后，铁木真意识到蒙古不但需要一位攻城略地的军事家来扩大疆域，更需要一位具有深谋远虑的政治家来巩固和发展自己创立的帝国，完成他的未竟之业。

他的长妻孛儿帖一共生了4个儿子：长子术赤、次子察合台、三子窝阔台、四子拖雷。他们跟随成吉思汗东征西战，为蒙古帝国的建立立下了汗马功劳。铁木真对这4个儿子量才使用，给他们安排了不同的职责：术赤管狩猎；察合台掌法令；窝阔台主持朝政；拖雷统领军队。

为了确定汗位继承人，铁木真召见诸子及胞弟进行商议。在讨论中，术赤和察合台争吵起来，察合台说术赤并非铁木真亲生，没有资格继承汗位，提出由窝阔台继承汗位。术赤和拖雷也表示同意。于是，铁木真要求术赤、察合台、拖雷立下承认窝阔台为汗的文书。

窝阔台被确定为继承人后，跟随铁木真征讨花剌子模。当时蒙古大军分为四路：窝阔台、察合台负责进攻讹答剌城，术赤率兵进攻毡的、阿剌黑等人负责攻取白纳克特等地，成吉思汗、拖雷则率领主力部队穿过沙漠地带，攻取布哈拉城。

讹答剌城防守工事坚固，粮食丰足，但经过窝阔台和察合台几个月的围攻，最终粮草断绝，城池失陷。城内守将曾经杀死过蒙古商队的商人，自知死路一条，拒绝投降，与蒙古军在城内相持月余，后被活捉处死。蒙古军在城内烧杀抢掠，该城成为一片废墟。

退出讹答剌城后，窝阔台、察合台和术赤分别率部来到玉龙杰赤城下。这里是术赤的领地，为避免破坏这座城市，术赤下令延缓攻城，采取拖延之计，但却遭到察合台的强烈反对，二人因此失和，致使城池数月不破。当时铁木真正在阿富汗境内，得知窝阔台和术赤闹矛盾后，他指派窝阔台全权指挥军队，经过多次激战，蒙古军终于攻入城内。

铁木真最后率军到达锡尔河畔。当时，窝阔台和察合台正在布哈拉城附近狩猎，特意将打来的猎物送到锡尔河畔，并与父亲一起狩猎。次年，窝阔台跟随父亲返回蒙古，持续了7年的远征至此结束。

南宋宝庆三年，铁木真在六盘山的营帐里逝世。临终前，他反复叮嘱儿子们要精诚团结，服从窝阔台的领导。根据蒙古旧制，继承人提名必须经过忽里勒台贵族会议通过才能生效，所以，窝阔台不能因父亲的遗命立即继位，必须等忽里勒台会议的最后决定。在王位空缺的两年里，由拖雷监摄国政。

南宋绍定二年（1229年），忽里勒台贵族会议在铁木真的主营怯绿连地区如期召开，大会一直开了40天，按照铁木真的遗嘱，与会者决定将大汗之位传给窝阔台。按照传位的程序，宗王们纷纷劝说窝阔台继位，窝阔台则表示谦让，提出让位于拖雷。

此时术赤已经去世，察合台又全力支持窝阔台，拖雷势孤力单，只得违心地支持窝阔台。经过大家的再三劝说，窝阔台终于答应下来，继承汗位。

乐善好施　择贤而用

窝阔台为人轻财重义、乐善好施，经常将从其他国家弄来的东西慷慨地送给别人，甚至不经过司账的清查。有一次，他在路上看见一个衣衫褴褛的穷苦人，因为身边没有带钱物，便将皇后耳朵上的两颗珍珠摘下来送给那人。皇后对此十分不解,说:"他是个乡下人,不知道珍珠的珍贵,为什么不能让他明天去朝中领取钱物?"窝阔台回答说:"这人已经到了穷途末路,恐怕等不到明天了。"

除了乐善好施,窝阔台还有一副菩萨心肠。有一次,他下令处死3名犯人,当他走出宫殿时,看到一个妇人正号啕大哭,问及原因,妇人回答说:"陛下下令处死的三个人分别是我的丈夫、弟弟和儿子。"窝阔台想了一下说:"看在你的面子上,可以饶恕其中一人不死,你选一个吧。"妇人说:"丈夫可以再找,儿子可以再生,唯有兄弟不可再得。"窝阔台听后动了恻隐之心,遂下令赦免三人。

窝阔台继位以后,下令严格遵守铁木真时期制定的法令,同时大赦天下;又命耶律楚材等人制定法典,进一步完善蒙古的法律和政治制度。

为了发展蒙古的经济,窝阔台命令耶律楚材主持黄河以北汉民的赋调工作,并采纳其建议,在中原地区维持原来的农业手工业生产,征收地税、商税以及酒醋盐铁等税。耶律楚材奏立十路征收课税所,正副使皆委派儒生担任,并建议军、民、财分职,长吏专营民事,万户府揽军政,课税所执钱谷,各不相统摄。这些措施触犯了许多贵族豪绅的利益,遭到他们的强烈反对,但窝阔台却极力支持。窝阔台到西京时,耶律楚材将征收到的银、币和米谷簿籍送给他看,一共是银50万两、绢8万匹、粟40万石。窝阔台赞叹道:"卿真人才也!"当天便将中书省印交给耶律楚材,让他负责黄河以北的政事。

南宋端平二年(1235年),窝阔台下令让失吉忽秃忽主持编中原户口。按照大臣们的意见,依照蒙古和西域的成法,以丁为户,按丁定赋。但是,耶律楚材却建议窝阔台按照中原的传统,以户为户,按户定赋,同时还要保留中原的县郡制度。窝阔台接受建议,又在这个基础上,让耶律楚材制定适应中原的赋役制度,从而减轻了百姓的负担,使遭受战争严重破坏的中原经济得到恢复。

为了更好地治理江山,窝阔台深知知识的重要性,经常向耶律楚材请教周孔礼教,仔细品味"天下可马上得之,不可马上治之"的道理。同时,他遍请名儒,为皇太子和诸王大臣之子讲解儒家经义。在攻打汴京的时候,他接受耶律楚材的建议,封孔子第 51 世孙孔元措为衍圣公,还兴办国学,进行科举考试,从中提拔儒生 4030 人,其中有四分之一的人为奴隶出身。儒生得中后可免去赋税,优秀者还可以担任官职。耶律楚材还在燕京设立编修所,在平阳设立置经所,编写经史,很好地将中原传统文化保存了下来。

除了在燕京等多处要塞之地设置断事官之外,窝阔台还向路府州县派遣了达鲁花赤(镇守官),并命探马赤五部将分别镇守真定、大名、东平、益都、平阳。

通过这一系列措施,窝阔台大大加强了蒙古对中原地区的统治力度。

灭金伐宋　继续西征

铁木真的去世,使得征服金国的计划推迟了。南宋绍定二年,窝阔台继位以后,立即按照铁木真规划的灭金战略,开始对金国发起全面进攻。他和拖雷率军穿过大漠,向南进军攻入山西,渡过黄河,与陕西的蒙古军会合,然后直取凤翔。金军被迫放弃京兆大片领土,扼守潼关,退保河南。

南宋绍定五年(1232 年)夏,窝阔台回到居庸关北的官山召开诸侯土大会,商议攻金之策。会上,他采纳拖雷的意见,决定分兵三路:窝阔台亲自统率中路军,渡河向洛阳进发;斡赤斤率领左路军由济南挺进;拖雷总领右路军,由宝鸡南下,通过宋境,沿汉水达唐、邓,成包抄之势。三军约定于次年正月在汴京会师。三军如期会师后,窝阔台命大将速不台留下继续进攻汴京,自己则和拖雷返回。

金哀宗完颜守绪见汴京不保,带着一部分臣僚和军队逃跑,辗转来到归德。金朝元帅崔立杀死留守汴京的完颜奴申等人,献出城池投降。南宋绍定五年四月,速不台在青城接收了崔立送来的金国后妃、宗室和宝器,将金朝宗室尽数杀死,然后率部进入汴京。

同年六月,金哀宗完颜守绪又从归德逃到蔡州。南宋应蒙古的要求，出2万军队、30万石粮食，帮助蒙古攻打蔡州。经过无数次激战，宋军攻破南城，蒙古军攻破西城，金哀宗完颜守绪自缢身亡。至此，金国宣告灭亡。

灭金之后，蒙古军队北还休整。当时，南宋没有坚持要求蒙古兑现河南之地归宋的诺言，却同意陈、蔡西北地属于蒙古，这也为日后南宋与蒙古之间的战争埋下了隐患。

庐州知州全子才受命率万人大军进攻汴京，汴京人诛杀崔立投降了南宋。宋军西进至洛阳，洛阳百姓开城迎接。这时，窝阔台在蒙古诸王大会上已决定大举南侵，塔察儿率军打败不堪一击的宋军，迅速占领了洛阳、汴京。蒙古将领塔思率军攻入安庆府，大肆抢掠。但因为宋军的奋力抵抗，蒙古军不得已后退。

蒙古侵宋的西路军在皇子阔端、都元帅塔海绀卜等统率下，向四川进发，汉军万户刘黑马等也跟随出征。阔端率主力军由大散关南下，攻取凤州，继而攻陷武休关，进入兴元，攻取大安阳平关。塔海绀卜等率军攻入四川，隆庆沦陷。随后，蒙古军队攻打重庆，继而东下万州、夔州，因遭到宋军的顽强抵抗，只好班师回朝。南宋淳祐元年（1241年），蒙古军再次攻入四川，攻破210余座城，城内军民惨遭屠掠。

为了消灭札兰丁及其余部，窝阔台继位后立即派绰儿马罕率3万人马去征讨重兴的花剌子模。札兰丁闻讯，急忙逃入木干草原，东躲西窜，最后在迪牙别乞儿的山中被当地的一个农夫杀死。

巩固汗权　毒杀兄弟

拖雷掌有蒙古军队百分之八十的兵力，实力非常强大，尤其是在攻打金国的战争中，拖雷表现出了卓越的军事才能，这不能不引起窝阔台的担忧。所以，当拖雷载誉归来后，窝阔台便解除了他的兵权，让他北出居庸关，到官山陪自己避暑。拖雷对此并无异议，很配合地交出了兵权，然后跟随窝阔台前往官山。

到达官山不久，窝阔台突发疾病，而且愈加严重。拖雷每天守在兄长身边，并到处寻找名医，希望窝阔台尽快好起来。实际上，窝阔台是在装病，这是他和巫师萨满的阴谋。萨满奉命来给窝阔台祈福祛病，说窝阔台快不行了。拖雷信以为真，忙请教应该如何拯救兄长。萨满说必须用水洗掉窝阔台身上的罪孽，然后找个替身喝下水即可，而且这人必须是一位亲王。拖雷没有丝毫的怀疑，当即取水过来，替窝阔台擦洗身子，然后将水喝下。而水中早已被萨满掺入毒药，拖雷当即气绝身亡。

事后，窝阔台对着拖雷的尸体号啕大哭，悲伤得无以复加，以至于所有士兵见了，都为他的兄弟情义而感动。第二天，窝阔台下令全军戴孝，并沉痛地向大家宣布，拖雷为了大蒙古国的利益，为了伟大的可汗，代替自己去向长生天请罪去了。

荒怠朝政　多欲毁身

窝阔台晚年沉溺于酒色，彻夜宴饮，身体受到了很大的损害。为了限制他饮酒，察合台特意派一个侍从跟随在他身边，并规定他饮酒的杯数。但窝阔台根本不听劝阻，将小酒杯换成大酒杯，依然每天喝得醉醺醺的。耶律楚材也多次劝说，还拿出铁制的酒槽说："铁槽被酒侵蚀，所以上面裂开了口子。人的五脏六腑远没有铁坚硬，怎么会不损伤呢？"窝阔台恍然大悟，但不久又依然故我，每日宴饮，以致朝政荒怠。

窝阔台的后宫中，仅皇后就有 6 位，嫔妃更是数不胜数，但他仍不满足，下令"简（检）天下美女"，充纳后宫。耶律楚材看不过眼，劝说他刚刚选了 28 个美女，如果再次选拔，会引起民众不满。窝阔台意识到自己的错误，决定罢选。但是消息已经传了出去，引起了人们的恐慌，尤其是蒙古斡亦剌部②人，纷纷将未出嫁的女子许配给族人，不要彩礼也不办酒席，匆忙出嫁，以至于出现了数千女子集体出嫁的惊人场面。

南宋淳祐元年二月，窝阔台打猎回京，因饮酒过量而引发疾病。耶律楚材上奏请他保重身体，不再狩猎。窝阔台表面上答应，但身体刚恢复一些，又于冬季再次出猎，来到胡山宿营，与美酒美女相伴，"欢饮极夜"，最后于此地驾崩。

注释：

①博尔忽：又作孛罗忽勒、博罗浑、钵鲁欢、孛罗浑、博鲁温等。蒙古名将，成吉思汗"四骏"开国元勋之一。成吉思汗从战场所拾，由诃额仑抚养，为"四养子"之一。后死于与秃马惕部之战中。

②斡亦剌部：又译外剌、猥剌。一个古老的森林部落，居住地在谦河。

定宗贵由

贵由档案

生卒年	1206—1248 年	在位时间	1246—1248 年
父亲	元太宗窝阔台	谥号	简平皇帝
母亲	乃马真皇后	庙号	定宗
后妃	海迷失后	曾用年号	无

贵由，元太宗窝阔台长子，蒙古帝国第三任大汗，史称"贵由汗"。

贵由早年曾参与征伐金国的战争，并俘虏其亲王；又与拔都一同西征欧洲，立下了赫赫战功。南宋淳祐元年，元太宗窝阔台驾崩。南宋淳祐六年（1246 年），蒙古贵族召开忽里勒台大会，推举贵由继承大汗之位。

南宋淳祐八年（1248 年），贵由驾崩，终年 43 岁，汗位转入拖雷一系。南宋咸淳二年（1266 年），贵由被追谥为简平皇帝，庙号定宗，葬于起辇谷。

母后称制　继位为汗

南宋嘉泰四年（1204 年）冬，铁木真在战争中发现一个被掳的妇女长得美貌，经询问得知她是脱脱之子忽都的妻子乃马真脱列哥那，于是将她赐予窝阔台。后来，脱列哥那生下一个儿子，也就是贵由。

南宋绍定二年，贵由奉父命参与对金作战，立下战功。有一年，窝阔台召开忽里勒台大会，决定征伐钦察、斡罗思等国，命令术赤之子拔都统领大军，贵由也随军出征。贵由还曾经与堂弟蒙哥在高加索山一带领兵作战，战绩辉煌，兵威及于中欧。

南宋嘉熙四年（1240 年）冬，窝阔台身染重病，下诏让贵由等立即返回蒙古。次年十一月，窝阔台病逝，此时贵由还在返回途中。窝阔台在世的时候，并不喜欢长子贵由，想让五子合失作为自己的继承人，但合失因酗酒而早逝。之后窝阔台又欲立三子阔出，结果阔出在征伐南宋时患病逝世。窝阔台无奈，决定将阔出的长子失烈门立为继承人，并将其抚养在自己的大帐中，不料他还未正式宣布便驾崩了。

乃马真皇后欲立儿子贵由为汗，但因为没有大汗的遗嘱，她只好找来相国耶律楚材商议，说道："先帝曾有意让皇孙失烈门为嗣，但现在皇孙年纪尚幼，长子贵由又不在朝中，你看如何是好？"耶律楚材说："先帝既然有意向，就应让皇太孙继承汗位。"乃马真皇后听了很不高兴，其心腹奥都剌合蛮说："皇孙年幼，长子又未归，为何不请母后称制？"耶律楚材忙表示这需要大家商量以后才能决定。乃马真皇后说："不过是暂时称制，还商量什么。"耶律楚材本欲阻拦，但见奥都剌合蛮对自己怒目而视，便不再言语。此后，他因为不满乃马真皇后称制，称病不朝。

这时，东道诸王之一、铁木真幼弟铁木哥斡赤斤也领兵赶到和林，欲夺取汗位。但贵由也到达叶密立并直赴和林，阻止了此事。为了给贵由创造继承汗位的条件，乃马真皇后对宗室和大臣大加赏赐，以笼络人心。而诸王、贵族们则随意向四方派遣官员，滥发诏旨和牌符，结党营私，各自为政。唯独拖雷的家人丝毫没有违背法令。

根据成吉思汗生前规定，大汗的继承人必须经过忽里勒台会议决定。经过充分的准备，乃马真皇后决定于南宋淳祐六年八月二十六日举行大会。拔都在诸王中威望最高，但他与贵由不和，听说要推举贵由为汗，心中不满，便以身体不适为由拒绝参加，让弟弟别儿哥代替自己赴会。

由于与会诸王百官早已被乃马真皇后收买，会上一致推举贵由为大汗。贵由以自己体弱多病为由假意推让，经诸王、大臣再三劝进，他才同意继承汗位，并提出了一个苛刻的条件：如果自己继承汗位，以后汗位必须让其子孙世代相传。众人纷纷说道："只要你的家族中还有一个哪怕是裹在油脂和草中的人，我们都不会同意把汗位再给别人。"贵由听了十分高兴，宣布继承汗位。

贵由继位后，乃马真太后依然干涉政事，直到数月后去世，贵由才得以亲政。贵由亲政后，第一件就是杀死有意谋取汗位的铁木哥斡赤斤，然后提拔任用被乃马真太后罢免的官员。他还收回了宗王贵族滥发的各种牌符，确认了窝阔台颁发的一切法令，并撤换了察合台汗国的首领。察合台去世后，他的孙子合剌旭烈兀当为察合台汗国的继承人，但贵由与察合台之子也速蒙哥关系密切，于是以"有儿子怎能让孙子当继承人"为由，改立也速蒙哥为察合台汗国的继承人。

心愿难成　命丧征途

贵由梦想自己的声望超过父亲窝阔台，以求得到众人的拥戴，但他却不顾上台前乃马真太后把持朝政时造成的混乱局面，大开府库，毫无限制地将金银财宝赏赐给推举自己的诸王、大臣和将领，以彰显皇权。贵由生来体质虚弱，手足患有拘挛病，继位后又没有接受父亲窝阔台晚年的教训，沉溺于酒色之中，将各种政务，无论重要与否，均交由合答黑和镇海办理，所以，在他执政的几年里，"法度不一，内外离心"的衰败局面愈演愈烈。

为了遏制西部拔都的势力，贵由派额勒只带西征，并授予其统辖阿姆河以西的军政大权。南宋淳祐八年（1248年）春，贵由以和林气候不好、叶密立的水土有利于养病为借口，亲率大军浩浩荡荡从和林向西进发，秘密增援额勒只带。拖雷的妻子看出了贵由的真正目的，秘密派人通知拔都，拔都急忙整军备战。至三月，贵由行军到达横相乙儿，病情突然恶化，不久即驾崩，在位还不满2年。贵由驾崩后，蒙古帝国宫廷随即陷入权力争斗之中。在宗王的建议下，由贵由汗的正妻海迷失皇后执掌国政。

宪宗蒙哥

蒙哥档案

生卒年	1209—1259 年	在位时间	1251—1259 年
父亲	拖雷	谥号	桓肃皇帝
母亲	显懿庄圣皇后唆鲁禾帖尼	庙号	宪宗
后妃	弘吉剌·失怜答里皇后、伯牙吾·卜鲁罕皇后	曾用年号	无

蒙哥，元太祖成吉思汗之孙，拖雷长子，蒙古帝国第四任大汗，史称"蒙哥汗"。

蒙哥继位之前，曾参与拔都统率的长子西征，并活捉钦察首领八赤蛮，进攻斡罗思等地。宪宗元年（1251年），在忽里勒台大会上，蒙哥被宗王大臣们推举为蒙古大汗。

蒙哥在位期间，将主要精力集中在消灭南宋、大理等国和派遣旭烈兀西征上，为统一中国做出了很大贡献。

南宋开庆元年（1259年）七月，蒙哥驾崩于合川东钓鱼山下，终年51岁，谥号桓肃皇帝，庙号宪宗，葬于起辇谷。

夺得汗位　铁腕镇压

蒙哥出生于漠北草原,"蒙哥"二字的含义为永久。他曾被过继给窝阔台,成年以后娶火鲁剌部好煜差为妻,拥有了自己的部民。拖雷去世后,蒙哥得以返乡继承父亲的封地,多次跟随窝阔台出征,立下了赫赫战功。南宋端平二年,蒙哥跟随拔都、贵由西征钦察和斡罗思等地,活捉钦察首领八赤蛮,战功卓著。

成吉思汗去世后,窝阔台成了汗位继承人,但蒙古的绝大部分军队都掌握在拖雷手中。由于种种原因,忽里勒台大会拖延了两年才召开,其间拖雷成了实际的掌权人。会上又有人力主拖雷继位,但经过一番争论,最终由窝阔台继承了汗位,但这也在术赤和拖雷两系中埋下了仇恨的种子。窝阔台继位4年后,拖雷在官山被窝阔台毒死。

蒙哥由窝阔台抚养长大,受到昂灰皇后的精心照顾,但他毕竟是拖雷的儿子,无法忘记杀父之仇。他性格刚毅,又有雄才大略,后来继承了父亲的遗产,追随窝阔台征战四方,战功赫赫。窝阔台见侄子没有为父报仇的迹象,对他十分放心,有意立他为汗位继承人。

与此同时,蒙哥的母亲唆鲁禾帖尼也在为儿子继承汗位而积极活动。她是一个很有才干的女人,一共生了4个儿子,即蒙哥、忽必烈、旭烈兀、阿里不哥。在蒙古汗位空缺期间,她严加管教自己的孩子,不许他们违反朝廷律令,同时关心百姓,不许官员、税吏和将士伤害百姓。这些做法使她深受人们尊敬,同时对蒙哥的继位提供了很大的帮助。

元定宗贵由以前和拔都闹过矛盾,所以贵由驾崩后,拔都没有去吊唁。而他们之间的仇恨自然也传到了下一代人身上。为了抗衡窝阔台一系,拔都以长支宗王的身份,特邀诸王和大臣们到他那里举行忽里勒台会议,商议大汗人选。窝阔台系和察合台系虽然表示反对,但还是派了代表去参加大会。而唆鲁禾帖尼则表现得十分积极,她让蒙哥带着忽必烈、旭烈兀、阿里不哥及众多谋士等,与拖雷派的大将兀良合台①千里迢迢去参加选举大会。

南宋淳祐十年（1250年），大会如期举行。拔都在会上提出了三个意见：一、汗位继承人必须有丰富的人生阅历，"经历过事业中的祸福与安危，尝过人生的苦甜"；二、"曾经率师远征近讨"，英勇善战；三、"在酒宴中享有盛名"。与会者都希望能从大局出发，选出一位能胜任蒙古最高统治者的人来继承汗位。拔都手下大将忙哥撒尔认为，蒙哥作战经验丰富，有着超强的军事能力，也见过世间的善恶，饱尝辛酸，担过大任，总过戎机，是最好不过的人选。但窝阔台和察合台一派的代表却以先可汗的遗言不能违背为由——只要窝阔台一系还有一人存在，别人就不能继承汗位，极力推选失烈门继承汗位。对此，忽必烈驳斥说，是乃马真太后首先违背了窝阔台的遗言，所以失烈门已经没有资格继承汗位。这个观点得到了拔都的支持。大将速不台的儿子兀良合台和东道诸王塔察儿、也松哥、虎脱兄弟也坚决支持蒙哥继位。经过激烈的争论，蒙哥最终被推举为大汗。

宪宗元年，在窝阔台和察合台一派的反对声中，蒙古诸王和贵族召开了忽里勒台会议。当时拔都病重，无法参加大会，于是派弟弟别儿哥主持会议。海迷失皇后也没有参加会议，失烈门尚未到达，只有术赤系、拖雷系诸王和东道诸王，以及察合台系、窝阔台系诸王参加了会议。会上，蒙哥的弟弟拔绰、忽必烈坐在主席台上，忽必烈协助主持会议，忽必烈的异母弟木哥负责把守帐门，忽必烈的同母弟旭烈兀则站在一旁警戒，不许任何人发出不同的声音。大将忙哥撒儿、兀良合台率领卫队负责安全工作。在这种高压态势下，蒙哥顺利当选蒙古大汗。窝阔台系、察合台系诸王对此深为不满，企图发动政变，但因行事不周而失败。

蒙哥登上汗位以后，询问文武大臣应当如何处理反对自己的人。这时，来自西域的谋臣牙剌瓦赤给他讲了一个故事，说马其顿的亚历山大王征服了各地，但他的功臣们提出过分的要求，独立称王。亚历山大不知该如何应对，就派人向自己的老师亚里士多德请教。亚里士多德带领那人来到自己的后花园，吩咐用人将花园里的大树砍倒，然后栽上小树。亚历山大受到老师的启发，下令将不服从调遣的老将全部处死，由他们的儿子接任。蒙哥听了恍然大悟，便让忙哥撒儿处理此事。忙哥撒儿一连杀死77个三王的亲信，失烈门等三人因为是皇亲贵族而得以幸免，却被终身监禁。后来，蒙哥又杀了察合台汗国的可汗也速蒙哥，让合剌旭烈兀接任可汗。

对于如何处置元定宗贵由的重臣镇海，蒙哥、阿里不哥与忽必烈之间出现了不同意见，蒙哥和阿里不哥认为，镇海是贵由的丞相，伙同海迷失皇后及其诸子阴谋夺权，应当被处死。忽必烈则从大局出发，认为镇海一生功大于过，应该留任，继续发挥其才能。但因为阿里不哥和别儿哥坚决反对，镇海最终被处死。

镇海的死并没有让海迷失皇后改变态度，她仍然拒绝承认蒙哥为蒙古大汗，因而遭到逮捕，双手被缝在革囊中接受唆鲁禾帖尼的审讯，同时受审的还有失烈门的妻子。最后，唆鲁禾帖尼下令将她们二人分别包在革囊中，沉入河中淹死。

大力改革　设立行省

针对元太宗窝阔台以来汗廷重臣和诸王贵族以权谋私的情况，蒙哥做了严格的规定，禁止汗廷官员勾结商人放高利贷，禁止贪污受贿，也不允许他们直接逮捕人；禁止官吏私设公堂、鱼肉百姓；要求官吏及时将案情上报大汗；将刑法大权收归汗廷和大汗。这一系列举措取得了很好的效果。

蒙哥时期的官员和窝阔台、贵由、乃马真太后等掌权时期的官员的组成大不相同。其一，窝阔台重用耶律楚材等汉法派重臣，蒙哥则重用自己的支持者；其二，乃马真太后重用伊斯兰商人，贵由重用基督教徒，蒙哥虽然也继续执行成吉思汗时期的信仰自由，但却更加注重萨满教；其三，蒙哥纠正了"群臣擅权、政出多门"的现象，使汗权得到了加强；其四，蒙哥逐步将中央政权由军政不分过渡到分工明确，使不同官吏的职责和权限更加细化，彻底结束了窝阔台父子时期大汗只对绝大部分军队有征调权而无所有权的局面，也使蒙古大汗成为集军政大权于一身的最高统治者。蒙古汗位从窝阔台系转移到拖雷系，不得不说，是一次影响深远的变化，在客观上为忽必烈登基扫清了障碍。

为了更好地进行统治，蒙哥采取了广设行尚书省、亲王出镇两种措施，任命牙剌瓦赤为燕京等处行尚书省事，赛典赤辅助；任命讷怀、塔拉海等为别失八里等处行尚书省事；任用阿尔浑为阿姆河等处行尚书省事，法合辅助。

行尚书省制度在成吉思汗时期便已在中原和西域地区推行。蒙古用它主要从三个方面加强了对地方的统治：

一是委派大汗的亲信出任行省长官。在惩治、撤换各地反对自己的官员的同时，蒙哥精心挑选了一批经验丰富、政治可信，又富有能力的官员到地方任职，加强中央对全国各地的统治。

二是对长期以来官员以权谋私的行为进行清理，严禁官商勾结，加强对官员和贵族的管理。蒙哥下令没收成吉思汗、窝阔台、贵由时期以来从他们或其他宗王处获得的玺书、牌符，未经大汗允许，任何宗王不得私自书写和颁发涉及地方事务的手令，严格限制诸王贵族的权力，使中央集权得到加强。他还规定了诸王贵族和使者出行时乘坐驿马的数量，诸王贵族和使者"不得沿途夺取居民的马匹"，"不得索取超过规定的供应物"。这有力地打击了诸王贵族和使者欺压百姓的行为。

三是清查户口，制定税收政策，设法减轻百姓的负担。为了保证巨大的行政和军事开支及兵源，蒙哥派人到汉地进行人口清查，下令"诸王、公主、驸马并诸投下不得擅行文字，招收户计"，所有人均依据现居住地登记造册，和本地百姓一样当差听用，违者处死，没收财产。这次清查，查出全国户口比元太宗窝阔台时期增加了20万户。同时，蒙哥又让拔都之弟别儿哥在斡罗思进行人口清查，阿尔浑在中东地区进行人口清查和赋税调整工作。

在减少临时性的征派方面，蒙哥下令汉地每户每年需缴纳包银6两，后又改为银4两，另外2两以实物抵扣。在汉地，每个富人需缴10个底纳，穷人缴1个底纳；河中地区缴纳数目相同；在呼罗珊地区，富人缴纳7个底纳，穷人缴1个底纳。在牧区，征收名为"忽卜出儿"的税，无论哪种牲畜，满100头需缴纳1头，不满100头则免缴。对于逋赋,不管是谁欠下的,不许向当地百姓征收。对于百姓当年所欠的赋税,予以免除。这些措施有效地缓解了社会矛盾,对稳固统治起到了积极作用。

在统治方式上,蒙哥采取原有的方式,但是这些被征服的地区,民族、语言、习俗、文化各不相同,而统治这些地区的诸王又享有极大的独立性,致使国内出现了分裂局面。蒙哥为此采取了一系列措施,利用失烈门和贵由的儿子脑忽、察合台的孙子也孙脱有意推翻自己统治的事件,将三王发配到汉地,并对窝阔台系领地的权力做了许多限制。

远征西亚　扩展疆域

从某种意义上说,蒙古贵族的财富几乎完全来自对外掠夺,所以他们喜欢发动战争。蒙哥也不例外,他继位以后便开始了对周围地区和国家的战争。宪宗三年(1253年)六月,蒙哥派旭烈兀率领10万大军西征。

旭烈兀的西征军从漠北草原出发,大军渡过阿姆河后所向披靡,先攻灭了波斯南部的卢尔人政权,接着向木刺夷国进军。此前木刺夷国曾经臣服于蒙古汗国,但蒙古军撤走以后,该国又宣布独立。木刺夷国的国王昏庸无能,又刚愎自用,国内形势一片混乱,他的儿子鲁克鲁丁忽儿派人向旭烈兀诈降,旭烈兀假装同意,暗中却做好了准备,在到达木刺夷国后,经过激烈的战斗迫使鲁克鲁丁忽儿投降,后又在遣送和林途中将其处死,木刺夷国宣告灭亡。

当时阿拔斯王朝正处于衰落时期,首都巴格达在底格里斯河和幼发拉底河间,处于东西交通要道,为西亚文化中心,商业繁荣。旭烈兀派人前去劝降,但遭到严词拒绝。于是,旭烈兀指挥大军分三路进攻巴格达,迫使其国王带领3个儿子和大臣出城投降。

宪宗九年(1259年)九月,按照原定计划,旭烈兀开始进攻叙利亚和埃及。第二年,蒙古大军攻陷大马士革城。这时传来了蒙哥去世的消息,旭烈兀急忙将战事托付给大将怯的不花,然后匆匆返回。埃及趁机调集主力大军,在艾音贾鲁特平原迎战蒙古军,蒙古军起初取得了一些胜利,但后来却大败,几乎全军覆没,怯的不花战死。

三路攻宋 命丧沙场

宪宗七年(1257年)春,在经过一系列的准备后,蒙哥亲自统领大军向南宋发起进攻。次年四月,蒙古大军抵达六盘山,欲从四川进军中原。其中,西路军由蒙哥亲自统领,从陕西进四川;东路军由东道诸王之长塔察儿统领,从河南向荆襄发起攻击;南路军由兀良合台统领,从云南出广西,再从湖南北上,向潭州方向攻击,与东路军在鄂州会合。

西路军为主力大军,先锋是大将纽邻,随军参战的有蒙哥的长子阿速台,亲王莫哥,万户孛里叉,大将哈剌不花、浑都海,汉军万户刘太平、史天泽、刘黑马,汪古部大将汪德臣、汪良臣、汪惟正等,总约10万人。战争初期,蒙古军进展顺利,在大将刘黑马等人的协助下,先锋纽邻在遂宁打败南宋大将刘整②,占领了四川重地成都。之后,大军继续向前推进,进攻叙州,俘虏南宋大将张实;接着沿长江而下,到涪江,架起浮桥,在两岸驻军,切断南宋的援军。

宪宗九年(1259年)二月,蒙哥到达合州城下,接连攻取南宋10余座城池。眼看夏季就要来临,蒙古士兵生于北方,害怕酷暑,于是在撤退还是继续前进的问题上产生了分歧。一部分人认为应该返回蒙古,留部分将士守住占领的城池。汪氏兄弟则极力主张取道关中,夺取江汉地区。还有几位老将主张沿江东下,脱离四川险要之地。但是,蒙哥没有听取他们的意见,执意率军进逼钓鱼城,结果遭到南宋军民的英勇抵抗,寸步难行。天气渐渐炎热起来,蒙古士兵水土不服,疫疾相继出现,人心惶惶,士气低落。六月,南宋四川制置副使吕文德又率军前来支援,在涪江打败蒙古军,到达重庆,增援钓鱼城。蒙哥惊慌失措,忙调集2万水陆大军去迎战吕文德。

蒙古军攻打了钓鱼城5个月,始终无法得手,蒙哥心中焦急,便亲自督战。七月二十一日，蒙哥在钓鱼城督战时被宋军的炮石击中，不久便伤重而死。

注释：

①兀良合台（1201—1272年）：蒙古兀良哈部人，开国功臣速不台长子。早年曾充当成吉思汗的怯薛军。因是功臣世家，受命护育皇孙蒙哥，后成为蒙哥的怯薛长，掌管宿卫。

②刘整（1212—1275年）：宋末元初著名将领，元朝水军的创建人。金末时投奔南宋，隶属于南宋名臣赵方。刘整本为宋朝名将，因吕文德陷害而被迫降元，提出了"欲灭南宋，先取襄阳"的关键战略。

世祖忽必烈

忽必烈档案

生卒年	1215—1294 年	在位时间	1260—1294 年
父亲	拖雷	谥号	圣德神功文武皇帝
母亲	显懿庄圣皇后唆鲁禾帖尼	庙号	世祖
后妃	大皇后帖古伦·察必皇后、南必皇后、塔剌海皇后、奴罕皇后等	曾用年号	中统、至元

忽必烈，元太祖成吉思汗之孙，拖雷第四子，元宪宗蒙哥之弟，蒙古帝国第五位大汗，元朝的开国皇帝。

宪宗九年（1259年），蒙哥驾崩，次年五月，忽必烈被推举大蒙古国皇帝，即蒙古帝国大汗，建元中统。至元八年（1271年），忽必烈建国号为大元，以大都为首都，并于至元十六年（1279年）灭掉南宋，完成了全国的大统一。

至元三十一年（1294年），忽必烈驾崩，终年80岁，谥号圣德神功文武皇帝，庙号世祖，葬于起辇谷。

初露锋芒　征伐大理

忽必烈出生于南宋嘉定八年（1215年）八月，父亲是成吉思汗最宠爱的幼子拖雷，母亲唆鲁禾帖尼是克烈部王罕的侄女。他出生时，成吉思汗已经建立起统一的蒙古政权，西域一部分部落归降，西夏王臣服于蒙古，金国大部分中原领土也为蒙古所有。

南宋宝庆三年（1227年），忽必烈13岁的时候，其祖父成吉思汗驾崩，伯父窝阔台继承了汗位。窝阔台在位期间，蒙古汗国继续发展壮大，完成了灭金大业，不但占领了中国北部大片领土，而且在中亚地区也建立了汗国。同时，窝阔台在耶律楚材等人的辅助下，在中国北部初步建立和恢复了适合管理汉族农业地区的政治、经济制度。

南宋淳祐元年，窝阔台驾崩，蒙古进入了历史上统治集团内部最为动荡的10年。围绕着汗位继承人的问题，蒙古贵族拉帮结派，明争暗斗，甚至剑拔弩张，最后，在以拔都为代表的术赤系及拖雷系诸王的拥立下，拖雷长子蒙哥继承了汗位。在即汗位的忽里勒台大会上，蒙哥任命弟弟忽必烈"领治蒙古，汉地民户"，这也是史书记载的忽必烈在政治舞台上首次露面，并且以"领治蒙古，汉地民户"的亲王身份露面。

蒙古大军每次征战，都采取赤裸裸的烧杀抢掠政策，使得漠南地区呈现一片破败景象。窝阔台继位后，虽然掠夺的形式有所改变，但抢掠的本质依旧，所以漠南地区的现状并没有得到明显的改善。为此，窝阔台任用耶律楚材进行了一系列的改革，但因蒙古贵族的极力反对，改革最终失败。到了元宪宗蒙哥时期，"汉地不治"的现象更为严重，百姓生活苦不堪言，纷纷逃亡到外地，使当地出现了严重的荒芜现象。

忽必烈上任后，禁止妄杀，注重招抚流亡人员，屯田存粮，整顿财政，大量任用汉族官员、知识分子，制定完备的法律和严格的奖惩制度。为了方便人们进行贸易、发展经济，他还设立了统一的财政机构，印刷纸钞。

这些举措使中原地区的经济逐渐恢复，但却严重损害了蒙古贵族和西域商人的利益。加上忽必烈在中原享有很高的声望，也对蒙古的中央集权造成了严重威胁，这使元宪宗蒙哥有些害怕，于是找借口解除了忽必烈的部分兵权。

元宪宗蒙哥继位后继续实行扩张政策，一方面命令弟弟旭烈兀把蒙古的统治扩大到中东地区，另一方面命令忽必烈率军远征大理王国。当时南宋朝廷退居江南，在东部沿江一带有重兵把守，而且沿江的汉族百姓顽强抵抗蒙古的入侵，使得蒙古军屡次进攻均以失败告终。大理与南宋相邻，如果征服了大理，将使南宋腹背受敌。

宪宗三年（1253年）夏末，忽必烈经过充分的准备，率部从陕西出发，分三路向大理国发动进攻。其中，右路军由兀良合台统领，由西道进军；左路军由抄合也只烈统领，由东道进军；中路军由忽必烈亲自统领，由中道进军。忽必烈的中路军进军神速，于十二月抵达大理国都太和城下。他派人进城劝降，不料使者却被斩杀。此时兀良合台的右路军已经越过金沙江，与忽必烈在太和城下会师，在他们的猛烈攻击下，大理国王段兴智与大臣高泰祥、高和等弃城而逃。

因为大理国王斩杀了蒙古使者，蒙哥手下大将强烈要求屠城，为蒙古使者报仇雪恨。大臣张文谦竭力劝阻，陈说屠城的不利。忽必烈听从其建议，命令部下制作了一面带有禁止杀戮字样的旗帜，承诺只要大理百姓投降，他们的生命可以得到保证。大理百姓投降后，忽必烈没有食言，对城内百姓毫发无伤，只是对管理制度做了一些调整，并允许段氏家族与忽必烈指定的宣抚使共同掌权。

配合征宋　即位为汗

宪宗四年（1254年），在忽必烈征伐大理取得决定性胜利的同时，旭烈兀对西亚的征伐也传来了捷报。但对蒙古来说，威胁最大的还是南宋，所以从这一年开始，蒙哥将征讨的重点转向南宋。

宪宗六年（1256年），在亲王也先哥（拙赤合撒儿次子）、驸马也速儿等的建议下，蒙哥决定对南宋发动大规模进攻。次年，两路大军正式出征，其中一路由宗王塔察儿统率，从河南南下攻打樊城，因为阴雨连绵，难以作战，最后无功而返；另一路自邓州南下，攻过汉江，但遭到了宋军的顽强抵抗。

宪宗八年（1258年），蒙哥决定亲率大军由西川向东进攻，由忽必烈率军自河南攻鄂，由塔察儿率军攻打荆山。战事虽然有些进展，但塔察儿大军并未过江。蒙哥命令忽必烈统率诸路蒙古军、汉军以及东路各军，向南宋发起猛烈攻击。

宪宗九年，蒙哥被宋军的炮石击伤，不久驾崩。若论资格，忽必烈是汗位的不二人选，但是他的弟弟阿里不哥和蒙哥的儿子均觊觎汗位。阿里不哥奉命留守和林，主持政事，掌管着留守部队，而且跟随蒙哥南征的部队也有一部分归顺了他，加上忽都台皇后和诸位王子的拥护，无论在政治还是军事上，阿里不哥都占有绝对的优势。蒙哥驾崩的消息传来后，他便先发制人，命令阿兰答儿发兵于漠北诸部，脱里赤括则驻兵漠南诸州。阿兰答儿趁机将部队驻扎在距开平100余里的地方。

忽必烈召集谋士们商议对策，汉族谋士们自然希望忽必烈早登大位，但是，当时蒙古大军已经进至江北，战事正处于紧要关头，如果撤军将前功尽弃。经过再三考虑，忽必烈决定继续进攻南宋。

蒙古大军渡江来到南岸，忽必烈的指挥大营亦前移到浒黄州，但多次攻城都没有得手。九月底，宋将吕文德率兵自重庆赶来营救鄂州，并突破重围进入鄂州城，宋军士气为之大振。十一月，阿里不哥在和林积极筹备谋取汗位的消息又一次传到鄂州前线，忽必烈召集谋士商议。谋士郝经分析了当时的形势，建议忽必烈"断然班师，亟定大计，消祸于未然"，甚至建议"遣一军逆大行皇帝灵舆，收皇帝玺。遣使召旭烈兀、阿里不哥及诸王驸马，会商和林……则大宝有归，而社稷安矣"。忽必烈遂决定让大将拔突儿等继续围攻鄂州，他自己则率领重兵摆出一副直驱南宋临安城的架势，暗中却做好了北撤的准备。

南宋见蒙古大军压境，不辨真伪，立即派人前去议和。忽必烈一边命人与宋使谈判，一边急率大军北还。抵达燕京后，他解散了脱里赤征集的民兵，然后驻军在燕京近郊，并与诸王联络。同时，他还北上开平，抢先召开了忽里勒台大会，与会者有以亲王合丹（窝阔台庶长子)、阿只吉(察哈台之孙)为首的西道诸王,以塔察儿(成吉思汗幼弟铁木格斡赤斤之孙)、也先哥、忽剌忽儿等为首的东道诸王以及亲王40余人和藩王侯伯。

中统元年(1260年)五月,忽必烈被推举为大蒙古国皇帝,他在即位诏书中自称"朕",称蒙哥为"先皇"。

收买人心　诛杀异己

忽必烈即位称帝的消息传到和林,引起了极大的震动,阿里不哥也在诸王贵族的拥戴下匆匆宣布继承汗位。对此,忽必烈采取了明确而坚决的反制措施,对外声称阿里不哥蓄意谋反,并加强中原地区的防务。他将自己的亲信任命为十路宣抚司①,让他们驻守中原地区。这些官员为清一色的色目人②和汉人,都是为官清廉、政绩卓著、德高望重的人士,能起到收买人心的作用。

中原得到安定以后,忽必烈暂时停止了对南宋的进攻,以便腾出更多的精力来对付阿里不哥。忽必烈的封地在京兆,实力雄厚,但阿里不哥也在这里安置了大量支持和拥护他的人员,用以对付忽必烈。忽必烈下令汪良臣带兵铲除了阿里不哥的势力,杀死阿兰答儿、浑都海。

忽必烈则亲率大军征讨阿里不哥。阿里不哥率军南下开平迎战,双方的先锋军经过激战,阿里不哥一方大败。忽必烈率军追击至和林,阿里不哥被赶到叶尼塞河上游的唐努山附近,不得已投降了忽必烈。于是,忽必烈让也先哥驻守和林,自己则率部返回。但阿里不哥采取的是缓兵之计,至中统二年(1261年)各路蒙古援军会合后,他便突袭驻守和林的也先哥,夺回了和林,并南下向忽必烈发起攻击。双方在昔木土脑儿相遇,随即展开激战。

阿里不哥征调的斡亦剌惕③部众斗志萎靡,刚一交战便溃不成军,导致阿里不哥大败。忽必烈追击阿里不哥至失烈延塔兀,双方大战数日,不分胜负。察哈台汗国的阿鲁忽对阿里不哥多次向他征兵征粮心存不满,现在得知忽必烈占领了和林,阿里不哥处境危险,他便把阿里不哥的使者囚禁起来。阿里不哥迫于形势往北边退去，其部将阿脱等人投降了忽必烈。

中统四年（1263年），阿里不哥在察哈台汗国境内大肆杀戮掠夺，使当地的蒙古部落流离失所，引起了中亚诸王的不满和反对。在孤立无援的情况下，阿里不哥被迫投降忽必烈，得到了忽必烈的赦免。

攻灭南宋　平定内乱

此前，为了巩固自己的皇位，忽必烈并没有急于向南宋发动进攻。至元五年（1268年）七月，他任命阿术为蒙古元帅，刘整为汉军都元帅，共率数十万水陆大军进攻襄阳。驻守襄阳的南宋将领吕文焕十分英勇顽强，在元军的围困下，坚守襄阳长达6年之久。后来元军改变策略，进行长期作战，襄阳城内物资紧缺，吕文焕多次向南宋朝廷求助。为了进一步孤立襄阳，忽必烈采纳阿里海牙的建议，首先对樊城发起攻击。至元十年（1273年）初，樊城沦陷，城内居民惨遭屠戮。樊城失守，使襄阳更加孤立无援。刘整本欲趁城中人心不稳之时，活捉吕文焕，但阿里海牙爱惜吕文焕之才，主张劝降吕文焕，并免其抗拒之罪。这一建议得到了忽必烈的同意，当时襄阳城粮草断绝、军心涣散，而南宋君臣只知享乐、支援不力，吕文焕万般无奈之下，最终开城投降。

襄阳的失守，对南宋是一个沉重的打击。忽必烈征调大军，准备对南宋发起总进攻。至元十三年（1276年）正月，元军进抵临安城下，南宋谢太后、恭帝自知大势已去，开城投降。同年五月，南宋恭帝被带到元朝上都，忽必烈废去其帝号，封其为瀛国公。

与此同时，元朝内部仍存在着激烈的斗争，很多蒙古贵族对于忽必烈做中原的皇帝，并且大力推崇理学的举动非常不解和不满，尤其是窝阔台系的人对忽必烈家族可谓深恶痛绝，以窝阔台之孙海都为首的叛军，与忽必烈进行了长达数十年的争夺战。至元十三年，忽必烈第四子那木罕被叛军俘虏。次年，叛军打到和林，正在前线与南宋作战的大将伯颜听到消息后急忙回兵相救，平定了叛乱。

此后，海都仍然率余部顽强抵抗，多次对忽必烈发动攻击。被打败后，他退到河中，养精蓄锐，并趁机组织起一个反忽必烈联盟。乃颜、势都儿和哈丹三个成吉思汗的后人，联合海都的反忽必烈联盟，将势力从东北一直扩张到中亚，将元朝的势力压缩到豪州、懿州以西。忽必烈见形势危急，只得抱病亲征，经过三年的战争，终于凭借人数上的优势打败叛军。忽必烈病逝后，海都再度叛乱，又被忽必烈的继承者打败。大德五年（1301年），海都病逝，其子继承其遗志，率领残部与忽必烈的继承人交战。直到至大二年（1309年），叛乱才完全平息。

承宗改制　主推汉法

忽必烈在前藩时期就喜好结交志士，与大批中原的汉族贤达人士交好。后来由于战乱，大批知识分子向北逃散，正好为忽必烈征召有志之人提供了很好的机会，他的身边渐渐形成了一个汉儒幕僚集团。

有个汉朝的僧人对忽必烈说，"可以马上取天下，不可以马上治天下"，并将历代王朝统治者的经验教训讲给他听。忽必烈非常尊崇汉族文化，还号召蒙古贵族学习。他继位后，仿照汉族朝代改元建号，将都城定在汉地。南宋景定元年（1260年），忽必烈宣布建元"中统"。后来又在南宋景定五年（1264年），发布《至元改元诏》，取《易经》"至哉坤元"之义，改"中统五年"为"至元元年"。至元八年十一月，忽必烈宣布将原来的国号"大蒙古"改为"大元"，寓意国家广袤无疆。这标志着以草原游牧贵族为主导的分封制汗国政权已经发生了一些实质性的变化，朝着封建地主中央集权国家转变。为了更好地统治中原地区，忽必烈还放弃蒙古的都城和林，升开平府为上都，正式建立宗庙宫殿，并将燕京改名为大都，定为元朝的都城。

蒙古族自成吉思汗统一蒙古后，就实行军政合一的体制，但是这个体制有很多缺点，需要进一步完善。忽必烈在位期间，沿袭汉族的制度，在中央设立中书省，以及吏、户、礼、兵、刑、工六部；并设立枢密院，负责管理国家的军务；另设御史台，掌管百官的纠察。

南宋灭亡后，忽必烈保留了南宋的机构和行政官员，选贤任能，重用汉臣，如董文炳（忽必烈称其为董大）、刘秉忠、张弘范等。他任命色目大臣阿合马掌管国家财政。在地方上，他同样采用汉法，设立行中书省为最高行政机构，下令广招人才。他结合中国历代法律，取其精华，去其糟粕，制定了《至元新格》，最终变为元律《大元通制》。

为了更好地巩固自己的统治，加强中央集权，忽必烈还进行了大规模的削藩运动。在他的命令下，各宗王所用的玉宝统统改为金印；为了表明君臣有别，他又下令制作皇帝专用的玉玺；对于效忠自己、战功卓著者，授予上等爵位，而对拥护叛军者，剥夺一切官职和爵位。之后，他又规定"非亲王不得加一字之封"。通过这些措施，忽必烈改变了以往黄金家族平均共有的制度，建立起一个大汗至上的金字塔式的新制度。

为了限制藩王的权力，忽必烈命令王府、诸邑提举司、总督府等都进行统一设置，其管辖内的断事官、总管等必须由朝廷验户颁印，受中书省统一管辖。

通过定军籍、建都府、解重兵等一系列措施，忽必烈逐渐夺取了诸王的军权。他下令对于领地上的蒙古军户，由枢密院负责收系编入军籍。从至元二十一年（1284年）开始，元朝相继建立了山东、河北等蒙古军都万户府和蒙古军奥鲁。全国的军队统一编制，并将诸王建立的军队和诸王任命的奥鲁官④归入朝廷编制，形成了一个原漠北千户组织以外的蒙古军体系。忽必烈借助掌管蒙古军的征调，对诸王编下的蒙古军实行节制。后来，他又借乃颜叛乱的机会，强行解散了东道诸王的10万重兵。这以后，诸王再也没有能力与朝廷相抗衡了。

忽必烈还大力削弱诸王领地的司法权，禁止诸王私自决断民间案件及滥用职权扰乱百姓的行为。与削夺诸王领地的行政权、军权、司法权同时进行的，还有税收、领民关系、食邑官员任命等方面的改革。

忽必烈推行的一系列削藩改革，将诸王食邑特权逐渐限制在享用五户丝⑤和推荐达鲁花赤⑥等方面，从而使元朝的中央集权得到了巩固。

发展农业 人分四等

连年的战争使百姓长期经受战乱之苦，田地荒芜，民不聊生。忽必烈执政以后，采取了一系列休养生息的政策，鼓励恢复农业生产，确定了"以农桑为急务"的方针，并令人编辑《农桑辑要》颁行全国。为了提高民众的农业生产技术，他还让人编订了王桢的《农书》和畏兀儿农学家鲁明善的《农桑衣食撮要》。

从中央到地方，忽必烈设立了不同等级，专管农业生产的"司农司""劝农司"等农业机构，还向各州委派劝农使，以劝农成绩作为考核官吏的主要标准。他鼓励百姓大量屯田，兴修水利、农具以及发展农业生产技术。这一系列措施使元朝初期的农业发展得到了保障。

为了备荒，忽必烈恢复了王安石以后被取消的国家控粮政策。在丰收的年份，国家收购剩余的粮食，贮藏于国库，当荒年谷价上涨时，开仓免费分发谷物。他还组织了公众救济，将稻米和玉米定期分发给急需谷物的贫困家庭。比如中统元年，忽必烈要求各地方官对老学者、孤儿、病弱者提供救济。

此外，忽必烈非常注重教育，大办兴办学校，到他执政后期，全国各地建有学校24400多所。忽必烈虽然讲求功利，主张改革，但为了维护封建统治，他倡导儒家的三纲五常，尊孔崇儒。至元四年（1267年），他下令在上都重建孔子庙，推崇孔孟之道和程朱理学。在他统治后期，全国到处建"宣圣庙"，设学官，开学堂，规定用程朱的一套讲儒学。忽必烈还大量录用汉族儒生学者，保存颁刻典籍。

为加强对边疆地区的管理，忽必烈在边疆地区设置岭北、云南、辽阳等行省和吐蕃宣慰司、澎湖巡检司等机构，加强对蒙古、东北地区、西北地区以及西藏（当时称"乌斯藏"）、台湾地区的管理，维护了中央集权，密切了各民族之间的关系。他还开辟中外交通路线，在各地成立驿站，以巩固中央对全国各地的统治。

为了使蒙古贵族始终保持最高的统治权力，忽必烈继承和推广了民族压迫政策和民族分化政策。首先将全国各族人民分为4个等级，其中，蒙古人为第一等，被称为"自家骨肉"，高高在上；第二等是色目人；第三等是汉人，又称为汉儿、乞塔、札忽歹，包括黄河以北原金朝境内的汉族和契丹、女真等民族，以及较早被蒙古征服的云南、四川两省和高丽人；第四等是南人，又叫蛮人、新附人，指最后被元朝征服的南宋境内的各族民众。

效仿汉制　册立太子

自成吉思汗建国以来，汗位继承始终没有形成固定的制度。忽里勒台贵族会议推举、大汗生前指定，以及各宗室支系的军事实力，都在其中起到了至关重要的作用。忽必烈建立元朝后，重用了一批汉人，这些人熟知儒家文化及中原的先进制度。在他们的大力辅助下，忽必烈开始了"定国本"和解决皇位继承人的问题，并将其作为推行汉制的重要组成部分，积极展开讨论和改革。所谓"定国本"，就是效仿中原朝廷的制度，提前册立太子，皇帝驾崩后，由太子继位。这样一来，其他的皇子、亲王便不能再觊觎皇位，有效地避免因皇位继承而发生流血冲突事件。

中统元年，忽必烈刚刚执政不到一个月，藩邸谋臣郝经便上奏提出"定储贰以塞乱阶"，认为："国家数朝、代立之际，皆仰推戴，故近世以来，几至于乱，不早定储贰之失也。若储贰早定，上下无所觊觎，则一日莫敢争者。且使朝夕视膳，或出而抚军，守而监国，练达政事，此盛事也。"

这段话既总结了之前几位大汗因为继承问题而引起动乱的经验教训，又说明了预立皇储所带来的好处，提出应该以中原汉人制度册封太子的方法来解决蒙古皇位的继承问题。但忽必烈刚刚执政，朝政处于混乱状态，当务之急是先健全机制，定国号、年号、设立机构以及出兵迎战漠北的阿里不哥，所以，郝经的建议没有受到足够的重视。

后来，汉族儒臣姚枢、卫辉路总管陈祐也有过相关的建议，但他们的上书都是以汉文书写，而忽必烈汉语水平有限，不明所以，所以仍然没有引起重视。后来，大臣张雄飞因为政绩显明，被忽必烈召入京中，问及当今急务，张雄飞说："太子乃天下本，愿早定以系民心。闾阎小人有升斗之储，尚知付托，天下至大，社稷至重，不早建储贰，非至计也。向使先帝知此，陛下能有今日乎？"

张雄飞的话使忽必烈想起了自己继位的过程：兄弟相争、骨肉相残，也使他下定决心改变现状，预立皇储，让后人免于争斗。

忽必烈的长子朵儿只早年病逝，这样一来，察必皇后所生的次子真金便成了嫡长子。真金的少年时代是在忽必烈总领漠南和尝试以汉法治汉地中度过的，他奉父命拜汉人儒士姚枢为师，苦读《孝经》，接受三纲五常的教育。后来，姚枢奉命跟随忽必烈征战大理，真金再拜名儒窦默为师。忽必烈临行前，特意赏赐窦默玉带钩，让刘秉中的学生王恂作为真金的伴读，长期辅导真金。

宪宗九年（1259年），忽必烈率兵南征鄂州，命真金陪同察必皇后留守开平。后来，忽必烈在鄂州与南宋宰相贾似道达成协议，班师回朝。郝经提议让太子镇守燕京，与阿里不哥所委派的燕京断事官脱里赤相抗衡。

中统二年，真金被封为燕王，守中书令。后来，朝廷中设立中书省，真金兼任判枢密院事，成为众多兄弟中唯一一个封官加爵的王子。按照元朝的王爵制度，燕王属于第一等金印兽纽"一字王"，其王号隐含着国都在燕地。所以，与真金关系密切的儒臣认为，从封爵和任职中书省这两个方面来看，真金将被册立为皇储。

这一年，王恂升任赞善，掌管燕王府庶政。忽必烈敕命中书省、枢密院大臣，凡有关于真金的事情，必须先让王恂知道。王恂深知责任重大，将真金照顾得无微不至，从饮食起居到左右侍从的人选，严禁不正派的人接近真金。

至元十年二月，忽必烈册封真金为太子。这标志着他在挑战汗位继承旧俗和预立太子的事情上取得了重大进展，走出了他推行汉法的重要一步。

忽必烈在册立诏书中提到立真金为太子时，有"下协昆弟金同之议"之语。但据历史记载，忽必烈在立真金为太子前，并没有与真金之外的任何一个皇子商量，相反，他这一举措还遭到了皇幼子那木罕的反对。

增设东宫　组建卫队

真金被立为太子后，至元十年九月，经刘秉忠等人提议，忽必烈下令设置东宫宫师府，詹事以下官属38人。至元十九年（1282年）十月，忽必烈增设詹事院，完泽被封为右詹事，赛音为左詹事。后来，东宫的官职越来越完备，在左、右詹事以下又增设副詹事，詹事丞，院判，宫臣宾客，左、右谕德，家丞，长史，校书郎，中庶子和中允等。詹事丞由王庆端、张久思担任，左、右赞善由王恂、刘因、夹谷之奇担任。

为了保护真金的安全及提高其声望，忽必烈下令组建太子近卫军，主要包括两个部分：

第一部分由忽必烈在自己的侍卫亲军中抽调1万人，划归东宫，设置侍卫亲军都指挥使司。原右卫亲军副都指挥使王庆端升任侍卫亲军都指挥使，之后兼任东宫詹事丞。后来，这支军队改归阔阔真所属，更名为隆福宫左都威卫使司，由王庆端担任左都威卫使。

第二部分由五投下探马赤军改组而成，名字为蒙古侍卫亲军都指挥司。五投下探马赤军是一支混编部队，来自札剌亦儿、弘吉剌、亦乞列思、忙兀惕、兀鲁兀惕等部落，专门用来打先锋和战后镇守，曾经两次被解散，各回各部。至元十九年，忽必烈下令重组，命名为五投下探马赤军，至元二十一年归东宫所属，次年改称蒙古侍卫军都指挥司。

真金病逝后，朝中大臣曾经讨论取消詹事院，但詹事丞张久思以宗社所系和辅导皇孙为由，力排众议，勉强使詹事院保留了下来。至元三十一年（1294年）正月，侍卫亲军都指挥使王庆端受命兼任詹事丞，张久思、太子家令阿散罕等也都留任。

至元十八年（1281年）和至元二十二年（1285年），察必皇后和真金先后辞世后,忽必烈开始酗酒,暴饮暴食,变得越来越肥胖,并且深受疾病的折磨。至元三十一年正月,忽必烈在大都病逝。

注释:

①十路宣抚司:官署合称。元世祖中统元年,于燕京、益都济南、河南、北京、平阳太原、真定、东平、大名彰德、西京、京兆十路分置,掌管各路军政和民政。

②色目人:元代对来自中西亚、西亚和欧洲的各民族的统称,也是元代百姓的四种位阶之一,广义上包括被蒙古征服并带入大蒙古国的突厥人、粟特人、吐蕃人、党项人、花剌子模人、阿拉伯人等。在元代的社会阶层中,色目人的地位在蒙古人之下、汉人和南人之上。在元代,色目人受重用,入居汉地关中的色目人多高官厚禄、巨商大贾。

③斡亦剌惕:蒙元时期对漠西卫拉特诸部的总称。初分布于今德勒格尔河至叶尼塞河上游的原始森林中,住地为八河流域。部众在蒙、元不同时期离散成三个部分:一部分在元廷供职和参加元军;一部分因参加阿里不哥、海都等宗王之乱,散居于额尔齐斯河和伊犁河流域,有的则在宪宗三年(1253年)随旭烈兀远徙;而留在本土的斡亦剌惕人,也逐渐向南部草原地区发展,并吸收其他部落形成明代的瓦剌。

④奥鲁官:官名。奥鲁为蒙古语,意即老小营,指征戍军人的家属所在。蒙古国时期,男丁充当军士出征,家口以千户为编制在后方或随军从事生产,经营畜牧和其他生产,供应前方,称为奥鲁。元灭金以后,在江淮以北区置奥鲁官,凡军户均由奥鲁官府直辖统领,不受州县管辖。各路奥鲁官府受枢密院节制。至元元年以后,逐步改由地方路府州县长官兼领诸军奥鲁。唯蒙古军和色目军仍保持单独的奥鲁官。

⑤五户丝:元朝在江淮以北之汉地所实行的按户征收的科差之一。按规定每五户出丝一斤。

⑥达鲁花赤:由成吉思汗设立,后来成为长官或首长的通称。在元朝各级地方官府中均设有达鲁花赤一职,掌握地方行政和军事实权,是地方各级的最高长官。在元朝中央政府里面也有某些部门设置达鲁花赤官职。通常由蒙古人担任。

成宗铁穆耳

铁穆耳档案

生卒年	1265—1307 年	在位时间	1294—1307 年
父亲	真金	谥号	钦明广孝皇帝
母亲	阔阔真王妃	庙号	成宗
后妃	失怜答里皇后、卜鲁罕皇后	曾用年号	元贞、大德

铁穆耳,元世祖忽必烈之孙,真金太子第三子,蒙古帝国第六任大汗,元朝第二位皇帝。

至元三十年(1293 年),铁穆耳被封为皇太孙,总兵镇守漠北。至元三十一年,忽必烈驾崩,铁穆耳在母亲阔阔真、大臣伯颜等人的支持下,于上都大安阁继位。

铁穆耳在位期间,息兵罢战,整顿吏治,限制诸王势力,减免部分赋税,鼓励农桑,发展生产,使社会矛盾有所缓和;发兵击败西北叛王海都、笃哇等,使西北的动乱局面有所改观。但在守成政治稍见成效后,他好大喜功,发兵征讨八百媳妇国,引起云南、贵州地区动乱;同滥增赏赐,使国库枯竭、入不敷出。铁穆耳晚年因病委政于卜鲁罕皇后和色目官僚,以致朝政日趋黑暗。

大德十一年(1307 年)正月,铁穆耳驾崩,终年 43 岁,谥号钦明广孝皇帝,庙号成宗,蒙古汗号完泽笃可汗,葬于起辇谷。

遵循遗命　上都继位

至元十年，真金被立为皇太子，兼中书令。宰相卢世荣重新提拔起来的阿合马余党答即古阿散等与真金太子素日不和，千方百计谋害真金。

忽必烈晚年，南台御史曾封章上言劝其禅位。真金内心明白忽必烈不可能禅位，得知此事后十分恐惧，便扣住这份奏章不上报。阿合马的党羽答即古阿散等为了曝光此事，向忽必烈奏请收内外百司吏案，以大索天下埋没钞粮。御史台都事尚文向中书右丞相安童、御史大夫玉昔帖木儿通报了事情的原委，决定将封章的奏折秘密销毁。第二天，答即古阿散将这件事告诉了忽必烈，并派人索要这道奏折。为了争取主动，尚文向安童和玉昔帖木儿献计，抢先一步向忽必烈详细汇报此事。忽必烈得知有人要他禅位，大发雷霆，责问道："尔等可知罪？"安童坦然地解释说："臣等无所逃罪，之所以这样，也是为朝廷所想。"忽必烈听了怒气渐消。后来，忽必烈下令将答即古阿散等以坐奸赃处死，并尽诛其同伙。然而，体弱多病的真金太子因此心中郁结，一病不起，最终撒手人寰。

真金太子去世后，忽必烈有意将真金嫡长子甘麻剌培养为接班人。甘麻剌从至元中便开始出镇北边，后封晋王，为人谨慎，不喜妄言，颇受忽必烈重用。但是，甘麻剌的母亲，即真金太子妃阔阔真却更喜欢幼子铁穆耳。至元二十四年（1287年），诸王叛乱，铁穆耳奉命统兵讨伐叛乱藩王哈丹。至元三十年六月，铁穆耳被册立为皇太孙，负责镇守蒙古汗国故都和林，负责防守北方。忽必烈派御史大夫玉昔帖木儿辅助他，并把原来属于真金的印玺皇太子宝也授予铁穆耳。

至元三十一年正月二十二日，忽必烈驾崩。铁穆耳得到消息后，急忙和玉昔帖木儿赶回漠南。这时，对铁穆耳最具威胁的对手只有出镇岭北的晋王甘麻剌。但是，铁穆耳有遗命册立，又得到了母亲阔阔真王妃的支持，占有绝对优势。玉昔帖木儿在宗亲合议前暗中威胁甘麻刺说:"先帝已逝3个月,国不可一日无主,皇太孙身负遗命,依理当继承皇位,你一定要支持他。"甘刺麻勉强表态说:"皇帝践祚,愿北面事之。"阔阔真看出甘麻刺心中不服,便提议让兄弟两人当众比赛诵读祖宗宝训,胜出者为大汗。甘刺麻有口吃的毛病,自然无法胜出,铁穆耳遂于四月十六日正式登基。

恪守祖制 守成之君

铁穆耳继位后,对于朝廷中的人事没有进行大的调整,仍然任用中书右丞相宗泽、平章政事布忽木等负责朝廷政务的处理;同时下诏停止一切非急需的工程营建,免除五月以前积欠的钱粮。在减轻百姓负担的同时,他还再三要求地方官员鼓励农桑,发展生产。

铁穆耳继位第二个月,下诏各道廉访司及时追查转运司官员欺隐奸诈的案子,防止管理财政的官员中饱私囊。他还下诏告诫全体官吏,有再犯贪赃之罪者,罪加二等,从重处理;不久,又将对贪赃罪的处理改为罪加三等。这些措施使社会矛盾有所缓和。

大德六年(1302年),江南朱清等贪污贿赂案被发现,牵扯出了一大批官员,铁穆耳十分震惊,又一次下决心查处贪官污吏,仅七道奉使宣抚①查处罢免的贪官污吏就多达18473人,查出赃银15865锭,审理冤案5176件。

为了选拔人才,铁穆耳命中书省派遣官员监察云南、四川、海北、海南、广西两江、广东、福建等处六品以下官员的遴选。大德二年(1298年)六月,御史台大臣上书:"江南地区在宋朝的时候实行两税法,阿里海牙将之改为门摊,将课税钱增加到5万锭。如今宣慰张国纪请求恢复科夏税②,与门摊③一起征收,恐怕湖、湘地区百姓无法承受。"建议减免赋税,以减轻百姓负担。铁穆耳接受建议,令中书省落实查办。同时,铁穆耳禁止诸王擅自越权,有违例亵渎者,必严惩不贷。这年七月,河南汴梁等地下大雨,黄河决堤,致使归德数县的庄稼、庐舍被淹,铁穆耳下令免其田租一年,并派尚书那怀、御史刘赓等人前去救灾。

大德八年（1304年）正月，铁穆耳下诏要求官员体恤民情，减省刑罚，将受灾地区的差税免除一至三年不等，鉴于江南佃户田租过重，在过去减过十分之三的基础上再减十分之二，永久不变；同时开放山场、河泊，任民采捕。

铁穆耳继位后，西北的蒙古各汗国仍与元朝为敌。铁穆耳下令对它们进行严厉打击，迫使各汗国与元朝和解，使长达数十年的皇室内争得以结束，中央君主在西方诸汗国中的宗主地位得到巩固。除此之外，铁穆耳下令停止对外用兵，恢复与周边各国的睦邻友好关系。大德三年（1299年），铁穆耳任命中书省断事官④不兰奚为平章政事，同时派江浙释教总统僧人宁一山出使日本，使两国之间的贸易和文化往来得以恢复。

为了推崇儒学，铁穆耳下令在大都建孔庙。

弊政连连　无嗣而终

大德中叶，随着守成政治稍见成效，铁穆耳渐起扩张之心，变得好大喜功，但却毫无战功可言。大德四年（1300年）十二月，云南的行省左丞刘深好大喜功，奏请铁穆耳征讨西南的八百媳妇国。铁穆耳接受建议，下令发兵2万出征。

大德五年（1301年）正月，为了支持军费开支，元廷发钞九万二千锭。当时出征缅国的大军在返回途中为金齿国⑤所阻挡，双方交战，元军伤亡惨重。金齿与八百媳妇等多个地区联合起来不向元朝缴纳税赋，并且杀戮元朝的官吏。八月，铁穆耳发兵征讨金齿诸国。十一月，云南又发生了宋隆济起义事件，铁穆耳派遣刘国杰、也先忽都鲁、八剌及阿塔赤前去征讨。这次征讨持续了两年多，不仅耗费了元朝大量军费，而且出征官兵生还者寥寥无几。

大德七年（1303年）三月，因为征讨八百媳妇国损失惨重，铁穆耳一怒之下杀死刘深，鞭打合剌带、郑祐等人，并对中书省进行大清洗。主持"更政"的首相，是曾以中书左丞相职位辅助完泽的哈剌哈孙。他严选州郡守令，定官吏赃罪十二章及丁忧、婚聘、盗贼等制，禁献户及山泽之利，可惜没有取得多大成效。

大德九年（1305年）六月，德寿被册立为皇太子，但十二月便病逝。这年十月，铁穆耳也因患病而无法理政，由卜鲁罕皇后暂时执政，朝中大事委于右丞相、答剌罕⑥哈剌哈孙。

卜鲁罕皇后野心极大，妄图操纵朝议，并倚重安西王阿难答手中的兵权，把持朝政。阿难答自恃手握重兵，也想以元世祖忽必烈嫡孙的身份夺取皇位。为了共同对付漠北的海山兄弟，卜鲁罕皇后和阿难答勾结在了一起。卜鲁罕皇后曾几次将大臣们召集到馆阁议事，试探他们的口风。

但卜鲁罕皇后和阿难答面临的对手海山兄弟，实力也不容小觑。海山长期镇守漠北，大德年间还和西北王多次交战，立下了赫赫战功，加上他是真金太子的嫡孙，受到了漠北诸将的拥护。海山的弟弟爱育黎拔力八达生性文雅，从成宗时期就笼络了一大批汉人士大夫以及倾向于汉文化的蒙古、色目大臣。为此，卜鲁罕皇后借口中宫秉政，将爱育黎拔力八达及其母亲迁往怀州，希望能够隔断他们与朝廷中枢的联系，限制其行动。

大德十年（1306年）正月，重病中的铁穆耳下诏询问几位皇后处理朝政的情况，以备记录。次年正月初八，铁穆耳驾崩。

注释：

①奉使宣抚：官名。元代，朝廷经常临时派遣官员至各地视察，了解民间疾苦和官吏贪廉。担任视察官者称"奉使宣抚"。

②夏税：唐起，历代田赋都分夏、秋两季征收，称为夏税和秋税。元代在江南仿唐代两税法征税。

③门摊：赋税名。指元代北方按户征收的赋税。

④中书省断事官：官名。掌刑狱和理算钱谷，以皇室和投下怯薛官充任。秩正三品。

⑤金齿国：指傣族先民在怒江以西、伊洛瓦底江中上游地区建立的

联盟国家"勐蓬"。

⑥答剌罕：突厥、蒙古两族长期沿用的官号。蒙古语音译词，原意为自由者、不受管辖者，为蒙元时代的一种崇高封号。其享受的特权主要有："宴饮乐节如宗王仪"（饮酒时许"喝盏"）；允许宿卫佩带箭筒；围猎时猎获的野物归自己独有；出征时抢掠的财物归自己独有；九罪弗罚；免除赋税；无须获得许诺，随时可入宫禁；自由选择牧地。

武宗海山

海山档案

生卒年	1281—1311 年	在位时间	1307—1311 年
父亲	答剌麻八剌	谥号	仁惠宣孝皇帝
母亲	兴圣太后弘吉剌氏（答己）	庙号	武宗
后妃	真哥皇后、速哥失里皇后等	曾用年号	至大

海山，元世祖忽必烈之曾孙，真金太子之孙，元成宗铁穆耳之侄，蒙古帝国第七任大汗，元朝第二位皇帝。

大德三年，海山奉命出镇漠北，并成功平息海都之乱。大德八年十月，海山受封为怀宁王。大德十一年（1307 年），铁穆耳驾崩，因为后继无人，海山的弟弟爱育黎拔力八达在大都发动兵变，杀死卜鲁罕皇后及其党羽安西王阿难答，拥立海山为帝。

海山在位期间，在政治上，对诸王勋戚大行赏赐封官，营建中都，在中书省外另立尚书省；在经济上，发行"至大银钞"和"至大通宝"，整顿海运，增课赋税；在文化上，进一步推行尊儒政策，并延续宗教自由政策；对外解决了困扰元朝几十年的西北边疆问题，使蒙古几个汗国之间恢复和平。

至大四年（1311 年）正月，海山驾崩于大都玉德殿，终年 31 岁，谥号仁惠宣孝皇帝，庙号武宗，蒙古汗号曲律汗，葬于起辇谷。

人心所向　回朝登基

海山幼年由真金太子的护卫乞台普济抚养,并学习了一些儒家经典。元成宗铁穆耳继位后,他又接受汉儒李孟的教导。大德二年冬,镇守漠北的宁元王阔阔出在备边时疏于防备,以致被西北叛王海都、笃哇等打败,铁穆耳一气之下撤了他的职,下诏由侄子海山统率西北诸军。大德八年正月,海山被封为怀宁王,许佩金印,食封瑞州6.5万户。

大德十一年,元成宗铁穆耳驾崩,卜鲁罕皇后临时摄政,负责召集宗亲大臣举行忽里勒台大会另选新君。但卜鲁罕皇后企图控制朝政以遂其私,她和左丞相阿忽台准备拥立忽必烈诸孙中年龄最长者,即铁穆耳的堂弟安西王阿难答继位。但是,忽必烈生前曾立下日后帝位必须传给真金太子之后的约定,因此,皇位应由铁穆耳长兄甘麻剌的长子也孙铁木耳继承。

当时,海山远在漠北,得知铁穆耳去世的消息后,他决定立即返回朝中。卜鲁罕皇后也派人飞驰漠北,企图在中途驿站将他拦住。与此同时,海山的弟弟爱育黎拔力八达和母亲则以奔丧为名,急速返回京都,并抢先一步带领卫士闯入内庭,抓捕安西王阿难答和左丞相阿忽台,以"乱祖宗家法"为名将他们处死,并株连全家。事后,阔阔出、牙忽都等亲王纷纷劝说爱育黎拔力八达登基,但爱育黎拔力八达对哥哥海山手握重兵心怀忌惮,于是以监国的名义暂时掌管政权,然后派人到漠北迎海山回朝登基。

同年五月,海山到达和林,召集诸王大会,将与阿难答合谋的合赤温后王也只里处死。在会上,诸王共同劝进。随后,海山在上都召开忽里勒台大会,宣布登基,并册立弟弟爱育黎拔力八达为皇太弟。

稳定政权　重道尊儒

海山当上皇帝以后，为了巩固自己的地位，大量提拔亲信，委以要职，将前朝文武大臣全部更换了一遍。之后，他又下令对征戍的将士及繁重州郡的役卒进行奖励，并免除大都、上都、隆兴等地3年的差税，免除云南、八番①、田杨等地1年差发，对于逃移后复业者免除3年差发。海山命令军队一律不得骚扰百姓，允许民间冶铁，以加快经济的恢复和发展。对于受灾地区，他下令停止征收山场湖泊税，贫民可以就地采取。另外，他还大力兴办学校，免掉儒户的差役，对鳏寡孤独者也予以照顾。

海山继位不久便派人前往阙里，以太牢之礼对孔子进行祭奠，并加封其为"大成至圣文宣王"，倡导全国尊崇儒道。在他的倡导下，宫廷内外掀起了一股尊孔的风气。

当时西方的僧人因为受到海山的保护，气焰十分嚣张。海山建造兴圣宫后，经常将西方僧人请入宫内祈福，并派大量民工修建五台山佛寺。他还让爱育黎拔力八达负责在城南修建佛寺，让喇嘛翻译佛经。为了保护僧人的利益，他还下令，如有殴打僧人者，斩断其手；辱骂僧人者，割断其舌，以至于僧人胡作非为，为害一方。

海山在位4年，时间并不长，但却使国内矛盾得到了缓解，元朝统治稳定，全国出现了歌舞升平的大好局面。

喜怒无常　理财失策

海山为人喜怒无常，时而慈悲宽厚，时而残忍暴戾。他挥霍的程度与元成宗铁穆耳相比，有过之而无不及。除了大赏诸王、宗亲，导致国库空虚之外，他还大兴土木，先修建中都，后又派军士100多人和大量民工修建五台山佛寺，使得国家财政陷入了困境。

至大二年（1309年）九月，为了尽快摆脱财政危机，海山下令发行"至元宝钞"，结果使元钞急剧贬值，又只好在各路、府、州、县开设常平仓以平抑物价；之后又颁布铜钱法，以铜钱和至元宝钞并存，大量发行纸钞。这一系列的举措，导致元朝的财政赤字更加严重，物价飞速上涨，百姓深受其害。

海山宫妃颇多，直到至大三年（1310年）二月，他才册封弘吉剌氏真哥及其从妹速哥失里为皇后。在海山众多妃子中，亦乞烈氏生下了和世㻋，唐兀氏生下了图帖睦尔。

至大四年（1311年）正月，海山病倒，后在大都玉德殿驾崩。

注释：

①八番：古族名。元代分布于今贵州惠水一带。因罗番、程番、金石番、卧龙番、大小龙番、洪番、方番（包括卢番）、韦番八姓领主分统其地，故名。元至元十六年（1279年）归附，元廷设八番罗甸等处军民宣慰使司。

仁宗爱育黎拔力八达

爱育黎拔力八达档案

生卒年	1285—1320 年	在位时间	1311—1320 年
父亲	答剌麻八剌	谥号	圣文钦孝皇帝
母亲	兴圣太后弘吉剌氏（答己）	庙号	仁宗
后妃	阿纳失失里皇后、弘吉剌氏等	曾用年号	皇庆、延祐

爱育黎拔力八达，元武宗海山之弟，蒙古帝国第八任大汗，元朝第四位皇帝。

元武宗海山时期，爱育黎拔力八达被封为皇太弟。他们兄弟相约"兄弟叔侄，世世相承"。至大四年海山驾崩，爱育黎拔力八达继位，时年27岁，改元皇庆。

爱育黎拔力八达在位期间，减裁冗员，整顿朝政，大力推行"以儒治国"政策。他在位9年，死后违背与元武宗海山订下的叔侄相传的盟约，传位给儿子硕德八剌。

延祐七年（1320年）正月，爱育黎拔力八达驾崩于光天宫，终年36岁，谥号圣文钦孝皇帝，庙号仁宗，蒙古汗号普颜笃可汗，葬于起辇谷。

兄终弟及　改弦易辙

爱育黎拔力八达自幼饱读诗书,深受儒学熏陶。卜鲁罕皇后独揽大权后,见爱育黎拔力八达学有所成、出类拔萃,担心他有朝一日会争夺帝位,便命令他跟随生母离开皇宫,迁居怀州。

元成宗铁穆耳驾崩后,爱育黎拔力八达与母亲回大都奔丧,与右丞相哈剌哈孙合谋拥立统军北边的长兄海山为帝。于是,海山享受母亲与弟弟在大都政变中取得的政治成果,以手中的军权为后盾,顺利得到了帝位。为了酬谢为自己登基立下汗马功劳的弟弟,海山继位后立爱育黎拔力八达为皇太弟,确立了他作为皇位继承人的合法地位。此后,爱育黎拔力八达在提倡儒学、招揽人才等方面做出了很大的贡献,还建成了自元成宗铁穆耳时开始兴建但一直没有建成的国子监学。

海山驾崩后,爱育黎拔力八达并没有马上登基,而是先以皇太弟的身份掌管朝政,整顿吏治。因为对海山生前的做法有所不满,他代理国政后,一改海山行事谨慎的作风,迅速改弦易辙,纠正海山朝的各项弊政。或许是亲身经历过血淋淋的宫廷斗争,又或许是内心积聚了太多的恐惧和不满,一向以优雅重儒、温文尔雅而著称的他对待政敌远比海山果断、残忍。海山驾崩后次日,他便宣布废除前朝设立的尚书省,恢复原有的中书省;清除海山在位时期怙恶不悛的大臣,任用清廉官吏,惩治地方贪官污吏,严禁王公贵族扰乱百姓。实施这一系列措施后,他才宣布登基。

爱育黎拔力八达之所以迅速改弦易辙,主要是他认为海山的施政方针完全背离了世祖朝旧制。为纠正海山朝的弊政,他致力于改变近侍干政、官员冗滥等现象,下令凡不是中书省亲自领有的圣旨皆不得执行。元廷规定和林、江浙两个行省根据以往的先例,允许设置一名左丞相,其余各行省不设丞相,只置2名平章政事,且不再赐予虚职。后来,爱育黎拔力八达下令凡是改升品级的衙门,必须恢复世祖时期的旧制;又下诏让中书省按照世祖到至元三十年(1293年)时的旧制,制定京城众衙门的官员数量。

治国以儒　改革失败

爱育黎拔力八达继位后，得到李孟等众多汉族儒臣的辅助，逐渐推行尊孔崇儒、按照汉法治国的路线。他以儒家的伦理纲常作为统治百姓思想和安邦定国的主要工具，一再提醒蒙古大臣要学习和理解儒学的精髓。他本人在闲暇时也喜爱研读《贞观政要》和《资治通鉴》，并让人将这两本书翻译成蒙古文，以方便蒙古、色目大臣习读。

爱育黎拔力八达知道，要想让国家兴旺昌盛，人才的培养和任用是最根本的保证。因此，他派自己的老师李孟掌管国子监，负责培养和选拔人才。在他之前，儒家学派之所以不受重视，根本原因是朝廷没有将他们的学问当作选拔官员的基本要素，大多数高官按出身来选拔，中下级官员又是由吏入官的，在做官前根本没有接受过儒学教育，所以也不具备儒家思想。

为了适应形势的需要，提高官员的水平，很多有识之士要求恢复科举考试。皇庆二年（1313年），爱育黎拔力八达颁布科举考试的诏令，考试科目重经学、轻文学；又把朱熹集注的四书作为应试者的标准用书，将朱熹和其他宋儒注解的五经作为汉人应试者的标准用书。

新的考试制度反映了元朝统治下的多民族社会的特征。按照新的制度，蒙古人、色目人比汉人考试容易，还享有"同等席位"，所有考生按四等人划分，每等人的名额为75人。同时，考虑到旧的贵族承袭特权和现存的官僚体制，登第殿试的名额数量很少，每次不超过100人。

科举制度的恢复，给汉族士人提供了做官的机会，同时也促使蒙古人和色目人积极学习汉族文化，尤其是出身普通家庭的人，更想通过科举改变自己的现状，这也在很大程度上加快了蒙古族的汉化速度。

不过，汉族文化的推广并非一帆风顺，蒙古大臣担心这种多元化的制度影响到自己的利益，因此采取抵制的态度，所以最终也没有形成一个全国通行的标准法典。汉人为此做了很多努力，编撰法典和律例作为断案的标准。元成宗铁穆耳颁布的《至元新格》没有取得多大成效，爱育黎拔力八达对此采取了补救措施，命令中书省将自忽必烈初年以来的律令条例全部汇编、复审，以《大元通制》的名目颁布施行。书中共收录了元朝建立以来的2400条法律条文，分为断例、条格、诏制、别类四种。

然而，爱育黎拔力八达的政治改革并没有收到明显成效，经济改革也相继失败，其他的举动又受到其母答己太后及重臣铁木迭儿的限制。尤其是答己太后，对朝政肆无忌惮地进行干涉，一再庇护铁木迭儿，使铁木迭儿在朝中为所欲为。大臣杨朵儿只联合40多名监察御史对铁木迭儿发起弹劾，一一诉说其罪。爱育黎拔力八达下令将铁木迭儿斩首，但因为答己太后的干预，铁木迭儿最后仅被罢免丞相职务，而杨朵儿只却被调任别职。后来，答己太后再次逼迫爱育黎拔力八达起用铁木迭儿，这使众多正直大臣失望至极，相继离去。

打破誓约　传位嫡子

铁木迭儿的重新获任用，表面上看是爱育黎拔力八达对答己太后一党的妥协，但真正原因是爱育黎拔力八达想改变与元武宗海山"兄弟叔侄，世世相承"的约定，改立自己的儿子硕德八剌为太子。而要达到这一目的，就要争取更多宗室、权臣的支持。因此，爱育黎拔力八达不得不在一些问题上向守旧势力妥协，首先争取答己太后和中书右丞铁木迭儿势力集团的支持。

后来，爱育黎拔力八达封元武宗海山长子和世㻋为周王，赐金印。但是，周王常侍府官员以海山朝的旧臣或亲信为主，为了安抚和世㻋，爱育黎拔力八达下令设置打捕鹰坊民匠总管府，设官六员，断事官八员，延福司、饮膳署官各六员，隶属周王常侍府。后来，他又增置周王常侍府断事官两员，赐周王从卫钞40万锭，并派人监督护送周王出镇云南。爱育黎拔力八达这一举措，无疑是为剥夺和世㻋的皇位继承权铺平道路。对此，海山的亲信旧臣为了自保，都不敢提出任何异议。这时，中书右丞相铁木迭儿实际上充当了爱育黎拔力八达打击异己的有力工具，这也是爱育黎拔力八达能够容忍铁木迭儿专权的重要原因。

和世㻋行至延安时，一帮武宗旧臣赶来会见，和世㻋的一个僚属策动陕西行省丞相阿思罕等人发动叛乱。消息传来后，爱育黎拔力八达心中一阵喜悦，他终于有借口剥夺和世㻋的皇位继承权了。他于次年下诏册立儿子硕德八剌为皇太子。

延祐七年正月，爱育黎拔力八达驾崩于大都光天宫。

英宗硕德八剌

硕德八剌档案

生卒年	1303—1323 年	在位时间	1320—1323 年
父亲	元仁宗爱育黎拔力八达	谥号	睿圣文孝皇帝
母亲	庄懿慈圣皇后阿纳失失里	庙号	英宗
后妃	速哥八剌皇后等	曾用年号	至治

硕德八剌,元仁宗爱育黎拔力八达嫡子,蒙古帝国第九任大汗,元朝第五位皇帝。

延祐二年十二月,硕德八剌被立为皇太子。延祐七年,元仁宗爱育黎拔力八达驾崩,硕德八剌继位,次年改元至治。

硕德八剌继位之初,由太皇太后答己、宰相铁木迭儿等人执掌朝政大权。硕德八剌亲政后才对朝政实行改革,颁布《大元通制》。他主持的"至治改革"也取得了良好的效果。

至治三年(1323 年)八月,硕德八剌从上都返回大都,在南坡店驻营时,被铁失等人害死,终年 21 岁,庙号英宗,谥号睿圣文孝皇帝,蒙古汗号格坚汗,葬于起辇谷。

励精图治　锐意进取

硕德八剌从小过着优裕的生活，又受到父亲积极推行汉法的影响，很早就接受了中国传统儒家文化。

延祐三年，硕德八剌被立为皇太子。延祐六年（1319年），元仁宗爱育黎拔力八达让硕德八剌协助自己处理政务，要求朝廷各机构的事务首先要禀告皇太子，然后才能上奏皇上。硕德八剌曾告诫中书省臣说："至尊将天下事托付于我，我日夜忧惧，怕不能胜任，你们应当洗心涤虑，恪尽职守，勿有差失，免得增加父皇的忧虑。"

延祐七年，爱育黎拔力八达驾崩于大都光天宫。同年三月，太子硕德八剌登上皇位，时年18岁。与前朝各任皇帝相比，硕德八剌还太年轻，没有多少政治和军事经验，继位主要是得到了父亲和答己太皇太后集团的支持。

登位之后，硕德八剌在大明殿朝会诸王，商议改革之事。他提拔自己的亲信拜住担任平章政事，不久又升其为中书左丞相，仅位于铁木迭儿之下。拜住出生于蒙古贵族世家，其高祖曾跟随成吉思汗出征，父亲也担任过宰相，他自己才能出众，年纪轻轻就成为政坛上一颗闪耀的新星。

当时朝廷中都是答己太皇太后的心腹，使硕德八剌的行动受到了很大的掣肘，但是他年轻气盛，锐意改革。他下令裁减5个上都留守，之后又下令不准擅自上奏。四月，他撤销了中书省丞相一职，下令京城显贵和平民百姓一样服徭役，接着又纠正了朝廷百官越级受封的现象。中书省大臣奏请禁止擅自任命官员，得到了硕德八剌的支持。

然而，与答己太后集团相比，硕德八剌仍然处于劣势，加上他改革的步伐过快，矛头直指中高级官员，所以不可避免地使自己陷入了孤立的境地。而且他的做法与历代元朝皇帝刚继位时大加赏赐、拉拢亲信的行为完全相反。

岭北行省平章政事阿散、中书平章政事黑驴、御史大夫脱忒哈、徽政使失列门等人串通一气，准备推翻硕德八剌。硕德八剌得知消息后，将涉案者全部逮捕。中书省左丞相拜住要求彻查此事，但硕德八剌心中明白背后的主谋其实是答己太皇太后，也不敢深究，反而对铁木迭儿予以重赏，并将没收的贺伯颜、失列门等人的家产送给他。不过，这件事也对答己太皇太后造成了沉重的打击，是对她的一次严重警告。答己太皇太后在朝中的势力虽然庞大，但硕德八剌毕竟直接掌管着京师禁卫军，在后来的斗争中，硕德八剌逐渐占据上风。

延祐七年八月，答己太皇太后的心腹、中书省右丞相铁木迭儿因为曾经受到赵世延的弹劾，心中记恨，便想办法诬告他，并暗示他只要交出同党，即可享受高官厚禄。赵世延严词拒绝后，铁木迭儿以违背诏令、大不敬等罪名，将其处以死刑。硕德八剌虽然知道赵世延是冤枉的，但却无力阻挡，只能以赵世延犯罪在大赦之前为由，提出应该宽大处理。铁木迭儿不愿罢休，授意负责审讯的人对赵世延百般折磨，迫使他绝望自杀，但赵世延既不招供，也不自杀。铁木迭儿无奈，只好将他长期关押在狱中，赵世延因此保住了性命。

由于硕德八剌重用中书省左丞相拜住，拜住实际上掌管了中书省，铁木迭儿被逐渐架空。后来经硕德八剌的劝退，铁木迭儿回家休养，暂时远离了朝廷。这也使答己太皇太后的势力受到了很大的抑制。

至治二年（1322年），铁木迭儿和答己太皇太后先后去世，该集团顿时失去了主心骨，硕德八剌由此摆脱了保守势力的钳制，得以掌控朝政。

为了达到国强民富的目的，硕德八剌基本上遵循了前朝旧政，只是在纠正某些弊政的过程中，实施改革的力度和深度均大于爱育黎拔力八达。其改革大致包括以下几个方面：第一，起用汉人儒士，选贤任能。张珪、吴元珪、王约等人在短期内被擢升，在中书省、集贤院、翰林院担任要职。第二，行助役法。硕德八剌下令"遣使考视税籍高下，出田若干亩，使应役之人更掌之，收其岁入以助役费"，让拥有大量土地的富户将一小部分土地上交朝廷作为税收，作为一般农民劳役的补偿。第三，轻徭薄赋，保护民力。第四，颁行《大元通制》，加强法制。第五，裁罢冗官冗职。第六，兴建国子监学及外郡学校。第七，限制诸王特权，惩治不法诸王。

硕德八剌实施的新政取得了较好的效果，但是因为其新政的重心是肃清朝政，所以触犯了大多数保守的蒙古、色目世袭贵族的利益，引起了他们的不满和抵制。

南坡之变　命丧敌手

至治三年八月，铁木迭儿余党、御史大夫铁失与知枢密院事也先帖木儿、大司农失秃儿等合谋，发动了"南坡之变"。

铁失既是铁木迭儿的养子，又是硕德八剌的舅父，手握重权，深受硕德八剌的信任。铁木迭儿死后，硕德八剌对其进行政治清算，但并没有追究铁失及其他余党的责任。不过，中书右丞相拜住不肯轻易放过他们，不久便借重审"诳取官币案"和"真人蔡道泰杀人案"的机会，严厉打击铁木迭儿余党。这两个案件都是涉及高级官员的贪污案，都没有得到公正的判决。御史台重新审理案件后，涉案人员有的被处死，有的被处罚。铁失因特殊身份而获得了特赦，但他却忧心忡忡，加上与拜住矛盾很深，渐渐起了反叛之心。

至治三年六月，硕德八剌在上都，夜里失眠，想借做佛事静心，丞相拜住以国用不足进行劝阻。但铁木迭儿余党担心受到惩治，希望借助大赦来逃避惩罚，于是极力鼓动僧人大做佛事，说："国当有厄，非做佛事而大赦不足以禳之。"结果遭到拜住的无情呵斥。铁木迭儿余党遂密谋起事。铁失派人到漠北联络甘麻剌之子也孙铁木耳，"告以逆谋，约事成推王为帝。王命因之，遣使赴上都告变"。

同年八月，也孙铁木耳派出的使者还没来得及赶到上都，硕德八剌和拜住已起程返回大都。他们走到南坡店时驻营，当天夜里，铁失和铁木迭儿之子锁南、知枢密院事也先帖木儿等16人发动兵变，杀死丞相拜住，然后闯入硕德八剌的卧室将其杀死。

泰定帝也孙铁木耳

也孙铁木耳档案

生卒年	1293—1328年	在位时间	1323—1328年
父亲	元显宗甘麻剌	谥号	无
母亲	普颜怯里迷失王妃	庙号	无
后妃	八不罕皇后、弘吉剌氏等	曾用年号	泰定、致和

也孙铁木耳，元世祖忽必烈曾孙，真金太子之孙，元显宗甘麻剌之子，蒙古帝国第十任大汗，元朝第六位皇帝。

也孙铁木耳早年承袭父亲的晋王爵位，镇守漠北。至治三年八月，元英宗硕德八剌被铁失等人发动政变杀害，也孙铁木耳继承帝位，改元泰定。

也孙铁木耳在位期间，政治上未有太大变动，国家虽总体保持稳定，但实际已进入多事之秋。

致和元年，也孙铁木耳驾崩，终年36岁。其从侄图帖睦尔发动政变，夺取了也孙铁木耳之子阿速吉八的皇位，视也孙铁木耳为非法"自立"的君主，不追赠庙号、谥号与蒙古汗号。

一朝登基　过河拆桥

也孙铁木耳出生前一年，他的父亲甘麻剌被封为晋王，受命出镇漠北，统领成吉思汗四大斡耳朵及军马、达达国土。甘麻剌死后，也孙铁木耳承袭晋王爵位。

作为忽必烈的嫡曾孙，也孙铁木耳颇受厚待，在武宗、仁宗和英宗朝受过多次赏赐。至治三年，也孙铁木耳驻镇漠北，御史大夫铁失欲加害元英宗硕德八剌，派党羽告知其弑君及拥立他为帝的打算。当时也孙铁木耳正在漠北一个叫秃剌的地方打猎，听到来人说要谋反便将其囚禁起来，然后派别烈迷失赴上都报告。然而，别烈迷失还没赶到上都，硕德八剌已经被害，史称"南坡之变"。

硕德八剌死后，诸王勋贵、蒙古百姓都认为也孙铁木耳是忽必烈的嫡系后裔，理应继承皇位。而铁失一伙也拥立也孙铁木耳，一是因为也孙铁木耳有尊贵的蒙古黄金家族血统，手中握有重兵；二是因为如果皇位由元成宗铁穆耳的后人继承，那么他们肯定会被追究弑杀皇帝的大罪。于是，也孙铁木耳便在漠北大斡耳朵龙居河继位。

也孙铁木耳继位之初，任命知枢密院事、淇阳王也先帖木儿为中书右丞相、诸王月鲁帖木儿承袭安西王、内史倒剌沙为中书省平章政事。当时，铁失一党仍然坐镇大都、上都，掌握大权。也孙铁木耳知道如果操之过急，会适得其反，于是他采取欲擒故纵的策略，先赦免并优待铁失一党，趁机将大权掌握在自己手中，并巧妙地将自己的亲信安排到主要位置上去。

铁失和也先帖木儿对此毫无觉察，依仗自己拥立有功，在朝中为所欲为。在也孙铁木耳继位次月，宗王买奴向也孙铁木耳密奏，说也先帖木儿等人之所以拥立他为皇帝，是害怕他追究他们的弑君之罪，现在应该斩杀逆党、尽除奸贼。也孙铁木耳抓住时机，将也先帖木儿、秃满、完者、锁南等人逮捕处死。

成功除掉铁失一党后，也孙铁木耳开始重用自己的亲信，任命旭迈杰为中书右丞相、倒剌沙为中书左丞相。为了强化自己的统治，他除了对蒙古诸王采取厚待政策外，还沿袭了元英宗硕德八剌时期的政策，如"助役法"等；又对先朝冤案予以平反昭雪，吸取了硕德八剌时期侍卫军参政的教训，改革侍卫军统领的任命制度。同时，为了防止自己死后发生皇位之争，他很早便将儿子阿速吉八立为皇太子，并让他拜著名儒学大家为师，以求将来能治理好江山。

沉迷佛教　荒废朝政

也孙铁木耳长期镇守漠北，对汉族文化并不精通，而且还有一定的隔阂。他继位后，依然高喊恢复世祖旧制的口号，大量起用蒙古、色目官员，不过对汉族儒士也给予表面上的礼遇，没有采取打击的政策。其中最主要的表现是，他在推行科举制度的同时，又把经筵制度化。经筵是指皇帝为了研读经史而特别设立的御前讲习。这个制度是从世祖时期沿袭下来的，由汉族儒士向蒙古大汗不定期地讲经说史。也孙铁木耳将经筵制度化，并一直沿袭下来。江浙行省左丞相赵简上书请求开经筵，为太子及诸王、大臣的子孙授学。也孙铁木耳便下令中书省平章政事张珪、翰林学士承旨忽都鲁都儿迷失等人，根据《帝范》《资治通鉴》《大学衍义》《贞观政要》等书讲习。

那些被选为经筵官的儒士都深感荣幸，为皇室子弟讲习也特别卖力，他们希望能够借此机会参与朝政，让朝廷更好地吸收汉法。然而，令他们失望的是，与儒家文化隔阂较深的也孙铁木耳只是为了消除儒臣们的不信任情绪，并不是真心推崇汉法。

也孙铁木耳对佛教的信仰可以说到了走火入魔的地步，认为多做佛事可以消除一切灾难，于是下令在全国各地广建佛寺，铸造金像，为此花费数以亿计。他还让驻守岭北的彻彻秃每月修佛事一次，以防备外敌入侵；让僧徒在大殿内多做佛事以压天雷；又在宫中请西僧讲西番经，让800名僧徒和僧人在京城内游览。那些僧徒均赐有名号，饰金戴玉，十分张狂，成为京城百姓的大害。

对于汉人，也孙铁木耳有着很强的防范心理，特别下令汉人不许私藏兵器，有军籍者，出征时发给兵器，出征回来后马上收回。为了巩固自己的帝位，他还规定外地诸王没有命令不许私自入京，入京者不供其所用，不准携带宿卫士兵入京，否则要获罪。

泰定年间的汉族大臣已降至较低地位，中书省平章政事张珪是前朝留下来的唯一的高官，也是唯一能够在新朝中起重要作用的汉人，但他的建议经常不被采纳，所以影响力有限。其他的汉人中书省臣，如杨廷玉、许师敬、史惟良和王士熙等，官职都不高。不过，也孙铁木耳表面上仍对汉人大臣给予充分的尊重，比如张珪患病时免其拜跪，并特赐小车一辆，到殿门下车；元英宗硕德八剌时期的旧臣王约等人，在泰定年间仍然以"三老"的身份受到尊重，参与商议中书省事。

也孙铁木耳虽有零星的政绩，但他本人并不能从贤纳谏。中书省平章政事张珪等人曾经联名上奏，历陈时政得失，指出崇佛厚赐对社稷的危害、官员冗滥的弊端等诸多社会问题，但也孙铁木耳都置之不理。他以守成为基本目标，因此政策上没有太大的变动。

当时各地天灾不断，许多地方发生了饥荒。至治三年冬，蒙古下大雪，许多畜兽被饿死。泰定元年（1324年），"龙庆州雨雹大如鸡子"。次年，同州地震，江淮水、旱灾严重。泰定四年（1327年），宁夏地震，和宁地震，洛阳发生蝗灾，四川发生强烈地震，宁夏再次地震。面对灾异连连的状况，也孙铁木耳在上都召集百官商讨对策，汉臣张珪请求整顿弊政，提出追剿铁失余党、限制和尚与道士、裁汰冗官、停止广州珍珠采办等十余条建议，但都没有被采纳。

也孙铁木耳在位时，湖广、云南、四川等行省的少数民族多次起义反抗，其中，河南息州人赵丑厮、郭菩萨以"弥勒佛当有天下"为口号发起的农民起义，被后世史家视为元末农民起义的先声。

泰定五年二月，也孙铁木耳改元致和，之后向北巡幸上都，整日沉湎于酒色之中，疏于朝政。由于酗酒好色、游猎享乐，他的身体每况愈下，于七月十日驾崩。

天顺帝阿速吉八

阿速吉八档案

生卒年	1320—?	在位时间	1328 年
父亲	泰定帝也孙铁木耳	谥号	德孝皇帝
母亲	八不罕皇后	庙号	天顺帝
后妃	无	曾用年号	天顺

阿速吉八，又称阿里吉八，元泰定帝也孙铁木耳长子，蒙古帝国第十一任大汗，元朝第七位皇帝。

泰定元年（1324年），阿速吉八获封为皇太子。泰定五年，元泰定帝也孙铁木耳病逝，阿速吉八在上都被权臣倒剌沙拥立为帝，与大都的元文宗图帖睦尔对抗，随后展开两都之战。

同年十月，上都一方战败，阿速吉八生死不明，谥号德孝皇帝，庙号天顺帝，葬于起辇谷。

双帝相争　生死不明

泰定元年，阿速吉八被册封为皇太子。致和元年七月，也孙铁木耳驾崩，丞相倒剌沙专权，拖着不让年幼的太子阿速吉八继位，引起了朝野上下的强烈不满。同年九月，知枢密院事燕铁木儿在大都拥立元武宗海山次子图帖睦尔登基，改元天历，即元文宗。

消息传到上都后，倒剌沙为了能够继续独揽朝政，在宗室诸王脱脱、王禅等人的支持下，匆忙让阿速吉八继位，改元天顺，史称天顺帝。随后，倒剌沙派梁王王禅、右丞相答失铁木儿、御史大夫纽泽、太尉不花等率军征讨图帖睦尔。图帖睦尔急忙派燕铁木儿带兵迎敌，起初双方互有胜负，但随着上都的军力消耗越来越大，大都一方逐渐占据优势。

上都军队被彻底消灭后，燕铁木儿的叔父、东部蒙古元帅不花帖木儿和齐王月鲁帖木儿迅速反攻上都，将上都团团围住。倒剌沙见局势已经无法挽回，只好率领大臣奉皇帝玺宝出降，天顺年号被图帖睦尔废除。

倒剌沙虽然投降了，但仍然没有逃脱被杀的噩运，而阿速吉八也不知去向。朱耀廷在《正说元朝十五帝》中说"天顺帝阿速吉八被俘"。卓钟霖在《新编元史演义》中说："有人则说，小皇帝早已被杀，为了掩人耳目，才以下落不明等语来遮盖。"还有传闻说倒剌沙先在城里杀了阿速吉八，然后才捧着玉玺出城投降。

明宗和世㻋

和世㻋档案

生卒年	1300—1329 年	在位时间	1329 年
父亲	元武宗海山	谥号	翼献景孝皇帝
母亲	仁献章圣皇后	庙号	明宗
后妃	皇后八不沙等	曾用年号	天历

和世㻋，元武宗海山长子，元文宗图帖睦尔之兄，蒙古帝国第十二任大汗，元朝第八位皇帝。

和世㻋早年曾被元仁宗爱育黎拔力八达封为周王，后因部下起兵拥戴他失败而被迫流亡察合台汗国。天历元年（1328年），和世㻋的弟弟图帖睦尔打败天顺帝阿速吉八，使皇位重回武宗海山一系手中。图帖睦尔取胜后，表示愿意让位给和世㻋，天历二年（1329年）正月，和世㻋在和林北部继位。

同年八月，和世㻋在回程途中被图帖睦尔杀死，终年30岁，谥号翼献景孝皇帝，庙号明宗，蒙古汗号和西拉古图土汗，葬于起辇谷。

身居漠北　鞭长莫及

和世㻋是元武宗海山的长子，曾被封为周王，镇守云南。致和元年，元泰定帝也孙铁木耳在上都驾崩，丞相倒剌沙趁机掌控朝政大权，迟迟不立新君，致使朝野议论纷纷。

当时，知枢密院事燕铁木儿有意立和世㻋为皇帝，同年八月，他经过周密策划，召集群臣到兴圣宫议事，并在宫中布满手持兵器的卫士。大臣们一见顿时明白了怎么回事，纷纷表示愿意拥立和世㻋为帝。但也有几个大臣不识时务，拒绝配合，结果被投入监狱，燕铁木儿成功地控制了大都局势。不过，和世㻋此时远在西北沙漠，为防日久生变，燕铁木儿急忙派人去江陵迎接和世㻋的弟弟、怀王图帖睦尔，对外则谎称是迎接周王和世㻋。同年九月，图帖睦尔赶到大都，登基称帝。为了安抚人心，他对外宣称："我本来不愿意当皇帝，只是因为哥哥还没有来到，而国又不可一日无君。大家请放心，这个位子我是暂时代劳，等哥哥一到，立即让位于他。"

这时，倒剌沙也在上都拥立元泰定帝也孙铁木耳的幼子阿速吉八为帝，并派梁王王禅率军南下，征讨图帖睦尔。大军很快攻破玉门关，兵临大都。图帖睦尔急忙派燕铁木儿的弟弟撒敦、儿子唐其势率军迎战，阿速吉八派来的北蒙古军队不敌败退。同年十月，在南蒙古军的步步紧逼下，倒剌沙被迫投降，之后被处死；阿速吉八也不知去向了。

事后，图帖睦尔没有食言，于天历二年（1329年）正月派使臣撒迪前往和林，表示愿将皇位让给和世㻋。在撒迪的劝进下，和世㻋在和林之北登基称帝。

行使皇权　被害身亡

和世㻋一称帝，便遣返图帖睦尔的使臣撒迪，并以教训的口吻说："据我所知，我的弟弟平时喜爱读书，他应该知道在处理朝政事务上要和贤士大夫同心同力，细细领悟史籍的要旨，理解古今兴衰的道理。你回到京都之后，一定不要忘了把我的意思告诉他。"

天历二年二月，图帖睦尔在大都成立奎章阁学士院[①]，随意任免官职。和世㻋见木已成舟，尽管心中十分恼怒，但表面上仍然和颜悦色，对前来奉献玉玺的图帖睦尔的心腹燕铁木儿说："你回去告诉我弟弟，大臣的任免完全由他自作主张，不用向我禀报。"

同年四月，为了夺来本来属于自己的权力，和世㻋经过周密计划，开始付诸行动。他先是任命海山时期的旧臣哈八儿秃为中书省平章政事，前中书省平章政事伯帖木儿改任知枢密院事，常侍孛罗为御史大夫，赛帖木儿、买奴并同知行枢密院事。中书省、枢密院、御史台是元朝的三大重要部门，分别掌管政事、军队和监察。经过一系列的调整，中央政权稳定了下来，和世㻋又开始进行地方行政管理的改革。他任命怯来、只儿哈郎共同担任甘肃行省平章政事、忽剌台为江浙行省平章政事、那海为岭北行省平章政事。五月，和世㻋选用潜邸旧臣及扈从士，受制命的共有85人，六品以下有26人。这样一来，图帖睦尔在地方上的势力被削弱了。

与此同时，和世㻋又发兵向南，直逼大都。图帖睦尔知道自己根本不是和世㻋的对手，急忙派人北上，将哥哥迎接到大都来，并派大臣去向他请教关于朝中重要事务的处理方法。

天历二年八月，和世㻋带人南下，来到上都附近的王忽察都。图帖睦尔与心腹燕铁木儿一起到王忽察都来迎接和世㻋，在宴席上将其用毒药害死。

注释：

①奎章阁学士院：元官署名。掌进奉经史、鉴文书典籍字画器物，并备皇帝咨询，供皇帝研考古帝王治术，为皇帝和贵族子弟讲说经史的机构。

文宗图帖睦尔

图帖睦尔档案

生卒年	1304—1332 年	在位时间	1329—1332 年（1328 年曾让位于和世㻋）
父亲	元武宗海山	谥号	圣明元孝皇帝
母亲	文献昭圣皇后	庙号	文宗
后妃	弘吉剌·卜答失里	曾用年号	天历、至顺

图帖睦尔，元武宗海山次子，蒙古帝国第十三任大汗，元朝第九位皇帝。

致和元年九月，图帖睦尔在知枢密院事燕铁木儿的示意下，在大都抢先称帝，改元天历，同时宣布"谨俟大兄之至，以遂朕固让之心"。天历二年，元明宗和世㻋死后，图帖睦尔被燕铁木儿扶持复位。

图帖睦尔在位期间，曾创立奎章阁学士院，命儒臣进经史之书，讲解历代帝王之得失，效仿唐、宋会要体例，编修《皇朝经世大典》，整理并保存了大量典籍。他提倡尊孔，特意加封孔子父母及后世名儒，并依儒家礼仪祭拜。但燕帖木儿自恃拥立有功，擅权恣纵致使吏治渐趋腐败，统治集团内部的矛盾也日益尖锐。

至顺三年（1332 年）八月，图帖睦尔驾崩，终年 29 岁，谥号圣明元孝皇帝，庙号文宗，葬于起辇谷。

两虎相争　保位弑兄

图帖睦尔幼年是在父亲海山和叔父爱育黎拔力八达执政期间度过的。硕德八剌当上皇帝以后,为了防止图帖睦尔报复,将他派往外地驻防。后来,也孙铁木耳当上了皇帝,顾及兄弟情谊,便将图帖睦尔召回京城,封为怀王,后又将他迁到建康。也孙铁木耳病危时,因为担心图帖睦尔争夺皇位,在中书左丞相倒剌沙等人的主使下,又一次将其迁到江陵。

元武宗海山驾崩后,按照"兄弟叔侄,世世相承"的约定,将皇位让给了弟弟爱育黎拔力八达。在爱育黎拔力八达之后,皇位理应传给海山的子嗣,但是爱育黎拔力八达却违背约定,将皇位传给了自己的儿子硕德八剌。

致和元年七月,元泰定帝也孙铁木耳驾崩,丞相倒剌沙专权,留守大都、握有兵权的燕铁木儿害怕夜长梦多,便派人到江陵去迎立和世㻋的弟弟图帖睦尔。八月初,倒剌沙打着正统的旗号,兵分几路进攻大都。燕铁木儿闻讯,急忙在迁民镇、古北口、居庸关等地增派军队,迎战倒剌沙。

八月二十五日,古北口守将脱脱木儿在兴宜打败上都宗王失剌率领的部队,杀死詹事钦察、平章政事乃马台。九月初,燕铁木儿又派自己的弟弟在榆林打败了上都梁王王禅、右丞相塔失帖木儿。之后,他又奉命在蓟州东流沙河阻击也先帖木儿、秃满迭儿。

这时,倒剌沙和宗王脱脱、王禅拥立元泰定帝也孙铁木耳的儿子阿速吉八在上都登基,改元天顺。燕铁木儿等也不甘示弱,拥立图帖睦尔在大都登基,改元天历,两都对立。

九月十六日,梁王王禅攻破居庸关,距大都仅60里,燕帖木儿忙率军在榆河将王禅打败。九月下旬,双方又在白浮发生激战,燕铁木儿趁夜偷袭对方军营,打了个大胜仗,将对方追赶到昌平北,斩敌数千,俘敌万余。之后,燕铁木儿率军来到石槽,打败了另一支上都军队,再次杀死和俘虏上都将士万余人。

上都军连着吃了两次败仗，连忙改变策略，兵分两路从通州、紫荆关向大都进攻。也先帖木儿也率军从大庆关渡过黄河，与上都军相互配合，进攻大都。眼见大都形势危急，燕铁木儿急忙率军赶回通州，脱脱木儿也率4000精兵前来支援。十月，燕铁木儿在枣林与上都军相遇，双方发生交战，燕铁木儿取胜后，又昼夜兼程地赶往良乡，迎战上都宗王忽剌台，将其逼退。这时，上都军再次进入古北口，与大都军在檀州南交战，结果大败，损失惨重。正当双方又在长城一带激战的时候，镇守辽东的齐王月鲁帖木儿、元帅不花帖木儿带兵围攻上都。倒剌沙、王禅不敌，只好出城投降，阿速吉八不知所终，海山一派终获胜利。

图帖睦尔此前继位的时候，为了应对倒剌沙的威胁，不得不争取镇守漠北、手握重兵的哥哥和世㻋的支持，以达到牵制和震慑上都军队的目的。为此，他撒谎说，一旦和世㻋返回京城，自己便立即让位。为了表示自己的诚意，他还派人去迎接和世㻋回大都继位。和世㻋信以为真，便在和林之北登基称帝。图帖睦尔得知消息后，很不甘心地让出了皇位，并派人携带玉玺迎接哥哥回京，暗中却监视着和世㻋的一举一动。因为图帖睦尔让出了皇位，和世㻋册封他为皇太弟，同时提拔自己的亲信担任要职。不久，图帖睦尔以皇太弟的身份从大都出发，迎接和世㻋，兄弟二人在王忽察都相遇。和世㻋十分高兴，在自己的营帐中款待弟弟及诸王大臣。图帖睦尔趁机用毒酒毒死了和世㻋，之后立即返回，登基称帝。

权臣擅权　重文轻武

图帖睦尔最终能够当上皇帝，燕铁木儿功不可没，即有"从龙之功"。所以，图帖睦尔继位伊始，便赐予燕铁木儿垄断朝政的权力，封他为太平王。两都之战后，又给他加"答剌罕"之号，世代承袭。后来，燕铁木儿辞去知枢密院事，让自己的叔父、东路蒙古军元帅不花帖木儿继任此职。他利用扶植亲信的方法不断扩充势力，自己的儿子、弟弟都担任了重要职位。燕铁木儿不仅独揽朝政，还直接控制着侍卫军。

图帖睦尔因为自己与和世㻋的死脱不了干系，而主谋又是燕铁木儿，所以更加倚重燕铁木儿，一再对他进行封赏。至顺元年（1330年）五月，燕铁木儿被任命为中书省右丞相，全权负责处理朝政。燕铁木儿自恃有功，挟震主之威，为所欲为，生活极其奢侈，有时一次宴饮就要宰杀13匹马。他甚至迎娶了元泰定帝也孙铁木耳的皇后为夫人，共娶蒙古宗室之女40人。

图帖睦尔的文学修养超过了元朝历代皇帝，不仅留下了《相马图》等书画佳作，还留下了不少诗词。他还特别重视文化教育，下令奎章阁学士院编纂《皇朝经世大典》，由赵世延任总裁、虞集任副总裁，共同主持编撰工作。

至顺三年八月，图帖睦尔病逝。

宁宗懿璘质班

懿璘质班档案

生卒年	1326—1332 年	在位时间	1332 年
父亲	元明宗和世㻋	谥号	冲圣嗣孝皇帝
母亲	皇后八不沙	庙号	宁宗
后妃	无	曾用年号	至顺

懿璘质班，元明宗和世㻋次子，蒙古帝国第十四任大汗，元朝第十位皇帝。

至顺三年八月，图帖睦尔驾崩，遗诏和世㻋次子懿璘质班继位。两个月后，年仅7岁的懿璘质班继位，因为年幼，由皇太后卜答失里临朝称制。

同年十二月，懿璘质班在大都病逝，谥号冲圣嗣孝皇帝，庙号宁宗，葬于起辇谷。

娃娃皇帝　太后掌权

当初图帖睦尔为了当上皇帝，设计害死了兄长和世㻋。图帖睦尔继位后，曾册立长子为太子，不料太子英年早逝，这使图帖睦尔认为是和世㻋在冥冥之中报复自己，于是改变主意，决定将皇位还给和世㻋的后人。

至顺三年八月，图帖睦尔驾崩，遗诏懿璘质班继位。当时燕铁木儿专权，为了继续把持朝政，他请求皇后卜答失里立她的儿子为帝。但卜答失里皇后决定遵守丈夫的遗诏，将皇位传给和世㻋一脉。和世㻋本来有两个儿子，图帖睦尔夺位的时候，和世㻋的长子妥懽帖睦尔已经懂事，图帖睦尔担心他威胁自己的帝位，便将他打发到了千里之外的广西静江；而懿璘质班刚满5岁，年幼无知，于是被图帖睦尔留在宫中，封为鄜王，由此成为理想的皇位继承人。在卜答失里皇后的坚持下，懿璘质班顺利继位，尊卜答失里皇后为太后。

懿璘质班继位时年仅7岁，自然无法亲政，朝政大事由皇太后卜答失里和宰相燕铁木儿代理。不幸的是，懿璘质班刚当上皇帝没几天便突发疾病，不治而亡，在位仅43天。

顺帝妥懽帖睦尔

妥懽帖睦尔档案

生卒年	1320—1370 年	在位时间	1333—1370 年
父亲	元明宗和世㻋	谥号	宣仁普孝皇帝、顺帝
母亲	罕禄鲁氏迈来迪	庙号	惠宗
后妃	奇皇后、答纳失里皇后等	曾用年号	元统、至元、至正

妥懽帖睦尔，元明宗和世㻋长子，元宁宗懿璘质班长兄，蒙古帝国第十五任大汗，元朝第十一位皇帝。

元文宗图帖睦尔毒杀和世㻋后，妥懽帖睦尔也被流放到了广西静江。由于懿璘质班继位不久便病逝，妥懽帖睦尔被太后卜答失里迎回，于至顺四年（1333 年）六月八日在上都继位，改元元统。

妥懽帖睦尔在位期间，扳倒了权臣伯颜，亲政后任用脱脱实施改革，恢复科举、整饬吏治、蠲免赋税、开放马禁、削减盐额等，使至正初年的元朝一度呈现回光返照的局面。脱脱请辞后，他也没有丧失图治之心，颁行法典《至正条格》，定荐举守令法，派人巡视宣抚各地，下令举荐逸隐之士。但他后期沉湎享乐，疏于朝政，致使元廷内斗不断，民变频发，最终被明军赶出大都，结束了元朝对全国的统治。

至正三十年（1370 年），妥懽帖睦尔驾崩于应昌，终年 51 岁，谥号宣仁普孝皇帝，庙号惠宗，蒙古汗号乌哈噶图汗，葬于起辇谷。

少小流离　坎坷继位

妥懽帖睦尔是元世祖忽必烈五世孙、元明宗和世㻋长子，出生于延祐七年（1320年）四月，在皇位之争的腥风血雨中成长起来。

爱育黎拔力八达在位时，背弃与元武宗海山"兄弟叔侄，世世相承"的约定，将自己的儿子硕德八剌立为太子。本该继承皇位的海山长子和世㻋对此感到不服，后来得到察合台后王以及漠北诸王的支持，长久占据北方金山一带与朝廷抗衡。在北方，他娶了阿尔思兰郡王的后代罕禄鲁氏迈来迪为妃，并生下一子，即妥懽帖睦尔。妥懽帖睦尔的童年生活备受冷遇，因为母亲早逝，他在父亲的大妃八不沙的照料下长大。

元泰定帝也孙铁木耳驾崩后，海山朝旧臣燕铁木儿趁机发动政变，将和世㻋的弟弟图帖睦尔推上皇位。但是，图帖睦尔忌惮哥哥和世㻋的势力，不久便让位于他，但仅仅过了半年又将和世㻋毒死，自己复位。之后，和世㻋的皇后八不沙带着儿子懿璘质班和妥懽帖睦尔回到京城。图帖睦尔为了显示自己的仁义，同时也为了监视他们，安排他们在宫中住下。八不沙皇后虽然不知道丈夫去世的具体原因，但对图帖睦尔也有所怀疑。图帖睦尔的皇后卜答失里担心侄子将来会和自己的儿子争夺皇位，便和心腹大臣拜住将八不沙皇后毒死，并买迪妥懽帖睦尔的奶娘，让她在图帖睦尔面前撒谎说妥懽帖睦尔不是和世㻋的亲生儿子。图帖睦尔遂将妥懽帖睦尔废黜，发配到高丽，幽居大青岛，断绝与外界的一切来往。第二年，妥懽帖睦尔又被迁居静江。他的弟弟懿璘质班则因为年幼，对皇位不构成威胁而得以幸免。

图帖睦尔毒杀兄长篡位成功，但一直受到良心的谴责。至顺三年，图帖睦尔驾崩，为了赎罪，他留遗诏传位于和世㻋的儿子。但是，把持朝政的燕铁木儿坚决反对传位给和世㻋的儿子，他劝说卜答失里一定要让燕帖古思继位。但是，卜答失里皇后决定遵守丈夫的遗诏，让年仅7岁的懿璘质班继位。然而，懿璘质班当了皇帝没多久便去世了，燕铁木儿又一次劝说卜答失里立燕帖古思为帝。但是，卜答失里不愿意违背丈夫的遗诏，执意派人将妥懽帖睦尔迎入宫中，立为皇帝。燕铁木儿极力阻挠，以至于妥懽帖睦尔进宫两个多月仍然无法举行登基仪式。在此期间，所有国家大事均由燕铁木儿决断，然后奏明卜答失里太后批准。两个月后，燕铁木儿突然病逝，妥懽帖睦尔这才在卜答失里太后和大臣们的拥立下正式登基。

罢免权臣　正式亲政

妥懽帖睦尔继位时，朝政大权掌握在中书右丞相伯颜和太平王唐其势手中。伯颜是元文宗图帖睦尔时期的重臣，他依仗自己在"两都之战"中立下大功，瞧不起唐其势；而唐其势也仗着父亲燕铁木儿的势力，为所欲为，完全不将伯颜放在眼里。

中书左丞相撒敦去世后，伯颜大权独揽。唐其势对此十分不服，与弟弟塔剌海等人密谋发动政变，推翻妥懽帖睦尔，拥立图帖睦尔之子燕帖古思。不料消息被元宪宗蒙哥的后裔彻彻秃得知，他急忙报告妥懽帖睦尔。妥懽帖睦尔马上召集伯颜商议对策。六月十三日，唐其势、塔剌海兄弟发动政变，带人闯入宫中，结果遭遇埋伏，双双在激战中被乱刀砍死。事后，皇后伯牙吾氏也被削去后号、驱逐出宫，很快又被毒死。

在这次事件中，伯颜因为立下大功而受到重赏，被赐予"答剌罕"封号，世代承袭。之后，妥懽帖睦尔又撤掉中书左丞相之职，由伯颜独掌朝政大权。伯颜是蔑儿乞部人，先祖为元宪宗蒙哥的奴隶，根据蒙古的规定应该尊彻彻秃为长。但他居功自傲，认为屈居于彻彻秃之下是一种屈辱，于是借口彻彻秃想要谋反，欲将其杀死，遭到妥懽帖睦尔的拒绝。伯颜不甘心，又伪造圣旨将彻彻秃抓捕起来，严刑拷打致其死亡。之后，他又一次假传圣旨，将宣让王帖木儿不花、威顺王宽彻普化等人贬黜。他甚至想要废掉妥懽帖睦尔，多次前往皇太后卜答失里的后宫，与她密谋废立之事。妥懽帖睦尔听到风声后，十分气愤。

伯颜的弟弟马扎儿台为人谦和，多次规劝伯颜收敛一些，但伯颜依然我行我素。马扎儿台的儿子脱脱自幼为伯颜收养，妥懽帖睦尔继位后，脱脱被任命为同知枢密院事。伯颜诛杀唐其势时，脱脱率领精兵剿捕，立有大功。伯颜专权时，脱脱对父亲马扎儿台说："伯父如此猖狂，万一哪天天子震怒，我们一家就全完了，不如先设法除掉他。"马扎儿台深表赞同。脱脱又向幼年时的汉人老师吴直方请教，吴直方说："古书上有所谓的大义灭亲。大丈夫只知道忠于国家，不管其他。"脱脱由此下定了决心。

一天，伯颜向妥懽帖睦尔提议去打猎，妥懽帖睦尔警觉性很高，找了借口推辞。伯颜无奈，又改邀太子燕帖古思到柳林打猎。脱脱看准时机，暗中派人到柳林接回太子，同时命京师城门全部戒严。当天晚上，妥懽帖睦尔写下诏书，将伯颜贬为河南行省左丞相，然后派人到柳林宣读。伯颜见事已至此，只好听命，不久在上任途中病死。

扳倒伯颜以后，妥懽帖睦尔开始为父亲报仇，下令将图帖睦尔的庙主撤除，废黜卜答失里皇太后，将其贬居东安州，又将太子燕帖古思放逐高丽，于途中将其害死。

为了庆贺自己亲政，妥懽帖睦尔下诏改元至正，任命脱脱为中书右丞相，总领军国大事，又将伯颜时期的旧政全部废除，对朝政实行重大改革。

脱脱新政　无力回天

妥懽帖睦尔继位的时候，元朝的兴盛时代已经过去，各地反抗元朝的起义此起彼伏。伯颜去世后，脱脱成为新一代重臣，他执政之后，首先改变伯颜排斥汉人的做法。在他的建议下，元朝恢复了中断数年的科举取士制度。有一年，妥懽帖睦尔亲自取进士 78 人，算是给大元王朝注入了新鲜血液。妥懽帖睦尔又大兴国子监，选名儒雅士传经讲学，并派人前往孔子的家乡曲阜以太牢之礼祭祀孔子；还下诏编修金、辽、宋三史，很多汉人文士参与了此次编纂。这些举措在一定程度上缓解了汉族知识分子长期以来的不满情绪，起到了笼络人心的作用。对于之前受到伯颜迫害的诸王众臣，妥懽帖睦尔下令为他们平反昭雪。

在官员的选拔上，妥懽帖睦尔主张以六事选官，对立过大功、忠于朝廷的予以重用，而对平庸之辈则坚决罢免。同时，他下令放开马禁，减轻盐税，免除百姓的额外税额，使老百姓的负担得到了减轻。

妥懽帖睦尔采取的这些措施获得了一定效果，脱脱也因为政绩显著而被称为"贤相"。但不久妥懽帖睦尔便对脱脱起了疑心，迫使他辞去了相职。

妥懽帖睦尔的皇后奇氏，本来是高丽人奇子敖的女儿，以贡女的身份被献于元廷。她长得美丽动人，而且乖巧伶俐，妥懽帖睦尔十分宠爱她。奇皇后生下长子爱猷识理达腊后，被册立为第二皇后。至正九年（1349年），在奇皇后的劝说下，妥懽帖睦尔再次提拔脱脱为丞相。此时的元朝政治腐败，经济凋敝，农民起义风起云涌。为了挽救元朝，脱脱提出了"变钞"和"开河"的建议。"变钞"即增加财政收入，"开河"即治理水患。从表面上看，这两项措施是对症下药，但并没有从根本上解决问题，反而激化了社会矛盾，引起了大规模的农民起义。不久，在治河民工韩山童、刘福通的领导下，红巾军起义爆发了，元末农民大起义从此拉开了帷幕。

起义军和元军在高邮交战，被击败的元军将士纷纷加入红巾军。为了鼓励豪强地主武装镇压农民起义，脱脱授予地主武装头目以万户、千户等头衔，不但没有将农民起义镇压下去，反而令几支镇压农民起义的地主武装迅速崛起。

宫闱惊变　祸起萧墙

妥懽帖睦尔继位初期，尚有励精图治的雄心，但是自从他把大权交给脱脱之后，便耽于享乐，不问政事。佞臣哈麻投其所好，给他引荐了一名吐蕃僧人，传授名为"大喜乐"的房中术。哈麻的妹夫秃鲁帖木儿见妥懽帖睦尔非常迷恋，也向他进献了一个僧人，传授一种名叫"龙凤双交"的房中术。奇皇后再三恳求妥懽帖睦尔不要再受妖僧迷惑，遭到妥懽帖睦尔的斥责。

皇太子爱猷识理达腊见政局动荡、父亲一心享乐、朝臣相互倾轧，便想取而代之。这一计划得到掌握朝政大权的右丞相搠思监和资政院使朴不花的大力支持。不过，爱猷识理达腊还面临着一道障碍，那就是在朝外的孛罗帖木儿。

至正二十四年（1364年）三月，爱猷识理达腊以孛罗帖木儿握兵跋扈、藏匿老的沙等"逆臣"为由，削去其兵权。孛罗帖木儿则以"清君侧"为名发兵大都，爱猷识理达腊遂命扩廓帖木儿征讨孛罗帖木儿。为了缓和矛盾，妥懽帖睦尔下诏逐斥朴不花、搠思监，但他们二人并未离开大都。孛罗帖木儿便派秃坚帖木儿进攻大都，爱猷识理答腊见战况不利，偷偷从光熙门溜出了古北口。妥懽帖睦尔派蒙古国师调解此事，恢复孛罗帖木儿、老的沙等人的官爵，并将朴不花、搠思监交给孛罗帖木儿处死。至此，孛罗帖木儿才下令撤军，爱猷识理答腊也回到了宫中。

事后，爱猷识理达腊咽不下这口气，又让扩廓帖木儿讨伐孛罗帖木儿，导致孛罗帖木儿第二次兴兵，"谋易太子"。爱猷识理答腊战败，从顺承门连夜逃往冀宁的扩廓帖木儿营中。孛罗帖木儿带兵入京后，被妥懽帖睦尔任命为右丞相，他软禁了奇皇后，并试图追击爱猷识理达腊，但被老的沙劝止。

爱猷识理达腊在冀宁形同小朝廷，与大都对峙。至正二十五年（1365年）七月，妥懽帖睦尔因为对孛罗帖木儿专权越来越不满，派人杀了孛罗帖木儿，老的沙等人遁走。随后，爱猷识理达腊在扩廓帖木儿的护卫下还京。奇皇后想让扩廓帖木儿逼迫妥懽帖睦尔让位，但扩廓帖木儿得知此事后，还没到大都就回去了，爱猷识理达腊因此对扩廓帖木儿心怀怨恨。两年后，爱猷识理达腊在受命总天下兵马后，马上调军攻打扩廓帖木儿。

仓皇北逃　元亡明起

当元廷一片混乱的时候，南方的农民起义正风起云涌，其中，凤阳朱元璋率领的起义军迅速崛起，歼灭群雄，之后开始北伐，打算推翻元朝的统治。至正二十七年（1367年），徐达、常遇春奉朱元璋之命率军北伐，先后攻陷山东、河南等地。次年正月，朱元璋在应天登基称帝，建立了明朝。直到此时，元军仍然内斗不断，对明军毫无防范之心。不久，朱元璋在山东临清与部下会合，然后进逼大都，并攻陷潼关。

妥懽帖睦尔闻讯惊慌失措，连忙下令恢复扩廓帖木儿的职务，命他抵抗明军，但元军早已失去了战斗力，不堪一击。至正二十八年（1368年），徐达率领明朝大军来到大都城下，妥懽帖睦尔惊恐万分，不顾大臣们的劝阻，匆忙逃出大都，经居庸关前往上都。八月二日，徐达所部攻入大都。

至正三十年，妥懽帖睦尔因痢疾驾崩于应昌府。明太祖朱元璋称他"至顺天命，退避而去"，尊其为元顺帝。

昭宗爱猷识理达腊

爱猷识理达腊档案

生卒年	1339—1378 年	在位时间	1370—1378 年
父亲	元惠宗妥懽帖睦尔	谥号	无
母亲	奇皇后	庙号	昭宗
后妃	权氏、瓦只剌孙答里氏等	曾用年号	宣光

爱猷识理达腊，元惠宗妥懽帖睦尔长子，蒙古帝国第十六任大汗，北元皇帝。

至正十三年（1353 年）六月，爱猷识理达腊被册封为皇太子。因父亲妥懽帖睦尔荒淫纵欲，他联合扩廓帖木儿想要发动政变，夺取帝位。孛罗帖木儿以"清君侧"为名发兵大都，双方几度交战。后孛罗帖木儿被妥懽帖睦尔派人刺杀，这才结束了这场混战。之后妥懽帖睦尔又与扩廓帖木儿反目。

至正二十八年，明朝将领徐达、常遇春进攻大都，爱猷识理答腊随父出逃上都，之后又前往应昌府。至正三十年四月，妥懽帖睦尔驾崩，爱猷识理达腊继位。明军破应昌后，他逃往和林，次年改元宣光。

爱猷识理达腊在位期间，力图中兴元朝，于是不计前嫌，重新起用扩廓帖木儿，击退明军，保住了元王朝的一线命脉，但始终无法恢复中原，只能与明朝形成南北对峙的局面。

宣光八年（1378 年）四月，爱猷识理达腊驾崩，终年 40 岁，庙号昭宗，蒙古汗号必里克图汗，葬于起辇谷。

幼年聪慧　大元储君

爱猷识理达腊生于至元五年（1339年）十一月二十四日，生母为奇氏。母凭子贵，奇氏因此被妥懽帖睦尔册封为第二任皇后。同年，妥懽帖睦尔废黜原定的皇储、元文宗图帖睦尔之子燕帖古思及其母卜答失里皇太后，当时妥懽帖睦尔正宫皇后伯颜忽都所出嫡子已夭折，这样一来，爱猷识理达腊便顺理成章地成为大元的储君。

依照元朝皇室惯例，爱猷识理达腊自幼被寄养在大臣脱脱家中，呼脱脱为"奶公"，与脱脱之子哈剌章关系密切。脱脱自幼深受汉文化影响，他的老师郑深是个汉人，爱猷识理达腊也跟着郑深学习《孝经》等儒家经典，然后又学习了蒙古文、汉文。后来，他进入端本堂，开始接受系统的儒学教育，由汉人大臣李好文负责教导。

爱猷识理达腊在端本堂上课时，他的近侍故意带猎鹰在廊庑间喧呼驰逐，引诱他出来玩耍，但他却不为所动，下课后责备近侍说："这里是读书学习的地方，先生在此，你怎敢如此无礼？下不为例！"他在端本堂的学习一直持续到至正十六年（1356年）。

至正十三年六月，爱猷识理达腊被妥懽帖睦尔立为皇太子，但他刚刚成为皇太子，便卷入了元廷内部的斗争之中。当时，妥懽帖睦尔倦怠朝政，沉湎享乐，命中书省、御史台、枢密院凡事先启奏皇太子，等于把朝政大权交给了爱猷识理达腊。

这时，爱猷识理达腊与"奶公"脱脱的关系也发生了微妙变化，原本脱脱照顾他可以说无微不至，在云州遇到山洪时还抱着他单骑奔向山上，使他逃过一劫，算是他的救命恩人。脱脱还斥巨资在大都健德门外修建大寿元忠国寺，为爱猷识理达腊祈福，就连后来爱猷识理达腊入端本堂的事也是脱脱负责的。然而，在立太子一事上，脱脱却以正宫皇后伯颜忽都可能还会生育为由提出了反对意见，这就使爱猷识理达腊虽然被立为皇太子，但迟迟未能受册、谒庙。

妥懽帖睦尔的宠臣哈麻是个奸佞小人，他趁脱脱出师高邮之机，在爱猷识理达腊和奇皇后面前诬蔑脱脱。爱猷识理达腊和奇皇后听信谗言，不久，脱脱被罢黜，死于流放途中。除掉脱脱以后，爱猷识理达腊于至正十五年（1355年）三月获得册宝，穿上九旒冕服，拜谒太庙，成为真正的皇太子。

结党弄权　阴谋篡位

爱猷识理达腊当上太子以后，开始在朝中安插亲信，与奇皇后、资政院使朴不花、右丞相搠思监等人沆瀣一气，肆意妄为，使朝政愈加腐败。他们企图尽逐妥懽帖睦尔的近臣，篡夺皇位。为此他们多次拉拢左丞相贺惟一，但贺惟一却不为所动，爱猷识理达腊便想方设法除掉他。爱猷识理达腊授意监察御史买住、桑哥失理诬陷贺惟一的亲信中书左丞成遵、参知政事赵中等人，将他们下狱处死。贺惟一为了自保，只得上疏辞相，但爱猷识理达腊一心想要置他于死地，恰巧阳翟王阿鲁辉帖木儿在北方发动叛乱，逼近上都。爱猷识理达腊便把贺惟一调往上都平叛，欲借叛军之手除掉他。不料贺惟一很快平定叛乱，得胜还朝，但他再次要求辞官回乡。爱猷识理达腊仍不罢休，最终还是谋害了贺惟一。

爱猷识理达腊一党的胡作非为引起了朝中正直大臣的不满，监察御史傅公让上疏弹劾朴不花、搠思监弄权，结果反被爱猷识理达腊贬至吐蕃。治书侍御史陈祖仁两度冒死上疏，劝谏爱猷识理达腊不可专权，也被贬至甘肃。此后，爱猷识理达腊继续清洗妥懽帖睦尔的近臣，唆使搠思监以谋反罪逮捕妥懽帖睦尔的舅父老的沙、贺惟一之子也先忽都、也先忽都部将脱欢等人，"锻炼其狱，连逮不已"。妥懽帖睦尔知道他们是被无辜陷害，于是颁诏大赦，但搠思监私自篡改诏书，独不赦免老的沙。最后，老的沙投奔了孛罗帖木儿，其余受到牵连的人则被爱猷识理达腊一党谋害。至此，爱猷识理达腊将妥懽帖睦尔的得力大臣全部剪除，离"内禅"仅一步之遥。

当时，奇皇后的家族被高丽恭愍王诛杀，她要求爱猷识理达腊报仇雪恨，于是，爱猷识理达腊派高丽叛臣崔濡率1万人马去讨伐恭愍王，改立在元朝的高丽王族德兴君塔思帖木儿为新王。

至此，爱猷识理达腊篡位还剩最后一道障碍，那就是孛罗帖木儿。当时元廷依靠察罕帖木儿、孛罗帖木儿等私人武装镇压农民起义，而察罕帖木儿、孛罗帖木儿为了各自的利益在华北平原互相攻杀，爱猷识理达腊对两军的冲突持中立态度，妥懽帖睦尔则偏向孛罗帖木儿。

为了取得爱猷识理达腊的支持，察罕帖木儿派养子扩廓帖木儿向爱猷识理达腊表忠心，希望缔结盟约，爱猷识理达腊遂支持察罕帖木儿一方。后来，察罕帖木儿在镇压农民起义中遇刺身亡，扩廓帖木儿继承其位，爱猷识理达腊依旧支持扩廓帖木儿，并伺机除掉孛罗帖木儿。老的沙投奔孛罗帖木儿以后，爱猷识理达腊多次派人索要老的沙等人，都被孛罗帖木儿拒绝。爱猷识理达腊便下令削去其兵权，孛罗帖木儿借此发兵大都，以"清君侧"。

妥懽帖睦尔为了缓和矛盾，下诏逐斥朴不花、搠思监，但他们仍然留在大都，受到爱猷识理达腊的庇护。于是，孛罗帖木儿派秃坚帖木儿进攻大都，爱猷识理达腊见战况不利，向古北口逃跑。妥懽帖睦尔遂恢复孛罗帖木儿、老的沙等人的官爵，将朴不花、搠思监押往孛罗帖木儿营中，二人后被处死。孛罗帖木儿撤军后，爱猷识理达腊也被重新召回宫中，但他并没有吸取教训，继续令扩廓帖木儿讨伐孛罗帖木儿，孛罗帖木儿因此再次兴兵讨伐爱猷识理达腊。爱猷识理达腊又逃往冀宁。孛罗帖木儿入京后，成为右丞相，并软禁了奇皇后。

爱猷识理达腊本想效仿唐肃宗灵武继位故事，在冀宁称帝，但扩廓帖木儿认为不妥，劝他不要鲁莽行事。爱猷识理达腊虽然没有公开称帝，却在冀宁设立机构，发号施令，俨然是一个独立的朝廷，并号召李思齐等各方势力反攻孛罗帖木儿，与大都形成对峙之势。孛罗帖木儿几次出兵讨伐爱猷识理达腊与扩廓帖木儿，均以失败告终。

这时，妥懽帖睦尔逐渐对孛罗帖木儿专权产生了不满，派人将孛罗帖木儿处死，将其人头送到冀宁，还处死了老的沙等人。随后，扩廓帖木儿护卫爱猷识理达腊还京，奇皇后趁机要求扩廓帖木儿拥兵威胁妥懽帖睦尔让位于皇太子，扩廓帖木儿认为这是谋逆之事，予以拒绝，行至大都30里外时便将军队遣散回营。爱猷识理达腊与扩廓帖木儿因为此事反目成仇。

国破北逃　立志中兴

爱猷识理达腊回到大都后，多次请求南下督师，剿灭江淮一带的吴、周等政权，但妥懽帖睦尔已经对他失去了信任，改由扩廓帖木儿代皇太子南征，封其为河南王，统领天下兵马。但扩廓帖木儿却不听指挥，在彰德按兵不动。妥懽帖睦尔怀疑扩廓帖木儿有异心，将怒气撒向奇皇后与爱猷识理达腊，说："过去孛罗帖木儿举兵进犯京师，而今扩廓帖木儿总兵天下，天下大乱，国家分崩离析，困难重重，都是你们母子造成的！"说完还打了爱猷识理达腊。

爱猷识理达腊虽然挨了打，对父亲还是一片忠心。在各路军阀混战、不听调遣的情况下，他接受伯元臣、李国凤等人的建议，请缨前去江南平叛。妥懽帖睦尔于至正二十七年八月设大抚军院，由爱猷识理达腊负责指挥各路兵马。爱猷识理达腊领兵后，却发兵攻打扩廓帖木儿。

就在元廷一片混乱之际，在元末农民起义中崛起的朱元璋已经在应天府登基称帝，国号为大明，然后派兵北伐元朝。妥懽帖睦尔将此归罪于爱猷识理达腊，杀了提议让太子统兵的伯元臣、李国凤等人，并撤销大抚军院，恢复扩廓帖木儿的河南王、太傅、中书左丞相等官爵，让他率军抗击明朝大军，然而为时已晚。至正二十八年闰七月二十八日，明军逼近大都，妥懽帖睦尔与奇皇后、爱猷识理达腊等人及百官从大都健德门仓皇逃往上都，元朝在中原的统治宣告结束。在上都，妥懽帖睦尔仍以"大元"为国号，史称"北元"。十一月二十四日，爱猷识理达腊领兵屯于红罗山，想要率领精骑夺回大都，但遭到妥懽帖睦尔的拒绝。

至正二十九年（1369年），明军逼近上都，妥懽帖睦尔与爱猷识理达腊等人连夜逃往应昌，4天后，上都被明军攻陷。次年正月，妥懽帖睦尔病重，诏令皇太子总领军国诸事。四月，妥懽帖睦尔驾崩，爱猷识理达腊在应昌继位。五月十六日，明将李文忠以奇袭攻破应昌，爱猷识理达腊率十余骑突围,向和林逃去,元宫后妃以及爱猷识理达腊之子买的里八剌均被明军俘虏。

爱猷识理达腊向北出逃后,仍梦想打回中原,恢复元朝的统治。他改年号为"宣光",取杜甫《北征》诗中"周汉获再兴,宣光果明哲"之意,希望自己成为像周宣王、汉宣帝那样中兴国家的君主。他"延揽四方忠义,以为恢复之计",并不计前嫌,重用在定西沈儿峪新败的扩廓帖木儿,拜他为都总兵、河南王、中书右丞相,同时起用哈剌章、蛮子等人。

当时北元的领土除了漠北以外,还保有河西走廊、辽东、云南等地,势力仍很强大。朱元璋派徐达、李文忠、冯胜各自出师,讨伐北元,誓要"永清沙漠"。扩廓帖木儿领兵迎击明军,他假装兵败,诱敌深入,大破明军,中路徐达部阵亡万余人,东路李文忠部在漠北也损失惨重,只有西路冯胜、傅友德部连战连捷,占领了北元的甘肃全境。这一仗挫了明军的锐气,使北元王朝得到了喘息之机。

此后数年,明朝对北元成守势,爱猷识理达腊趁机整合云南、辽东各方势力,以求进军中原。高丽也弃明投元,并派谢恩使李子松入漠北朝贺,上表称颂爱猷识理达腊,表示愿意听从调遣。扩廓帖木儿、纳哈出多次骚扰明朝,均以失败而告终。后来,明太祖朱元璋放回了在应昌俘虏的爱猷识理达腊之子买的里八剌,以示修复关系之意。

宣光五年(1375年)八月,扩廓帖木儿去世,匡复大元的希望从此愈发渺茫。之后,爱猷识理达腊任用阔阔帖木儿为太师。宣光八年,爱猷识理达腊驾崩。

天完帝脱古思帖木儿

脱古思帖木儿档案

生卒年	1342—1388 年	在位时间	1378—1388 年
父亲	不详	谥号	宁孝皇帝
母亲	赵太后	庙号	益宗
后妃	不详	曾用年号	天元

脱古思帖木儿,身世不详,一说为元昭宗爱猷识理达腊之弟,一说为其子,蒙古帝国第十七任大汗,北元皇帝。

脱古思帖木儿早年被封为益王。宣光八年,元昭宗爱猷识理达腊驾崩,脱古思帖木儿继位,改元天元。

脱古思帖木儿在位时多次遭到明朝的攻打。天元十年(1388年),脱古思帖木儿在捕鱼儿海被明军打败,出逃时被部将也速迭儿杀害,终年47岁,谥号宁孝皇帝,庙号益宗(一说平宗),蒙古汗号乌萨哈尔可汗,葬于秦陵。

难中称帝　南疆失守

元上都被明军攻破后,脱古思帖木儿随军退守应昌府,应昌城破后,脱古思帖木儿被俘,朱元璋封他为崇礼侯,后被遣返蒙古,于宣光八年继汗位。

脱古思帖木儿继位前期，北元仍然控制着云南地区和东北地区，随着明军的不断进攻，云南地区、东北地区先后被明军占领。

妥懽帖睦尔逃离大都，退回漠北后，云南行省的梁王把匝剌瓦尔密仍然坚守云南，每年都派人到漠北觐见北元皇帝，汇报云南的情况。由于云南险僻，朱元璋不打算对其用兵，数次派人劝降，但都遭到把匝剌瓦尔密的拒绝。

后来，北元辽阳行省平章刘益投降了明朝，辽宁南部成为明朝的领地。然而，东北其余地区仍被北元太尉纳哈出控制，纳哈出拥有精兵20万，驻守在金山，自恃力量强大，与明军抗衡了十几年，多次拒绝明朝招降。

天元三年（1381年），朱元璋命傅友德为征南将军，统率数十万大军向云南发起攻击。把匝剌瓦尔密命司徒平章达里麻率兵在曲靖抵抗明军。明将沐英乘雾进抵白石江，傅友德领兵进击，达里麻兵败被捉。把匝剌瓦尔密逃至普宁州的忽纳砦，强迫妻子投滇池自尽，他自己则与其他官员自杀身亡。

节节败退　部将袭杀

明朝初期，开元路等整个东北地区还处于北元的控制之中，被北元丞相也速亥占据。明将冯胜、傅友德、蓝玉等人对元朝残余势力进行第五次北伐，目标直指纳哈出的金山。经过多次交战，明军占领了东北地区，迫使纳哈出投降，元朝势力退出辽东。朱元璋封纳哈出为海西侯，赐铁券丹书，其部下诸官皆封为指挥、千户等职，迁往南方沿海边地。失去云南地区和东北地区后，脱古思帖木儿统治后期所能控制的领地已经缩小到蒙古兴起初期的规模。

为了自保，脱古思帖木儿率部退驻于捕鱼儿海一带。天元十年（1388年）四月，明朝大将蓝玉率10万大军追击而至，元军战败。脱古思帖木儿带领长子天保奴、知院捏怯来、丞相失烈门等数十骑逃走，于十月行至土剌河,脱古思帖木儿父子被元世祖忽必烈之弟阿里不哥的后裔也速迭儿擒杀,之后,也速迭儿自称大汗。脱古思帖木儿死后,"大元"国号不再使用,蒙古帝国的大汗也不再享有庙号、谥号及年号。

明　朝

太祖朱元璋

朱元璋档案

生卒年	1328—1398 年	在位时间	1368—1398 年
父亲	仁祖淳皇帝朱世珍	谥号	高皇帝
母亲	淳皇后陈氏	庙号	太祖
后妃	马氏、孙氏、李氏等	曾用年号	洪武

朱元璋，字国瑞，原名重八，后改名兴宗，祖籍濠州钟离，仁祖淳皇帝朱世珍第四子，明朝的开国皇帝。

朱元璋出生于贫苦的农民家庭，幼年历经磨难，适逢元末天下大乱，他借机扩展势力，凭借自身的军事和政治才能，成为元末乱世中的最终胜利者。元至正二十八年，朱元璋在应天府称帝，定国号明，年号洪武。

朱元璋在位期间，先后消灭了西南、东北、西北等地的武装力量，最终统一全国。为了加强皇权、巩固统治，他大力实行改革，废除丞相制，将相权分散于六部；设立三司，调整地方和军事机构；推行八股制；加强特务组织。

洪武三十一年（1398 年），朱元璋驾崩，终年 71 岁，谥号高皇帝，庙号太祖，葬于明孝陵。

历经磨难　寺庙安身

朱元璋原名朱重八，当时他的伯父朱五一有 4 个孩子，分别叫重一、重二、重三、重五，而他自己也有 3 个哥哥，分别叫重四、重六、重七，于是他就叫重八。

由于家境贫寒，朱元璋 7 岁便给地主放牛。他 17 岁那年，淮北地区相继出现旱灾、蝗灾及瘟疫，很多百姓病死、饿死。朱元璋的父亲、哥哥、侄子及母亲也不幸去世。朱元璋走投无路，只好进皇觉寺当了和尚，在寺庙里扫地、挑水、洗衣做饭等，还经常受到师父、师兄们的打骂。后来，因为灾情严重，皇觉寺里粮食短缺，为了减轻负担，住持便让朱元璋出去云游化缘，自谋生路。

在云游的三年里，朱元璋走了很多地方，发现到处都是成群结队的灾民，老百姓开始信仰白莲教。他预感到不久天下即将大乱。回到皇觉寺后，他广泛结交英雄好汉，并利用一切机会学习文化、钻研兵法。

至正十一年（1351 年）五月，白莲教教主韩山童率领数千教众起义反元，因为他们身穿红衣，头裹红巾，所以又被叫作"红巾军"。很快，湖北的徐寿辉、彭莹玉，浙江的方国珍，苏北的张士诚也起兵响应；在濠州，郭子兴聚众杀死州官，占领州府，成了起义军首领。

当时，朱元璋的好友汤和便在郭子兴军中，并且当上了小头领，他给朱元璋写信劝其投军。就在朱元璋犹豫不决的时候，寺里的师兄说汤和给他写信的事情已经被告发了，元军很快就会来抓他。朱元璋这才下定决心，前往濠州投奔红巾军。郭子兴见他气度不凡，便将他留在身边做了亲兵。

战火洗礼　茁壮成长

加入红巾军后，朱元璋不仅作战勇敢，还善于出谋划策，很快便崭露头角。郭子兴很欣赏他，还把自己的养女马氏许配给了他。这个马氏，便是后来的马皇后。

大家见朱元璋只是和尚出身，却得到了郭子兴的青睐，还娶了郭子兴的养女，都非常钦佩他。不过，郭子兴的两个儿子看到这个出身低贱的人在父亲面前大出风头，心里很是不爽，便私下商量要除掉他。他们在郭子兴面前搬弄是非，使他对朱元璋产生了怀疑，并把朱元璋关了起来。郭子兴的儿子们见计谋得逞，便趁热打铁谋害朱元璋。马氏连忙将事情告诉自己的养母郭夫人，经郭夫人从中斡旋，朱元璋这才逃过一劫。

后来，经郭子兴同意，朱元璋回到故乡钟离募兵700多人，回到濠州后，郭子兴把这些人交给朱元璋率领。不久，朱元璋与郭子兴商量，决定自己出去单拉一支队伍，并带走了徐达、汤和、常遇春等人，这些人日后成了朱元璋手下的得力干将。

离开郭子兴后，朱元璋的第一个目标便是定远的驴牌寨。在这里，他收编了3000多人，拥有了自己的第一支军队。接着，他又收降了豁鼻子秦把头的800多人，然后向东进发，于夜间偷袭驻军定远横涧山的元朝义兵元帅缪大亨和监军张知院。缪大亨匆忙应战，部下伤亡惨重，最终率余部2万人投降。

朱元璋一时实力大增，威名远扬，引来四方英雄注目，其中就有冯国用、冯国胜兄弟二人。冯氏兄弟其时不过20来岁，继承了祖上丰厚的家产，专心研习兵书，并乐于结交四方豪杰。他们见天下大乱，群雄纷起，也拉起了一支队伍，盘踞在妙山一带。他们听说朱元璋智取驴牌寨、说服秦把头，又成功偷袭缪大亨的事迹后，便想投靠朱元璋。朱元璋应邀来到妙山，见冯氏兄弟举止得体、温文尔雅，心中十分高兴，便将他们留在自己身边，帮忙出谋划策。

除了冯氏兄弟以外，还有一个人也在密切关注朱元璋，这个人就是李善长。李善长原名李元之，祖籍安徽，比朱元璋大14岁。他擅长兵法，因为不满元朝的统治而弃文经商，逐渐成为一位大财主。他听说朱元璋的事迹后，认为朱元璋将来一定能成就一番大事业，于是便到滁州投奔朱元璋。经过一番彻夜长谈，朱元璋十分佩服李善长，当即任命他为记室，负责谋划一切机密事宜。

至正十五年正月，朱元璋率领大军进攻和州，大获全胜，被郭子兴任命为总兵官，负责掌管和州诸将兵马。

同年三月，郭子兴病逝。诸将拥立韩山童的小儿子韩林儿为小明王，国号为宋，张天祐、朱元璋分别担任左、右副元帅。后来，因为另外两个副元帅先后战死，朱元璋得以升任大元帅，全权统领郭子兴创建的起义军旧部。至正十六年三月，朱元璋亲自统率水陆大军向集庆发起攻击，打败城外守军陈兆先部，收降3.6万人。攻下集庆后，朱元璋改集庆为应天府，设置大元帅府，自任大元帅，从此有了一个强大的根据地。

这以后，朱元璋以应天府为依托，经过几年的征战，占据了集庆路、太平路、镇江路、广德路等江南诸多地盘，拥有江南实力最强的一支起义军。

征战南北　灭亡元朝

至正十七年（1357年）秋，朱元璋攻取徽州，亲自到石门山拜访名儒朱升，从他那里得到了三句宝贵的建言，即"高筑墙、广积粮、缓称王"，抓紧时间扩充兵力，巩固大后方，发展生产，储备粮食，不要贪图虚名、急于称王。朱元璋听后心中豁然开朗，之后制定了一个在两淮、江南之地"积粮训兵，待时而动"的长远规划。

朱元璋认为，首先要建设一支强大的军队，使之攻无不克，战无不胜。他非常重视军队的纪律，多次强调"惠爱加于民，法度行于军"。他还十分注重农业生产，设立营田司，任命营田使，大兴水利，并让将士利用休战之机开荒垦田。他还开创性地组建了民兵。

朱元璋很注重礼贤下士，先后将刘基、叶琛、宋濂、张溢四大名士请入应天府，称之为"四先生"，专门为他们修建了礼贤馆。

朱元璋被推举为吴王后，仍然使用宋政权的龙凤年号，每次发布文告，第一句话总是"皇帝圣旨，吴王令旨"，以表示自己和韩林儿的君臣关系。在经过几年的韬光养晦后，朱元璋兵力强盛，地盘广阔。

至正二十年（1360年）五月，陈友谅假借祝贺胜利的名义，派人到江州杀了天完政权的首领徐寿辉，然后以采石矶五通庙作为临时行殿，登基称帝，改国号为汉。之后他与张士诚联系，意欲消灭朱元璋。

面对陈友谅气势汹汹而来的百余艘战舰，朱元璋的手下部将惊恐不已，有主张投降的，有主张逃跑的，也有主张抵抗的，大家为此争吵不休，唯有谋士刘基站在一旁不说话。朱元璋见刘基一副成竹在胸的样子，便向他讨教计策。刘基说："张士诚胸无大志，目光短浅，对自己割据一方自满自足，不足为虑。陈友谅占据有利地形，又兵强马壮，来势凶猛，必须谨慎应对。最好的方法是集中优势兵力进行应对，使张士诚不敢妄动，应天之危可解，然后再北上中原，则大业可成。"朱元璋连忙请教击败陈友谅的计策，刘基建议采取诱敌深入的战术。

于是，朱元璋让陈友谅昔日好友、元军降将康茂才给陈友谅写信，谎称与其里应外合，攻取应天。陈友谅信以为真，率军直奔龙江康茂才的驻地。但是，他来到龙江后并没有见到康茂才，心里有了不好的预感，急忙下令后撤，可惜为时已晚，被朱元璋的伏兵团团围住，打得丢盔卸甲，落荒而逃。朱元璋趁机向安徽进军，又收复了江西许多地方，进一步扩大了战果。

几年后，陈友谅再次发兵数十万包围了洪都。朱元璋率20万大军前去支援，将陈友谅逼到鄱阳湖。陈军用铁索将几百艘战舰连接起来，绵延几十里。朱元璋见敌舰行驶缓慢，决定采用火攻，他派了一支敢死队，在轻舟上装满火药和芦苇，行驶到敌舰附近后点燃芦苇，让小船冲过去引燃敌舰。敌舰上的汉军被大火包围，冲不出逃不走，很多被活活烧死。陈友谅也在逃跑途中遇到伏兵，被一支冷箭射穿头颅而死。

消灭陈友谅后，朱元璋挥师东进，开始对张士诚发起攻击。他决定分三步消灭张士诚，首先围攻苏北和下游之地，接着攻取湖州、杭州，最后南北夹击，夺取平江。

在与张士诚激战的同时，朱元璋又派大将廖永安到滁州迎接小明王韩林儿来应天府。然而，当韩林儿在瓜洲渡江，船行至江心时，韩林儿乘坐的船"翻了"，韩林儿跌入水中淹死。这样一来，朱元璋又少了一个登基称帝的障碍。

至正二十七年十月,徐达、常遇春奉朱元璋之命,率领 25 万大军向北讨伐元朝。大军出发之前,朱元璋亲自拟定了作战计划。按照他的计划,徐达、常遇春很快拿下了山东全境,然后成功攻取河南,一路势如破竹,元军望风而降。第二年,大军抵达元大都城下,元顺帝妥懽帖睦尔见孤城难保,带着后妃、太子落荒而逃。八月,大都城破。

改革旧制　健全机构

洪武元年(1368 年),朱元璋在文武百官的拥立下,在应天府奉天殿登基称帝,国号为大明,年号洪武,将应天府改为南京,册封妻子马氏为皇后,立长子朱标为太子;同时任命徐达、李善长为左、右丞相,刘基为御史中丞兼太史令。

当上皇帝以后,朱元璋开始大刀阔斧地改革旧制。洪武初年,官僚机构基本上还保持着元朝时的建置,尤其是中书省,总管天下政事,丞相统率百官,一人之下、万人之上,掌管行政大权,有政务专决权力,最容易控制朝权,或者形成相权与军权的对立。地方政权机构同样沿袭元朝旧制,设立行中书省,集全省军政、民政、财政大权于一身,相当于一个独立政权。

朱元璋下令将行中书省改为布政司,设立左、右布政使各一名。布政使为朝廷向地方派出的使臣,负责执行朝廷的命令。朱元璋还在地方设置掌管军事的都指挥使以及主管司法的提刑按察使。三个机构合称"三司",各自独立,互不统管,直接听命于朝廷,有利于中央集权。

清除权相　回收军权

完成了对地方政权的改革后,朱元璋开始对中央政权机构进行改革,首先被拿来开刀的是掌管军政大权的中书省。中书省在中央各机构中的地位最重要,最高行政长官为左、右丞相,统领百官。第一任丞相李善长和徐达因为与朱元璋征战天下,建立了深厚的感情,有事必定先请示朱元璋,之后才行使权力,因此君臣之间关系十分融洽。而第二任丞相是李善长的女婿胡惟庸,他依仗岳父的势力和朱元璋的信任,在朝廷中结党营私,形成一个淮人小内阁,独揽大权,为所欲为,很多大事根本不向朱元璋请示。刘基曾极力劝说朱元璋罢免胡惟庸,他说:"胡惟庸就是一头无法驯服的牛犊,将来必定会愤辕而破犁。"但朱元璋顾及李善长的面子,对胡惟庸一忍再忍。这也使胡惟庸变本加厉,肆意罢免官员,提拔亲信。最终,朱元璋忍无可忍,下令将胡惟庸抄家灭族,并趁机废除中书省,永不设丞相一职。

随后,朱元璋又下令将吏、户、礼、兵、刑、工六部的地位提高,让六部分管朝政,但并不掌握实权,所有政务由朱元璋一人裁决,从而将所有权力牢牢抓在自己手中。

接着,朱元璋又对中央监察、审判机构进行了大刀阔斧的改革。

中央的监察机构起初是御史台,洪武十五年(1382年),朱元璋下令将御史台改为都察院,下设十三道监察御史。监察御史的责任是纠察百官、伸辨冤屈,一旦发现奸臣逆党,立即弹劾。这个机构实际上相当于皇帝的耳目,帮助皇帝打击异己。

明朝初年,大都督府掌管中央军事,负责调派全国的卫所军队。朱元璋认为大都督府权力太大,于是在废除中书省的同时,将大都督府分为左、中、右、前、后五军都督府,分管卫所军队。规定都督府管辖军籍和军政,兵部掌管军令颁发及军官任免。在战争时期,由皇帝直接调遣军队和任免将帅。只有在皇帝下达命令后,兵部才能调动大军,都督府长官才出任将帅职务,率军出征,一旦战争结束,将帅大印必须交还。

通过这一系列的改革,朱元璋成功把全国的军政大权集中到了自己手中。他还命人编订了一部《皇明祖训》,要求子孙后代严格遵守,不可更改。

尽管改革使皇权得到了强化,但却使朱元璋需要处理的朝政事务变得异常繁重。为了解决这一问题,洪武十五年(1382年),朱元璋下令设置华盖殿、文华殿、武英殿、文渊阁、东阁大学士,帮助自己起草文书、批阅奏章。

猜忌功臣　大开杀戒

朱元璋在位期间，两次对朝中大臣进行诛杀，而且杀的都是他起兵时患难与共的兄弟。这两次诛杀，数万人受牵连被杀。

皇太子的老师宋濂以文采名扬天下，曾被朱元璋尊称为"圣人"，进出宫中如自家宅院。然而，因为宋濂的孙子与胡惟庸案有牵连，朱元璋便将宋濂贬至蛮荒之地，以致宋濂几年后客死他乡。刘基是明朝贤相，其功绩可以媲美诸葛亮对蜀汉的贡献，但正因为他功高震主，朱元璋心中忌惮，狠心将他毒死，并嫁祸给胡惟庸。平定云南的大将傅友德，立下了赫赫战功，结果父子二人被腰斩。平定广东的大将朱亮祖，被用钢鞭打死。在明朝开国功臣中，只有两个人没有遭遇朱元璋的毒手，一个是常遇春，另一个是汤和。常遇春早逝，汤和大智若愚，锋芒不露，得以保全性命。

李善长是朱元璋的谋臣，也是朱元璋的儿女亲家，但朱元璋仍对他心存疑虑。恰巧李善长的弟弟李存义与胡惟庸联姻，朱元璋指使因胡惟庸案而受到牵连的丁斌诬告李存义串通胡惟庸谋反，下令将李存义父子逮捕，严刑拷问。李存义父子不堪折磨，屈打成招。之后，朱元璋又暗中指使群臣联名弹劾李善长参与谋反。他表面上称李善长为国立功，应当法外开恩，偏偏太史又进谗言，说星象有变，应在大臣身上。于是，他顺水推舟，赐李善长自尽，还将李家70余人处死，仅有李祺因是临安公主的丈夫而免于一死，但也被流放江浦。

另外，吉安侯陆仲亨、延安侯唐胜宗、平凉侯费聚、南雄侯赵庸、河南侯陆聚、宜春侯黄彬、豫章侯胡美（即胡廷瑞）、荥阳侯郑遇春等，全部无辜被杀，朝中大臣人人自危。

严查贪官　监视官员

根据《大明律》实施的情况，朱元璋又命人编写了一部《大诰》，里面汇编了1万多个案件，要求全国每家每户必须有一册，每个人必须仔细阅读，以警示自己。除了要求各级官吏严格执行，他还要求自己的家人以身作则，如有敢违反者，严加惩处。

当朝驸马欧阳伦不听从小吏的劝阻，通过贩运私盐等谋利，朱元璋知道后，立即下令赐死欧阳伦，并通令嘉奖劝阻欧阳伦的小吏。朱元璋的义子朱文正违法乱纪，也被撤职。开国功臣汤和的姑父隐瞒自己的土地，逃避赋税，被依法处死。

北平承宣布政使司、提刑按察使司官员李彧和赵全德，伙同户部侍郎郭桓、胡益、王道亨等人营私舞弊，贪污官粮，朱元璋得到奏报后，下令司法部门严查，发现案件还牵涉礼部尚书赵瑁、刑部尚书王惠迪、兵部侍郎王志、工部侍郎麦志德等高官。经过进一步追查，又发现他们还贪污了大量没有入库的税粮、鱼盐税等，数额巨大。朱元璋大怒，下令将赵瑁、王惠迪等人弃市，郭桓及六部以下官员全部处死，被牵连的大小官员数万人，全部逮捕入狱，严惩不贷。全国各地凡涉及此案的官吏、富商全部被抄家。

朱元璋对臣民的监察和控制非常严。起义之初，他便利用广招义子的方式来增加自己的耳目。当上皇帝以后，他又利用太监对大臣们进行监视，还增设了两个特别部门，即检校和锦衣卫。检校"专主察听，在京大小衙门官吏不公不法及风闻之事，无不奏闻"，其中比较有名的检校头目有高见贤、夏煜、杨宪等人。这些人到处打听官员的隐私，罗织莫须有的罪名，陷害异己，弄得人心惶惶。后来连朱元璋自己也无法忍受了，下令将他们全部处死。锦衣卫的前身是拱卫司、亲军都卫府，为皇帝的贴身警卫队。锦衣卫内又设置了刑讯机构——镇抚司。凡是朱元璋亲自过问的案子，全部交由镇抚司办理。

朱元璋设置的这些特务机构，对于官员的监视可以说到了无孔不入的地步。大将华高、胡大海的妻子信奉佛教,为了学习西天教法,与外籍僧人联系密切。朱元璋得到报告后,下令将他们的妻子和僧人投入水中淹死。

减轻劳役　与民休息

朱元璋深知农业为国家之根本,为了尽快恢复经济,他下令免除北方农民租税1～3年,并对贫民进行救济。洪武二年(1369年)三月,陕西初定,恰逢关中大灾,为了安抚灾民,朱元璋下令调集粮食发放给灾民。

为了保证农业生产,朱元璋号召百姓恢复生产、大量垦荒,以增加粮食产量,并把"开荒垦种,劝民归农"作为考核地方官员的标准。因战乱而离乡背井的农民,如果返乡归农,朝廷给予一定的奖励。此外,他采取了一些强制性措施,如强制游手好闲者种地,还将有的迁到边远的地方垦荒。对于有地不种者,将其全家迁往边远之地。他下令解放奴婢,令其回家种地;明令除贵族、官僚之外,一般百姓家中禁止买卖、收养奴婢,富贵人家的奴婢不得超出相应的数量,违者严惩。

朱元璋还下令移民垦荒,即将"地狭民多,小民无田以耕"之地的老百姓迁往地广人稀之地。从洪武三年(1370年)起,他将苏、松、杭、嘉、湖五个地区共4000多户居民迁到凤阳。之后,他又进行了数次大规模移民,一共迁徙20多万人。

除了民屯之外,还有军屯、商屯。军屯是指由军队开荒种田。明初,朱元璋还下令:"天下卫所,一律屯田。"根据他的要求,边防将士三分守城、七分种田,内地军队则二分守城、八分种田。每个士兵可以得到50亩土地,由官府统一发给耕牛和种子、农具。头几年免除赋税,几年后每亩缴税一斗,其余的留作卫所军粮。明初,朝廷拥有100多万军队,粮食几乎全靠军屯供给。商屯是在官府制定的"中盐法"基础上形成的,即商人必须将粮食运到边境入仓,然后再将盐运到内地贩卖。后来,商人嫌运来运去的麻烦,干脆就在边境地区募民垦种,收获的粮食就地入仓，从而减少了运费的支出。

朱元璋这一系列奖励垦荒的政策，取得了不错的成果。根据不完全统计，截至洪武十三年（1380年），全国共开垦荒地1.8亿亩，如果加上军屯和商屯，总面积远超原有的耕地面积。

为了改变"富家隐藏逃户，辟地多而纳粮少，故积有余财而愈富"的状况，朱元璋下令在全国普查人口。他又下令在全国丈量土地，根据拥有田地的数量适当调整缴纳赋税的数目，拥有田地多者，赋税也多。这在一定程度上限制了贫富分化的加剧速度，减轻了农民的负担，从而调动了广大农民的生产积极性。

伉俪情深　誓不再立

朱元璋的皇后马氏，早年与朱元璋患难与共，朱元璋一直对她敬重有加。马皇后不仅性情温柔，心地善良，而且胸怀宽广，堪称仁慈皇后。她将后宫管理得井井有条，而且协助朱元璋处理朝政，多次规劝朱元璋说："诚如陛下言，妾与陛下起贫贱，至今日，恒恐骄纵起于奢侈，危亡起于细微。故欲得贤人，共理天下。"也多亏了马皇后的时时劝谏，否则不知朱元璋要滥杀多少无辜。

朱元璋对马皇后感情很深。据说有一次马皇后生病，朱元璋非常着急，请最好的御医为她治病，还亲自给她送饭、喂药。《明通鉴》中记载，马皇后对朱元璋说："死生，命也，祷祀何益？且医何能活人，使服药不效，得毋以妾故而罪诸医乎？"

后来，马皇后病重，弥留之际，朱元璋问她还有什么未了的心事。马皇后回答说："愿陛下求贤纳才，慎终如始。"洪武十五年（1382年）八月，马皇后病逝，终年51岁。朱元璋悲痛不已，发誓再也不立皇后，并给予马皇后极高的荣誉，谥曰孝慈皇后，孝陵之名由此而来。

洪武三十一年闰五月，朱元璋驾崩。

←明太祖朱元璋

　　旧藏清南薰殿，现藏台北故宫博物院。

明成祖朱棣→

　　旧藏清南薰殿，现藏台北故宫博物院。

朱棣铜像↑

　　十三陵长陵朱棣的铜像，约重5吨，1998年铸造落成。

剔红花鸟纹长方盒↑

　　明代漆器，国家博物馆藏。"剔红"是一种雕漆工艺，是在器面上反复涂漆，干后雕刻，用红色漆的称作"剔红"。

←明仁宗朱高炽

　　旧藏清南薰殿，现藏台北故宫博物院。

明太祖皇后肖像→

　　绢本设色，现藏台北故宫博物院。此图画马皇后着凤冠霞帔像。

方孝孺 ↑

建文帝时任侍讲学士。朱棣攻入南京后,他不肯为其起草登基诏书而被杀,凡灭十族。图为方孝孺像,现藏台北故宫博物院。

宪宗调禽图→

这幅画出自当时宫廷画师之手,表现了明宪宗在宫廷御花园中逗鸟的情景。现藏国家博物馆。

明宪宗朱见深及皇后王氏 ↑

旧藏清南薰殿,现藏台北故宫博物院。

明孝宗朱祐樘 ↑

旧藏清南薰殿,现藏台北故宫博物院。

甲申十同年图 ↓

作于弘治十六年(1503年),绢本设色,现藏故宫博物院。十位大臣分别为:李东阳、戴珊、刘大夏、闵珪、曾鉴、王轼、焦芳、陈清、谢铎、张达。十人均为明英宗天顺八年(1464年)甲申科进士,有同年之谊。

明宣宗朱瞻基 ↑

旧藏清南薰殿,现藏台北故宫博物院。

郑和铸铜钟 →

明宣德六年(1431年),郑和第七次下西洋前,在福建长乐铸造此铜钟,布施寺庙,祈求出海平安。现藏于国家博物馆。

慕田峪长城 ↑

位于北京市怀柔区渤海镇慕田峪村,明朝初年由朱元璋手下大将徐达在北齐长城遗址上督建而成,是明朝万里长城的精华所在。

智化寺太监王振像 ↑

智化寺是太监王振修建的家庙,位于北京禄米仓胡同。这张画像是英宗下令宫廷画师按照王振真容画的,之后刻在碑上,保存至今。

明宣宗马上像 ↑

本画幅无画家款识,画幅左方浮贴一行书小签,上书"宣德行乐"四字。现藏台北故宫博物院。

建文元年应天府铜权 →

衡器部件,俗称秤砣,建文元年(1399年)由应天府(今南京市)制造。

←明英宗朱祁镇

旧藏清南薰殿,现藏台北故宫博物院。

明武宗朱厚照→

旧藏清南薰殿,现藏台北故宫博物院。

十三陵石像生↑

在北京昌平十三陵前。帝王陵墓前安设的石人、石兽统称石像生,又称"翁仲"。是皇权仪卫的缩影。

明世宗朱厚熜→

旧藏清南薰殿,现藏台北故宫博物院。

←明穆宗朱载垕

旧藏清南薰殿,现藏台北故宫博物院。

明穆宗孝定皇后李氏→

旧藏清南薰殿,现藏台北故宫博物院。

惠帝朱允炆

朱允炆档案

生卒年	1377—?	在位时间	1398—1402 年
父亲	懿文太子朱标	谥号	恭闵惠皇帝
母亲	吕氏	庙号	惠宗
后妃	孝愍让皇后马氏	曾用年号	建文

朱允炆，又作朱允文、朱允汶，明太祖朱元璋嫡孙，懿文太子朱标次子，明朝第二位皇帝。

洪武三十一年，朱元璋驾崩，朱允炆继位，改元建文。

朱允炆在位期间，非常注意加强文官在治理国家方面的作用，主张宽刑省狱，严惩宦官，同时改革明太祖朱元璋时期的一些弊政，史称"建文新政"。同时，为了巩固皇位，他采取了削藩政策，致使燕王朱棣发起"靖难之变"，出兵攻打南京。

靖难之役后，朱允炆下落不明，驸马都尉梅殷与国子博士黄彦清经过商议，决定为其举行发丧仪式，追谥为孝愍皇帝，庙号神宗。南明弘光元年（1645 年），又改庙号为惠宗，后世称为明惠帝，清乾隆元年上谥号恭闵惠皇帝。

长孙继位　才智平庸

朱元璋称帝后，先后分封了24个子侄为藩王，镇守全国各地，企图以此确保大明江山的长治久安。然而，与朱元璋的美好愿望相反，恰恰是这种分封制度，酿成了一场骨肉相残的政变。

朱元璋共有4个嫡子，长子为朱标。朱允炆本来是朱标的第二个儿子，因为朱标的长子朱雄英年早逝，朱允炆便成了长子，也成了朱元璋的嫡长孙。朱允炆幼时聪慧好学，极有孝心。太子朱标重病时，他每日侍奉汤药，照顾得无微不至。朱标病逝，朱允炆悲痛欲绝，形容消瘦，朱元璋见状十分心疼，劝道："而纯诚孝，顾不念我乎。"朱标之死对年近古稀的朱元璋来说，无疑是个沉重打击。以后由谁来执掌大明江山，成为朱元璋非常头痛的问题。

按说太子朱标去世后，理应由皇长孙朱允炆继承大统，但朱允炆性格优柔寡断，朱元璋一度怀疑他能否胜任一国之君，所以一直没有确立他为皇位继承人。

据说，有一次，朱元璋让朱允炆以"新月"为题吟诗一首，朱允炆随口吟出："谁将玉指甲，抓破碧天痕？影落江湖上，蛟龙不敢吞。"朱元璋听了心中不悦，隐隐有种不祥之感。还有一次，朱元璋出了个上联"风吹马尾千条线"，要朱允炆说出下联。朱允炆脱口而出："雨打羊毛一片膻。"朱元璋认为这下联毫无气势。这时，朱元璋第四子、燕王朱棣刚好到来，随口答道："日照龙鳞万点金。"朱元璋闻言顿觉眼前一亮，又见朱棣文武双全、气度非凡，心中不禁产生了改立太子的想法。然而，大臣们对此一致表示反对，内阁大学士刘三吾说："皇长孙理应继承皇位，如果改立燕王，那么又把秦、晋二王放在什么位置呢？"朱元璋哑口无言，只得放弃了改立太子的念头。

洪武三十一年闰五月，朱元璋病逝，皇太孙朱允炆继位，次年改元建文。

弄巧成拙　不知所终

兵部尚书齐泰①、太常寺卿兼翰林学士黄子澄②都深受朱允炆信任，尤其黄子澄还是朱允炆的伴读。朱允炆继位后，经常召他们二人商议朝政大事。齐泰说，朱棣占据北平，手握重兵，早有叛逆之心，应当尽早除之，其余诸王群龙无首，自然不敢轻举妄动。但黄子澄却认为，朱棣智虑超人，肯定已经做好了应对的准备；其余几个有二心的藩王，在先帝时期就多有不法，不如先将他们治罪，最好先除去朱棣的同母兄弟周王朱橚，如此便可斩断朱棣的一条臂膀，朱棣势力单薄，自然会俯首听命。朱允炆觉得黄子澄言之有理，于是便派人去捉拿周王朱橚。

当时朝中大臣都很关心削藩之事，前军都督府左断事高巍上奏说："诸王骄淫不法，违反朝制。不削，朝廷纲纪不立。削之，则伤害宗室之情，西汉的贾谊曾经说过'众建诸侯而少其力'，此法值得效仿。眼下不应急于削藩，而应实行汉武帝时期主父偃的推恩政策，将北诸王、子弟分封于南，将南诸王、子弟则分封于北。如此一来，藩王之权，不削而自削矣。"这是一个很有远见的建议，可惜没有引起朱允炆的重视，以致错失了解决诸王问题的机会。

曹国公李景隆奉朱允炆之命，以备边之名来到开封，出其不意地将周王朱橚全家押回南京。但朱允炆不忍心将叔父治罪，一度想放他回去，最终因齐泰、黄子澄极力劝阻，才将他废为庶人。随后，齐王朱榑、代王朱桂、岷王朱楩也先后被抓捕入京，废为庶人。这时又有人告发湘王朱柏也要谋反，朱允炆派人问罪，朱柏非常惊恐，放火烧了自己的王宫，自焚身亡。

短短不到一年时间，朱允炆便成功地削废了5个藩王，但当他将削藩的矛头指向燕王朱棣时，却给了朱棣造反的借口，并最终酿成悲剧。朱棣指控朝廷奸佞当道，以清君侧为名，打出"靖难军"的旗号，气势汹汹地向南京进发。朱允炆诏令山东、河南、山西三省兵将30万人，自太行山以东，至河间、沧州一带，陈兵于滹（hū）沱河沿岸。双方几十万大军在滹沱河沿线，北至今北京，南至今邢台、德州一线展开了"拉锯式"的对战，战争持续了 3 年多的时间，最终朱棣获胜，登上帝位。

京城陷落之后，朱允炆不知所终。朱棣曾派人多方寻找，甚至有说郑和下西洋也是带着寻找朱允炆的任务去的。

注释：

①齐泰（？—1402 年）：明初官员，官至兵部尚书。受明太祖朱元璋遗命辅佐建文帝朱允炆，建议削藩的主要人物之一。燕王朱棣夺取帝位后，奔广德谋举兵，不久被捕杀灭族。

②黄子澄（1350—1402 年）：明初官员，官至翰林学士。历任编修、修撰、太常寺卿等职，伴读东宫。朱允炆继位后，兼翰林学士之职，与齐泰共同建议削藩。燕王朱棣夺取帝位后，奔苏州、嘉兴谋举兵，不久被捕杀灭族。

成祖朱棣

朱棣档案

生卒年	1360—1424 年	在位时间	1402—1424 年
父亲	明太祖朱元璋	谥号	启天弘道高明肇运圣武神功纯仁至孝文皇帝
母亲	孝慈高皇后马氏	庙号	成祖
后妃	徐氏、王氏、张氏等	曾用年号	永乐

朱棣，明太祖朱元璋第四子，明惠宗朱允炆的叔父，明朝第三位皇帝。

建文四年（1402 年），朱棣在南京登基称帝，改元永乐，故后人亦称其为永乐帝、永乐大帝、永乐皇帝。

朱棣在位时期，励精图治，对内改革官制机构，削藩，加强中央集权，发展经济，提倡文教，编修《永乐大典》；对外开疆拓土，五征蒙古，并委派郑和下西洋，加强中外友好关系。由于他统治期间，明朝社会安定、国家富强，后世称之为"永乐盛世"。

永乐二十二年（1424 年），朱棣驾崩，终年 65 岁。嘉靖十七年（1538 年）九月，朱厚熜改其谥号为启天弘道高明肇运圣武神功纯仁至孝文皇帝，庙号成祖，与明太祖朱元璋共称为"明朝二祖"。

少年善战　沙场建功

朱棣长得一表人才,又自幼聪慧,深受朱元璋夫妇的喜爱,朱元璋常常自豪地向大臣们夸赞朱棣和自己长得最像,洪武三年(1370年),年仅11岁的朱棣被封为燕王。

洪武九年(1376年),朱棣17岁,已经到了封王就藩的年龄。朱元璋特意让他们兄弟回了一趟当时被称为"中都"的安徽老家,朱元璋早年就是在这里替人家放牛。朱棣到达安徽后,在那里住了三四年。

洪武十一年(1378年),按照宫廷规制,朱元璋要为儿子们确定宫城制式,特别下令燕王的宫城制式按照元朝皇宫制式,其他诸王不得效仿。由此不难看出朱元璋对朱棣抱有很大的期望。

洪武十三年(1380年),朱棣就藩燕京北平,北平是元朝都城,位置险要,担负着防御北元的任务。朱棣的二哥、三哥分别就藩西安和太原,就藩时间比朱棣早两年,但朱元璋都没有让他们去北平,而是把北平留给了朱棣,其中似乎有"深意存焉"。当时镇守北平的是徐达,在徐达的悉心教导下,朱棣的军事理论和带兵能力有了很大的提升。

洪武二十三年(1390年)正月,北元突然向明朝北部边境发动袭击,朱元璋命令朱棣和晋王朱㭎一起带兵征讨。当时天气异常寒冷,呼呼的寒风夹着漫天大雪,士兵们每前进一步都异常艰难,晋王朱㭎因为胆怯和不耐严寒,私自带领1万人马返回了上一站。而朱棣没有丝毫怯意,率领傅友德等大将出敌不意地对敌人发起进攻,迫使北元军投降。捷报传回,朱元璋兴奋地说:"将来肃清沙漠者,还须靠燕王!"此后,朱棣又多次领兵北上,立下了许多战功,并得到朱元璋的特许,军中小事可立断,大事才须上奏朝廷。后来,秦王、晋王均在朱元璋之前去世,朱棣在家族尊序上成为诸王之首。

朱元璋有意立朱棣为储君,但却遭到群臣反对,说孙承嫡统,乃古今通例。朱元璋无奈,只得立朱允炆为皇太孙,但朱棣想要做皇帝的念头并未就此打消。

装疯卖傻　缓兵之计

朱允炆虽然优柔寡断，但他也清醒地认识到，各地藩王的存在严重地威胁着皇权，特别是燕王朱棣"智勇有大略，能推诚任人"，而且"善用兵"。从洪武二十三年开始，朱棣便多次奉命率兵出征，节制沿边人马，在多年的征战中积累了丰富的政治和军事经验，威望和地位都得到了很大提高，政治野心也逐渐扩大。

洪武十五年八月，马皇后去世，朱元璋挑选了一些得道高僧去侍奉自己的儿子，为他们祈福，道衍和尚（姚广孝）便是其中之一。他见到燕王朱棣，对他说："大王如果愿意让我侍奉您，我一定送您一顶白帽子。"朱棣马上听出了他话中的深意，王字上面带个白即是"皇"，于是将他带到北平作为参谋。

朱允炆继位后，先后将周王、齐王、湘王、代王、岷王等藩王废黜。朱棣担心下一步被废的会是自己，道衍和尚见时机成熟，便劝说他起兵，但朱棣犹豫不决。道衍和尚见状，特意请来相士袁珙为朱棣看相。为了检验相士的能力，朱棣特意找了9个与自己身高、相貌相近之人，全部穿上同样的衣服，坐在一起饮酒，让袁珙指认。袁珙早有道衍和尚暗授机宜，于是径直走到朱棣的面前下拜。朱棣信以为真，高兴地将袁珙请入宫中，让他为自己相面。袁珙对着朱棣的面孔仔细端详了一番，说道："殿下龙行虎步，日角插天，太平天子也！年四十，须过脐，即登大宝矣。"这一年，朱棣刚好40岁。他听袁珙这么一说，对道衍和尚的话深信不疑，决定起兵争夺皇位。

拿定主意后，他让道衍和尚抓紧时间训练兵马，打造兵器，加紧备战。为了掩盖打造兵器的声音，他特意在院子里养了很多鹅、鸭，但他的举动还是引起了皇宫密探的注意，并上报给了朱允炆。朱允炆召集黄子澄、齐泰商议对策，决定先借口北部边境告急，将朱棣的精兵调出来，然后派张昺担任北平布政使，以谢贵、张信为都指挥使，监视朱棣，伺机将其逮捕。朱棣因为还没有完全准备好，所以不敢轻举妄动，只得交出兵权，并于建文元年（1399年）二月到南京觐见皇帝。

户部右侍郎卓敬见朱棣来了南京，认为这是一个很好的机会，便建议朱允炆将朱棣改封到南昌，让他去一个人生地不熟的新地方。但是，优柔寡断的朱允炆认为朱棣已经交出了兵权，又处在张昺等人的监视下，不会有什么动作。卓敬见朱允炆不听劝告，心中焦急，次日又在朝堂上当面上奏。朱允炆仍不以为然地说："我和燕王乃骨肉至亲，如何能下得了手！"卓敬回道："隋朝文、炀二帝父子情深，杨广尚下得了毒手，何况陛下和燕王为叔侄关系。"朱允炆沉思良久，依然拒绝了卓敬的请求。实际上，不仅朱允炆，就连一向明智的黄子澄和齐泰也被朱棣制造的假象所迷惑，认为他既然敢来南京，说明已无二心，于是也不再坚持让朱棣留在南京。

三月，朱棣回到自己的封地，随即谎称自己得了重病，卧床不起。消息传到南京，朱允炆信以为真，遂放下心来。

这年五月，朱元璋的忌日要到了，各地的藩王和世子纷纷回京祭奠太祖。朱棣称病无法前往，便委派三个儿子代替自己回京祭奠。朱棣次子朱高煦担心被扣为人质，认为不能三人同去，但朱棣却说："只有你们都去了，我才安全。"果然，朱高煦兄弟三人到了南京后，齐泰向朱允炆提议将他们留下，以牵制朱棣，但黄子澄害怕激起事变，认为不如放他们回去，让朱棣以为朝廷对他没有疑心。朱允炆最终听从黄子澄的意见，放朱高煦三人回北平。朱棣见三个儿子平安归来，非常高兴地说："此乃天助我也！"

建文元年六月，燕王府护卫百户倪谅告发朱棣的属官于谅、周铎等谋叛，朱允炆下令将他们逮至京师问斩，又下诏问责于朱棣。为了保住性命，朱棣装疯佯狂，在街市上边走边喊，抢夺别人的酒食，胡言乱语；或躺在泥土中，终日不醒。张昺、谢贵到燕王府进行探视，时值盛夏，只见朱棣围着火炉仍然不停地发抖，说天气真冷。张昺等人无不叹息，但燕王府长史葛诚却悄悄地对张昺说，朱棣没有疯。恰巧朱棣的护卫官邓庸受命到京城奏事，齐泰趁机将他抓起来严刑拷问。邓庸熬刑不过，只好招供。朱允炆得到禀报后立即下旨让张昺、谢贵抓捕朱棣。张昺、谢贵便以葛诚为内应，联系北平都指挥使张信一起抓捕朱棣全家。

张信是朱棣旧部，与朱棣关系甚好，他接到密旨后，一时犹豫不决，他的母亲知道内情后大惊失色，说："我早就听说燕王当坐天下，岂是你能抓捕得了的人，万万使不得！"张信听了心中更没了主意。恰在这时，朝廷又一次催他行动，他心中恼怒，说道："北平城有那么多的人，为何非让我这么倒霉！"说完便去求见朱棣。

朱棣不知张信求见所为何事，不敢轻易相见。张信一连去了三次都无法进入王府，只得换了一身服装，乘坐妇女的小轿混入王府，来到朱棣的寝宫求见。朱棣仍然躺在床上，胡言乱语，假装疯傻。张信直言不讳地说："殿下不用再瞒我了，现在已经大祸临头，还是赶快想办法吧。"然后告之朝廷的密旨，让朱棣赶快做好准备。

朱棣不敢怠慢，急忙召道衍和尚商议对策，二人正说话间，突然狂风大作，将屋檐上的瓦都吹掉了。朱棣认为这是不祥之兆，心中惶恐。道衍和尚却说："殿下勿忧，此乃吉祥之兆。飞龙在天，风雨从之。檐瓦掉落，也是皇屋即将改变的征兆。"朱棣听后转忧为喜，于是命护卫指挥张玉、朱能等人迅速带领 800 名精兵前来护卫王府。

绝地反攻　起兵靖难

很快，京城又一道圣旨传到北平，宣布将燕王朱棣废为庶人，并逮捕燕王府的所有官员。张昺、谢贵二人领旨后，立即率领驻扎在北平的全部兵马将燕王府紧紧包围起来，逼迫朱棣交人。士兵们在王府外高声呐喊，并不断往王府内射箭。朱棣心中十分紧张，对部将朱能和张玉说："现在大军已经将王府包围，我们寡不敌众，该怎么办？"朱能回答说："大王不要害怕，射人先射马，擒贼先擒王，只要将张昺、谢贵二人杀掉，群龙无首，自然不战而败。"

朱棣决定依计而行，他派人通知张、谢二人，说他们想抓的人已经全部被捕，让他们过来接收。张、谢二人果然中计，来到燕王府。朱棣命人给他们上酒，二人婉拒，朱棣又让人献上西瓜，并笑着说："这是刚才有人送来的，很甜，二位务必品尝。"说完自己拿起一块吃了起来。

张、谢二人正吃瓜时，朱棣突然说道："就算是平民百姓，宗族兄弟之间还知道相互爱惜，何况我是当今皇叔，偏偏性命难保。既然皇上如此无情无义，我又为何不能造反！"说完，他将吃了一半的西瓜摔在地上。埋伏在暗处的士兵看到朱棣发出了信号，马上冲出来将张、谢二人抓住，朱棣随即下令将他们连同出卖自己的葛诚一同斩首。

包围王府的士兵们见主将被杀，纷纷溃散。张玉、朱能奉命率兵冲出王府，夺取北平九门，控制了北平。

建文元年七月五日，朱棣以"清君侧"为口号，在北平宣布起兵，消息传出后，立即得到了四周亲信的响应，短短十几天就聚集了几万兵马。开平都督宋忠得知朱棣叛乱，立即率领3万人马前去平叛，但他到达居庸关后便不敢继续前进，又退到怀来。朱棣趁机挥师南进，占领了通州、蓟州、遵化等地。

居庸关地势险要，守将俞瑱部下只有几千人马，败退怀来，朱棣也紧追而至。宋忠的部下多为朱棣旧部，而宋忠又无勇无谋、刚愎自用，为了鼓舞士气，他欺骗将士们说："你们的家人已经被朱棣杀死，只有杀掉朱棣才能报仇。"朱棣听说后，便派这些将士的家人为先锋军来揭穿宋忠的谎言。将士们知道自己上当受骗，都十分气愤，纷纷倒戈。朱棣趁机攻入怀来，杀死宋忠、俞瑱等人。

此后，开平、龙门、上谷、云中的守将相继投降，朱棣又乘胜攻占了永平、滦河等地。

叔侄决战　建文失利

战报传到南京，朱允炆认为朱棣只不过占据了半个河北，不足为虑。黄子澄则认为不可轻敌，他说服朱允炆以长兴侯耿炳文为大将军，驸马都尉李坚、都督宁忠为副将军，率30万大军北伐；同时派盛庸、潘忠、杨松、平安等10员战将分道夹击燕军，令山东、河南、山西三省供给军饷。朱允炆再三告诫诸将说："一门之内，自相残杀，不祥至极。你们与朱棣交战，务必多加小心，不要使我担上杀害叔父的罪名。"

八月中旬，朝廷军队到达真定，驻扎在滹沱河两岸，准备与燕军决战。杨松率9000人马为先锋进驻雄县，在中秋之夜遭到朱棣的突袭，潘忠得知消息后，率军从莫州赶来支援，不料半路也遇到伏击，全军覆没。朱棣接连取得几次胜利之后，直逼真定，途中遇见耿炳文的部下张保前来投降，了解了耿炳文军队的驻防情况。

燕军来到真定城东门时，驻扎在南岸的耿炳文也已经率部转移过来，朱棣亲自带领一支人马悄悄来到真定西南，夺取了两座军营。耿炳文率兵迎战，燕军大将张玉、朱能在正面与其交战，朱棣则突然袭击其后方，耿炳文部阵脚大乱，溃败而逃。朱能率30余骑紧紧追赶，一直追到滹沱河边，经过一番激战，将耿炳文部杀得人仰马翻，俘虏1000余人，其中包括耿炳文的副将李坚。耿炳文率领残部狼狈逃入城中，坚守不出。燕军连攻三日均无法得手，只好回师北平。

耿炳文战败的消息传到南京，黄子澄又极力推荐由李景隆接替耿炳文，统率50万大军向河北进发。李景隆是开国大将李文忠之子，胸无大略，将士们对他多有不满。朱棣听说李景隆领兵前来后，高兴地说："李景隆乃膏粱子弟，骄纵少谋，缺乏带兵经验，一下子给他50万人马，这是在害他呀！真是老天给我的机会！"

这时，朝廷军队正在围攻永平，朱棣害怕永平不保，决定亲率大军前去支援，留下儿子朱高炽据守北平。当时众将都为朱棣这一决定而感到担忧，朱棣却若无其事地说："如果我不离开北平，李景隆就不敢来。当他知道我去永平之后，必然认为城中空虚，前来攻打，我再回过头来攻打他，前面有坚守的城池，后面有大军进攻，敌人必败无疑。"

朱棣很快解除了永平之围，随即率军来到大宁，将宁王朱权的部队收为己有。在众多藩王中，宁王以多谋善战而著称，其部队堪称精锐之师，朱棣得之，可谓如虎添翼，一时士气大振。

正如朱棣所料，李景隆得知朱棣进攻大宁，认为北平城内空虚，正是攻城的大好时机，于是率大军北进。当他率部来到卢沟桥的时候，发现这里竟然无人把守，不禁喜形于色，说道："都说朱棣最善用兵，不过是徒有虚名罢了。"大军很快抵达北平城下，安营扎寨后便开始日夜攻城。

朱高炽见敌人来攻，便按照父亲的吩咐行事。北平墙高沟深，不易攻取，战斗进行得十分激烈。城内兵力不足，战事吃紧，连妇女也爬上城墙，用瓦块砖头投掷敌人。朱高炽还看准时机，利用夜色掩护，派人出城袭扰敌人，弄得李景隆疲惫不堪，只好下令后退10里。当时负责攻打张掖门的将领瞿能，英勇善战，他和两个儿子本来已经攻破城门，但是李景隆担心他们夺得头功，便命令他们停止攻城，就地待援，但又不派援兵。这就给了朱高炽重新组织兵力进行反扑的机会，他命人在城墙上浇水，时值冬季，天气寒冷，滴水成冰，李景隆一时无计可施。

十一月中旬，朱棣回师北平，以骑兵左右夹击李景隆，连破其7个营寨，逼近李景隆的中军大帐。城内守军见状士气大振，也从城内杀出。在燕军的内外夹击下，李景隆抵挡不住，连夜逃回德州。

李景隆战败后，保荐他的黄子澄不敢向朱允炆说明实情，只说北方天气寒冷，士卒不堪忍受，大军暂时回到德州，待来年春天再战；同时派人密告李景隆，让他不要将失败的消息奏报朝廷。

建文二年（1400年）四月，李景隆征调60万人马，号称百万大军，向北平挺进。朱棣率军迎战，双方在白沟河相遇，激战了一天，燕军势孤，人心动摇。

为了鼓舞将士们的斗志，朱棣亲自带领7名骑兵闯入敌阵，横冲直撞，进出100多次。中午的时候，突然刮起一阵狂风，李景隆的旗帜被刮倒，其部众认为这是不祥之兆，不禁有些心慌。朱棣抓住这一时机，组织一支劲旅从背后发起突袭，之后又在李景隆的营帐中放了一把火，致使李景隆部伤亡惨重，李景隆只身逃脱。

五月，李景隆带领10万残兵逃到济南，燕军紧追而来。李景隆匆忙应战，还未列阵便被燕军打得大败，他本人再次逃脱。

第三次北伐失败的消息传到南京后，黄子澄忍不住痛哭失声，上奏请求将李景隆处死。副都御史练子宁也请求对李景隆严惩。李景隆连连求饶，朱允炆饶恕了他。

朱棣在打败李景隆之后，乘胜追击，直逼济南。驻守济南的山东参政铁铉坚守不出，朱棣连攻三月，损失惨重，但始终未能攻入城内。他恼怒之余，命人掘开城外所有河流，引水入城。铁铉与众将商议后，决定诈降，他派人在城墙上日夜啼哭，然后又派人向朱棣求降说："请大王引兵后退十里，单骑入城，臣等愿箪食壶浆迎接大王。"朱棣正因为攻不下济南而发愁，现在见铁铉主动投降，不禁大喜过望，马后下令军队后退10里，然后独自入城受降。当他来到城门口，即将入城的时候，忽然从上面落下一块千斤重的铁板，幸亏他躲闪及时，才逃过一劫，而他的战马则被砸碎了头颅。朱棣回到军营后，下令调来大炮猛烈轰击城墙，很快将城墙轰开一个缺口。铁铉让人在缺口处立上太祖朱元璋的牌位，朱棣急忙下令停止轰击。铁铉又看准时机进行偷袭，致使燕军损失惨重。朱棣见济南一时无法攻克，只好下令撤退。铁铉乘胜追击，收复了德州。

济南保卫战胜利的消息传到南京，朱允炆非常高兴，提拔铁铉为兵部尚书。

九月，朱允炆任命历城侯盛庸为大将军，领兵进行第四次北伐。十月，燕军从北方南下，占领了沧州。十二月，双方在东昌相遇，展开激战。为了鼓舞将士，铁铉和盛庸犒赏将士，并挑选年轻力壮者组成一支精锐之师发起进攻。此战燕军大败，损失惨重，朱棣多次遇险，只是因为朱允炆有令，不许伤害燕王，才免于受伤。

建文三年（1401年），燕军对真定发起攻击，盛庸率军从德州前去支援，双方在夹河相遇，首战互有胜负。次日再战，双方从辰时一直打到未时，胜负难分。这时忽然刮起大风，飞沙走石，能见度很低。燕军趁机发起冲锋，盛庸所部溃退，被燕军追赶到滹沱河边，伤亡无数，盛庸侥幸逃回德州。至此，朝廷的第四次北伐也宣告失败。

连战连胜　大振军威

燕军经夹河之战重新确立了优势，黄子澄和齐泰也因战事失利而被罢免，去募集兵员。朱棣听说黄、齐二人被贬，遂上书和谈，表示"奸臣窜逐而其计实行，不敢撤兵"。朱允炆与方孝孺商议，方孝孺建议借此机会遣使回报，拖延时间，懈怠其军心；同时令辽东等军队攻其后方,以备夹攻。朱允炆采纳了他的建议。

建文三年五月,燕军在大名驻扎,吴杰、平安、盛庸等分兵截断其粮道。朱棣派人到南京上书,表示吴杰等人不遵守朝廷意旨罢兵,必有主使。朱允炆依方孝孺之计,将使者下狱,和谈破裂。于是,朱棣派都指挥使李远率6000名轻骑南下,穿过济宁、沙河,到达沛县,放火焚烧了官军的粮船。李远得手后回军,半途遭到盛庸截击,激战后取胜。

七月,平安率军从真定向北平进击,朱棣接到朱高炽报告后,派刘江率军前去支援。刘江来到滹沱河,白天大张旗鼓,夜晚点亮无数火把。平安误以为燕军主力来到,急忙后退。

这时,方孝孺探知朱棣次子朱高煦有意篡夺世子之位,于是建议朱允炆使用反间计,让朱棣内部起纷争,坐收渔翁之利。朱允炆便下诏封朱高煦为燕王,但朱高煦没有上当,接到圣旨后看也不看,连同使者一并交给朱棣。朱棣起初也听信谣言,直到这时才知道自己误会了儿子。十一月,朱棣见一时无法取胜,下令返回北平。

朱棣起兵3年,仅占据永平、大宁、保定等屈指可数的城池,其他地方往往得手后又很快失去,还造成大量伤亡。在力量上,官军仍然占据绝对优势,朱棣因此忧心忡忡。这时,道衍和尚献计说:"不要再攻打城池了,应快速赶往京城,京城守备空虚,一定能够攻克。"朱棣接受建议,率领大军向南京进发。

建文四年(1402年)正月,朱棣率大军从馆陶渡过黄河,向汶上发起进攻,一路轻取沛县、徐州,于四月来到淮水岸边,准备渡河继续南进。这时,平安、何福率官军杀来,双方展开激战,何福据守南岸,平安则从北岸进攻,形势十分危急。朱棣手下大将陈文战死,王真也被平安包围,自杀身亡。

双方激战数日,胜负难分。不久,魏国公徐辉祖又带兵支援,与朱棣在齐眉山展开激战。朱棣三面受敌,大将李斌战死,军心开始动摇,加之阴雨连绵,将士们水土不服,纷纷请求退兵北平,但遭到朱棣拒绝。

关键时刻,朱允炆下令徐辉祖回守京城,如此,何福便陷入了孤立,使朱棣压力顿减。他趁何福防备松懈之机,夺其粮草,劫其大营。

官军大败，何福逃走，平安被俘。之后，朱棣又攻占了泗州、盱眙、扬州、高邮、仪真等地。

拒绝求和　南京登基

大臣们听说朱棣即将打到京城，都惊恐万分。方孝孺建议朱允炆割地求和，以保住皇位。朱允炆连着派出两位使臣，提出将黄河以北送给朱棣，但遭到朱棣拒绝。

建文四年六月三日，朱棣大军开始渡江，舰船首尾相连，旌旗招展，鼓声震天，一路势如破竹，击败沿岸官军，镇江等地守将也出城投降，南京变成了一座孤城。朱允炆束手无策，天天和大臣们以泪相见。

六月二十日，李景隆打开金川门，向朱棣献城投降，守卫南京的20万大军全部投入朱棣麾下。朱允炆绝望之中，在宫中放了一把火，皇后马氏和7岁的太子自焚而死。朱允炆正要拔剑自刎，翰林院编修程济劝阻道："不如出亡！"这句话提醒了朱允炆身边的一个太监，他想起太祖临终时留下一只箱子，藏于奉天殿左壁，万不得已时可以打开。他赶紧找到箱子，打开一看，里面放着一套袈裟、鞋帽、剃刀和三张度牒，以及十锭白金。朱允炆痛哭道："此乃命中注定也！"程济拿起剃刀为朱允炆剃发，然后让他换上袈裟，装扮成和尚从地道逃走了。

朱棣进入南京后，众臣纷纷劝进，朱棣假意推辞，之后大臣们一连几天劝进，就连诸王也叩头请他登基，朱棣这才答应下来。进入皇宫后，他大开杀戒，除了少数为自己通风报信的宫女、宦官，其余统统处死。他还到处搜捕朱允炆，在灰烬中找到了马皇后被烧焦的尸体，误以为是朱允炆，掩面假哭说："孩子你可真傻，为什么要把自己弄成这样呀！"又下令将朱允炆的3个弟弟废为庶人。朱允炆幼子朱文圭则被囚禁于密室，直到明英宗时才被放出来。

七月初一，朱棣"大祀天地于南郊，以即位诏天下"，改年号为永乐，即明成祖。

朱棣登基不久，礼部尚书李至刚等奏称，北平是皇帝"龙兴之地",应效仿明太祖对安徽凤阳的做法,立为陪都。于是,朱棣下诏以南京皇宫为蓝本,兴建北平皇宫和城垣;后来又下诏在昌平修建自己的陵墓。永乐十四年(1416年),朱棣召众臣正式商议迁都,迁都非同儿戏,遭到了很多大臣的反对。对于提出反对意见的大臣,朱棣下将他们或革职或严惩,使得无人再敢反对迁都。

北京都城历时14年,于永乐十八年(1420年)完工。据说,永乐十九年(1421年),朱棣将都城刚迁到北京几个月,刚建成的三大殿便遭到雷击,烧成了灰烬。人们纷纷议论这场大火是对朱棣迁都的惩罚。礼部主事萧仪认为,迁都后诸事不便,且弃绝皇脉与孝陵,有违天意。朱棣大怒,下令处死萧仪,并以强权压制朝中大臣。他非常生气地说:"朕与大臣密议,数月后而行,彼书生之见,岂足以达英雄之略哉!"事实证明,朱棣的决策还是非常正确的。因为北京距离长城很近,其战略地位显然要优于处在后方的南京,可以有效地调动军队抵御外敌入侵。面对北元的侵扰,朱棣5次从北京亲征漠北,有力打击了蒙古的敌对势力。

恩威并施 巩固皇权

朱棣登基后,为了巩固皇位、稳定人心,采取了镇压和怀柔两个策略。

对于政敌,朱棣毫不手软,坚决进行镇压。他将受到朱允炆宠信的几个大臣列为逆臣,罪行较轻者,女子配入教坊、浣衣局或者功臣家中为奴,男子则发配充军;罪行严重者,一律斩首,诛杀九族。南京陷落时,齐泰和黄子澄都不在,齐泰全家除了他6岁的儿子以外,全部被杀。黄子澄则在嘉兴被抓住,押到南京,经朱棣亲自审问后处以极刑,家族中无论男女老少一律诛杀,所有姻亲发配边疆,唯有一个儿子侥幸逃脱,改名换姓流落到湖北。最惨的是方孝孺,其九族及朋友、门生共873人受牵连被杀,充军者多达千人。

朱棣这次屠杀史称"瓜蔓抄",意思是像瓜蔓一样牵连广泛,凡与

"奸臣"沾亲带故者，都在诛杀范围之内，达数万人之多。为了彻底铲除朱允炆的残余势力，朱棣在保留朱元璋时期锦衣卫"断狱"的同时，又增设了东厂，主要负责"缉访谋逆、妖言、大奸恶"。这个机构刚开始直接听命于朱棣，后来渐渐被宦官掌管，权力也逐渐超越锦衣卫。

在严厉镇压朱允炆旧臣的同时，朱棣也不忘对靖难功臣大加封赏。凡建文年间受到贬斥的官员，全部恢复原来的职务。比如靖难初期因离间被贬的江阴侯吴高被再次起用，镇守大同，并获得丰厚的奖赏。对于战死的将士，朱棣也不忘进行追封。为了安抚诸位藩王，稳定国内局势，同时表示自己与朱允炆不同，朱棣先后恢复周王、齐王、代王、岷王等亲王的旧封地。对于朱允炆的旧臣，只要是真心归顺的，也量才任用。

郑赐本是建文时期的北平参议，曾经被朱允炆任命为督师，与朱棣交战。他被逮捕后，朱棣审问他："你为什么要背叛我呢？"郑赐说："谈不上背叛，我只效忠皇上，尽忠职守罢了。"朱棣听了心中大喜，遂任命他为刑部尚书。如此一来，建文朝的旧臣也都乐于帮助朱棣治理江山。

朱棣是以强藩起兵夺取皇位的，自然明白藩王拥兵自重对于江山社稷造成的威胁。所以，当皇位较为稳固后，他又对刚刚恢复几个月的藩王进行打击。他让人寻找罪名，首先削夺了代王和岷王的护卫军，接着又将齐王废为庶人，拥有护卫军的宁王也被改封到南昌。后来，周王被指控阴谋叛乱，朱棣召他到京师，把揭发他的罪状放在他的面前。周王连忙跪下请罪，主动交出兵权。如此一来，威胁最大的几位藩王的护卫军全部被解除了，朱棣进一步加强了中央集权的统治。

发展经济　编纂大典

在加强皇权的同时，朱棣在经济上继续推行朱元璋的富民政策，与民休息、移民屯田和奖励垦荒，努力恢复遭受战争破坏的农业生产。

靖难期间，淮河以北的广大田地杂草丛生，一片萧条，加上蝗虫灾害，农业生产受到了很大影响。为了振兴农业，朱棣迁移了苏州等十郡、浙江等十省的灾民到淮河以北垦荒，之后又陆续迁移山西、山东、湖广等地的少地农民和流民到北京及北方地区屯田垦荒。对于遭受战争破坏严重的地区，由官府免费提供农具、耕牛。同时对贪官污吏加大惩处力度，对僧道的发展进行控制，对灾民进行救济。永乐三年（1405年），全国的税粮为3100多万石，已连续3年保持在3000万石以上。当时的民户还不足1000万，每户平均纳粮超过3石。从永乐元年（1403年）起，军卫屯田的收入也大幅提高，高峰期达到2345石，加上农民缴纳的部分，按当时的人口计算，平均每人纳粮超过了1石。

农业的繁荣也带动了手工业和商业的发展。尤其是永乐年间，造船业得到快速发展，所造大船最长达44丈、宽18丈，可载1000多人，而且船上还装载了罗盘等先进设备，中国成为当时世界上最先进的造船国家。

朱棣也很注重文化科学的发展，派解缙、姚广孝等人主持纂修了大型文献《永乐大典》，这部文献为有史以来数量最多、种类最全、质量最好的图书典籍，由姚广孝担任总裁，参与编修的有名儒、名士、名医、名僧等。礼部负责在全国范围内选拔人才，收集图书；光禄寺担负编撰人员的伙食和住宿。朱棣还经常亲自检查督促，有一次，他发现宫中藏书很少，心中不悦，对臣下说："平常人家只要稍微富裕一点的都想多买书，皇宫里面又怎么能没有书呢？"在他的命令下，礼部派通晓典籍的人才到全国各地搜寻图书。朱棣本人对于高质量完成《永乐大典》起到了十分重要的作用。

《永乐大典》于永乐五年（1407年）编纂完成，全书共22877卷，收录了自先秦到明朝以来的图书8000多种，分经、史、子、集、百家、天文、地志、阴阳、医、卜、戏剧、小说、技艺等，是中国历史上最大的类书。

郑和西行　国威远扬

在治理国家的同时，朱棣同样重视外交关系，他一方面吸引外国人来中国进行贸易活动，另一方面派使者到外国出访。永乐时期，他派郑和率领庞大的商贸队伍，先后访问了数十个西太平洋和印度洋沿岸地区和国家。到宣德八年（1433年），郑和一共出访7次，从苏州刘家港出发，每到一处都以明朝使者的身份，向当地的国王或酋长宣读诏敕，然后赏赐其王妃、臣僚等，表达发展两国关系的诚意，邀请他们亲自或派使者到明朝访问。除此之外，他还与当地官府进行交易，收购当地的象牙、珍珠、珊瑚、香料等，深受当地人欢迎。他的足迹遍及爪哇、苏门答腊、苏禄、彭亨、真腊、古里、阿丹、天方、左法尔、忽鲁谟斯、木骨都束等30余国，最远到达非洲东海岸、红海、麦加。

郑和的一系列外交活动，在很大程度上促进了我国与亚洲、非洲国家的经济、政治及文化交流，增进了与到访国百姓的友谊，并把我国的航海事业推到了一个前所未有的高峰。

当时，明朝在经济、文化、军事以及政治上都居于世界首位，但并不为外国人所知，正是因为郑和的航海活动，才引起许多国家的注意，纷纷向明朝派遣使者，从而出现了万国来朝的盛况。据不完全统计，永乐年间，与明朝建立外交关系的国家有近百个，前来朝拜者主要分为三类：一是有心臣服于明朝，希望得到承认、封赐和支持的国家或地区的使者；二是倾慕中国文化，希望一睹中国风采的各国君主和贵族；三是以贡使的身份来中国进行贸易活动的商人。为了更好地进行贸易活动，朱棣特意下令重设市舶司，在福建、浙江、广东分别设立来远、安远、怀远三个市舶司，专门接待外国使者。同时在京城设立会同馆，负责接待国宾。为了更好地与海外国家交流，他还下令设置四夷馆，负责翻译外国或少数民族的文字。

永乐年间，先后有4位国王远道而来，其中3位永远留在了中国。同时，定居东南亚的中国侨民数量迅速上升，他们将中国先进的生产方式和文化知识传播出去，为东南亚地区的发展做出了不可磨灭的贡献。

注重边防　征途驾崩

女真族是我国满族的祖先，很多年前就生活在东北地区。朱棣刚刚登位，便派邢枢到奴儿干①地区宣诏。女真各部首领相继归顺，还有元朝旧臣也跟着入京献礼。朱棣十分满意，当即下令在开原设立马市，与海西、建州两部进行马匹交易；同时向女真部落首领发放许可证，准许他们随时到指定地点经商。对于前来进行马匹交易的女真首领，朱棣让当地官员予以热情招待，笼络人心。在他执政期间，女真人按时向明朝纳贡。

后来，朱棣在奴儿干设立都指挥司，任命当地部落首领为卫所官员，可以世代承袭。其中，建州卫指挥阿哈出因为政绩突出，被朱棣赐名李思诚，其宗亲也被任命为朝廷命官。

为了便于运输军需物资和传递公文，朱棣在元代驿站的基础上修建新的驿站，延长并开辟新路线。当时从辽东通往东北各地的交通干线有6条，以开原为起点，西北通向满洲里以北，东北抵达特林地区的满泾，西到蒙古，东至朝鲜，形成了四通八达的交通网。

永乐十一年（1413年），朱棣派宦官亦失哈第三次到女真部落宣诏，并在都司城的西南方向、黑龙江河对岸的山上建造了一座永宁寺，寺中有石碑记述了设置奴儿干都司的经过和亦失哈三次到此地的情况，以及我国各族人民对黑龙江、乌苏里江流域开发的经过及做出的贡献。

朱棣对于促进我国各民族团结和发展方面做出了不可磨灭的贡献，而他五征漠北的政绩更为昭彰。

元顺帝被明太祖朱元璋赶到漠北后，于洪武三年在应昌府去世。多年以后，蒙古逐渐分裂为瓦剌、兀良和鞑靼三个部落，其中以鞑靼最为强盛，它们之间为了各自的利益经常发生战争，也经常南下对明朝边境进行侵扰。朱棣借鉴朱元璋的经验，一方面和它们搞好关系，封其部落酋长为王，予以赏赐；一方面积极防御，从嘉峪关沿长城至辽东鸭绿江一线，先后建立9个边防重镇，派精锐部队驻守，抵御蒙古的侵略。

永乐七年（1409年）四月，朱棣派遣都指挥使金塔卜歹、给事中郭骥带着大量物资到蒙古进行招抚，分别封瓦剌部首领马哈木为顺宁王、太平为贤义王、把秃孛罗为安乐王。鞑靼可汗本雅失里则拒绝接受招抚，还杀害使臣郭骥，发兵进犯明朝边境。

朱棣闻讯大怒，当即任命淇国公丘福为征房大将军，统兵10万前去征讨。大军出发前，朱棣对丘福说："毋失机、毋轻犯、毋为所绐。一举未捷，俟再举，尔等慎之。"然而丘福轻敌大意，以致兵败，全军覆没。朱棣下令剥夺丘福的封爵，命太子监国，准备御驾亲征。

永乐八年（1410年）春，朱棣统率文武百官及数十万大军，浩浩荡荡挥师北上，由户部尚书夏原吉留守京都，负责筹备军需。五月，大军来到丘福兵败之地胪朐河，鞑靼可汗本雅失里无力抵抗，仓皇逃跑。明军穷追不舍，双方大战于斡难河畔，本雅失里大败，丢下辎重牲畜，仅带7人逃跑。

这次北征胜利，极大地鼓舞了明军的士气，后来朱棣又三次亲征漠北，在有效地防御和打击外敌侵扰的同时，也耗费了大量的物资和人力。据统计，第三次出征仅粮草一项就动用驴34万头、车1775万辆、民夫23.5万人，共运粮3.7万石。户部尚书夏原吉、兵部尚书方宾等大臣多次劝谏罢兵休战、休养生息，但朱棣将反对出兵的大臣关入大牢，甚至迫害致死。永乐二十二年（1424年），朱棣力排众议，再次御驾亲征，征讨鞑靼首领阿鲁台。

朱棣率领大军行走在茫茫荒漠之中，放眼望去，荒无人烟，因多次寻找敌人无果，将士们已经疲惫至极。眼看粮草供应不上，朱棣不得已下令撤军。当大军走到一处叫清水源的地方时，路边有一陡崖，高数十丈，巍峨挺拔。朱棣为了千古留名，便命大学士杨荣、金幼孜刻字纪念，但字还没有刻好，他便突感身体不适，并日渐严重。永乐二十二年七月下旬，大军行至榆木川，朱棣病危，召英国公张辅[2]前来托付后事，遗命传位于太子朱高炽，自己的后事按照太祖遗制办理，不久驾崩。

张辅、杨荣、金幼孜等大臣经过商量，认为六师在外不便发丧，令各方严密封锁消息，用车拉着朱棣的遗体，亲兵侍臣拥护前行，暗中派遣宦官海寿疾驰京都，向太子朱高炽报告消息。朱高炽闻讯，强忍悲痛将朱棣的遗体迎回京都，加殓纳棺，葬于明十三陵之长陵。

注释：

①奴儿干：亦称"耦儿干""努而哥""纳尔干"，是明朝设置于黑

龙江、阿速江、松花江以及脑温江流域的地方军政机构。治今黑龙江下游东岸特林地方。辖境包括黑龙江、精奇里江、乌苏里江、松花江流域与库页岛。

②张辅（1375—1449年）：明朝初年重臣、名将，早年随父参加靖难之役，累封新城侯。历事四朝，联姻帝室，与"三杨"、蹇义、夏原吉等同心辅政，促成"仁宣之治"，并维持了正统初年的朝政清明。

仁宗朱高炽

朱高炽档案

生卒年	1378—1425 年	在位时间	1424—1425 年
父亲	明成祖朱棣	谥号	敬天体道纯诚至德弘文钦武章圣达孝昭皇帝
母亲	仁孝文皇后徐氏	庙号	仁宗
后妃	张氏、郭氏、谭氏等	曾用年号	洪熙

朱高炽，明成祖朱棣长子，明朝第四位皇帝。

永乐二十二年，明成祖朱棣驾崩，朱高炽继位，改元洪熙。

朱高炽在位仅一年，但他天禀纯明，恭俭爱民，为后世朱瞻基守成丰业打下了很好的基础，所以他也被称为承上启下的皇帝。

洪熙元年（1425 年）五月，朱高炽病重，不久去世，终年 48 岁，谥号敬天体道纯诚至德弘文钦武章圣达孝昭皇帝，庙号仁宗，葬于十三陵之献陵。

费尽周折　得立太子

明成祖朱棣共有三个儿子：长子朱高炽，次子朱高煦，三子朱高燧。朱棣本人雄才大略、文武双全，但朱高炽却丝毫没有继承他的优点，不仅身体肥胖，不会武术，而且有足疾，走路都有些困难，需要人搀扶。因此，他并不得父亲的喜爱。相比之下，他的弟弟朱高煦能征善战，在靖难之役中立下大功，而且野心巨大，觊觎皇位，这就给他造成了很大的压力。

根据惯例，朱高炽在洪武年间被立为世子。朱棣当了皇帝以后，朱高炽理应被册立为太子，但是朱棣继位以后却迟迟不册立太子。在他看来，朱高炽温文尔雅，没有一点大将风度，而朱高煦跟随自己征战多年，战功赫赫，是继位的最佳人选。因此，他在靖难之时便流露出了一旦登基即立次子为太子的想法。淇国公丘福、驸马王宁看出了朱棣的心思，而且他们曾经与朱高煦共同作战，个人感情深厚，于是多次提出应该立朱高煦为太子。朝中文臣则极力主张尽早立朱高炽为太子，以安定天下。永乐元年正月，大臣们纷纷上奏请求册立太子。朱棣借口朱高炽还在读书，不宜过早谈论此事，将这件事搁置下来。到了三月，大臣们再一次上奏请求，朱棣依然推辞。四月，朱棣的同母弟周王朱橚又一次上书请求立朱高炽为太子，同样被婉拒。最终促使朱棣下定决心立朱高炽为太子的，是他的心腹大臣解缙。

解缙很有才华，在朱元璋时就曾上万言书分析天下时局，十分透彻，深得朱元璋宠信。朱棣继位后，解缙、杨士奇、杨荣等7人组成了一个小内阁，为其出谋划策，决断大事。朱棣曾经私下征求解缙对于册立太子的意见，解缙说："皇长子仁孝，天下归心。"朱棣听了沉默不语，解缙又接着说："好圣孙！"好圣孙是指朱高炽的长子朱瞻基，他自幼聪慧，深受朱棣喜爱。朱棣率军征伐北元的时候，还特意将朱瞻基带在身边，让他在战场上得到历练，为日后治理大明江山打好基础。朱棣为解缙的话所动，连连点头称是。一天，朱棣派人给解缙送去一幅《虎彪图》，让他题字。画中有一只老虎，正亲昵地注视着身边的小虎。解缙认为这是劝说朱棣的大好机会，便在上面写了一首诗："虎为百兽尊，谁敢触其怒？唯有父子情，一步一回顾。"朱棣看了解缙的诗，大为感动，从此对朱高炽关爱起来。永乐二年（1404年）四月，朱棣正式册立朱高炽为太子，同时封朱高煦为汉王、朱高燧为赵王。

地位不稳　险中继位

尽管太子的地位确定下来了，但朱高炽能否顺利登上皇位还是一个未知数。因为汉王朱高煦和赵王朱高燧都对皇位觊觎已久，时刻想要篡夺太子之位，为此他们还合谋监视朱高炽，并设法陷害太子身边的大臣。工部左侍郎陈寿因为曾经给朱高炽提过一些很好的建议，深受朱高炽信任，也因此被朱高煦和朱高燧记恨。后来，陈寿受到朱高煦兄弟二人的陷害而入狱，但在抄他家的时候，却发现他家境贫寒，甚至连吃饭都成了问题，但他依然拒绝别人的馈赠，最后冤死狱中。朱高炽登基后，立即为陈寿平反昭雪。

朱高炽当太子时并没有多少权力，即使是在监国时也只是负责处理一些日常事务，如祭祀活动等，朝政大权仍然掌握在朱棣手中。

永乐三年，朱棣对朱高炽的权力做了进一步的限制，规定太子不能治臣罪，不能私自封官授赏，皇帝不在京城时，官员不得私会太子，否则严惩。当初册立太子时，丘福虽然受命担任太子的老师，实际上他和朱高煦的关系更加密切，曾经多次替朱高煦说话，朱棣之所以这么安排，就是为了监视朱高炽。有一年朱棣北征归来，朱高炽迎接晚了一步，朱高煦便趁机在朱棣面前挑拨离间，朱棣大怒，下令将太子身边的官员全部逮捕入狱，这些人直到朱高炽继位才重获自由。兵部尚书金忠因为在靖难之役中立过战功而逃过一劫，但他也被命令时刻监视太子。金忠非常同情朱高炽，在朱棣面前替他说了不少好话。朱棣十分恼怒，欲治其罪。金忠自摘乌纱，痛哭流涕地劝说朱棣要体恤太子，不要废掉他。

朱高炽在南京监国期间，有个姓陈的千户残害百姓，巧取豪夺，朱棣下令将其贬往交趾国。但是，朱高炽念及陈千户在靖难之役中立过战功，决定对他宽大处理。朱高燧从太监口中得知此事后，立即密报朱棣，说朱高炽与陈千户相互勾结，不经请示便赦免皇帝惩罚的罪人。朱棣马上下令将陈千户处以极刑，并追究辅助太子的大臣以及与太子关系密切的侍读的责任，以不劝阻太子为由将他们全部杀死。之后，朱棣依然不肯罢休，又派礼部侍郎胡濙秘密前往南京调查。胡濙来到南京后，见朱高炽处理政务井井有条，没有任何违规现象，便向朱棣报告说："太子诚敬孝谨。"朱棣这才稍微放下心来。永乐二十年（1422年）九月，礼部尚书吕震的女婿张鹤上朝参拜之时稍有失礼，朱高炽并没有将此事放在心上，但朱棣知道后，以在侧不言为名将吕震、蹇义问罪下狱。

永乐二十二年，朱棣再次亲征蒙古。七月，他在回来的路上，到达榆木川时突然发病，不久驾崩。为了防止京城出现大乱，随军官员将所带锡器熔化，铸成一口棺材，盛放朱棣的尸体。八月十日，大军回到北京，朱棣的遗体被停放在皇宫中的仁智殿，全国上下举行隆重的哀悼仪式。

八月十五日，太子朱高炽奉遗诏登基，改元洪熙。

心胸宽广　厚待兄弟

与祖父朱元璋、父亲朱棣性情暴戾、乾纲独断截然不同，朱高炽性格温和、心胸宽广。据史书记载，朱高炽被册立为世子后，跟随在祖父朱元璋身边。有一天，朱元璋派他和另外三个世子去察看武士卫卒，其余三人很快查看完毕回来复命，唯有朱高炽迟迟未归。大家等了很久，总算等到他回来，朱元璋问及原因，朱高炽回答说："早晨天气非常寒冷，我让将士们先吃了早饭再行动，所以回来晚了。"朱元璋听后转怒为喜，认为这个孙子将来必成大器。还有一次，朱元璋让几位世子分别阅读大臣们的奏章，朱高炽将事关百姓的大事一一向祖父禀报，全然不提奏章中的错别字。朱元璋拿过奏章给他一一指出，朱高炽回答说："孙儿并没有疏忽，这不过是些小毛病罢了，并非对皇祖的不恭敬。"朱元璋又问："你为何上报的都是关于灾情的奏章？"朱高炽回答说："孙儿认为民以食为天，现在很多地方灾情相当严重，所以请皇祖优先处理。"一天，朱元璋又故意试探朱高炽说："古代尧舜之时，水旱灾非常严重,百姓又靠什么生存呢?"朱高炽回答说:"依靠圣明天子的恤民之政。"朱元璋听了非常高兴,说道:"孙有人君之识也!"从此更加喜欢朱高炽,经常在朱棣面前夸奖他。

朱高炽对待兄弟同样表现出宽厚的胸怀。朱高煦争夺太子之位失败后仍不甘心,一方面想方设法迫害解缙等大臣,另一方面寻找机会加害朱高炽。他被封为云南王后,以路途遥远为借口不去就藩;后来朝廷又将他改封山东青州,但他仍赖在京城不走。朱棣为此十分生气,将他狠狠地训斥了一顿,命令他必须立即起程。朱高煦假意答应,但还是磨磨蹭蹭不动身。不久,朱棣北征,朱高煦趁机躲在家中私造兵器,并招募3000人,蓄意谋反。朱棣很快便听到了一些风声,下令将朱高煦囚禁于西华门内,废为庶人。当时没有哪个大臣敢为朱高煦求情,朱高炽却多次出面请求父亲网开一面,总算保住了朱高煦的王位。后来,朱高煦又被封到山东乐安州,并被要求即日起程。

除了朱高煦外,朱高炽的三弟朱高燧同样觊觎太子之位。后来,朱棣年老多病,无法临朝,朝中大小事务全部交由朱高炽处理。朱高燧非常嫉妒,到处散布谣言,说皇上有意传位给自己,并暗中策划政变。永乐二十一年(1423年)五月,常山中护卫指挥孟贤联合羽林前卫指挥彭旭、朱高燧的亲信太监黄俨,企图毒死朱棣,然后伪造诏书拥立朱高燧登基。黄俨的外甥、常山中护卫总旗王瑜知道后,劝黄俨千万不要参加。但黄俨不听劝阻,王瑜担心株连九族,急忙向朱棣禀报。朱棣当即下令将参与政变的人全部抓捕处死,当场搜出伪造的诏书。朱棣拿着假诏书质问朱高燧,朱高燧吓得浑身发抖,一句话也说不出来。朱高炽见状,急忙替弟弟掩饰罪过,并苦苦相求,总算保住了朱高燧的性命和王位。

施行仁政　天下称颂

朱高炽继位后,起用了一大批德才兼备的大臣。为了鼓励群臣直言进谏,他特意刻制了5枚"绳愆纠谬"银章,分别赐给吏部尚书蹇义,户部尚书夏原吉，大学士杨士奇、杨荣、金幼孜5位大臣，并再三叮嘱他们一定要同心协力，参与朝政，治理好大明江山。这5人都是朱棣时期的老臣。夏原吉深受朱高炽信任，尽心尽责，敢于直言，有时甚至置自己的性命于不顾。朱棣有意征讨瓦剌，向夏原吉询问边镇的粮草情况，夏原吉表示仅可供应边镇所用，无法供应朝廷大军，劝朱棣不要出兵。朱棣大怒，将夏原吉治罪，家产没收。但在查抄夏原吉的家时，人们发现他家徒四壁，只找到了一些皇帝的赐钞。朱棣临终的时候，忽然想到了夏原吉，说道："原吉爱我！"朱高炽继即位后，将夏原吉放出来，官复原职，并让他参与处理朱棣的后事。后来朱高炽下令"罢西洋宝船，迤西市马及云南、交趾采办"，都是听从了夏原吉的建议。

为了广开言路，朱高炽继位3个月后，专门颁布诏书："朕以菲德承大统，君临亿兆……惟赖文武群臣相与协德……嗣位之初首诏中外旁求直言，此实意也。而涉月累旬，言者无几。夫京师首善地……民困于下而不得闻，弊胶于习而不知革……卿等宜尽言时政之得失，辅以至诚，勿虑后遭。"

不久，他又针对一些地方官员执行朝廷惠民政策不力的情况进行了查处，派出数十名御史前往全国各地，考查官员政绩，要求他们严明执法，不可徇私舞弊，不可屈于权贵，凡事秉公审断，如有违法者，严惩不贷。

朱高炽早年经历了元末战乱、靖难之役，目睹了战争给老百姓造成的伤害，非常同情百姓的疾苦。他还是太子的时候，有一次奉诏入京，来到山东境内时，看到路边有很多挖野菜的人，便下马询问，得知这里连年灾荒，粮食颗粒无收，只能挖野菜充饥。他看到人们衣不蔽体，面黄肌瘦，十分难过，立即让太监将身上的宝钞拿出来分给大家。山东布政使得知朱高炽到来，赶紧前来迎接，朱高炽毫不客气地责备他为何不开仓放粮，救济黎民。布政使说，已经向朝廷请求凡是受灾地区，全部减免今年的秋税。朱高炽生气地说："百姓都要饿死了，减税能解决问题吗？立即开仓放粮，不得延误！"布政使急忙答应每人发放三斗粮，朱高炽下令加倍发放，并安慰布政使说："别害怕，我回朝后立即向皇帝奏报，皇帝不会怪罪你的。"

朱高炽当上皇帝以后，仍然十分体恤民间疾苦，听说哪里发生自然灾害，便下令减免赋税，发放官粮救济百姓。洪熙元年（1425年）四月，有人奏报山东、徐州、淮安等地遭遇大灾，百姓食不果腹，还要照常交税。朱高炽非常气愤，让大学士杨士奇代写诏书，下令免除山东、徐州、淮安等地一半的夏税和秋粮。杨士奇写好诏书后，建议通报户、工二部，但朱高炽担心拖延太久，百姓等不及，于是当场加盖玉玺，命人火速送往灾区。后来，开封黄河又决堤，许多地方被淹，朱高炽立即下诏免除当地的税粮，并派右都御史王彰前去安抚。他在位仅一年，先后免除了大名府、昌邑等20多个县的百姓赋税，还时常开仓放粮，帮百姓渡过难关。

在刑罚方面，朱高炽与父亲、祖父的做法也截然不同，他认为开明的君主应该实行仁政，法律要讲求公平，不可滥用。洪熙元年，他下令不许官吏滥用刑法，对案件的处理要依据法律。他在诏书中强调，刑法的目的就是禁止残暴邪恶，将百姓引导到良善的道路上；办案部门严禁鞭打囚犯，不许使用宫刑；除了谋反等大罪外，其他罪行不许连坐；不许用诽谤罪来制止民间议论；如果出现皇帝用刑过重的情况，法司必须上奏劝阻，如果连奏5次均不能劝阻，则联合三公、大臣共同上奏，不达目的不罢休。

朱高炽对他人十分宽容，对自己要求却很严格。有一次，礼部奏请冬至时节皇帝应该接受大臣们的朝贺，但却被他婉拒。他对蹇义、杨士奇、夏原吉、杨荣、金幼孜等大臣说："前世人主，或自尊大，恶闻直言，臣下相与阿附，以至于败。朕与卿等当用为戒。"有一次，太常寺上奏说祭祀用品不足，请内库拨款到市场上购买。朱高炽立即想起上年官员在采购时还是按照洪武时期的价格，使百姓遭受不少损失，于是特意叮嘱以后必须按市场价购买，严禁坑害百姓。

对于朱高炽的仁政，后世评价很高，认为他执政不过一年的时间，就改变了朱棣时期的治国政策，结束了朱棣时期因多次发动战争导致的军民疲惫的局面，使明朝走上了稳定发展的道路。

宣宗朱瞻基

朱瞻基档案

生卒年	1398—1435 年	在位时间	1425—1435 年
父亲	明仁宗朱高炽	谥号	宪天崇道英明神圣钦文昭武宽仁纯孝章皇帝
母亲	诚孝昭皇后张氏	庙号	宣宗
后妃	胡皇后、孙皇后等	曾用年号	宣德

朱瞻基,明仁宗朱高炽长子,明朝第五位皇帝。

洪熙元年,明仁宗朱高炽无疾骤崩,朱瞻基继位,时年 28 岁,改元宣德。

朱瞻基的性格酷似父亲朱高炽,执政时在政治、文化方面都取得了不小的成就。当时朝廷中文有"三杨"(杨士奇、杨荣、杨溥)、蹇义、夏原吉,武有英国公张辅,地方上又有于谦、周忱等巡抚,可谓人才济济。朱瞻基父子的统治加在一起虽然只有 11 年,但政治清明,百姓安居乐业,经济快速发展,因此被后人认为"功绩堪比文景",史称"仁宣之治"。

宣德十年(1435 年)正月,朱瞻基病逝,终年 38 岁,庙号宣宗,葬于景陵。

备受期望　承继大统

朱瞻基出生于明太祖朱元璋在位时期，当时他的祖父朱棣还是燕王。据说在他出生的那天夜里，朱棣梦见太祖朱元璋传给自己一个刻有"传子传孙，永世其昌"的大圭。朱棣醒来后，觉得这个梦非常蹊跷，因为大圭是皇权的象征，难道是太祖要将皇位传给自己吗？当他还沉醉在这个吉祥的梦里时，太监来报，说世子妃生下了一个儿子。朱棣内心更加欢喜，认为这一切都是源自那个美好的梦。

朱瞻基天资聪慧，学习刻苦，深受朱棣的疼爱。朱棣对这个长孙倾注了很多心血，靖难之役后，他挑选当时著名的文士来辅导朱瞻基。永乐二年（1404年），并不被朱棣看好的朱高炽被册立为太子，其中一个重要因素就是朱瞻基。

朱瞻基在永乐九年（1411年）被立为皇太孙。与体弱多病的朱高炽相反，朱瞻基身体健壮，十几岁便跟随祖父朱棣第二次远征蒙古，得到了很好的锻炼。

当时，朱棣次子、汉王朱高煦为了夺取储君之位，曾千方百计地陷害朱高炽，拒绝就藩，私藏军刀，企图发动政变。事发后，朱高煦被押入狱中。据说，最先发现并策划逮捕朱高煦的幕后人正是朱瞻基。

永乐二十二年（1424年）十一月一日，朱瞻基被立为皇太子。次年四月，朱瞻基被朱高炽派去南京负责迁都的准备工作。五月二十八日，朱高炽患病，朱瞻基被召回北京。当他抵达北京时，朱高炽已经驾崩。按照朱高炽的遗诏，朱瞻基于六月二十七日正式登基，并放弃朱高炽的南迁计划，仍以北京为都城。

汉王叛乱　御驾亲征

汉王朱高煦、赵王朱高燧一直对皇位虎视眈眈，成为朱瞻基的最大威胁。朱高炽驾崩后，朱高煦派杀手埋伏在朱瞻基返京的必经之路，准备刺杀他。但朱瞻基早有防备，他临时改变路线赶回京城，顺利继承了皇位。他深知两位皇叔久蓄异志，对他们严加防范，但并没有采取强硬手段，而是重加赏赐、以礼相待。

新帝初登大位，根基未稳，洪熙元年（1425年）八月，朱高煦以"清君侧"为名在封地乐安起兵叛乱。起初朱瞻基没有派兵征讨，而是修书一封规劝朱高煦罢兵。但朱高煦不听劝阻，还谴责朱高炽执政时违反洪武、永乐的旧制。他还分别致书王公大臣，诋毁朱瞻基，挑拨君臣关系。

宣德元年（1426年），朱高煦私自设立五军都督府。五军都督府是中央军事指挥机构，只有朝廷才可以设立。朱瞻基得到消息后，急忙召集众臣议事。大学士杨士奇提议朱高煦御驾亲征，让前方的将领慑于皇帝的威力而不敢相互勾结，同时也让叛军慑于天威而不战自降。朱瞻基再次致信规劝朱高煦无果后，决定御驾亲征。

同年秋，朝廷大军进抵乐安城下，朱瞻基让人将劝降信射入城中，但朱高煦仍不理会。朱瞻基下令向乐安城发起进攻，城内叛军都想抓住朱高煦献给皇帝，朱高煦知道后十分惊恐，暗中派人到行营面见朱瞻基，想要第二天出降，并得到了同意。但其部下王斌等人却纷纷进行劝阻，朱高煦只得假意回府，暗中从小路出城投降。

朱高煦投降后，大臣们请求将其立地正法，朱瞻基念及亲情，将他押回北京，在西安门内辟出囚室关押，囚室名叫"逍遥城"，衣食供奉一如以往。三年后，朱瞻基带内侍去探望朱高煦，朱高煦闭口不言。当朱瞻基准备转身离去的时候，朱高煦出其不意地用脚绊住朱瞻基，想要取其性命。朱瞻基也是习武之人，反应敏捷，闪身躲过。侍卫们见状，急忙上前护驾，将朱高煦抓住。朱瞻基忍无可忍，当即命人抬来一个300斤重的铜缸，将朱高煦扣入缸中。然而，朱高煦力大惊人，竟然将缸顶了起来。朱瞻基命人在四周放上炭火将其活活烧死，又下令将其子女及部下全部处死。朱高燧见朱高煦惨死，只得主动交出兵权。

整顿吏治　仁政爱民

朱瞻基继位以后，继续重用父亲朱高炽时期的大臣杨荣、杨士奇、杨溥、蹇义和夏原吉。在他们的辅佐下，明朝出现了"仁宣之治"的盛世局面。在重用先朝老臣的同时，朱瞻基同样注重提拔新人。继位第三个月，他便通知吏部，如有五品以上京官举荐公正廉明的人才，可予以奖励。同时他又规定，如果被举荐的人犯了法，举荐者也要受到惩罚。对于昏庸无能、贪污受贿的官员，他毫不手软，采取非常强硬的手段予以打击。

宣德三年（1428年）六月，朱瞻基来到皇城上，偶然看到有个地方正在大搞建设，规模宏大，经询问得知是工部侍郎假公济私，用公家的物料为自己修建官宅。他勃然大怒，下令将其逮捕入狱。这件事使朱瞻基深刻体会到加强督察的重要性。不久，杨士奇等人举荐了刚正不阿的顾佐，朱瞻基任命他为右都御使。顾佐执法如山，不徇私情，上任后便对所有御史进行了一次严格的审查，一下子清理了20多个不合格的官员，其中有3人被罢免、8人被降职。之后，他又将40多个廉洁奉公的官员补充到御史队伍中。顾佐这次审查，令百官无不敬畏。朱瞻基对此非常满意，不久又提拔福建按察使邵玘担任南京都御史，与顾佐南北呼应，检肃纲纪。

"三杨"、夏原吉、蹇义等大臣也举荐了一大批清正廉明的官员担任要职，其中最著名的是况钟。况钟是苏州知府，在他没有上任之前，苏州的赋役在全国最重；他到任后，采取强硬手段整治贪官污吏，罢免了一批无能之辈，震惊苏州。

宣德元年七月，朱瞻基下令湖广不许再采购木料。宣德五年（1430年）二月，他又不许工部采购木料。朱瞻基在位期间多次减免税额及百姓积欠的柴炭草等物资，还下令免除京城年老残疾的工匠和户内无丁者的匠籍。宣德七年（1432年），他再次下令免除受灾的嘉兴、澎州等地的赋税；次年，又减免了不少地区的赋税。

朱瞻基提倡节俭，严令禁止向百姓强征暴敛。他刚刚继位时，工部尚书上奏称宫中御用器物短缺，必须到民间采办。朱瞻基却说："汉文帝的衣服、帷帐没有纹饰，被传为美谈，均称其恭俭爱民。朕也要以俭约为臣下做出表率。"

在为明仁宗朱高炽修建献陵时，朱瞻基谨遵父亲厉行节俭的遗诏，亲自规划，仅用了3个月便将陵墓建好。比起明成祖朱棣的长陵，献陵的规模较小，花费的银两也少得多。皇帝尚且如此，后妃、大臣们更不敢铺张浪费，都以节俭为荣。朱瞻基在位十几年间，政治清明，百姓安居乐业，经济高速发展。

痴迷促织　大力"扫黄"

朱瞻基无疑是明朝为数不多的明君之一，他成就了"仁宣之治"，被史学家誉为"守成之君"。但这样一个贤德的君王，也有玩物丧志的一面，他因为沉溺于斗蟋蟀，劳民伤财，还造成基层官员家破人亡，被史家称为"促织天子""蟋蟀皇帝"。

朱瞻基喜爱斗蟋蟀可以说到了痴迷的地步。他特意派人到江南重金收购蟋蟀。一时间，江南一带的蟋蟀价格飞涨。江苏吴县一位掌管粮税的官员奉命购买蟋蟀，他费尽周折，终于找到一只善斗的蟋蟀，然后用自己的一匹骏马换了下来。他的妻子听说一匹马换了一只虫子，十分好奇，便偷偷打开装蟋蟀的盒子，不料蟋蟀跳了出来，再也找不到了。官员的妻子十分害怕，便自缢而死。官员回到家中看到妻子自杀，心中万分悲痛，又怕官府问罪，也选择了自杀。

实际上，在繁荣与平静的背后，社会危机也在悄悄滋长，流民问题逐渐形成。宣德三年，山西饥民迁移至南阳诸郡，有10余万人。宣德五年（1430年），仅北直隶易州一州就有流民1200多户，山东潍县有逃民3470户。但朱瞻基当时陶醉在表面的国泰民安中，使得这些社会问题没有得到重视。

朱瞻基刚刚继位时，见国家纲纪松懈、官员腐败严重，决定大力进行整治。宣德四年（1429年），他下令在全国严查娼妓，强行关闭了北京和其他大城市的大批妓院，官妓制度也被废除，严禁官员嫖妓。可惜这样做只能从表面上扭转官员的不良风气，无法从根本上治理。宣德十年，朱瞻基病逝，官员们失去了约束，压抑已久的酒色之欲得到释放，妓院又恢复了，整个社会"淫风大炽"，出现了历史上著名的秦淮风月。

更立皇后　意外病逝

朱瞻基的皇后胡氏来自济宁，早年被册封为皇太孙妃；朱瞻基当上皇帝后，她也理所当然地成为皇后。但是，朱瞻基并不喜欢胡皇后，而喜欢孙贵妃。孙贵妃来自邹平，与明成祖朱棣的皇后徐氏之母是同乡，这也使朱瞻基对她有一种天然的亲近感。孙氏入宫时年仅10岁，跟随徐皇后生活。朱瞻基当上皇帝以后，孙氏被封为贵妃，深受宠爱。按照祖制，册立皇后有宝（皇后宝印）有册（写有皇帝封赐命令的金册），而贵妃有册无宝。但是，朱瞻基却打破旧制，特赐孙贵妃金宝一枚，可见他对孙氏的宠爱程度。从此以后，贵妃册封时才有了宝。

朱瞻基还多次想要更立皇后，但因为母亲的反对，加上胡皇后也没有明显的过错，最后不了了之。胡皇后因为不被丈夫喜爱，多年来受到冷落，故郁郁寡欢，日久生病。

宣德二年（1427年），孙贵妃生了一个儿子，取名朱祁镇。朱瞻基非常欢喜，再次萌生了更立皇后的想法。小皇子出生不久，便有大臣迎合朱瞻基的心思，奏请将其立为太子。胡皇后通情达理，因自己膝下无子，也同意早定国本。但是，胡皇后毕竟还年轻，难保以后不会生子，所以现在就册立太子有悖常理。孙贵妃自然明白这个道理，于是假意推辞。但朱瞻基却迫不及待，第二年便宣布册立朱祁镇为太子，朱祁镇由此成为明朝最小的太子。

朱瞻基之所以急于册立太子，深层原因还是想要更立皇后。他先是召见大臣张辅、蹇义、夏原吉、杨士奇、杨荣等人商议更立皇后之事，大臣们一致认为胡皇后没有过错，不应废黜。朱瞻基不死心，后来又多次与大臣们商议，始终没有结果。

不过，朱瞻基心意已决，即使是百般同情胡氏的杨士奇也明白，废后一事已经没有了商量的余地。所以，当朱瞻基又一次单独找他商议此事时，杨士奇进言道："现在可趁皇后生病，劝导其辞让皇后位，这样既达到了目的，又顾全了皇后的面子。"朱瞻基高兴地接受了他的建议。几天后，朱瞻基再次召见杨士奇，说："你的主张非常好，皇后已经答应退位，只是孙贵妃不接受，太后亦尚未听辞。然而皇后仍然坚持辞去。"杨士奇说："若如此，希望皇上同等对待两宫。当年赵祯废郭后，而对郭氏恩意加厚。"朱瞻基点头道："朕不会食言的。"但张太后仍然不同意，经朱瞻基再三保证以后对两宫一视同仁、不分薄厚，她才勉强答应下来。宣德三年三月，朱瞻基终于心想事成，废黜胡皇后，立孙贵妃为皇后。

胡皇后被废以后，仿照赵祯废郭皇后为仙妃的先例，得号静慈仙师，退居长安宫。张太后对胡皇后无故被废十分同情，经常召她到清宁宫和自己一同居住。有时内廷设宴，她也让胡氏坐在孙皇后上座，孙皇后因此怏怏不乐。正统七年（1442年）十月，张太后病逝，胡氏非常悲伤，不到一年也去世了。

朱瞻基在短期患病后，于宣德十年正月初三驾崩于北京乾清宫。

英宗朱祁镇

朱祁镇档案

生卒年	1427—1464 年	在位时间	1435—1449 年 1457—1464 年
父亲	明宣宗朱瞻基	谥号	法天立道仁明诚敬昭文宪武至德广孝睿皇帝
母亲	孙皇后	庙号	英宗
后妃	孝庄睿皇后钱氏等	曾用年号	正统、天顺

朱祁镇，明宣宗朱瞻基长子，明代宗朱祁钰异母兄，明朝第六位皇帝。

宣德十年，明宣宗朱瞻基病逝，朱祁镇继位，次年改元正统。

正统十四年（1449 年），发生了"土木堡之变"，朱祁镇被瓦剌俘虏，其弟郕王朱祁钰在于谦等大臣的拥立下登基称帝，改元景泰，朱祁镇被尊为太上皇。

景泰八年（1457 年），石亨等人发动"夺门之变"，朱祁镇再次被拥立称帝，改元天顺。

朱祁镇在位前期，宠信宦官王振，导致"土木堡之变"；复位后任用李贤等人，又先后平定石亨、曹吉祥叛乱，释放建文帝朱允炆的后代，废除宫妃殉葬制度。

天顺八年（1464 年），朱祁镇驾崩，终年 38 岁，谥号法天立道仁明诚敬昭文宪武至德广孝睿皇帝,庙号英宗,葬于明十三陵之裕陵。

幼弱皇帝　太后摄政

宣德二年,当时还是贵妃的孙氏生下了长子朱祁镇。朱祁镇出生3个月后,被立为皇太子,其母孙氏也被立为皇后。

宣德十年正月,朱瞻基驾崩于北京乾清宫,年仅9岁的皇太子朱祁镇继位。因为新君年幼,无法处理朝政,大臣们请太皇太后张氏垂帘听政,张氏没有同意,但此后国事仍多由她裁决。

张氏地位尊崇,为人贤明,不但不重用自家人,而且不允许外戚干政。她重用明仁宗朱高炽、明宣宗朱瞻基时期的旧臣,如杨士奇、杨荣、杨溥等。"三杨"担任内阁辅臣期间,尽心尽力,安定边防,整顿吏治,发展经济,很好地稳定了大明江山。然而好景不长,杨荣、张氏、杨士奇、杨溥先后去世,大明王朝走到了一个转折点,开始逐渐衰退。

太监专权　结党营私

朱祁镇继位以后,免不了要重用自己亲信之人。当时太监王振最善巴结逢迎,深受朱祁镇宠爱,所以他的地位也扶摇直上,取代原司礼太监金英,成为宦官中权力最大的司礼监掌印太监。司礼监总管宦官和提督东厂等特务机构,替皇帝掌管内外一切奏章和文件,并代替皇帝传旨,是宫廷24个宦官部门中最重要的一个。正因为如此,这个职位历来是由皇帝的心腹担任,等于是皇帝的代言人。他们整天围在皇帝身边,一门心思地取悦皇帝,也常常利用传旨的机会,欺上瞒下,篡改圣旨,从而达到自己的目的。

太皇太后张氏掌权时,"三杨"还在世,王振忌惮他们的威望,倒也不敢造次,对太皇太后和"三杨"毕恭毕敬。每次到内阁传旨,他都小心翼翼地站在门外，不敢踏入门内半步。久而久之，"三杨"被他假装虔诚的样子所蒙蔽，等他再来传旨时，便要他进屋里说话。王振表面上对"三杨"事事顺从，暗中却拉帮结派，营私舞弊。朱祁镇经常派他带领文武大臣到朝阳门外阅兵，他便利用这个机会排斥异己，将自己的心腹隆庆右卫①指挥佥事②纪广提拔为都督佥事。

随着朝中的元老大臣先后离世，王振没有了可以约束他的人，便越发为所欲为。他曾劝说朱祁镇要以重典治理朝臣，朱祁镇对他言听计从。对于顺从和巴结自己的人，王振大力提拔，而违背他的意思的人则受到严厉惩处。为了牢牢把持朝纲，他还把自己的侄子王山、王林提拔为锦衣卫指挥同知和指挥佥事。他的心腹马顺、郭敬、陈官、唐童等人，也分别被安插在朝廷中各个重要部门。福建参政宋彰贪污大量金银送给王振，很快被提升为布政使。如此一来，从地方到朝廷很快形成了一个以王振为中心的小集团。

对于不服从自己的大臣，王振绝不手软。正统八年（1443年），有一天下暴雨，响雷将奉天殿的一角击坏。朱祁镇心中恐慌，忙下诏让大臣们指出自己的过错。翰林侍讲刘球建议朱祁镇亲自处理政务，不能让权力旁落。王振听出了刘球话中的深意，立即下令将他抓捕入狱。朱祁镇知道后竟然不闻不问。其他大臣见皇帝如此昏庸，再也不敢多言。更有见风使舵者投到王振门下，甚至连王侯公主也认王振为翁父，有的大臣干脆认其为义父，尽管王振还很年轻。

对于王振祸乱朝纲，朱祁镇不但视若无睹，反而认为他忠心耿耿，对他越加宠信，除了赏赐白金、珍宝之外，还特赐敕一道，称其"性资忠孝，度量弘深"。

后来王振在土木堡被打死，抄没其家产时，仅金银一项就查出60多库，另有珍贵玉盘100多个、珊瑚树20多株，高度都在6尺以上，其他的珍宝更是数不胜数。王振把持朝政之后，不但贪污受贿、结党营私，而且把手伸到了边防，以致大明江山遭遇了严重的危机。

元朝被明朝打败以后，蒙古残余势力向北逃亡，在东北地区驻扎下来，并逐渐分化为鞑靼、瓦剌和兀良三部。明初，经过朱元璋的多次围剿，兀良、鞑靼二部被迫臣服于明朝，每年向明朝进贡大量马匹，而瓦剌经过一番努力又统一了蒙古，势力渐大，不断骚扰明朝边境，成为明朝的心腹大患。

盲目亲征　兵败被俘

由于明朝的前几位皇帝都对边防比较重视，瓦剌不敢轻举妄动。王振掌权以后，暗中接受瓦剌的贿赂，对边防逐渐放松。瓦剌每年也向明朝派出贡使，明朝则按人数予以赏赐。为了获取更多的利益，王振偷偷地与瓦拉贵族做交易，让自己的心腹宦官、镇守大同的郭敬每年私造大量箭支，送给瓦剌，对方则以良马还赠王振。正统初年，瓦剌前来明朝朝贡的人数多达2000人，王振按人数大行赏赐，瓦剌得利后，此后派来的人也越来越多。

正统十四年（1449年），瓦剌又派出2500人来到明朝，为了领到更多的赏赐，虚报人数为3000人。但这一次王振却要求按实际人数进行赏赐，还将瓦剌进贡的马匹价格下调五分之四。瓦剌的朝贡队伍回去后，向其首领也先禀报。也先十分愤怒，以明朝赏赐不足为借口，亲率大军向明朝北部边境大同发起进攻。瓦剌军一路势如破竹，迅速向南推进。明朝西北守将多次率兵迎战，均不能敌，急忙向朝廷求援。王振对军事一窍不通，认为瓦剌军不过是逞一时之勇，只要皇帝肯御驾亲征，必能镇住他们，于是极力劝说朱祁镇率兵亲征。朱祁镇本来就对王振言听计从，又幻想着像先祖朱元璋、朱棣一样建功立业，名垂千古，便不顾群臣劝阻，在没有充分的准备情况下盲目出征。

兵部尚书邝埜（yě）得到圣旨后，急忙劝说道："现在时间仓促，我军毫无准备，必将处于不利之地。"吏部尚书王直也率领群臣进言："现在秋暑未消，天气炎热，旱气未回，青草不丰，水泉犹塞，士马之用不甚足。况且车驾既行，四方若有急奏，哪能尽快抵达？其他不测之祸，难保必无。万望圣上取消亲征之令，另行选将前去征讨。"但是，朱祁镇根本听不进去，执意要在两天后出征。

两天后，在朱祁镇的率领下，明朝20万大军浩浩荡荡地向北进发，对外号称50万。但是，因为准备时间不足，大军还没有到达大同便出现了粮草短缺的现象，又逢阴雨连绵，道路泥泞，军心开始动摇。

得知明朝大军到来，也先假装引军后退，将明军引诱到大同以北地区。正统十四年八月初一，明朝大军进入大同，看到瓦剌军向后撤退，以为敌人害怕了，便继续前进。邝埜等人感觉事情不妙，急忙劝阻皇帝不可冒进，以防中埋伏。但王振刚愎自用，坚持向北追击。次日，大同守将郭敬派人密报王振，说前线惨败，如果继续向北，正中瓦剌奸计。王振这才知道大事不好，急忙传令部队停止前进，并决定第二天撤出大同。

八月十日，明军刚退到宣府，瓦剌军便追赶过来。朱祁镇急忙命令恭顺伯吴克忠、都督吴克勤率兵断后，保护自己撤退，但他们二人很快战死。朱祁镇又下令成国公朱勇率3万大军堵截瓦剌，朱勇冒险来到鹞儿岭，立即被瓦剌军包围，最终全军覆没。

八月十三日，朱祁镇退到土木堡，距离怀来城20里，文武大臣主张进入城内。但王振不知道1000多辆辎重车也随军到达，害怕自己搜刮来的财物会丢掉，便强烈反对进城，下令在土木堡就地宿营。次日醒来，王振发现数十万军队已被瓦剌军包围。被围两天后，明军将士焦渴难耐，王振命人就地挖水，但挖了2丈多深仍不见一滴水，将士们怨声四起，人心惶惶。

八月十五日，为了麻痹明军，也先派人前来谈判，王振非常高兴，让朱祁镇委托内阁首辅曹鼐起草诏书，派人到也先军营中商谈具体事宜。也先假装撤退，让出土木堡南边的河流。明军不辨真伪，见有水可用，便下令移营取水，士兵们一窝蜂地涌到河边争抢着喝水。这时，早已埋伏好的瓦剌大军突然冲了出来，明军毫无防备，顿时阵脚大乱。最终，朱祁镇被俘，虎威将军樊忠愤怒之余，用手中的铁锤将王振的脑袋砸烂。

兵败的消息传到北京后，文武百官在大殿上号啕大哭。孙太后强忍悲痛，令朱祁镇的弟弟朱祁钰监国。都御史陈鉴上奏痛斥王振之罪，要求严惩。这时，王振的党羽马顺仍满口胡言，极力为王振辩护，给事中王竑怒不可遏，上前抓住马顺，当场将其打死。之后，朱祁钰下令将王振的侄子王山、王林及其家族、同党全部诛杀，家产全部充公，马顺暴尸街头。

兄弟夺位　南宫复辟

瓦剌军俘虏了朱祁镇，可以说是半喜半忧，喜的是连明朝皇帝都抓住了，忧的是不知道该杀该留。也先的弟弟伯颜帖木儿建议将朱祁镇留下，以便向明朝索要财物。也先觉得他言之有理，便留了朱祁镇一条性命。

与此同时，以于谦为首的大臣们向孙太后上书说，国不可一日无君，何况在此危难之际，应当尽快拥立朱祁钰为帝。于是，郕王朱祁钰登基称帝，遥尊被俘的朱祁镇为太上皇；同时下令边关将领不得私自与瓦剌部接触，即使对方打着太上皇的名义也不用理会。也先见占不到便宜，恼羞成怒，又发兵攻打北京，结果却被于谦等击败，无奈退兵。

至景泰元年（1450 年）八月，朱祁镇被俘已将近 1 年，瓦剌见无法从他身上得到好处，亦无法战胜明军，便派人南下议和，说愿意放朱祁镇回去。朱祁钰表面上答应，心里却很不高兴。

朱祁钰派杨善等人前去察探，不料杨善先斩后奏，将朱祁镇接了回来。八月十四日，朱祁镇抵达居庸关，次日悄悄进入安定门，回到了京城。朱祁钰将他囚禁在南宫中，命人将南宫大门上的锁用铅灌住，并加派锦衣卫严加看管，一日三餐从一个小洞里递进去。朱祁钰还下令将南宫周围的树全部砍掉，以防有人藏匿其中。朱祁镇在惊恐不安之中度过了 7 年。

朱祁钰在位期间重用大臣于谦，将朝政大事打理得井井有条。为了让自己一脉世代为君，他不仅软禁了朱祁镇，还执意废掉皇太子朱见深，将自己的独子朱见济立为太子。不料朱见济早逝，朱祁钰又不愿将皇位传给朱祁镇之子，皇储之位便一直空着。

景泰八年（1457 年）正月，朱祁钰突然病重，卧床不起。因为他膝下无子，一时人心惶惶。武清侯石亨、都督张𫐄（yuè）、宦官曹吉祥等人为求拥立之功，有意迎朱祁镇复辟。曹吉祥到后宫拜见孙太后，密告复辟一事，孙太后欣然同意。石亨与张𫐐则去寻求太常寺卿许彬的帮助，还连夜拜访了内阁首辅徐有贞，徐有贞大喜过望，与他们一同密谋。

景泰八年正月十六日晚，石亨、曹吉祥等人齐聚徐有贞家中，决定当夜发动政变。当时恰巧有瓦剌部扰边的战报传来，张𫐐以保护京城安全为由，将部队调入城中。石亨负责皇城卫戍，掌管城门钥匙，于四更时分打开长安门，将参与政变的军队放入皇城，然后反锁宫门，以阻遏外兵。

随后，石亨、徐有贞等人直奔南宫，因宫门紧锁，他们便撞破宫墙而入。朱祁镇慌忙走出来，徐有贞等人跪伏在地，请他重继大统，然后让人抬来乘舆，簇拥着朱祁镇前往大内。朱祁镇在途中询问诸人姓名，以示不忘功臣，随即从东华门进入大内。东华门守军本欲上前阻拦，朱祁镇亮明身份后，守门士兵皆转身逃跑。徐有贞等人将朱祁镇送入举行朝会的奉天殿，将他扶上御座，而后叩拜道贺，高呼"万岁"。

此时已是正月十七日凌晨五更时分，按照朝廷的规定，五更之前，文武百官必须在午门外朝房内等候。突然，宫中钟鼓齐鸣，宫门大开，徐有贞出来宣布太上皇复位，大臣们一个个目瞪口呆，不知如何是好。徐有贞催促百官列队进入宫中拜贺。时隔 8 年，朱祁镇再次端坐在奉天殿内的宝座上，面对文武百官的朝贺，心中感慨万分。正月二十一日，朱祁镇正式复皇帝位，改元天顺。

奸臣乱国　亡羊补牢

朱祁镇复辟当日，便对发动"夺门之变"的功臣大加封赏。徐有贞兼任翰林学士，进内阁参与机枢政务，加兵部尚书。与此同时，前兵部尚书于谦、大学士王文被逮捕下狱，诬以"更立东宫""谋迎立襄王子"等罪名，定为谋反，被判处极刑。朱祁镇认为于谦曾有大功，不忍将其杀害，但徐有贞却说："不杀于谦，复辟之事师出无名。"朱祁镇这才下定决心，于正月二十三日下令将于谦、王文处斩。

三月，朱祁镇封徐有贞为奉天翊卫推诚宣力守正文臣、武功伯，兼任华盖殿大学士，掌文渊阁事，赐诰券，子孙世袭锦衣卫指挥使。当时，陈循、萧鎡（zī）、商辂（lù）等阁臣皆被斥逐。徐有贞成为内阁首辅，朱祁镇对徐有贞十分信任，允许他可以随时进见。

徐有贞掌管内阁后，开始排除异己，企图独揽朝政大权。但曹吉祥、石亨同样居心叵测，徐有贞有意疏远他们，三人之间的矛盾日益激化。徐有贞经常在朱祁镇面前提及石亨、曹吉祥二人的不法行为，挑起朱祁镇对他们的不满情绪。后来，御史杨瑄上疏弹劾石亨、曹吉祥，称二人作恶乡邻。徐有贞与阁臣李贤皆称杨瑄所奏属实，朱祁镇遂下诏褒奖杨瑄，此后对他更加信任。石亨、曹吉祥心中怨恨，千方百计构陷徐有贞。当时朱祁镇经常屏退左右，与徐有贞密谈，曹吉祥便让小太监偷听他们的谈话，然后有意无意地把听到的内容说给朱祁镇听。朱祁镇非常惊讶，询问他如何得知。曹吉祥说："我是从徐有贞那里听说的。陛下那天对他说过什么事，外面没有不知道的。"朱祁镇信以为真，开始疏远徐有贞。

御史张鹏等人上疏弹劾石亨，结果奏疏还未呈上，便被给事中王铉泄露给了石亨、曹吉祥。石亨、曹吉祥马上到朱祁镇面前哭诉，说是内阁在幕后撑腰，想要陷害他们。朱祁镇大怒，将御史们下狱，并以"图擅威权，排斥勋旧"的罪名逮捕徐有贞。恰逢天气突变，雷电交加，冰雹大作，狂风吹折树木，朱祁镇认为这是上天示警自己，遂释放徐有贞，将他贬为广东参政。然而，石亨决意置徐有贞于死地，暗中投递匿名书指斥朱祁镇，然后嫁祸给徐有贞，称是徐有贞因怨恨而指使门客马士权所为。朱祁镇便下令抓捕已经起程的徐有贞，将他与马士权一同关进监狱。

不久，朱祁镇因承天门失火而大赦天下。石亨担心徐有贞获释后东山再起，便对朱祁镇说："徐有贞封爵时，自撰诰券辞文，其中有'缵禹成功'之句，而且他选择了武功县作为封邑。大禹曾受禅称帝，而武功县曾是曹操封邑。他这是以大禹、曹操自比，有非分之想。"刑部侍郎刘广衡认为应将徐有贞斩首弃市，朱祁镇没有接受建议，仅将其贬为庶民，流放金齿。

十二月，朱祁镇重新审议参与"夺门之变"的人员，对有功者进行奖励。此时，曹吉祥和石亨已经完全操纵朝政，他们趁机为自己加官晋爵，还千方百计地培植党羽，扩充势力。后来，石亨、石彪叔侄家中私养大量官员、猛士，数量多达几万，甚至朝中武将也有一半以上是石亨提拔上去的。

久而久之，朱祁镇对石亨有所警觉，开始忌惮他们叔侄手握重兵，想要削弱他们的兵权。他下诏让石彪入京任职，石彪很不情愿，暗中派千户杨斌等50多人在朱祁镇面前为自己美言，请求继续镇守大同。朱祁镇心中更加怀疑，下令秘密将杨斌等人抓捕入狱，严刑拷问。杨斌等人受刑不过，只好将事情原委一五一十地讲了出来。之后，朱祁镇再次下令石彪必须回京，并将其夫人带到锦衣卫监视起来。朝中大臣见石家大势已去，纷纷上疏弹劾他们叔侄二人贪污受贿、欺上瞒下、阴谋叛乱的行为。朱祁镇下令将石亨关入大牢，石亨不久即死于牢中。随后，石彪也被处死。

曹吉祥知道朱祁镇下一步必将对付自己，决定孤注一掷，发动政变。天顺五年（1461年）七月，甘州、凉州传来告急文书，朱祁镇派怀宁侯孙镗率军前去支援。曹吉祥看准时机，打算派侄子曹钦袭击孙镗，夺得兵权，他则率领禁卫军作为内应，一举拿下朱祁镇。不料二更时分，曹吉祥手下的将官马亮因为害怕，跑到宫中向朱祁镇告发曹钦叔侄。朱祁镇大惊失色，急忙下令逮捕曹吉祥，并封闭皇城及京师各城门。曹钦久等马亮不回，心知大事不妙，匆忙率领几百人向长安门杀去。他们到了门口，见大门紧闭，又冲入朝房，杀死了几个官员，然后一把火烧了东、西长安门。这时，孙镗率领大军赶到，将曹钦一伙团团围住。曹钦知道大势已去，遂投井自杀；曹吉祥随即被抓捕入狱，三天后被处死。

朱祁镇因为过于宠信曹吉祥和石亨，最终酿成大祸，此后，他吸取教训，有心提拔贤良正直的大臣辅佐自己。然而，经过这一系列的事件，明朝的国力大为削弱，朱祁镇本人的身体也一天不如一天，大明开始走下坡路了。

任用贤臣　仁俭爱民

朱祁镇复辟之后，命李贤兼任翰林学士，入文渊阁当值，与徐有贞共同处理朝政大事。李贤为人正直，深受朱祁镇信任。由于全国各地汛情频发，长江两岸灾情最为严重，李贤一边筹划边防，一边安抚灾民，并建议免除所有的征税。朱祁镇便下令取消当年的所有征税，以减轻老百姓的负担。有一天，天空中忽然传来一阵莫名其妙的响声，似雷非雷。朱祁镇以为是天降大灾，急忙派人祈福消灾，并让李贤写祈祷文稿。李贤趁机进言道："之所以天降灾难，都是因为君主不体恤百姓，应当立即下令停罢江南织造，并对锦衣卫监狱进行清理，禁止边臣再对朝廷贡献，内外采买也全部停止。"但这些提议显然触犯了朱祁镇的利益，所以他没有同意。李贤不肯罢休，又连着四次上书请求，其他大臣都为他感到担心，劝他适可而止，他却说："身为大臣，理应大胆进谏，怎能因为贪生怕死而沉默不语。"

曹钦发动叛乱时，李贤正在东朝房当值，被曹钦打伤。曹钦威逼李贤写奏章为自己开脱，幸好王翱赶来将李贤救走。之后，李贤马上写奏章，请求快速缉拿罪犯。叛乱平息后，朱祁镇对李贤百般抚慰，并加封他为太子太保。李贤对朱祁镇说，既然叛乱已经平息，就应该下令停止不必要的建设和采办，广开言路，检讨自己的过失，得到朱祁镇应允。

当时有个锦衣卫指挥使叫门达，利用自己的职权为非作歹，锦衣卫校官又欺压百姓，引起了很大的民怨。李贤对此十分气愤，多次上书弹劾门达，朱祁镇将门达狠狠地训斥了一顿。门达从此对李贤记恨在心，曾借袁彬案陷害李贤，差点要了他的性命。

后来，朱祁镇生病无法起床，太监趁机挑拨他和太子朱见深之间的关系。朱祁镇询问李贤的意见，李贤说："太子为人正直，究竟该如何，望陛下三思！"朱祁镇又问道："难道皇位非要传给太子不成？"李贤回答说："只有这样，大明江山才可以稳固久长。"朱祁镇心中有了主意，立即召见朱见深。朱见深看到父亲病危，痛哭流涕，在李贤的搀扶下下跪叩头，朱祁镇见状也泪流满面，猜忌之心顿无。

朱祁镇两次登上皇帝宝座，中间经受了8年的牢狱之灾，这样的经历在古代帝王中是极少见的。临终前，他下令释放被监禁50多年的朱文圭，即建文帝朱允炆的儿子。朱文圭自建文四年朱棣攻占南京后便被幽禁，当时他才2岁，到他获得自由已经50多岁，出狱后连牛、马、羊都不认识。朱祁镇还下令废除朱棣、朱高炽、朱瞻基所实行的后妃殉葬制度。这也是因为他的父亲朱瞻基驾崩的时候，被迫从死的妃子"哭声震殿阁"的场面，使他受到了强烈刺激，成为一生无法忘怀的噩梦。他13岁那年，兄长周王朱有燉去世，他写信给另一个兄长朱有爝，希望废除活人殉葬制度。但是，朱有燉的妃子巩氏，夫人施氏、欧氏、陈氏、张氏、韩氏、李氏，仍被迫殉葬。朱祁镇废除殉葬制度，得到了官员和百姓的大力拥护，也成为他的一大政绩。

天顺八年（1464年）正月，朱祁镇病逝。

注释：

①隆庆右卫：明永乐三年（1405年）置，治今北京昌平区西北居庸关北口。属后军都督府。宣德五年（1430年）移治怀来城，现没于官厅水库。属万全都司。隆庆元年（1567年）改名为延庆右卫。

②指挥佥事：秩正四品，明代京卫指挥使司所辖，协理禁中警卫部队，为"分巡道"前身。

代宗朱祁钰

朱祁钰档案

生卒年	1428—1457 年	在位时间	1449—1457 年
父亲	明宣宗朱瞻基	谥号	恭仁康定景皇帝
母亲	吴贤妃	庙号	代宗
后妃	汪皇后、杭皇后等	曾用年号	景泰

朱祁钰,明宣宗朱瞻基次子,明英宗朱祁镇异母弟,明朝第七位皇帝。

正统十四年,朱祁镇不顾群臣劝阻,在宦官王振的蛊惑下执意出兵瓦剌,结果成为瓦剌的俘虏。鉴于国不可一日无君,在于谦等大臣力劝下,孙太后同意由郕王朱祁钰监国,不久又拥立他登基称帝,次年改元景泰。

朱祁钰在位期间,政治上,广开言路,招贤纳士,清除阉党势力,重用于谦等贤臣;军事上,重新组建新的戍军,建立统一的指挥制度,对瓦剌采取抵抗到底的策略,最终取得了北京保卫战的胜利;经济上,减免赋税,赈济灾民,治理水患,督促农桑,同时提倡节俭,减免宫廷开支,停止各类采办。在他的整顿和改革下,明朝的政治由乱而治,渐有起色。

景泰八年(1457 年)正月,发生了"夺门之变",朱祁镇复位,改元天顺。朱祁钰被废为郕王,软禁于西苑。不久,朱祁钰病逝,终年

30 岁，谥号为"戾"，葬于北京西山明朝藩王墓地。后来，明宪宗朱见深追认其为皇帝，谥号恭仁康定景皇帝，庙号代宗，史称明景帝。

罪人之子　临危继位

朱祁钰的生母吴氏本是汉王朱高煦宫中的侍女，后来朱高煦叛乱，朱瞻基御驾亲征，将朱高煦父子捉拿问罪，汉王府的女眷也全部被充入后宫。吴氏长得非常漂亮，被朱瞻基看上，于回京途中将其临幸。但吴氏是戴罪之身，依律不能封为嫔妃，朱瞻基便把她安置在紧靠宫墙的一座大宅院里，吴氏后来生下一子，即朱祁钰。朱瞻基破例将吴氏封为贤妃，但仍住在宫外。

宣德八年（1433年），朱瞻基病重，将朱祁钰母子召入宫中，托付给张太后。朱祁镇继位后，朱祁钰被封为郕王。

正统十四年，北方瓦剌入侵，朱祁镇在宦官王振的蛊惑下，决定御驾亲征，留朱祁钰在京都监国。结果，朱祁镇被瓦剌俘虏。消息传到北京后，大臣们惊慌失措，翰林院侍讲徐有贞根据天象的变化，提议迁都南京，得到了很多人的支持；以于谦为代表的主战派则坚决反对南迁，认为皇陵宗庙都在北京，不可轻易迁移。朱祁钰权衡再三，决定固守北京。

与此同时，朝中大臣想到了蛊惑朱祁镇御驾亲征并死于前线的宦官王振，于是联名上奏，要求对其抄家灭族，以平民愤。这一举动正合朱祁钰的心思，他马上下诏将王振家产抄没，诛灭九族。受到王振迫害的官员们纷纷站了出来，甚至跪在午门外，强烈要求惩处王振余党。王振的党羽锦衣卫指挥马顺、王山相继被处死，这就是历史上有名的"午门血案"。

铲除了王振余党后，朱祁钰的声望得到了很大的提高，京城内人心初定。这时，于谦等人认为京城虽然平静，但边境仍然受到敌人的骚扰，况且国家不可一日无君，必须尽快立一个皇帝来安定人心，于是向孙太后提出让朱祁钰继承皇位。孙太后见朱祁镇一时半会回不来，太子朱见深又年幼，遂答应由朱祁钰继位。朱祁钰对太后的懿旨和群臣的劝进再三推辞，最后不得已答应下来。

击败瓦剌　软禁英宗

朱祁钰继位后，采纳于谦等人的建议，拒绝与瓦剌议和，使得也先挟天子索要财物的希望落空。也先气急败坏，多次对明朝北部边境发动攻击，攻破紫荆关，直逼都城北京。面对强大的敌人，朱祁钰下诏边关守将不得与瓦剌私自接触，同时将两京、河南的备操军，山东、南京沿海的备倭军，江北及北京各府的运粮军，全部调入北京，交给于谦统一指挥，并提升他为兵部尚书。于谦凭借出色的指挥才能，身先士卒，带领将士们和京城的百姓经过5天的激战，打败瓦剌军，取得了北京保卫战的胜利。

随后，明朝增加了边境的防守力量，使瓦剌军找不到进攻的机会。也先不得不放弃攻打明朝的打算，派人到北京议和。为了恢复明朝的通贡和互市，景泰元年（1450年）八月，也先决定将朱祁镇送回北京。

但朱祁钰登上了皇位，自然不愿将到手的皇权再拱手相让。因此，当他得知也先要放回朱祁镇时，表面上很高兴，心里却很不乐意，所以对大臣们的催促一拖再拖。于谦明白朱祁钰的心思，安慰他道："皇上尽管放心，现在木已成舟，不会再有改变，还是早点将太上皇迎回来为好。"朱祁钰这才放下心来，遂派李实、杨善出使瓦剌，商议接回朱祁镇的具体事宜。

李实、杨善到达瓦剌后，来了个先斩后奏，直接将朱祁镇接回北京。朱祁钰让朱祁镇抵达北京后，由安定门入城，然后改乘法驾，入东安门。他亲自到东安门迎接朱祁镇，兄弟二人劫后重逢，自然免不了一番唏嘘。朱祁镇见弟弟已经坐稳皇位，表示愿意做太上皇。但朱祁钰并不放心，下令将朱祁镇软禁在南宫中，禁止其与外界接触。为了防备朱祁镇与旧臣联系，朱祁钰对其一举一动均严加防范，甚至让人将南宫周围的树全部砍掉，使之不能藏人。

体察民情　治理黄泛

尽管与瓦剌的战斗取得了胜利，朱祁钰深知要治理好国家，必须安抚民心。由于几年来战事不断，加上全国大面积受灾，饥民遍布，朱祁钰下令对灾区实行抚恤政策，尤其是对河南、山西、山东这些受灾严重的省份，不仅减免赋税，还及时发放赈灾粮。

朱祁镇在位的时候，黄河多次泛滥，给当地百姓带来沉重灾难，朱祁镇虽然也派了人去治理，但都以失败告终。经大臣们推举，朱祁钰将徐有贞召回京城，命他负责治理黄河。徐有贞不辱使命，他总结此前治理失败的教训，制定了一套切实可行的治理计划：趁河水平缓时，在上游疏通河道，然后在中下游开挖新的河道，固筑堤坝，修成广济渠，最终成功治理了黄河水患。

南宫复辟　身败名裂

当初朱祁钰登基的时候，孙太后将朱祁镇之子朱见深册立为太子，其用意非常明确，即大明江山将来还是由朱祁镇一脉继承。然而，随着帝位渐渐稳固，朱祁钰已经不满足于自己做皇帝，产生了将帝位传给自己的子孙后代的想法。他首先试探身边的太监金英说："七月初二，是东宫太子的生日，还记得否？"金英立刻回答说："陛下可能记错了，东宫生日是十一月初二。"实际上，七月初二是朱见济的生日，朱见深的生日是十一月初二。

这次试探，使朱祁钰知道废除太子并非易事，不可操之过急。到景泰三年（1452年），朱祁钰终于把侄子朱见深废掉，立朱见济为皇太子。但朱见济在被立为太子的第二年便患病去世，使朱祁钰的精神深受打击。

明朝信奉正统，认为皇位应该属于英宗一系。贵州道监察御史钟同曾说："太子薨逝，足知天命有在。"并当着文武百官的面陈说利弊。朱祁钰听后大怒，将钟同打入大牢并杖击而死。

大们臣见状，又开始商议立储之事，其中以武清侯石亨、大臣徐有贞和宦官曹吉祥表现得最为活跃。石亨和曹吉祥一个武夫一个宦官，两人都鼠目寸光，缺少长远打算，一致主张重新册立朱见深为太子。徐有贞倒是深谋远虑，认为朱祁钰卧病在床，正是天赐良机，不如迎朱祁镇复位。石亨和曹吉祥也表示赞同。

于是，三人按计划行动，于夜深人静时由徐有贞、石亨带人到朱祁镇被囚禁的南宫，撞倒院墙，将朱祁镇接了出来。天亮时，文武百官齐聚奉天殿等待早朝，意外地看到徐有贞和石亨保护着朱祁镇到来。朱祁镇坐到龙椅上，徐有贞冲着百官高喊："太上皇复位了！"众人都被这突如其来的变化惊呆了，一时手足无措，最后在徐有贞的催促下列队向朱祁镇行礼，表示庆贺。

朱祁镇复位后，改元天顺，将朱祁钰贬为郕王，并将朱祁钰重用的大臣于谦、王文、陈循、俞士悦、江渊等逮捕入狱，于谦因为被徐有贞记恨而被杀。徐有贞、石亨因拥立有功，受到了提拔重用。

几天后，朱祁钰病逝，以亲王的规格葬于北京西山，其嫔妃也被赐死殉葬。

宪宗朱见深

朱见深档案

生卒年	1447—1487 年	在位时间	1464—1487 年
父亲	明英宗朱祁镇	谥号	继天凝道诚明仁敬崇文肃武宏德圣孝纯皇帝
母亲	孝肃皇后周氏	庙号	宪宗
后妃	吴氏、王氏、万贵妃等	曾用年号	成化

朱见深，初名朱见濬，明英宗朱祁镇长子，明朝第八位皇帝。

朱见深幼年便被立为太子，"土木堡之变"后被废为沂王。朱祁镇复辟后，他又恢复了太子之位。天顺八年，明英宗朱祁镇驾崩，朱见深继位，时年18岁，次年改元成化。

朱见深在位前期，任用李贤、商辂、彭时等人治国理政，减免赋税，减轻刑罚，吏治清明，朝纲振兴，但他执政后期的所作所为却加剧了明朝的政治腐败。

成化二十三年（1487 年），朱见深驾崩，终年41岁，谥号继天凝道诚明仁敬崇文肃武宏德圣孝纯皇帝，庙号宪宗，葬于明十三陵之茂陵。

继位不易　先明后暗

正统十四年（1449年），年仅3岁的朱见深被册立为皇太子。同年，明英宗朱祁镇御驾亲征瓦剌，结果在土木堡兵败被俘。郕王朱祁钰登上皇位后，朱见深的太子之位也被朱祁钰之子朱见济取而代之，但朱见济在被立为太子的第二年便夭折了。

景泰八年正月，明代宗朱祁钰病重，大臣石亨、徐有贞等人撞开南宫大门，迎朱祁镇复位。同年，朱见深被重新立为皇太子。天顺八年二月，明英宗朱祁镇病逝，朱见深继位，次年改元成化。

朱见深继位后，下令为于谦平反，又捐弃恩怨，恢复明代宗朱祁钰的帝号，重修其陵寝，他宽大的胸怀博得了朝野上下的一致好评。有一次，左庶子黎淳旧事重提，谈及明代宗时期废黜太子之事，朱见深却说："景泰年间的事情已经过去了，朕不会在意，况且这些也不是臣下当说的。"

朱见深还重用李贤、彭时、商辂等内阁大臣，在他们的忠心辅佐下，内蓄国力，外立武功，陆续平定了西南、两广、宁夏、山西一带的叛乱，并在荆襄一带设置郧阳府，将流民以户籍的形式固定在当地，解决了持续上百年的荆襄流民问题；对于频繁骚扰边境的建州女真，除了不断出兵打击，他还谕令朝鲜出兵协助，史称"成化犁庭"。总的来说，朱见深继位之初朝政还算清明，他对李贤极为倚重，李贤也尽职尽责，知无不言，言无不尽，可惜他辅政不久便去世了。

成化十三年（1477年），由于京城"妖狐夜出"的神秘案件及妖道李子龙以旁门左道蛊惑人心，朱见深十分紧张。为了了解臣民的动向，新的内廷机构西厂在他的支持下得以成立，由太监汪直担任提督，气焰十分嚣张，短时间内连兴大狱，弄得朝野人心惶惶。在内阁大学士商辂、尚书项忠等人的劝谏下，朱见深撤销了西厂，但仅仅隔了一个月，他又下令恢复西厂。

独宠万氏　国政混乱

朱见深在父辈的皇位之争中度过了幼年时期，精神上受到了严重伤害，并因此落下了口吃的毛病。这也导致他上位后很少召见大臣，即使召见也很少说话，处理政事一般是通过太监传话。

朱见深还小的时候，为了照顾他的生活，孙太后特意派宫女万贞儿去侍奉他。万贞儿是山东诸城人，4 岁便进宫，为人聪明伶俐，又生得一副姣好的面容，是孙太后身边的红人。

万贞儿比朱见深大 17 岁，既像姐姐，更像养母。在她的精心照顾下，朱见深逐渐长大成人。多年的相处也使两人的关系发生了微妙的变化，万贞儿聪明狡黠，在以奴婢的身份照料太子的同时，又以一个成熟女人的似水柔情，向太子传递了一个恋爱中的女人才会有的绵绵爱意。

朱见深 18 岁继位，此时万贞儿已经 35 岁，她机警聪明、善于逢迎，又擅长风月，深受朱见深宠爱。万贞儿依仗自己得宠，在后宫肆无忌惮，为所欲为。

朱见深还是太子时，宫中已有三房妻妾，即吴氏、王氏和柏氏。吴氏被立为皇后以后，不能容忍身份卑贱的万贞儿目空一切、专横跋扈，终于有一天抓住了她的把柄，下令对她施以杖刑。万贞儿受到责罚后，在朱见深面前哭诉，朱见深龙颜大怒，下诏将吴皇后废为庶人。就这样，吴氏只当了一个月的皇后便被赶下台去。

吴皇后被废，按顺序当立王氏为皇后。因为有前车之鉴，王氏当上皇后以后，对万氏也忌惮三分，不敢在她面前摆皇后的架子。万贞儿因此越发在宫中横行不法，排除异己，不给其他后宫妃嫔侍寝的机会。于是，人们经常可以看见朱见深的车驾前，除了仪仗之外，还有万贞儿耀武扬威地在前面开路。

成化二年（1466 年）正月，万贞儿生下了皇长子。朱见深非常高兴，特意派人到全国各地著名的山川河流、名刹古寺进行祭奠，并下诏封万贞儿为贵妃。

幸得纪氏　后继有人

正当万贵妃沉浸在即将晋升为皇后的美梦中时，她的儿子不幸夭折，这使她一下子掉进了痛苦的深渊，晋升皇后的希望也就此破灭。此后，尽管她将皇帝牢牢地把持住，却再也无法怀孕，为此还将满腹怨气发泄在宫女身上。后宫中凡是被朱见深临幸过的嫔妃宫女，无论怀孕与否，全部遭其毒手，有的被罚做苦役，有的被害身亡，有的被强行喝药堕胎，以致后宫人人自危。

有一年广西土司叛乱，朝廷派兵镇压，将纪姓土司杀死，其女纪氏被押到北京做了宫女。纪氏长得相貌端庄、聪慧秀丽，因为没有资格伺候皇帝和后妃，被派往一处宫室管理书籍。一天，朱见深到内承运库询问内藏收支情况时与纪氏相遇，见她长得漂亮，便临幸了她，纪氏因此怀孕。万贵妃听说纪氏怀孕后，派宫女强迫纪氏堕胎。宫女们一时起了怜悯之心，向万贵妃谎称纪氏是得了腹胀病，并不是怀孕。于是，万贵妃把纪氏贬到了安乐堂。

成化六年（1470年）七月，纪氏在安乐堂生下一子，也就是后来的明孝宗朱祐樘。万贵妃知道后，让太监张敏去溺死纪氏的孩子。张敏心善，将孩子藏在别处，谎称孩子已经被溺死。因为事情办得非常机密，万贵妃虽然有所怀疑，并派人多方打听，但始终没有结果。

成化二十三年（1487年），万贵妃已经58岁，性格变得更加喜怒无常。一天，她怒气冲冲地杖责一名宫女，因为身体肥胖，又用力过猛，竟然闭过气去，再也没有醒来。

朱见深对于万贵妃的死，始终无法释怀，沉浸在悲痛之中，茶饭不思，连续不上朝理事长达7日，还常常独自发呆，叹息道："万贵妃去了，朕还能活多久？"由于整天郁郁寡欢，朱见深的身体终于支撑不住，没多久也随万贵妃而去。

孝宗朱祐樘

朱祐樘档案

生卒年	1470—1505 年	在位时间	1487—1505 年
父亲	明宪宗朱见深	谥号	达天明道纯诚中正圣文神武至仁大德敬皇帝
母亲	纪氏	庙号	孝宗
后妃	孝康敬皇后张氏	曾用年号	弘治

朱祐樘，明宪宗朱见深之子，明朝第九位皇帝。

成化二十三年，明宪宗朱见深驾崩，朱祐樘继位，时年18岁，改元弘治。

朱祐樘为人宽厚仁慈，躬行节俭，在位时勤于政事，重视司法，广开言路，任用王恕、刘大夏等贤臣，努力扭转朝政腐败状况，使社会矛盾得到缓和，开创了明王朝的中兴时代，史称"弘治中兴"。

弘治十八年（1505年），朱祐樘驾崩于乾清宫，终年36岁，谥号为达天明道纯诚中正圣文神武至仁大德敬皇帝，庙号孝宗，葬于明十三陵之泰陵。

少年不幸　继位清明

朱祐樘的母亲纪氏怀孕的时候，朱见深正专宠万贵妃，万贵妃嫉妒心很强，加上自己的儿子幼年夭折，她无法容忍后宫其他嫔妃怀孕生子。所以，当她听说纪氏怀孕的消息后，马上命身边的宫女去强迫纪氏堕胎。宫女同情纪氏，谎称纪氏不是怀孕，而是得了腹胀病。万贵妃信以为真，朱祐樘这才得以降生人世。万贵妃得知纪氏生子，大发雷霆，命太监张敏将婴儿溺死。张敏和废后吴氏合谋将朱祐樘藏入密室中抚养，使他躲过一劫。

万贵妃所生的皇长子夭折后，朱见深次子朱佑极于成化五年（1469年）出生，两年后被立为皇太子，但很快又不幸夭折，朱见深为此整天闷闷不乐。有一天，他又一次想起逝去的儿子，对张敏说："朕都这么一把年纪了，还没有儿子，江山又该传于何人呢？"张敏看到皇上伤心的样子，就将小皇子的事情讲了出来。朱见深听了十分意外，立即召见朱祐樘。看着这个长得很像自己的儿子，他喜出望外，当即将纪氏封为淑妃。

事情很快传到了万贵妃耳中，她非常恼怒，在朱祐樘被立为太子前一个月害死了纪氏，命太监张敏吞金自杀。因为万贵妃正得宠，朱见深不愿深究，此事最终不了了之。为了保住皇帝的唯一血脉，周太后将朱祐樘接到自己宫中亲自抚养，并从小教育他怎样保护自己。朱祐樘聪明伶俐，很有头脑，万贵妃想要加害他，却始终找不到下手的机会。

成化二十三年，万贵妃突然病逝，没多久朱见深也随她而去。朱祐樘继位之后，朝中大臣纷纷上书请求严惩万氏族人，但朱祐樘却表现得十分大度，没有进行追究。

儿时这段不寻常的经历，造就了朱祐樘嫉恶如仇的性格。他继位以后，严厉惩处了太监梁芳、礼部右侍郎李孜省等一大批贪官污吏。太监梁芳因为送给万贵妃大量财物而得宠，一些奸佞之徒通过他的关系入朝为官，并得到提拔，朱祐樘将这些人全部罢免。李孜省依仗万贵妃，一人把持内阁，随意任免内阁官员，为所欲为。朱祐樘先是罢免了李孜省的官职，然后将其违规提拔的官员，冒领官俸的伶人、僧道共计3000人全部罢免。大臣万安因为与万贵妃同姓，自称为侄，在万贵妃的庇护下肆意妄为、劣迹斑斑，朱祐樘继位后，他又企图通过进献房中之术来取得信任。朱祐樘气愤至极，当面对他予以严厉指责，并罢免其官职。朱祐樘在清理朝政的过程中虽然严厉凛然，但除了下令处死罪大恶极的僧人继晓外，并没有开杀戒。

在罢免奸佞之徒的同时，朱祐樘也不忘选贤任能，提拔了王恕、马文升、刘大夏、徐溥、刘健、李东阳、谢迁等名臣，时有"朝多君子"之盛况。为了尽快熟悉官吏的情况，他特意让吏、兵两部将两京文武大臣以及任职在外的知府守备以上官员全部抄录在册，贴在文华殿的墙壁上，遇到有人升迁，立即更改。在官员任用上，朱祐樘要求非常严格，多次要求吏部、都察院在任免前严格考查官员的政绩。这一系列措施，使朝廷中很快呈现出一派政治清明的景象。

朱祐樘还非常注意广开言路，善于听取大臣的意见。监御史马文升上书十五条，其中提到朝廷应该节约费用，减轻百姓负担，言语犀利、尖锐、深刻。朱祐樘看后觉得非常在理，立即下令削减朝廷开支，并奖励了马文升。自明太祖朱元璋以来，皇帝都是每天一次早朝，而且时间很短，很多大臣还来不及发表意见便散朝了，很多事情只能通过太监来传达。针对这一情况，吏部尚书王恕建议皇帝除了早朝以外，可以在便殿召见大臣，共议朝政大事，这样不仅有助于提高办事效率，而且可以直接听取大臣的意见。朱祐樘认为这个主意不错，遂下令增加午朝，每天在左玄门接见大臣，共议朝政，取得了良好的效果。

朱祐樘在位期间，节俭成风，严禁宗室、皇亲霸占老百姓的土地，侵犯百姓利益。他还多次减免灾区粮赋，颇有几分明仁宗朱高炽、明宣宗朱瞻基之遗风。

在对外关系上，朱祐樘也颇有建树，先是打败了吐蕃，将嘉峪关以西的土地收回；又对哈密地区加强经营；还修缮长城，以抵御蒙古的袭扰。

在朱祐樘执政的18年间，社会矛盾得到缓和，统治阶级内部也没有较大纷争，政治上相对稳定，被史家誉为"弘治中兴"。

不近女色　躬行节俭

朱祐樘继位以后勤于朝政，不近女色，与张皇后厮守一生。张皇后来自河间兴济，据说其母"梦月入怀"，不久就生下了她。她不仅相貌出众，而且生性贤惠、温柔善良，于成化二十三年被选入宫中，成为皇太子妃。其父也被封为昌国公，两个弟弟则被封为侯伯。他们一家贵为皇亲，却从不干涉朝政，对自己要求十分严格。因为两人为患难之交，所以朱祐樘对张皇后的感情非常深厚，成婚以后两人相敬如宾，出入成双，形影不离。

张皇后一共生育了两子一女，次子不幸夭折。眼看皇上只有一个子嗣，大臣们为了大明江山着想，希望皇帝多纳几个妃子，但却遭到朱祐樘的断然拒绝，这在中国2000多年的封建历史中是极为罕见的。

朱见深在世的时候，最爱穿松江府织造的大红细布制作的衣服，为此每年要向松江摊派上千匹这种织品。这种织品十分珍贵，做工极其复杂，名虽为布，其实为细绒织就。朱祐樘还是太子时，内侍就专门用这种布料为他做衣服。但是，他认为太过浪费，坚决不用。当上皇帝后，他又下令停止纺织这种布料。

弘治元年（1488年），朱祐樘派卢思慎出使朝鲜。朝鲜国王向卢思慎问起明朝皇帝，卢思慎客观公正地评价了朱祐樘父子，说朱见深用人时全凭自己的好恶，而朱祐樘任用官员则公平公正。朱祐樘将朱见深时期的弊政全部革除，从不缺席朝会，在宴请文武大臣时也从不使用歌舞音乐，不设杂戏，一生衣着朴素，从不奢华。

由于童年时历经苦难，朱祐樘一直体弱多病，一度希望通过佛道之术来改善自己的身体状况，但却无济于事，反而引发了宦官李广祸乱朝政事件。痛定思痛，他又开始大力整顿朝纲，但繁忙的政事也使他的身体变得越来越差，于弘治十八年五月七日病逝于乾清宫。

武宗朱厚照

朱厚照档案

生卒年	1491—1521年	在位时间	1505—1521年
父亲	明孝宗朱祐樘	谥号	承天达道英肃睿哲昭德显功弘文思孝毅皇帝
母亲	张皇后	庙号	武宗
后妃	夏氏、吴氏、沈氏等	曾用年号	正德

朱厚照，明孝宗朱祐樘嫡长子，明朝第十位皇帝。

弘治十八年，明孝宗朱祐樘驾崩，朱厚照继位，时年15岁，改元正德，后世称之为正德帝或明武宗。

朱厚照在位期间，荒嬉无度，疏于朝政，信用以刘瑾为首的8个太监，时称"八虎"，使得朝廷中政治黑暗、奸党横行，社会经济不断恶化，农民起义接连爆发，宗室安化王朱寘鐇（zhì fán）、宁王朱宸濠也先后起兵夺位。

正德十六年（1521年）三月，朱厚照驾崩，终年31岁，谥号承天达道英肃睿哲昭德显功弘文思孝毅皇帝，庙号武宗，葬于康陵。

生母之争　历史遗案

朱祐樘一生只有二子，次子朱厚炜早夭，朱厚照是张皇后所生的长子，出生于弘治四年（1491年）九月二十四日申时，这个时辰在卦书上被称为"贯如连珠"，象征着将来必定大富大贵。据说明太祖朱元璋的出生时辰和他差不多，因而成了明朝的开国皇帝。

朱厚照刚被立为太子的时候，宫中流传谣言说朱厚照不是张皇后所生，对他的地位产生了很大的威胁。原来，张皇后婚后4年一直不孕，文武百官都替皇上感到着急，纷纷劝谏废掉张皇后，再立一个新的皇后。但是，朱祐樘和张皇后感情深厚，不忍废黜，就和张皇后在宫中斋醮求子。正所谓心诚则灵，弘治四年（1491年）九月，张皇后生下一子，也就是朱厚照。

但是，在张皇后生产之前，文武大臣从来没听说过皇后怀孕的事情，于是流言四起，纷纷猜测这个孩子不是张皇后所生，而是后宫某个宫女的孩子。3年后，张皇后又生下一子，起名朱厚炜。然而这并没有堵住大家的嘴，谣言反而越传越快，就像长了翅膀，没几天就在全国闹得沸沸扬扬，并引发了一场大案，即"郑旺妖言案"。

郑旺本是武成中卫的一个普通士兵，因为家境贫寒，其女郑金莲12岁时被卖到大户人家做婢女，后来有幸被选入宫中。郑旺知道后十分高兴，通过关系结识了宦官刘山，时常托他给女儿带一些时令水果，郑金莲也经常托刘山将宫中的衣服转交给父亲。郑旺得了这些衣服，有些得意忘形，四处向人炫耀说女儿深受皇帝宠爱。人们信以为真，都巴结着称他为"郑皇亲"。因此有流言传出，称朱厚照其实是郑氏所生，被张皇后强行霸占抚养。朱祐樘和张皇后并没有将谣言放在心上，没想到却被人们误解为默认，也为后来发生的事情埋下了祸根。

弘治十七年（1504年），朱厚照渐渐长大，朱祐樘担心流言会影响太子将来继位，于是命人将郑旺、刘山二人抓来，亲自审问。不久，刘山以干预内政的罪名被处死；郑旺以妖言惑众、冒认皇亲的罪名被关入大牢；郑金莲被送入浣洗局。但事情并没有就此结束，人们又提出疑问：这种案件本来应该交给专门的审理机构，没有必要劳动皇帝，朱祐樘坚持御审，是不是有什么秘密不想让人知道？判决结果也大大出人意料，仅将刘山一人斩首，而且是毫不相干的罪名，明摆着就是杀人灭口；而谣言的制造者郑旺只被判了个监禁。

随着朱厚照的继位，这件事又有了新的进展。正德二年（1507年），被释放的郑旺没有接受教训，依然坚称皇帝是他女儿郑氏所生。郑旺的同乡王玺本性好事，听说这一消息后心中甚为不平，于是买通道路，闯进东安门，向皇帝告御状，说他"囚禁国母"。朱厚照闻言大怒，当即将郑旺、王玺抓了起来，以妖言罪处死。此事才算最终了结。

不过，人们对于朱厚照的身世依然争论不休。有人认为，郑旺前后两次被捕，都是妖言罪，但处理的结果却大不相同，这是因为他第一次被抓的时候，朱祐樘和张皇后心中有愧，因此判刑较轻，有意偏袒郑旺。郑旺第二次被捕时，朱厚照已经继位，一旦他并非嫡长子的身份被公开，将会危及其统治地位，所以必须杀人灭口。

重用"八虎" 荒废朝政

朱厚照8岁时，经文武大臣多次请求，朱祐樘终于答应让他出阁读书。朱厚照非常聪明，老师教他的东西总能很快学会，很多儒学老师连续讲诸子百家经史子集，时间安排得十分紧凑，朱厚照经常一听就是一天，从来没有厌学的表现。下课时，他每次都向老师躬身致敬、作揖告别，礼节非常得体。朱祐樘很关注朱厚照的学业，不时到学宫检查他学习的情况，提一些问题让他回答，朱厚照总是对答如流。很快，朱厚照就对宫廷内的烦琐礼节了如指掌，等朱祐樘再来时，他便率众趋前迎接，按照学过的礼节恭恭敬敬地行礼，并回答朱祐樘所提的问题。朱厚照的礼貌和聪明令朱祐樘深感欣慰，君臣一致认为皇太子将来必能成为贤明之君。

为了开阔朱厚照的视野，朱祐樘每次外出都把他带在身边。但是，频繁的外出也使朱厚照对读书失去了兴趣，渐渐变得不思进取，学会了踢球、斗蟋蟀、角觝等游戏。他对骑马射箭很感兴趣，在太监们的教习下，他很快学会了骑马射箭，对打马飞奔、挽弓射箭越来越娴熟。有人将他的这些变化告诉张皇后，张皇后感到十分担忧，但朱祐樘却完全不放在心上，对张皇后说："孩子将来要干大事，学习军事是必需的，他这么小就知道居安思危，实属难得，不可强加干涉。"

弘治十八年，明孝宗朱祐樘驾崩，朱厚照从此开始了他的帝王生涯。整天与烦琐的朝廷礼仪、枯燥的大臣奏章，以及说不清的朝政事务相伴，对一个15岁的少年来说也是一种煎熬，每天早朝成了朱厚照一天中最难熬的时间。

朱厚照还是太子的时候，东宫的刘瑾、马永成、高凤等8个太监深受朱厚照宠信，被称为"八虎"。"八虎"之首刘瑾是个非常阴险的人物，他生于陕西，本姓谈，6岁时被太监刘顺收养，后净身入宫当了太监，从此改姓刘。明孝宗朱祐樘在位时，刘瑾并没有得势，甚至差点因为犯错被处死，后来得到宽宥，并因祸得福进了东宫侍候太子朱厚照。刘瑾非常珍惜这个来之不易的机会，他知道一旦朱厚照将来登基继位，自己也会跟着发迹，于是千方百计地讨好朱厚照。朱厚照喜爱玩乐，他便设法弄来鹰犬、歌伎、角觝供其玩乐，还经常组织各式各样的演出和体育活动，当时的东宫被人们戏称为"百戏场"。朱厚照无法抵挡这些东西的诱惑，乐此不疲，刘瑾因此得宠，在内宫担任要职，而且掌管着京城的精锐守卫部队。

由于宦官们想尽办法鼓动朱厚照游玩享乐，朱厚照继位不久便开始懒政，大臣们将奏章写好送到他的面前，他批上"闻知"二字便没了下文。在刘瑾的蛊惑下，他还把皇宫后院当成民间街市，命太监装成百姓，自己则装成商人，玩起了做买卖的游戏。不久他又厌烦了这种游戏，干脆让宫女装成粉头，自己则以嫖客的身份听曲取乐。他还经常带领一班太监，手持刀枪棍棒，骑马在宫禁中横冲直撞，毫无顾忌；又偷偷和太监张永溜出皇宫，到青楼妓院中嫖娼宿妓。有时他还在酒醉之后强抢民女，出尽了洋相。为了掩饰自己的荒唐行为，他不让专记皇上侍寝的太监记录自己临幸过的后妃宫女，后来干脆取消尚寝司。

由于朱厚照纵欲玩乐，早朝的时间一拖再拖，经常要等日上三竿才开始。侍卫执役人和朝中大臣等不能久立，纵横坐卧、弃杖满地，非常不堪，四方朝见的官员、外国使臣也苦不堪言。而"八虎"又专权跋扈，欺上瞒下，胡作非为。吏部尚书马文升上疏请辞，太监们一直对他非常怨恨，现在见他乞休，便趁机劝说朱厚照答应下来。朱厚照听了太监们的话，将马文升打发回了老家。被朱厚照打发的忠臣，还有兵部尚书刘大夏等人。随后，在刘瑾等太监的怂恿下，朱厚照任用了一些善于溜须拍马屁的小人，如替代马文升的焦芳。

正直的大臣们忍无可忍，联名上书请求严惩"八虎"。起初朱厚照置若罔闻，后来有大臣对他说天象有变，是上天对他的警示，他这才准备贬刘瑾到南京。为了敦促朱厚照杀掉刘瑾，大臣们决定再次上书。负责传达内阁商讨意见的司礼太监王岳也非常憎恨刘瑾，他向朱厚照报告说大臣们的态度非常坚决，已经没有商量的余地。朱厚照无奈，只得同意将刘瑾等人处死。

刘瑾的党羽焦芳得知消息后，连夜向刘瑾通风报信。刘瑾大惊失色，马上带着其余"七虎"，赶到朱厚照的寝宫，声泪俱下地哭诉，乞求饶命。朱厚照顿时心软了，刘瑾看准时机，挑拨道："这件事都怪王岳，他勾结朝中大臣想限制皇上出宫，所以先拿我们开刀，以左右皇上。再说，皇上江山稳固，富有四海，只不过玩了几只鹰，有什么了不起的！如果司礼监有一个皇上信任的人，大臣们还敢这样逼迫皇上吗？"

朱厚照听了，觉得他言之有理，认为这些逼迫他的大臣实在可气，于是改变了处死"八虎"的决定，还让他们分别掌管司礼监、东厂、西厂。刘瑾重新掌权后，立即展开反击，连夜抓捕王岳等人，押送南京。至次日早朝，刘健、李东阳、谢迁等人才发现刘瑾等人不但被赦免了死罪，还受到了提拔，他们失望至极，遂以告老还乡相威胁，不料朱厚照欣然批准，并惩治了首先进谏的大臣。

刘健和谢迁的遭遇，得到了言官等众多大臣的同情，他们冒着杀头的危险上书劝说，请求将刘健、谢迁二人留任。但朱厚照却认为众臣冒犯皇威，下令将上书的大臣施以杖刑，并降官职。比如兵部主事王守仁，因为怒斥刘瑾，被杖刑之后贬到贵州龙场驿做驿丞。

平定叛乱　斩杀刘瑾

刘瑾专权，使朝政一片混乱，也直接导致了地方矛盾的激化。朱厚照派大理寺少卿周东度到宁夏屯田，因为他谄媚刘瑾，敛财无数，将士们对他非常痛恨。又有巡抚都御史安惟学屡次强奸士兵妻子，将领对此十分愤怒。

安化王朱寘鐇利用将士们的不满情绪，让生员孙景文举行宴会，意欲发动兵变，得到了部下的响应。之后，朱寘鐇又设宴邀请各位巡抚，商量兵变计划，但周东度、安惟学没有赴宴。朱寘鐇便派孙景文联络宁夏都指挥周昂等将官，宣布起兵。他们杀死宁夏总兵姜汉、镇守太监李增、安惟学、周东度及一批掌管兵权的将领，接着占领镇城，纵火烧毁官府衙门，释放囚犯，勒索庆府诸王，掠夺金币充作军资。

朱寘鐇分派将士把守要地，又命孙景文起草讨伐刘瑾的檄文。这篇檄文被送给很多地区的官员，希望能够得到他们的拥护。然而，这些官员大都害怕刘瑾的权势，不敢响应，其中一人还将檄文奏报朝廷。刘瑾看到檄文后大惊失色，急忙将檄文藏起来，只将安化王叛乱的消息告诉朱厚照。

朱厚照派都御史杨一清及"八虎"之一张永去平定叛乱，不过，在他们到达陕西以前，叛乱已平，安化王被擒获，平叛者将叛乱首领交给杨一清押回北京。杨一清与前来监军的张永商讨除掉刘瑾的计划。张永起初并不情愿，但最终被杨一清说服。

早朝的时候，张永向朱厚照献上了安化王和其他叛军首领。当天晚上，他和另外7个太监一起参加皇帝举办的宴会，趁刘瑾中途退出的机会在朱厚照面前揭发刘瑾，建议将其抓捕。朱厚照开始并不相信，但经不住众人反复劝说，终于下令将刘瑾抓起来。

次日，朱厚照让大臣们起草敕令，并亲自到刘瑾家中搜查，结果在其家中搜出金银数以百万计，另有伪造玉玺、玉带等物品，还在刘瑾经常拿着的扇子中发现了两把匕首。最终，刘瑾被凌迟处死。

巡游作乐　北侵南乱

正德十二年（1517年），朱厚照在义子江彬的鼓动下，动了到塞外游玩的念头。

同年八月，朱厚照与江彬一行悄悄出京，大学士梁储等人听到消息后，急忙追赶。朱厚照到达居庸关时，命人打开关门，但巡关御史①张钦装傻，拒不执行命令。第二天，朱厚照让使臣去宣谕，张钦竟将"敕印"绑在背上，坐于关门下。双方僵持之际，梁储及时赶到，苦劝朱厚照回朝，朱厚照无奈，只好打道回宫。

然而没过几天，朱厚照又一次在夜里带着江彬等人出塞。为了阻止大臣们追赶，他下令以谷大用取代张钦守关。九月，朱厚照一行到达宣府，接着又来到阳和。恰巧蒙古鞑靼小王子率5万大军侵犯边境，朱厚照得到边关急报后，火速回京安排亲征事宜。大臣们极力劝阻，但他执意以"大将军朱寿"的名义统兵出战。十月，双方在应州交战，朱厚照亲临前线指挥，取得了杀敌16人，己方伤563人、亡25人的战绩。随后，他返回宣府，直到次年春天才返回京都。

回到京城后，朱厚照对塞外的风光念念不忘，当年夏天又借口边防经常受到外敌入侵，想要再次北巡，他让内阁起草诏书："特命总督军务威武大将军总兵官朱寿，率六军出征。"北巡归来后，他又想南巡，由此引起了一场朝臣大请愿，朱厚照只得暂时放弃南巡计划。

正德十四年（1519年）六月十四日，驻守江西南昌的宁王朱宸濠借口朱厚照荒淫无道，宣布起兵。他先后杀死巡抚江西右副都御史孙燧、南昌兵备副使许逵，废除正德年号，任命李士实、刘养正为左、右丞相，王纶为兵部尚书，招兵买马，号称10万大军，并传檄各地，反叛朝廷。七月初，朱宸濠亲率大军自江东而下，攻取九江，继而攻破南康，出江西，一直攻到安庆，眼看就要拿下南京。

这正给了朱厚照下江南的借口，他决定再次御驾亲征，并下旨说劝阻者皆极刑。八月二十六日，朱厚照率大军到达涿州，听到了一个

"坏"消息：南赣巡抚王守仁已率兵平定叛乱，活捉了宁王。

原来，王守仁听说宁王叛变，马上召集各路兵马前来支援，于七月二十日收复南昌。朱宸濠得知南昌失守，急忙带兵回救，刚好与王守仁的勤王军相遇，双方展开大战，朱宸濠大败。七月二十六日，官军采用火攻，叛军被烧死、溺死3万余人，宁王朱宸濠与世子、郡王以及李士实、刘养正、王纶等全部被俘虏。

朱厚照看完捷报，却秘而不宣，继续南行，于十二月初来到扬州享乐。这一闹足足8个多月。王守仁早在半年前便将宁王押到了南京，请求皇上受俘，但朱厚照未准。王守仁只得重新报捷，说平叛的功劳应归于大将军朱寿，朱厚照这才准奏，之后勉强同意北返。途中，朱厚照突发奇想，要把宁王放出去，然后亲自擒回。在一片鼓乐声中，朱厚照捉住宁王，重新给他戴上枷锁，这才心满意足，在大学士梁储、蒋冕的劝说下"班师回朝"。

一路上，朱厚照游山玩水，于九月到达清江浦积水池，兴致勃勃地想要自驾小船捕鱼。当他提网时，因为网中鱼多，用力过度，船失去了平衡，他也跟着掉入水中，虽然很快被人救起，并无大碍，但却受到了惊吓，从此一病不起。十月，朱厚照一行到达通州，十二月将宁王朱宸濠处死，除去宁王藩位。

正德十六年（1521年）正月，朱厚照一行终于抵达北京。正月十四日，他强撑着病体在北京南郊主持大祀礼，忽然口吐鲜血，瘫倒在地，于三月驾崩。

注释：

①巡关御史：官名。明朝设有监察机构即都察院，下属有十三道监察御史。监察御史在京城都察院者称内差；若奉命外出，或巡盐，或巡漕，或巡关，称外差。监察御史奉命外出巡视关防者，即为巡关御史。

十三陵昭陵明楼↑

位于北京昌平大峪山东麓，是明朝第十二位皇帝朱载垕及其三位皇后的合葬陵寝。图为昭陵明楼。

明光宗朱常洛↑

旧藏清南薰殿，现藏台北故宫博物院。

天启通宝→

明熹宗天启元年（1621年），朝廷开铸天启通宝，发布全国。

明神宗朱翊钧↑

旧藏清南薰殿，现藏台北故宫博物院。

明熹宗朱由校→

旧藏清南薰殿，现藏台北故宫博物院。

←明十三陵出土凤冠

十三陵定陵出土凤冠共四顶，分别出自四个随葬器物箱内。此为经过修复的孝端皇后王氏的九龙九凤冠。

←清太祖努尔哈赤

　　清宫画师绘制,现藏故宫博物院。

清太宗皇太极→

　　清宫画师绘制,现藏故宫博物院。

清世祖顺治帝→

　　清宫画师绘制,现藏故宫博物院。

文渊阁↑

　　位于故宫博物院东华门内文华殿后,是紫禁城中最大的一座皇家藏书楼。

和硕豫亲王多铎↓

　　出自《历代帝王贵妃大臣朝服像》,现藏台北故宫博物院。

孝庄文皇后↓

　　出自《历代帝王贵妃大臣朝服像》,现藏台北故宫博物院。

苏麻喇姑↓

　　出自《历代帝王贵妃大臣朝服像》,现藏台北故宫博物院。苏麻喇姑是孝庄文皇后的侍女,顺治、康熙的启蒙老师。

清圣祖康熙帝↑

清宫画师绘制,现藏故宫博物院。

康熙帝读书像→

绢本设色,清宫画师绘制,现藏故宫博物院。

乾隆南巡图·阅视黄淮河工↑

《乾隆南巡图》全套共12卷,描绘乾隆十六年(1751年)乾隆皇帝第一次南巡的情景。由宫廷画师徐扬绘制。此为第四卷《阅视黄淮河工》(局部)。

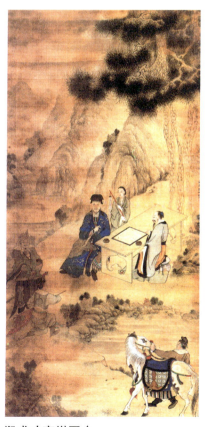

郑成功弈棋图↑

清代黄梓画,现藏国家博物馆。

大臣鳌拜→

出自《历代帝王贵妃大臣朝服像》,现藏台北故宫博物院。鳌拜(约1610-1669年),清初权臣,康熙八年(1669年)被囚死于牢中。

清世宗雍正帝↑
　　清宫画师绘制，现藏北京故宫博物院。

八阿哥胤禩↑
　　出自《历代帝王贵妃大臣朝服像》，现藏台北故宫博物院。

清高宗乾隆帝↑
　　清宫画师绘制，现藏故宫博物院。

←乾隆珐琅彩双连瓶
　　宫廷御用瓷器，为清宫旧藏。现藏故宫博物院。

乾隆皇帝大阅图轴→
　　清宫画家郎世宁绘，描绘乾隆皇帝在京郊南苑阅兵时候的情景。

十全老人之宝说卷（局部）↓
　　缂丝十全老人之宝说卷，乾隆手书，现藏故宫博物院。晚年的乾隆志得意满，自诩"十全老人"。

世宗朱厚熜

朱厚熜档案

生卒年	1507—1566 年	在位时间	1521—1566 年
父亲	朱祐杬	谥号	钦天履道英毅神圣宣文广武洪仁大孝肃皇帝
母亲	慈孝献皇后蒋氏	庙号	世宗
后妃	孝洁肃皇后、孝烈皇后等	曾用年号	嘉靖

朱厚熜，明宪宗朱见深之孙，兴献王朱祐杬之子，明朝第十一位皇帝。

正德十六年，明武宗朱厚照驾崩后，因为他没有子嗣，经内阁首辅杨廷和提议及张太后同意，决定由近支的皇室、朱厚照的堂弟朱厚熜继承皇位，次年改元嘉靖。

朱厚熜在位早期，英明苛察，严以驭官，宽以治民，整顿纲纪，减轻徭役，重振国政，开创了"嘉靖中兴"的局面。但他后期崇尚道教、宠信严嵩等人，导致朝政腐败。

嘉靖四十五年（1566 年），朱厚熜驾崩，终年 60 岁，谥号钦天履道英毅神圣宣文广武洪仁大孝肃皇帝，庙号世宗，葬于永陵。

君临天下　礼仪之争

正德二年九月十六日，朱厚熜出生于湖广安陆的兴王府，是兴献王朱祐杬次子，而朱祐杬是明宪宗朱见深第四子。朱厚熜从小聪敏过人，朱见深教他读诗几乎是一遍就会，稍大以后又在朱见深的指导下学习文化。

正德十四年六月十七日，朱祐杬病逝，年仅13岁的朱厚熜在长史袁宗皋的辅佐下接管王府。两年后，明武宗朱厚照驾崩，因为他没有子嗣，内阁首辅杨廷和援引《皇明祖训》中"兄终弟及"的原则，在朱厚照逝世前5天以皇帝的名义颁布敕令，令朱厚熜缩短为父服丧的时间并承袭兴献王爵位。朱厚照驾崩当天，杨廷和请张太后下懿旨，正式宣布朱厚熜为皇位继承人。

朱厚熜接到继位诏书后，从湖广安陆启程进京，礼部尚书毛澄奉命到北京郊外迎接他。根据杨廷和的安排，朱厚熜应以皇太子的身份继位，即从东华门入城，居于文华殿内，但却遭到朱厚熜的拒绝。他说："先帝的遗诏中写得非常明白，我是以兄终弟及的身份继承皇位，不是来做太子的。"由于他态度强硬，大臣们只得重新安排。最后，张太后让群臣上书劝进，一连上了三次，朱厚熜才动身进城，中午由大明门进入皇宫，在奉天殿登基。

朱厚熜继位后，在杨廷和的辅助下，开始革除明武宗朱厚照时期的弊政，将江彬、钱宁等佞臣处死；裁减不合格的军校、匠役计18万多人；将内苑的禽兽全部放生，严令禁止各地再进献这些东西；将皇宫以及豹房内乱七八糟的店铺全部关闭，宫女送还各地；撤回镇守在外的宦官。经过一系列的改革，朝政重新步入正轨，有效缓解了社会矛盾，也树立了新天子的威望。

因为朱厚熜并非朱厚照的同胞兄弟，他当上皇帝以后，面临着一个非常棘手的问题，那就是称自己的父亲为皇考还是称朱祐樘为皇考。他显然希望称生父为皇考，但却遭到大臣们的强烈反对。他也明白自己刚刚继位，还无法与文武百官抗衡，只好先忍下来。

不久，朱厚熜将母亲蒋氏接入宫中。在迎接母亲的礼仪问题上，他坚持以太后的礼仪迎接，但杨廷和等大臣则表示应该以王妃的礼仪迎接。朱厚熜坚决不同意，痛哭流涕地说："如果是那样，这个皇帝就不当了，干脆返回安陆。"杨廷和等人见状，只好同意。蒋氏在途中听说此事后，也非常生气，她说："这些大臣当了官，父母尚且受封，而我的儿子当了皇帝，却要认别人为父亲，那我还进京干什么？"于是下令在通州停下，不再前行。经随行人员苦苦劝说，她终于以皇太后的身份进入皇宫。这个时候，"兴献王不宜称考"的意见在朝廷中仍占据上风。这件事在朱厚熜心中留下了阴影，他开始排斥与自己意见不同的大臣，削弱反对派的力量。

嘉靖三年（1524年）正月，关于皇考之争突然出现了一线转机。原来，观政进士张璁因为在上一次的皇考之争中上书支持朱厚熜，被杨廷和贬到南京后，与南京吏部主事桂萼共同上书，请求"速下诏旨，循名考实，称兴献帝为皇考"。朱厚熜抓住机会，立即召集群臣商议此事。杨廷和见朱厚熜态度十分坚决，知道无法阻止，便以辞官相威胁。但此时朱厚熜的地位已经稳固，而且他对杨廷和早已不满，便顺水推舟，在杨廷和的辞呈上写下"听之去"三个字，将其削官为民。随后，礼部尚书汪俊召集臣僚，商议集体辞官；主事侯廷训也特意写了《大礼辨》；吏部尚书乔宇则联合250多名大臣一起上书，反对朱厚熜称兴献王为皇考。

因为这场皇考之争，先后有134名官员被捕，16名官员丧命，被剥夺俸禄、杖责、发配者不计其数，朱厚熜取得了最终的胜利，将父亲的牌位迎入京城，并在奉先殿旁新建了一座观德殿，作为牌位摆放之地。接着，他又为父亲上册宝，尊号为"皇考恭穆献皇帝"。至此，历经3年时间的"皇考之争"宣告结束。

发展经济　繁荣文化

朱厚熜继位后，认为外戚专权为害天下，下令禁止对外戚加封。同时，他还打压宦官集团，严禁宦官干政，削弱司礼监实权，使其成为摆设，各地镇守太监也被召回。

当时土地兼并问题严重，朱厚熜两次下令清查王室贵族的土地，但都遭到官宦和勋戚的阻挠，没有取得预期效果。后来，朱厚熜又派大臣张璁清查官宦手中的庄田。至嘉靖九年（1530年），共查出勋戚庄田528处，计57400余顷，他下令将其中的26000多顷归还给老百姓。这一系列举措有效地缓解了社会矛盾。

朱厚熜在位前期，明朝的经济呈现出一片繁荣景象，国家财政收入逐年递增，国库储备也相当充足，每年富余的白银达500万两之多，粮草可以支用10年，尤其东南地区的经济发展十分迅速。

在文化教育方面，朱厚熜同样做出了一些贡献。他下令整肃科举制度，提倡三途并用[①]，整顿学政，强化教育的功能。他还重视文学艺术，谕示勘刻《三国志通俗演义》和《忠义水浒传》，使白话小说和戏剧传奇创作得以繁荣。

崇道抑佛　壬寅宫变

嘉靖元年（1522年）三月，朱厚熜下令查抄大能仁寺妖僧齐瑞竹的资产和玄明宫的佛像，并派礼部郎中检查京师的各个淫祠，毫不留情地予以拆毁。与此同时，他十分崇奉道教，在乾清宫等处举办斋醮，日夜不断，并命宦官10余人学习经教。大学士杨廷和等请求他"斥远僧道，停罢斋醮"，并上书弹劾引诱他崇道的太监崔文，但他却置之不理。

朱厚熜听说江西道士邵元节会长生之术，便将他召至皇宫，赐其"致一真人"道号，赏玉带冠服，让他全权负责斋醮之事，领玉、金、银象印各1枚，还为他在京城中建造真人府，使其成为道教总领。

古代进行斋醮的时候，必须给天神写奏章表文，这种奏章表文称为"青词"。谁能写得一手好青词，必能受到朱厚熜的赏识。这就给了那些投机取巧的大臣可乘之机，使朝廷中形成了一股攀比青词的不良之风。

后来邵元节因病去世，朱厚熜十分悲伤，派太监和锦衣卫将其灵柩送回老家。继邵元节之后，方士陶仲文得到了朱厚熜的厚爱，官拜少保、礼部尚书，兼任少傅，享一品俸禄，后又加封少师，成为道教总领。陶仲文发迹后，其子孙、徒弟也先后被任命为朝官。

朱厚熜欲求长生不老，对道家的长生不老术甚为痴迷，服用了许多富含铅、汞等有毒重金属和其他毒性物质的丹丸，性情变得越来越暴躁，稍不如意便打骂侍从，尤其喜欢毒打宫女，宫女们畏之如虎。

嘉靖二十一年（1542年），宫女杨金英、张金莲因为受不了朱厚熜的虐待，在朱厚熜睡着后潜入其寝宫，准备用绸带勒死他。但杨金英在手忙脚乱之中，竟将朱厚熜脖子上的绸带打成了死结，以致无法勒紧。朱厚熜挣扎几下后没有了动静，她们以为皇帝已死，便匆匆离去。张金莲因为害怕，将此事报告方皇后。方皇后急忙传宫中首席太医赶到寝宫，解开绸带，救下了朱厚熜。事后，朱厚熜下令逮捕杨金英和张金莲，在后宫进行了一次大清洗。

严嵩受宠　不得善终

朱厚熜在位中后期，开始宠信奸臣严嵩。严嵩原本担任礼部右侍郎，在他入阁前，内阁首辅由夏言担任。夏言写得一手好青词，每逢祷祀又十分卖力，深得朱厚熜赏识。但夏言性格孤傲，又反对朱厚熜沉迷道教，逐渐厌倦祷祀等事，引起了朱厚熜的不满，渐渐失宠。朱厚熜经常派太监到大臣府邸传达皇帝的旨意，夏言说话办事盛气凌人，总是像对待奴仆一样呵斥他们。相反，严嵩善于逢迎巴结，对太监必抬手请坐、厚赏黄金，于是，这些太监回来后都争着向朱厚熜夸赞严嵩。

朱厚熜几次将夏言和严嵩送来的青词进行比较，发现夏言的多为同僚或属下所写，有时还将用过的又拿来充数，而严嵩则写得越来越精彩，遂将严嵩提升为太子太傅。严嵩自认为羽翼已丰，开始攻击夏言。在他的诬陷下，夏言被罢官，严嵩取代其主政。后来夏言又遭严嵩诬陷，被弃市处死。

甘肃总兵仇鸾被总督陕西三边军务的兵部侍郎曾铣弹劾入狱，他在狱中认严嵩为义父，又请严嵩的儿子严世蕃为自己写奏书弹劾曾铣。结果，曾铣被杀，仇鸾不仅官复原职，还受到朱厚熜的特别宠信。仇鸾地位稳固以后，不甘受严嵩掣肘，上书揭发严嵩父子的所作所为，使朱厚熜不再宠信严嵩。恰在此时，仇鸾患病，左都督②陆炳又趁此机会向朱厚熜密报，说仇鸾欲行不轨。朱厚熜立即下令收回仇鸾的印章，不久仇鸾忧惧而死，严嵩再次得宠。

夏言、仇鸾先后去世，朝廷中再也没有人能与严嵩相抗衡，但是，他也明白朱厚熜生性多疑，对大臣的猜忌心非常重。为了保住自己的权位，他对所有弹劾自己的大臣都给予残酷打击，毫不留情。

严嵩年老后，提拔儿子严世蕃协助理事，任命他为工部侍郎。严世蕃收买朱厚熜身边的宦官，掌握皇帝的一举一动，因此他们父子在朝中有"大丞相"与"小丞相"之称，有大臣讥称"皇上不能没有严嵩，严嵩不能没有儿子"。

严嵩父子权倾朝野20年，狂妄至极，严世蕃甚至口吐狂言："朝廷还没有我富！"在严嵩的把持下，明朝官场"政以贿成，官以赂授"，国家财政日益紧张。嘉靖二十三年（1544年），财政赤字达147万两白银，9年后赤字上升到373万两。当时朱厚熜正宠信以扶乩而闻名于燕京的山东道士蓝道行，没想到他竟成了严嵩的克星。一天，朱厚熜召蓝道行进行乩卜，询问朝中辅臣谁最贤能。蓝道行口中念念有词，乩笔写出严嵩是妨贤的大蠹。朱厚熜不相信，又问："真如上天讲的那样，何不降灾诛之？"道士又写："留待皇帝正法。"严嵩遂不再受宠。

此时严嵩已八十有余，皇上的御札、诸司的请裁都由严世蕃替他奏答、批改。御史邹应龙见严嵩不再受到皇帝信任，乘机弹劾严世蕃凭借父亲的权势贪赃枉法、祸乱朝纲、不敬不孝等。朱厚熜闻奏，召文渊阁大学士徐阶商议处置办法。徐阶小心翼翼地说："严家父子罪恶深重，陛下要当机立断，不然可能发生事变。"朱厚熜不敢怠慢，马上派锦衣卫赶到严府，罢免严嵩，并将严世蕃下狱，最后判令斩首。严嵩被没收家产，削官还乡，无家可归。他在朝中的心腹或被弹劾，或被罢免，严氏一党被彻底摧毁。

御外抗倭　重振国威

明朝中叶，奸臣严嵩独掌大权，致使朝政混乱，边防松懈。这时，蒙古鞑靼部兴起，统一了蒙古各部，至俺答汗时势力强盛，屡次对明朝边境发起侵袭。而明朝的边关守将为了保官升职，将粮饷大半贿赂了内阁首辅严嵩，以至于军中怨声四起、人心涣散，经常爆发边卒哗变，边境防守松懈。嘉靖二十九年（1550年），鞑靼部俺答汗率领大军占领古北口，然后越过密云，兵临北京城下。朱厚熜慌忙下令发兵迎战。兵部尚书丁汝夔对于该不该出城应战犹豫不决，便去请示严嵩。严嵩教训他说："在边关打了败仗，还可以隐瞒不报，在皇帝的眼皮子底下，如果打了败仗，又怎么隐瞒？当然是紧闭城门，他们抢完了，自然退去。"丁汝夔遂下令紧闭城门，眼睁睁看着鞑靼士兵在城外烧杀抢掠，满载而归。不久，俺答汗又对明朝发动第二次南征，同样在京城外烧杀抢掠，老百姓深受其害。

与此同时，从辽东到广东沿海，也频繁遭到倭寇的袭扰，当地百姓人心惶惶，怨声四起。

明初为了防备倭寇，曾在沿海一带大量制造舰船。嘉靖时期，东南沿海一带的经济得到快速发展，贸易越来越发达，有些沿海富商和浙闽一带的大姓家族，为了获取更多的利益，不顾朝廷的禁海令，漂洋过海做生意，逐渐形成海上走私集团，有人甚至与日本贼寇合伙，当起了海盗。一些朝廷官员也与海盗暗中来往，获取非法利益。

为了打击海盗，大臣朱纨奉命巡视江浙，兼提督福建军务。朱纨来到江浙，下令封锁海面，杀死了勾结倭寇的李光头等人。由于他的做法触犯了那些与倭寇暗中来往的官僚的利益，他们贿赂京官，在朱厚熜面前诬陷朱纨。朱厚熜不辨真假，向朱纨问罪，朱纨愤而自杀。此后，朝廷再也没有向江浙派出巡视大臣，文武百官也不敢再提海禁之事，倭寇更加肆无忌惮。

后来，南京兵部尚书张经又奉命总督沿海军务，负责打击倭寇。但严嵩的义子、工部右侍郎赵文华却陷害张经，说他胆小怕死，不敢与倭寇交战，应当予以严惩。当张经率领大军将倭寇赶跑时，逮捕他的命令也传到了军中，之后张经被押回北京斩首。

在倭寇活动猖獗之际，大将戚继光奉朱厚熜之命来到江浙，后升任参将。他到任以后，立即展开了对倭寇的剿灭行动，率领戚家军在短短的几年里从浙东打到福建，给予倭寇以沉重打击。后来，倭寇得知戚继光回了浙江，又卷土重来，抢掠福建沿海地区。

戚继光再次率领大军来到福建，联合新任福建总兵俞大猷、支援福建的广东总兵刘显，对福建一带的倭寇发动大规模的进攻。这次战斗，戚家军担任正面主攻，为中路军；俞大猷率领右路军，刘显率领左路军，分别从两翼配合戚家军。明军先使用火器攻打倭寇的先头部队，之后发起猛烈攻击，一直打到倭寇的老巢，将其团团包围起来，往里投掷火器。此战杀死倭寇2000多人，救出被掳掠的百姓3000多人。

之后，戚继光又率军在仙游、王仓坪、蔡丕岭等地和倭寇交战，杀敌无数。平定福建的倭寇后，俞大猷升任广东总兵，联合两广总督吴桂芳，对海丰等地的倭寇发起猛烈进攻，迫使其退出沿海一带，南方的形势才稳定下来。

妄想长生　忠臣忧心

嘉靖三十七年（1558年），总督浙闽的胡宗宪奉命平倭，结果以失败告终。为了保住自己的乌纱帽，他挖空心思地讨好朱厚熜，将一只白鹿、两只白龟和五棵硕大的灵芝献给朱厚熜，说是祥瑞降临。朱厚熜为之取名为"玉龟仙芝"，并对胡宗宪加官封赏。这也引起了一些善于逢迎巴结的大臣的效仿，为了升官，他们纷纷向朱厚熜进献祥瑞。满朝文武包括内阁首辅徐阶在内，明明知道这是一场骗局却不敢说出真相。不过，有个官员却不怕死，不但敢于说真话，还把朱厚熜骂了一顿，这个人就是户部主事海瑞。海瑞在奏章中写道："陛下的过错很多，其中最大的在于求仙问道。陛下跟陶仲文求仙，连他都不能长生，何况陛下。

陛下误信受骗，真是大错特错。"海瑞上了奏章后，知道自己必死无疑，便让仆人买了一口棺材，坐在家中等着钦差到来。朱厚熜看到奏章后，果然暴跳如雷，说道："此人实在胆大，必须立即抓起来，千万不能让他逃掉！"宦官黄锦却说："海瑞为人耿直，根本没有打算逃跑，现正在家中等候。"朱厚熜听了似乎明白过来，怒气也消了一些。这时，内阁首辅徐阶又上前劝道："海瑞的话虽然过分了些，但他一心为了大明的江山社稷，还请陛下谅解。"但朱厚熜仍下令将海瑞抓捕入狱，以儆效尤。

朱厚熜继位初期，革除了一些先朝弊政，对明王朝的统治起到了积极作用。但后来他开始荒怠朝政，尤其是在起用严嵩之后，几乎使明王朝陷入灭顶之灾，幸好他在晚年流放严嵩，并起用徐阶为内阁首辅，才使国家逐渐回到正轨。20多年来，他笃信道教，避居西苑，却能牢牢将朝政掌握在自己手中，这不能不说是一个奇迹。

由于朱厚熜晚年沉迷于道教，文武大臣十分忧心，虽然徐阶下令将方士蓝田玉处死，但也无济于事。陕西方士王金将自己炮制的金石药，连同伪造的《诸品仙方》和《养老新书》献给朱厚熜，朱厚熜吃下金石药后，突然头晕目眩，不省人事，鼻血直流。

嘉靖四十五年十二月十四日早晨，朱厚熜的病情突然有所好转，浑身不再疼痛，人也有了精神。徐阶日夜守候在他身边，看出他这是回光返照，连忙让人将他抬到乾清宫。过了不久，朱厚熜驾崩。

注释：

①三途并用：指选择官吏的三种途径，分别为科举、岁贡、荐举。

②左都督：官名。洪武十三年（1380年），明朝改京师大都督府为中、左、右、前、后五军都督府，统领京内、外诸都司、卫所。各府长官为左、右都督。实权归兵部。明朝中叶以后，在边疆少数民族卫所任职的地方首领，也被加以左、右都督的虚衔。

穆宗朱载垕

朱载垕档案

生卒年	1537—1572 年	在位时间	1566—1572 年
父亲	明世宗朱厚熜	谥号	契天隆道渊懿宽仁显文广武纯德弘孝庄皇帝
母亲	杜康妃	庙号	穆宗
后妃	李氏、陈氏等	曾用年号	隆庆

朱载垕（hòu），明世宗朱厚熜第三子，明朝第十二位皇帝。

嘉靖四十五年，明世宗朱厚熜驾崩，朱载垕继位，时年 30 岁，次年改元隆庆。

朱载垕在位期间，宽仁大度，勤俭爱民，重用高拱、陈以勤、张居正等大臣，革弊鼎新，重视边防，废除海禁，可谓明主，史称"隆庆新政"。但是，他为人好色，统治后期沉迷于媚药，贪图享乐，无心政事。

隆庆六年（1572 年），朱载垕驾崩，终年 36 岁，庙号穆宗，葬于明十三陵之昭陵。

幸运继位 重振国纲

明世宗朱厚熜一共有 8 个儿子，其中 5 个去世较早，只有次子朱载壡（ruì）、三子朱载垕、四子朱载圳留有子嗣。朱载垕因为生母杜康妃不受宠，又不是长子，所以从小缺少父爱。

朱厚熜起初册立次子朱载壡为太子，三子朱载垕为裕王，四子朱载圳为景王。后来，道士陶仲文进言说"二龙不能见面"。皇帝是龙，太子也是龙，如果二龙相见，必有一个殒命。朱厚熜对此深信不疑，决定少见这几个孩子。太子到了入学的年纪，他的母亲多次出面相劝，朱厚熜才答应让太子出阁读书。因为是皇子，出阁学习有一套烦琐的礼仪，朱厚熜作为父亲必须出场。巧合的是，仪式结束后，朱载壡便莫名其妙地病倒了，不久即去世。朱厚熜认为自己犯了大忌，从此更加严格遵守"二龙不见面"，而且也不再册立太子。景王朱载圳早就觊觎太子之位，这就给他提供了可乘之机。

当时，奸臣严嵩权倾朝野，他对朱载垕十分冷淡，连朱载垕应得的岁赐也被拖欠。朱载垕敢怒不敢言，只得派手下给严嵩之子严世蕃送上千两银子，岁赐才得以补发。后来，朱厚熜命景王朱载圳出居封国，而将朱载垕留在京城，有意让他继承皇位。朱载圳不甘称臣，开始动用各种关系给朱厚熜做工作，朱厚熜也有了改立之意，后因内阁大学士徐阶苦苦相劝，晓以利害才作罢。嘉靖四十四年（1565年），朱载圳病逝于封地，朱载垕成了唯一的皇位继承人。

身为王爷，朱载垕身边聚集了一大批贤能人才，包括高拱、陈以勤、张居正等人。在他们的影响下，朱载垕对当时的社会矛盾有了清晰的认识，对严嵩独掌大权、祸乱朝纲以致官吏腐败的现象，以及"北蒙南倭"的边境之患也深感忧心，但又无可奈何。不过，这些对他以后执政产生了很大的影响。

嘉靖四十五年，朱厚熜病逝，朱载垕得以继位。为了掌握政治上的主动权，他批准了张居正和内阁首辅徐阶假借朱厚熜的名义写下的"遗诏"，废除父亲在位时的大部分弊政，之后又假借先帝"遗诏"，将蛊惑父亲炼丹求仙的道士全部逮捕下狱；停止所有斋醮活动和在建道观，禁止采买香蜡、珠宝、绸缎等活动；起用嘉靖年间因上书言事而受到迫害的海瑞等大臣；减免各种赋税。诏书下达后，群臣无不感激涕零，百姓竞相称颂，一时天下归心。经过朱载垕的初步治理，朝政气象为之一新。

仁政治国　内阁争斗

朱载垕继位以后，重用高拱、陈以勤、张居正等有能力的大臣辅助自己，大力推行改革；还加强对官吏的考核，即使一般不予考核的王府官员也放在考核之列；对廉政官员进行奖赏和提拔，对贪官予以罢免，"赃多迹著者部院列其罪状，奏闻处治"。为抑制土地兼并，朝廷一方面限田，制定勋戚宗室依世次递减制度；一方面清田，对皇室勋戚的钱粮和土地加强限制管理。

朱载垕继位时，倭寇已基本肃清，整个东南沿海地区安宁和平。福建巡抚涂泽民上书"请打开对外贸易，变私下贩卖为公开贩卖"，得到朝廷的允许。不久，福建漳州府月港得以开放，海澄县建立，治所就设在月港，朝廷设立督饷馆，负责管理私人海外贸易和征收赋税。

为了更好地发展海上贸易，朱载垕又下令解除海禁，调整海外贸易政策，允许商人到东、西二洋进行贸易活动，史称"隆庆开关"。解除海禁，使东南沿海的海上贸易活动进入了一个新的时期。

朱载垕生性仁厚，给予内阁辅臣充分的信任，但内阁的争斗也正是始于他执政时期。内阁的争端源于明世宗朱厚熜驾崩后，徐阶避开文渊阁大学士高拱和吏部尚书郭朴，和自己的门生、王府讲官张居正拟写诏书，宣布朱载垕继位。遗诏宣布后，高拱、郭朴茫然不知。尤其是高拱，自认为受到朱载垕的信任，却被蒙在鼓里，他认为是徐阶故意瞒着自己，从此记恨在心。朱载垕继位得益于徐阶，因此，徐阶仍位居辅臣首位，之后他又将张居正提拔进内阁，这更引起了高拱的不满，两人在新帝登基、军事、大臣去留等诸多问题上发生争执，矛盾越来越尖锐。

大臣胡应嘉被贬，大臣们认为是高拱所为，集体向他发难。给事中欧阳一敬上奏弹劾，说高拱专横跋扈，就像北宋的蔡京。高拱气得暴跳如雷，要求徐阶处罚欧阳一敬，但却遭到徐阶拒绝。高拱以辞官相威胁，受到朱载垕的挽留。徐阶也附和皇帝之意，假意挽留，但对欧阳一敬等人却只字不提。高拱愤怒至极，在内阁与徐阶舌战，高拱说道："你在先帝时带头写青词媚主，皇上刚晏驾，你就马上变脸，如今到处结交各地官员，驱逐旧臣，用意何在？"口气十分严厉。徐阶听了，不慌不忙地回答说："朝中那么多弹劾你的人，我不可能和他们都有交往，更不可能阻止他们攻击你。就算我与他们交往了，难道你就没和他们交往？"接着，他又说，"我并非背叛先帝，之所以以先帝遗诏自责，完全是为先帝收人心。关于斋词一说，我确实存在过错。至于你说我带头写青词，归罪于我，难道你忘记了当初的旧事？先帝问我高拱愿意效力斋醮事宜，可许否？我才在先帝面前推荐你，现在这份密札还在我手上！"高拱马上"颊赤语塞"，再也说不出话来。

但高拱心有不甘，不久又以徐阶子弟和家人在乡里横行不法为由，指使门生齐康弹劾徐阶。徐阶没有辩解，主动请辞。当时徐阶正因借"遗诏"复用明世宗朱厚熜时被谪诸官而受到部院大臣、科道言官的感恩拥戴，在朝中威望极高，因此，很多大臣交章请留徐阶，并一一论述齐康、高拱罪状，短短3个月，弹劾高拱的奏书竟多达30余份。高拱忐忑不安，连续上书12次，称病请求辞官。朱载垕挽留不住，遂准其以少傅兼太子太傅、尚书、大学士衔回乡颐养。齐康则贬职外调，郭朴不久也请求辞官返乡。

徐阶退隐后，张居正为了平衡内阁中的势力，与太监李芳等人合谋，奏请起用高拱，得到了朱厚熜的准许。高拱接旨后，不顾腊月严寒，日夜兼程赶往京城，以大学士兼吏部尚书的身份重新登上政治舞台。当时朝中很多大臣曾与高拱有过节，一时人心惶惶。胡应嘉听说高拱复出的消息后，惊惧而亡；欧阳一敬本来已经辞职回乡，听到消息后也死于途中。高拱唯恐闹出更大的乱子，急忙安抚百官说："华亭（即徐阶）于我有旧恩，后小相失，不足为怨。""拱当洗心涤虑，以与诸君共此治朝。"表现出宽大的胸怀，人心这才安定下来。

高拱和张居正在国子监供职的时候相识，并结下了深厚的友谊，许诺将来共同辅助朝廷。然而，朱厚熜驾崩的时候，徐阶只和张居正一起拟写诏书，完全不把高拱放在眼里。高拱对此深为不满。后来，高拱的一个亲信说张居正接受了徐阶3万两白银的贿赂，私自放过了徐阶三个称霸一方的儿子。这也加深了张居正与高拱之间的矛盾。司礼监秉笔太监冯保因为对高拱有所不满，便和张居正联合起来共同对付高拱。

高拱被封为柱国，加封中极殿大学士后，位高权重，渐渐忘了自己的初衷，专权跋扈。其门生韩辑、程文等也狐假虎威，为非作歹。为了收取贿赂，高拱甚至到了厚颜无耻的地步，直接向人索取，说："日用不给，奈何？"其门生自然懂得其中的意思，于是争相进献。御史汪文辉向朱载垕上了一本奏章，将高拱也牵连进去。高拱知道后，将汪文辉狠狠地骂了一顿，贬到宁夏做候补佥事。之后，又有刘奋庸弹劾高拱，给事中曹大野则直接指出高拱的10项罪名。但朱载垕正宠信高拱，所以对这些奏章视若无睹，还将上奏的大臣贬出京城。

隆庆和议　边陲晏然

隆庆四年（1570年）十月，明朝北部边境发生了一件事。蒙古俺答汗的孙子巴罕那吉和妻子感情淡薄，看上了姑姑的女儿，并准备将她娶回家中。不料俺答汗也爱上了这位外孙女，并抢先一步将其据为己有。这种婚姻在蒙古风俗中是被允许的，但巴罕那吉却因此对俺答汗产生了恨意，一气之下带着妻子和奶妈的丈夫阿力哥等10多人跑到大同投降了明朝。巡抚方逢时和总督王崇古准备接受他投降，但消息传到北京后，大臣们意见不一，大部分人认为情况不明，不可轻易收留巴罕那吉。高拱和张居正则力主接受巴罕那吉投降，并上奏请求任命巴罕那吉为指挥使，"厚其服食共用"。朱载垕接受了他们的意见，派人通知方逢时和王崇古，赐予巴罕那吉锦服华车和宝马。

俺答汗虽然抢走了孙子的心上人，但还是很疼爱孙子的，他听说巴罕那吉投降明朝，立即率军来到边关，要求明军放回他的孙子。北部边境的局势顿时紧张起来，但朱载垕态度坚定，继续支持受降派。于是，张居正让方逢时、王崇古等一边备战，一边设法与俺答汗沟通。俺答汗本无进犯之意，只是想要回孙子，现在得知孙子受到明朝厚待，深受感动,决定与明朝交好,并请求明朝对自己进行加封。消息传到北京,朝中大臣有主张讲和者,也有反对者,双方发生了激烈的争论。高拱力主讲和,并将反对派叶梦熊"降二级,调外任",以儆效尤。他还以明成祖朱棣封瓦剌、鞑靼诸王为例,劝说朱载垕加封俺答汗为王。

俺答汗得知自己明朝同意了自己的请求,内心十分感激,主动将赵全、李自馨等10多个奸人交给明军处置。20多年来,赵全与俺答汗相互勾结,屡次侵犯明朝北部边境,严重威胁京师安全,被明朝视为心腹大患。如今祸患已除,朱载垕非常高兴,以最高规格的礼仪将巴罕那吉送回蒙古,并以隆重的仪式来庆祝这一重大事件。

隆庆五年(1571年)三月,朱载垕封俺答汗为顺义王,其余各部首领也分别封为都督指挥、千户、百户等职。八月,朱载垕批准与俺答部落开放贸易。从此基本结束了明王朝与蒙古鞑靼各部近200年战争不息的局面。这是朱载垕在处理与边疆少数民族关系方面一个非常成功的事例,也是他最引以为自豪的政绩。

沉迷酒色　荒于政事

到统治后期,朱载垕沉迷酒色,贪图享乐。他任用忠诚干练的大臣替自己处理政务,把日常事务全部推给内阁,自己则做起了用手掌柜。

滕祥、孟冲、陈洪等掌管司礼监大权的太监见有机可乘,便想方设法引诱朱载垕。滕祥等人首先为他另建宫殿,里面有各种娱乐设施,之后又陪他游山玩水,将他哄得团团转。为了更好地讨得朱载垕的欢心,滕祥等人对他说,南方沿海地区风景优美,值得一游。朱载垕闻言不假思索,立即下令造船,准备出游。

以徐阶为首的大臣们听说皇上要游幸南海,担心他受到宦官的操纵,荒废朝政,都极力劝阻。但太监们不死心,在朱载垕面前一再挑唆,致使言辞最激烈的吏科给事中石星遭廷杖六十,后被罢免。内阁首辅徐阶也因此受到朱载垕的嫌弃。太监们趁机诬陷徐阶,最终,徐阶被罢官还乡。此后，朱载垕纵情声色，荒废朝政，再也没有人敢出面劝阻。

隆庆六年（1572年）闰三月，朱载垕因为酒色过度，身体虚弱，休养了两个多月。他自知情况不妙，将高拱、张居正和高仪召到病榻前，托付后事，并吩咐太子继位，不久之后驾崩。

神宗朱翊钧

朱翊钧档案

生卒年	1563—1620 年	在位时间	1572—1620 年
父亲	明穆宗朱载垕	谥号	范天合道哲肃敦简光文章武安仁止孝显皇帝
母亲	孝定太后李氏	庙号	神宗
后妃	孝端显皇后王氏、孝靖皇后王氏等	曾用年号	万历

朱翊钧，明穆宗朱载垕第三子，明朝第十三位皇帝。

隆庆二年（1568 年），朱翊钧被册封为皇太子。隆庆六年，明穆宗朱载垕驾崩，年仅 10 岁的朱翊钧继位，次年改元万历。

朱翊钧于万历十年（1582 年）开始亲政，他励精图治，生活节俭，颇有几分勤勉明君的风范，主持了著名的"万历三大征"，使大明江山得到巩固，开创了"万历中兴"的大好局面。但是，他执政后期却变得昏庸起来，因为缺乏张居正这样的贤相辅助和督导，加上"争国本"事件给他带来的心理阴影，他开始惰于朝政，使国家几乎停止运转。他在位期间强征矿税也受人诟病，使明朝逐渐走上了衰亡的道路。

万历四十八年（1620 年）七月二十一日，朱翊钧病逝，终年 58 岁，在位 48 年，是明朝在位时间最长的皇帝，庙号神宗，葬于明十三陵之定陵。

天命所归　年少继位

嘉靖四十二年（1563年）八月十七日，朱翊钧出生在裕王府，是朱载垕第三子。朱载垕共有四子，长子朱翊釴（yì）、次子朱翊铃（qián）都早亡，四子朱翊镠与朱翊钧同为贵妃李氏所生。

朱翊钧的祖父、世宗朱厚熜晚年痴迷道教，相信"二龙不得相见"，因此，他出生以后，没人敢向朱厚熜报告，所以也就没有为他取名字。到隆庆元年（1567年）正月，大臣们上疏请立皇太子，朱载垕才为他取名朱翊钧，并对他说："赐你名字，名为钧，意为圣王制驭天下，犹如制器之转钧也，意义重大，你当念念不忘。"

隆庆二年，朱翊钧被立为皇太子，入住东宫。朱载垕特别选拔了一批学识丰富的大臣来辅导他读书。李贵妃教子也很严格，朱翊钧稍有懈怠，必遭严厉责罚。

隆庆六年，朱载垕在临终前召来张居正、高拱、高仪三位大臣，临终托孤道："以全国使先生劳累。"当时朱翊钧也立于病榻旁，司礼监太监冯保宣读了朱载垕写给他的遗诏："朕即将大去，由你即位。一应礼仪自有该部题请而行。你要依三辅臣并司礼监辅导，进学修德，用贤使能，莫使朝政荒怠，以求帝业永保。"六月十日，朱翊钧正式即位，次年改元万历。

依托重臣　日讲不辍

朱翊钧即位时，朝廷中最突出的一个问题是大臣之间相互倾轧。根据明穆宗朱载垕的遗诏，朱翊钧依靠顾命大臣高拱及司礼监掌印太监冯保处理军国大事。此前司礼监掌印太监位置空缺时，高拱没有推荐冯保，而推荐了陈洪和孟冲，冯保因此记恨在心，两人之间颇有积怨。朱翊钧登基之后，对他们二人说："朕方在冲年，尚赖文武亲贤，'共图化理'‘与民更始’。"

冯保虽为太监，但知书达理，有相当高的文化素养，深受朱载垕宠信。朱载垕刚去世时，他假借遗诏赶跑了自己的政敌孟冲，做了司礼监掌印太监。与此同时，高拱也很想除掉冯保，他授意工部都给事中程文、吏科都给事中雒遵、礼科都给事中陆树德上书弹劾冯保，双方由此展开了一场政治斗争。张居正表面上附和高拱，暗中却与冯保关系密切，预谋要赶走高拱。

偏偏高拱也得罪过朱翊钧。明穆宗朱载垕驾崩时，高拱看到太子幼弱，痛哭流涕地说："10岁太子如何治天下！"朱翊钧登基后，冯保将高拱所说的话加以歪曲，改成"高公讲，10岁小孩哪能决事当皇帝"。这恰恰触犯了"自负付托之重，专行一意，以致内猜外忌"的为臣大戒，朱翊钧遂对高拱产生怨恨，最终将其免职。之后，张居正依序升为内阁首辅，责无旁贷地担起了培养万历皇帝的重任。

张居正上任后，向朱翊钧提出开"日讲"。隆庆六年八月，日讲如期开始；次年二月又增加了"经筵"。

"经筵"和"日讲"是明朝皇帝和文武大臣的一种学习方式，每月逢二举行"经筵"，由翰林院和国子监的人讲解经史，勋臣、大学士、六部尚书、都御史、翰林学士等全部参加，比较隆重；"日讲"只是讲官和内阁学士的日常讲学，场面简单。当时朱翊钧除了每月三、六、九临朝听政外，其余时间全部由张居正进行日讲，主要学习《大学》《尚书》等。张居正还从尧舜以来皇帝所做的事情中，选出81件值得效仿和学习的，以及36件必须警惕的，汇编成一部《帝鉴图说》，教导朱翊钧治理国家的道理和方法；又让翰林院从历代皇帝实录，以及明太祖《宝训》中选材，汇编成《创业艰难》《励精图治》《勤学》等40本书，以方便朱翊钧学习。在学习期间，张居正对朱翊钧要求十分严格，得到了李太后的极力赞赏。每当朱翊钧不努力学习时，李太后总是说，你再不怎么样，我就告诉张先生，这件事让张先生知道了又该如何，等等，这使朱翊钧从小就对张居正有一种敬畏心理，也为他以后疯狂报复张居正埋下了祸根。

高拱被免职不久，高仪也因病去世，三位辅政大臣只剩下张居正一人。张居正掌管朝政大权，内阁之事则由冯保处理。朱翊钧不仅对张居正十分信任，而且非常尊重，开口必称"张先生"或"元辅先生"，从来不叫他的名字。隆庆六年六月十九日，张居正刚担任首辅没几天，便受到朱翊钧的单独召见。这是他即位后第一次召见大臣，在朝廷中引起了轰动，大臣们既看到了新皇帝治理国家的信心，也感受到了张居正在朝中的威望。

大胆改革　万历中兴

张居正掌权以后，力主改革，得到了朱翊钧的大力支持。

万历元年（1573年），针对官僚作风和文牍主义，张居正主张推行考成法，提出"尊主权，课吏职，信赏罚，一号令"，使朝廷机构的办事效率得到了提高。考成法提出，事必专任，立限完成；层层监督，各负其责。对此，朱翊钧说："事不考成，何由底绩。"其最终目的是彻底改变国家运作机制。根据考成法的规定，内阁负责监控六科，六科负责监控部院，部院负责监控地方抚按，最终使"部权尽归内阁"。六科和部院本来是由皇帝直接管辖，考成法之后则让它们听从内阁指挥，实质上是将一部分皇权转移到内阁，这不符合明朝的祖宗旧制。

万历六年（1578年）十一月，朱翊钧开始对经济领域进行改革，改革以福建行省为试点：一是清丈田亩，二是推广"一条鞭法"。所谓一条鞭法，是指将农民的徭役赋税进行简化的政策，主要包括三项内容：一是把田赋和徭役、杂税合并统一征收；二是把徭役部分摊丁入亩，即把"人头税"摊入田赋征收；三是田赋、徭役合为一条后，一律征银，其中，田赋除朝廷必需的米、麦以实物征收外，其余折算为白银，徭役则一律实行银差，这样就使货币在赋税征收中占据了主导地位。

万历八年（1580年）九月，改革在福建试点成功后，朱翊钧和张居正又将改革成果推广到全国。户部根据皇帝的旨意，针对清丈范围、职责、政策、方法、费用、期限等制定了8项规定。同年十一月，这些规定下发到了各地。到万历十年（1582年）十二月，全国各地如期完成，总计查出新增土地140余万顷。推广"一条鞭法"，是当时经济改革的一个重要举措。

张居正去世后，朱翊钧开始通过向各地征收矿税银的方式来增加国库收入。在此之前，国库的主要收入为金花银，即依靠南直隶地区的田赋。户部专管内库的收支，并对皇帝的使用进行监督和管理。矿税银除了补贴内帑用于宫廷膳食以外，更多的则用于国家开支，尤其是边防支出。

在推动经济、政治改革的同时，朱翊钧也没有忘记教育，他要求吏部严格任命提学官。基于此，张居正提出了选用提学官和整顿学校的18个方案，写成《请申旧章饬学政以振兴人才疏》呈送朱翊钧。朱翊钧看后，说"深切时弊"，当即下令"各官着实遵行"，之后大量裁减各府、州、县的学校的人数。但这样做却起到了倒行逆施的作用，因为明代人口急剧增长，学校本来应该随之增加，但按照新的规定，学校和学生反而减少，与社会的发展背道而驰，这对于那些一心想通过科举改变命运的学子是个很大的打击。因此，这次教育改革并未获得成功，张居正本人也因此付出了相当沉重的代价，天下士人无不责怨，指他是"千虑一失，在汰郡县诸生"。

总的来说，从万历元年至万历十年，是朱翊钧执政时国家最繁荣的时期，"海内肃清，边境安全"，国家粮仓里的存粮可供10年支用，国库里积存的白银有400万两之多，这一切都是张居正的功劳。对此，朱翊钧由衷地称赞说："先生公忠为国，所用的人没有不当。"

新仇旧恨　清算首辅

自担任首辅以来，张居正工作十分认真，从万历九年（1581年）到万历十年，尽管他身体健康不佳，但却没有请过一天假。万历十年二月，张居正旧病复发，身体日渐衰弱。朱翊钧十分忧心，多次派御医前去诊治，始终不见效果。张居正也知道自己"精力已竭""不过行尸走肉而已"，于六月去世。朱翊钧悲痛万分，下诏罢朝数日，以表哀悼，同时封张居正为上柱国，赐谥号文忠公，由四品京卿、锦衣卫堂官、司礼太监等人护送其灵柩回江陵安葬。朱翊钧如此高规格地对待恩师的后事，在明朝历史上是绝无仅有的。然而，出乎意料的是，张居正去世没多久，朱翊钧突然态度大变，对张居正进行疯狂报复。

事情还要从冯保说起。早些年，高拱被太监冯保构陷，惹怒了朱翊钧，不得已辞职回乡。高拱走后，张居正接任内阁首辅，而冯保则掌管了著名的情报机构——东厂。高拱回乡后一直忿忿不平，临终前写下《病榻遗言》，托人转交朱翊钧，书中揭露了冯保和张居正早年相互勾结，将自己排挤出朝廷的真相。朱翊钧看到这本书后，数年来对张居正的不满情绪终于找到了一个发泄的出口。而冯保曾将朱翊钧最宠信的宦官张诚赶出宫去，朱翊钧对此一直耿耿于怀。张诚向朱翊钧辞别时，受朱翊钧所托探明冯保、张居正二人的劣迹。冯保一向作福作威，而张居正为人虽然能干，政务上也很有建树，但是缺点也很明显，比如专权树党、收受贿赂，甚至侵吞国财等。张居正死后，张诚重新进宫，将自己掌握的情况一一告诉朱翊钧，朱翊钧一怒之下将冯保赶出宫，并查抄其私宅，查出冯保数年来贪赃枉法，积累了100多万两金银以及无数珍宝。

万历十一年（1583年）三月，朱翊钧开始对张居正进行清算，先是下令追回张居正上柱国、太师荣衔，接着又下令追夺文忠公谥。张居正的两个儿子也被革去官职。负责抄家的钦差还未出发，朱翊钧便先派人到荆州，将张家的人集中看管。待钦差赶到江陵，张家已有10多人被饿死。而查得的资产也远没有朱翊钧想象的那么多，计有黄金1万余两、白银10多万两。这点东西显然无法向皇帝交差，钦差便将张居正长子、礼部主事张敬修抓起来，严刑拷问，张敬修受刑不过，只得胡编乱造，说还有30万两银子分别放在亲朋好友家中，结果亲友无辜受到牵连，弄得家破人亡。最后，张敬修投河自尽，其弟张懋修两次自杀未遂，震惊朝野。经申时行、潘季驯等内阁和六部大臣多次求情，朱翊钧才下诏留空宅1所、田10顷，赡养张居正年迈的母亲。

万历三征　巩固边防

张居正去世后，朱翊钧开始亲政，或许是多年的积郁终于得到了释放，他变得很叛逆，凡是张居正革除的弊政，都予以恢复。同时，他先后在明朝西北、西南边疆和朝鲜进行了三次大规模军事行动，即"万历三大征"，分别为李如松（李成梁长子）平定蒙古人哱（bā）拜叛变的宁夏之役、李如松和麻贵抗击日本丰臣秀吉政权入侵的朝鲜之役、李化龙平定苗疆土司杨应龙叛变的播州之役。

万历二十年（1592年），日本大臣加藤清正、小西行长奉丰臣秀吉之命，率军渡过对马海峡，向朝鲜釜山发起进攻。日军很快渡过临津江，到达王京。朝鲜军节节败退，国王李昖逃往平壤，后又逃到义州。日军很快占领王京，毁掉王室坟墓，劫持了朝鲜王子和大臣，将国家府库洗劫一空，之后又攻进开城、平壤，占领朝鲜八道①中的七道。眼看就要亡国，朝鲜连忙向明朝求援。朱翊钧立即派游击史儒、副总兵祖成训率兵前去支援，但是，因为对地形不熟，援军兵力又少，最终史儒战死、祖成训败退。

战败的消息传回后，朱翊钧气怒万分，任命宋应昌为经略使、李如松为东征提督，率领大军浩浩荡荡地向朝鲜开进。明军来到平壤，李如松指挥军队与日军展开激战，打败小西行长所部，取得了平壤大捷。接着，李如松乘胜追击，收复开城，彻底扭转了战局。然而，当明军向王京开进时，在距王京30里的地方遭到日军埋伏，损失惨重，李如松也差点战死。

这年三月，刘綎、陈璘奉命率军支援李如松。明军占据临津、宝山等处，切断了日军的补给线。日军被迫离开王京，龟缩在釜山等地，并派人向明军提出谈判。明朝兵部尚书石星主张接受谈判，以赢取重新布局的时间。没想到日本却无耻地提出以大同江为界，分割朝鲜，石星严词予以拒绝，谈判也就不了了之。

万历二十五年（1597年），日军重整兵力，再度向明军发起攻击。

朱翊钧以石星抗敌不力为由将其下狱，并任命邢玠为蓟辽总督、麻贵为备倭大将军，征调蓟辽、大同、山西、宣府、陕西兵及福建、吴淞水兵等多路大军进入朝鲜，又募川、汉兵作为后援。明军兵分四路，由董一元率领中路、麻贵率领东路、刘𬘩率领西路、陈璘率领水路，同时向釜山开进，陈璘与朝鲜水军将领李舜臣紧密配合，在海上击败了日军小西行长所部，重创日军。

这年八月，丰臣秀吉病逝，日军失去后援，只得撤退。明朝联军紧追不放，又一次给日军造成沉重打击。但是，在这次战争中，朝鲜大将李舜臣和明军大将邓子龙在露梁海战役中英勇牺牲。十二月，日本退出朝鲜。

宁夏是明代边陲9个军事重镇之一。明嘉靖年间，有个蒙古鞑靼人因得罪酋长，父兄被杀，一气之下投靠了明军。万历十七年（1589年），他被任命为游击将军，手下有1000多个亡命之徒，在宁夏一带横行霸道。同年，他升任副总兵，不久去世，其子哱拜承袭职位。万历十九年（1591年），火落赤等部侵犯洮河，哱拜主动率领3000人马前去支援，见明军各部兵马不整，不如己部，因此骄横无忌。巡抚党馨一向抑制他，裁减他的军饷。哱拜便挑唆军锋刘东旸起兵叛乱，杀了党馨及副使石继芳，又一把火烧掉公署，威逼总兵官张惟忠以党馨"扣饷激变"的名义向朝廷奏报，并索取敕印发动叛乱。张惟忠坚决不从，自杀身亡。

此后，刘东旸自称总兵，以哱拜为谋主，以宁夏为根据地，出兵连下中卫、广武、玉泉营、灵州等城，来到平虏城（今宁夏平罗县）下，却久攻不克。叛军以花马池一带的放牧权相许，得到了蒙古首领著力兔歹成台吉等大力相助，势力越发强大，震动了整个陕西。

三月四日，副总兵李昫奉总督魏学曾之命发布檄文，摄总兵事进行围剿，叛军自恃有蒙古的支持，毫不惧怕。此后，明朝特调麻贵驰援，麻贵率苍头军一边攻城，一边阻击蒙古，大获全胜。

这年四月，李如松担任宁夏总兵，浙江道御史梅国祯为监军，统率辽东、宣府、大同、山西、浙、苗等多路大军围剿叛军。七月，麻贵率军直捣蒙古大营，迫使著力兔歹成台吉逃往贺兰山外。之后，叶梦熊率各路援军包围宁夏城,然后挖开河渠,将水引入城内。叛军外无救兵,内无粮草,人心惶惶,开始自相残杀,一时大乱。李如松抓住这一有利时机,攻入宁夏城,哱拜走投无路,全家自杀,其子承恩被俘,叛乱就此平息。

在四川、贵州、湖北之间有个地区叫播州,地势险要,属于要塞重地。万历初,播州宣慰司使杨应龙骄横跋扈,无恶不作,并在万历十七年宣布脱离明朝统治。考虑到播州的地势,朝廷没有马上征讨杨应龙。杨应龙看透了朝廷的心思,一方面假称愿意出人出钱以抵消自己的罪过,一方面又联合苗兵,对四川、贵州、湖广等地几十个屯堡和城镇发起攻击,烧杀抢掠,坏事做尽。

万历二十六年(1598年),四川巡抚谭希思为了防备杨应龙,在綦江、合江设立防线。次年,贵州都司杨国柱奉贵州巡抚江东之之命率3000人马对叛军进行围剿,结果吃了败仗,战死沙场。朱翊钧闻讯,罢免了江东之,由郭子章接任,同时任命前都御史李化龙为兵部侍郎,统领四川、湖广、贵州三省兵力,并调刘𫓧、麻贵、陈璘、董一元等,配合郭子章征讨杨应龙。

万历二十八年(1600年),明军集结完毕,李化龙兵分八路向杨应龙发起进攻,每路约3万人马。刘𫓧率兵从綦江进发,先后攻破楠木山、羊简台、三峒天险,打败杨应龙之子杨朝栋所率领的苗军。巾帼英雄秦良玉和丈夫马千乘率兵攻陷金筑等7个大寨,并联合酉阳等土司军一起攻下桑木关,进展十分顺利。其余几路大军也都取得了辉煌的战果。三月底,刘𫓧占领了娄山关。四月,明军与杨应龙率领的苗兵展开决战,大获全胜。刘𫓧随即攻占杨应龙所依天险之地龙爪、海云,至海龙囤,联合其余几路大军将杨应龙包围起来。六月,刘𫓧攻破叛军据点。杨应龙见大势已去,绝望之下和两个小妾自缢而死,其子杨朝栋等全部被杀,明军进入播州城内,叛乱宣告结束。朱翊钧吸取教训,将播州分为遵义、平越二府,划归四川、贵州管辖。

奢靡怠政　大肆敛财

朱翊钧继位之初，为了让他有更多的时间读书，张居正特意对早朝仪式做了一些改动，即一旬之中每逢三、六、九早朝，其他日子则免朝。张居正去世后，朱翊钧便开始怠政，免朝的日子越来越多，而且日渐奢靡，沉迷酒色，脾气也变得十分暴躁，后宫美女多达几千人，被他酒后杖毙的宫女数不胜数。

朱翊钧懒政的程度明朝皇帝无人能及，大臣们的奏章递到他面前，他却看也不看一眼，还下令停止日讲，早朝不上。有个大臣实在看不过去，好心劝说，竟被削职为民。朱翊钧不理早朝，所有大臣的奏章和自己的批示都交给太监传递。从万历十八年（1590年）到万历四十三年（1615年），这20多年间，朱翊钧没有上过一次早朝，只有过一次召见群臣。

万历十一年（1583年），朝廷和地方严重缺员，中央九卿要员空缺了一半之多，有的衙署一个人也没有，全国半数以上的府没有知府官员。而新科文武进士以及教职数千人则闲置在京城无法就职。因为衙门缺少主事官，案子无法审理，犯人只能长时间地关在监狱里。

朱翊钧自己挥霍无度，自然也就大肆敛财。他迫使官吏"进奉"，以进奉多少作为衡量对皇帝效忠与否的标准。然而这个方法仍无法满足他的花销，他又抽调大量太监，到全国各地充当"矿监"或"税使"，搜刮民财，被称为"采榷之祸"。为了让这些太监尽情地搜刮，朱翊钧赋予他们节制有司、专折密奏的特权。这些太监就像是皇帝的忠实鹰犬，与当地的土豪劣绅、流氓恶棍相互勾结，欺男霸女，巧取豪夺，老百姓怨声载道。一旦有官员得罪他们，他们便向朱翊钧密奏，被告者往往被逮捕入狱，甚至被折磨而死。地方官吏为了将这些瘟神早日送走，小心翼翼地侍候他们。然而，朱翊钧为了方便自己长期搜刮民财，又在全国各地设立"中使衙门"20多处。因此，后人评价朱翊钧时，称其为前无古人的奇贪。

万历三十年（1602年）二月，太子朱常洛刚刚举行完大婚典礼，朱翊钧突发重病，他预感到自己离死期不远了，一时良心发现，有意在临死之前弥补自己之前犯下的错误，于是对左右说："朕因为宫殿建筑迟迟未了，所以才制定了矿税，现在可与江南织造、江西陶器一起停止，让内监们都回京复命，关押的罪犯也都放了吧。因上疏而削职的官员可让他们官复原职，给事中、各衙门缺官的，该补的全部补上。"大臣们听了都感到十分欣慰。然而没过多久，朱翊钧病体恢复，又出尔反尔，恢复采榷。

册立皇储　争论国本

朱翊钧共有8个儿子，长子朱常洛是恭妃王氏所生。王氏之前是朱翊钧生母李太后宫中的宫女，被朱翊钧临幸，生下了朱常洛。李太后疼惜这个长孙，便让朱翊钧给王氏一个名分。朱翊钧本来不想认这个儿子，但因为起居注中有明确记载，他不得已封王氏为才人，后来又封她为恭妃。而朱翊钧真正宠爱的是郑氏，郑氏14岁就被封贵妃，她聪明美貌、为人机警，敢于毫无顾忌地挑逗、嘲笑朱翊钧，也能倾听朱翊钧诉苦，一共生了两个孩子（其中一子夭折），其中朱常洵最为朱翊钧所喜爱，被封为福王。朱翊钧有意册立福王为太子，但是，在皇后没有生育的情况下，按规定"无嫡立长"，应该册立朱常洛为太子。但朱翊钧不喜欢朱常洛，便不顾祖宗礼法，欲强行立朱常洵为太子。这一决定引起了李太后和一些大臣的反对，朱翊钧只好借口待皇后生子再议，一拖再拖。

但是，文武百官总担心出现什么变故，于是一再请求早立太子，郑贵妃也不断地劝说朱翊钧。转眼间，朱常洛已经10岁了，因为没有身份，所以无法就学读书。其间，朱翊钧还处分了一批支持立朱常洛为太子的大臣。然而，东林党人也支持立朱常洛为太子，这让朱翊钧十分为难。万历二十九年（1601年）十月，朱常洛已经20岁了，朱翊钧见无法再拖下去，只好违心地册立他为太子。朱常洵则被封为福王，封地在洛阳。至此，这场持续15年的立储之争终于宣告结束。

不过，因立储而引发的党争则一发不可收拾，使得朝廷混乱不堪，明朝的政治危机也日益加重。在这次国本之争中，大臣们逐渐分化为两派：一派为保守势力，人数众多，打着维护礼法的口号，坚决要求册立皇长子为太子；另一派为革新派，主张"废长立爱"。保守派以吏部文选郎中顾宪成为代表，他屡次触犯朱翊钧，最终被削职为民。顾宪成回到老家后，重新修整了无锡城东荒废的宋代讲学之地东林书院，召集与自己情趣相投的博学之士开设讲堂，吸引了一批被罢官免职的士大夫。他们借助东林书院表达自己的政治主张，对时政进行议论和抨击。他们的主张获得许多政见相同的商人、知识分子，甚至地主士绅的支持，还获得许多朝中官僚的支持。慢慢地，东林书院成了一个舆论中心，顾宪成等人也形成了一个政治派别，时人称之为东林党。朝中首辅沈一贯是浙江宁波人，他处事老练，城府极深，为了与东林党抗衡，他联合浙江籍京官，组成"浙党"。两股势力水火不相容，他们的争斗也随着政治危机的加深而越来越激烈。

东林党和浙党斗争最激烈的要数"京察"问题。"京察"是当时朝廷考察京官政绩的制度，每6年进行一次，被考核的官员有功则奖、有过则罚，凡因此罢官的永不录用。所以，两派势力都将"京察"当作打击对方的手段。万历三十三年（1605年），轮到东林党人都御史温纯、吏部侍郎杨时乔负责"京察"，他们利用这次机会，将浙党官员钱梦皋、钟兆斗等贬出京城。沈一贯非常愤怒，扣押"京察"的奏疏，同时向朱翊钧上书弹劾温纯、杨时乔及其同党。到万历三十九年（1611年），轮到浙党主持南京的"京察"，他们采取报复措施，大肆驱逐东林党人。朱翊钧对此视若无睹，相关的奏书也大半"留中"，听任有关机构自行处置。

万历四十三年（1615年），又发生了与国本之争有关的梃击案。按说朱常洵被封为福王后，当年应该离开京城，到属地洛阳就任。但在郑贵妃的庇护下，他迟迟没有离京，总想找机会翻身。太子朱常洛的地位因此变得很不稳固，双方明争暗斗，终于爆发了明朝最严重的宫廷仇杀事件——梃击案。为了让儿子能够当上太子，郑贵妃指使爪牙张差手持木棍，闯入朱常洛的寝宫，打伤守门太监，欲刺杀太子，结果被太子内侍韩本用抓获。在严刑拷问之下，张差供出是受郑贵妃手下太监庞保、刘成指使。

陆梦龙奉命彻查此案，他下令逮捕庞保、刘成等人严刑审讯，证实了张差的供词。但是，庞保和刘成只不过是太监，如果没有人指使，是不敢加害太子的。因为他们是郑贵妃身边的内侍，所以大臣们都怀疑幕后指使者是郑贵妃。王志、何士晋、张问达上书弹劾外戚郑国泰"专擅"。郑贵妃担心被朱翊钧治罪，十分恐慌，跑去向朱翊钧哭诉委屈。朱翊钧说："现在群臣激愤，我也不便为你讲情，你还是去和太子商量一下吧。"朱常洛听出了父亲话中的意味，知道再追究下去将对自己不利，遂改变态度说："既然这件事是张差一人所为，就让他一个人承担就行了，让刑部尽快结案，不要再牵连其他人了。"此话正中朱翊钧下怀，他转怒为喜，连连称赞道："还是太子明白事理！"于是下令刑部将张差以疯癫奸徒罪处以凌迟。参与此案的马三道等人也被发配新疆。刘成、庞保暂时没有被追究责任，不久，刑部、都察院、大理寺三部门再度提审他们二人，但因为死无对证，他们便暗中与郑贵妃串供，矢口否认此事。后来，朱翊钧觉得继续追究下去会对郑贵妃不利，便派人暗中将刘成、庞保处死。这样一来，全案彻底断了线索，轰动一时的梃击案就这样不了了之。

内外堪忧　亡国之象

万历后期，政治越来越腐败，朱翊钧横征暴敛、挥霍无度，加上天灾不断，老百姓的生活日益困顿，陷入水深火热之中：山东临清、湖广武昌先后发生税官被百姓驱逐，税署被烧的暴力事件；江南税使孙隆被当地百姓赶跑，为明末最有组织也最有声势的一次反矿监税事件。同一时间，江西上饶、景德镇，云南腾越，福建漳州等多地都爆发了农民运动。告急文书如雪片般传到京城，却无一例外地被朱翊钧搁置一旁，不闻不问。

内地暴乱不止，北部边境又受到威胁，努尔哈赤统一了女真大部分部落后，在赫图阿拉称汗，建立后金政权，开始觊觎中原地区。万历四十六年（1618年），为报杀祖杀父之仇，努尔哈赤告天伐明，宣布朱翊钧七大罪。四月二十一日，他统领大军攻克抚顺，边关告急文书一天数十次传入皇宫，朱翊钧这才预感到大事不妙，急忙下令兵部调派9万人马，加上朝鲜兵1.3万人，约10万人，对外宣称47万，由辽东经略杨镐指挥，浩浩荡荡地向北开进。然而，户部的军需却跟不上，缺口达数百万两白银。八月，户部尚书李汝华奏请增加赋税，短短一个月时间，朱翊钧就下令全国追加田赋，3年连着增加3次，累计每亩净增9厘，每年增加数额为520余万两。农民们交不起赋税，田地被夺，失去了赖以生存的基础，山东、河南因此接连爆发农民起义。

万历四十七年（1619年）二月底，经户部努力，终于筹到了一部分军粮送到前线。在杨镐的指挥下，明军兵分四路向努尔哈赤发起进攻。由于轻敌冒进，明军反被努尔哈赤包围，伤亡多达4.6万多人，折损将官300多人，这就是历史上著名的"萨尔浒之战"。此战使明军受到了严重打击，力量衰弱，由进攻转入防御阶段。此后，努尔哈赤又集结大军驰骋于辽东大地，所向披靡，严重威胁大明江山。

明军在萨尔浒惨败后，本来身体就虚弱不堪的朱翊钧想到祖宗的基业将在自己手中毁掉，万念俱灰，以致旧病复发，卧床不起。万历四十八年（1620年）三月，他的病情突然加重，于七月二十一日驾崩。

注释：

①朝鲜八道：是朝鲜王朝时期朝鲜王国政府将朝鲜半岛划分成的行政区域，于朝鲜太宗十三年（1413年）划分，包括咸镜道、平安道、黄海道、京畿道、江原道、忠清道、全罗道、庆尚道。

光宗朱常洛

朱常洛档案

生卒年	1582—1620 年	在位时间	1620 年
父亲	明神宗朱翊钧	谥号	崇天契道英睿恭纯宪文景武渊仁懿孝贞皇帝
母亲	孝靖皇后王氏	庙号	光宗
后妃	孝元皇后郭氏、孝和皇后王氏等	曾用年号	泰昌

朱常洛,明神宗朱翊钧长子,明朝第十四位皇帝。

朱常洛从小不受父亲喜爱,经历了党争、皇权之争、梃击案等重大事件。万历四十八年,明神宗朱翊钧驾崩,朱常洛继位,改元泰昌。

朱常洛继位时已经 39 岁,执政期间革除了许多弊政,撤除矿税,使明朝的纲纪走上正轨。

泰昌元年(1620 年)九月二十六日,朱常洛病逝,终年 39 岁,因在位不足一个月,被称为"一月天子",庙号光宗,葬于明十三陵之庆陵。

国本之争　以忍为先

因为不受父亲喜爱，朱常洛长到10岁还没有接受正规教育，多亏大臣们多次拼死上书，朱翊钧才在万历二十二年（1594年）为他举行了预教典礼，仪式按照东宫讲学的标准。朱常洛上学后，受到了父亲虐待似的管制。根据明朝惯例，皇子的"经筵"和"日讲"都是从上午开始，如果遇大雪等严寒天气便放假。但朱常洛无论严寒还是酷暑，每天天不亮就得起床，从不间断。三九天里，朱翊钧还故意不给儿子发耳暖、烤火炉等取暖工具。朱常洛心里也明白父亲是有意为难自己，为了保住自己的地位，他只能忍气吞声。与此同时，为了引起大臣们的注意，他也不失时机地展示自己的才华。有一天，讲官董其昌问他："如何理解'择可劳而劳之'这句话？"朱常洛不假思索地回答道："'不轻用民力'的意思。"董其昌非常惊异，多次在朱翊钧和百官面前称赞他勤于苦读，旁通大旨。当初坚持立长的言官和大臣们听了，更加相信自己的选择。

20岁那年，朱常洛终于被册立为太子，朱常洵等皇子则被封王。不久，朱翊钧又为朱常洛举行了婚礼，让他住进了条件艰苦的慈庆宫，并下令没有诏书不得入见皇上。慈庆宫的供给少得可怜，和其他皇子的俸禄无法相比。为免因小失大，朱常洛默默地忍受着。朱翊钧也没有把他当太子看待，他刚上了一年学就被迫停止了。尽管他多次向父亲表达了想要继续求学的愿望，但都被拒绝。

万历三十九年九月，朱常洛的生母恭妃因长年抑郁而卧病在床，朱常洛想要探望母亲，再三向朱翊钧请求才被允许。他来到母亲的宫门前，只见大门被锁着，眼前一片凄凉。进入宫中后，他发现母亲双目已经失明，母子二人抱头痛哭。恭妃用手抚摸着儿子，说道："孩儿已经长这么大了，我也死而无憾了！"恭妃病逝后，大学士叶向高认为"皇太子母妃病故，丧礼应从厚"，但朱翊钧却置之不理，经文武百官一再请求，他才勉强赐恭妃谥号为温肃端靖纯懿皇贵妃。这件事一直被朱常洛记在心中，他继位以后，立即尊赐母亲为孝靖皇太后，迁葬定陵。

因为皇后一直没有生育，朱翊钧分外宠爱郑妃。万历十二年（1584年），郑妃生下一个儿子，取名朱常溆，但这个孩子夭折了。两年后，郑妃生下了第二个儿子，取名朱常洵，并因此被晋封为皇贵妃，更加受到朱翊钧的宠爱。郑贵妃总幻想着有朝一日能当上皇后、皇太后，于是极力怂恿朱翊钧册立自己的儿子为太子，得到了朱翊钧的应允，两人还特意跑到道观中立下誓言。

朱翊钧专宠郑贵妃，迟迟不立太子，早已引起朝中大臣的猜疑。大臣们担心朱翊钧改变祖制，册立朱常洵为太子，有损国本，于是纷纷上书劝谏。有上千本奏折指责后宫干政，将矛头直指郑贵妃。朱翊钧对此置若罔闻，进而引发了长达15年的立储之争。

由于众意难违，朱翊钧于万历二十九年十月下诏，册立皇长子朱常洛为皇太子，三子朱常洵为福王，五子朱常浩为瑞王，六子朱常润为惠王，七子朱常瀛为桂王。争国本事件以群臣的胜利而告终，但他们也付出了代价，申时行、王家屏、赵志皋、王锡爵内阁首辅4人、部级官员10余人被朱翊钧罢免，涉及朝官和地方官员300多人，其中100多人被罢官、解职及充军。朱常洛虽然坐上了太子之位，但仍然受到排挤。万历三十一年（1603年），有谣言称朱翊钧欲改立太子，矛头指向郑贵妃，结果又有多位大臣被逮捕法办。万历四十一年（1613年），又有进言指郑贵妃和福王要谋害太子，但朱翊钧只是让福王就藩，结果还被郑贵妃暗中阻止。

万历四十三年五月四日傍晚，一个名叫张差的男子带着一根枣木棍悄悄溜进慈庆宫，负责守卫的内侍李鉴发现后上前阻拦，却被张差用棍打倒。李鉴忙大声呼叫，惊动了内侍韩本用等人，他们一拥而上，捉住张差，朱常洛这才逃过一劫。事后经过审讯，张差招认是受郑贵妃手下宦官庞保、刘成的指使。朝野上下对此深感震惊，纷纷指责郑贵妃，要求严查此案。朱翊钧无法替郑贵妃遮掩，便让郑贵妃去争取太子的谅解。郑贵妃跪拜朱常洛，朱常洛慌忙回拜，惊恐之余上奏请求尽速结案，不再株连。于是，朱翊钧亲自出面了结此案：以疯癫奸徒为名处死张差。人证消失后，庞保、刘成二人有郑贵妃在背后撑腰，矢口否认涉案。后来,朱翊钧密令将庞保、刘成处死,案件就此不了了之,史称"梃击案"。

梃击案过后,郑贵妃见朱常洛继承帝位大局已定,生怕将来遭到报复,便一反常态对其加倍逢迎。她借口感激朱常洛的解救,经常赠送钱财、珠宝,还从自己宫中挑选了 8 个美貌的宫女送给他。

一月天子 红丸夺命

万历四十八年,朱翊钧病逝,朱常洛在历经磨难后终于登上了皇帝宝座。因为已经当了十几年的太子,他对父亲执政时期的弊政看得十分透彻,刚继位便借助群臣的力量开始改革。

第一项改革是罢免矿税使。考虑到自己刚刚继位,地位还不稳固,他假借父亲的"遗诏",下诏将矿监、税使、中使衙门里的中官全部撤除,立即停止所有形式的采榷活动。

第二项改革是饷边防。朱常洛下令从大内银库中调拨 200 万两白银,让辽东经略熊廷弼和九边抚按官犒赏军士。考虑到沿途所用,额外再拨 5000 两白银。

第三项改革是补官缺。由于明神宗朱翊钧不理朝政,致使全国各地出现了大量的官位空缺,而京城内又滞留大量士子无法上任。朱常洛下令将这些空缺的官位全部补齐,结果又导致官满为患。

朱常洛当上皇帝,本想有一番作为,不料登基大典后仅 10 天,也就是八月十日,他便一病不起,连第二天的万寿节庆典也不得不取消。

这天,内阁首辅方从哲刚刚在朝房中坐定,便接到内廷送来的紧急公函,说朱常洛觉得精神不错,听朝回来后命人在内廷摆宴,闹到很晚,结果当天夜里就病倒了。朱常洛让略通医术的内侍崔文升为自己看病,崔文升不敢不从,应付着开了一个方子,让朱常洛服下。随后,朱常洛大泻不止,一夜三四十次,后来昏迷不醒,宫中急忙请内阁处理。方从哲不敢怠慢,立即带着内阁大臣来到后宫,此时朱常洛正处于昏迷中,太医们在一旁束手无策。

到了中午，御医们走出宫来，为首的是一位70多岁的领班，此人与方从哲交往密切，他悄悄对方从哲说："陛下的病不妙。"方从哲非常不解，称皇帝正值壮年，怎会如此虚弱不堪。老太医摇头说，皇上不注意节制，导致身体久亏，又滥服泻药，才导致现在这个样子。送走老太医后，方从哲又接到皇帝急诏，召首辅入宫。

方从哲慌慌张张地来到宫中，朱常洛拉住他的手嘱托后事。方从哲急忙劝慰他好好养病，不要多想，自有太医为他精心调治。说到太医，朱常洛突然想起一个名叫李可灼的人，说他家中藏有仙药，可治百病，要立即召来。方从哲忙劝说朱常洛不可盲信，但朱常洛不听劝阻，当即让人召李可灼进宫。

李可灼带来了一种红色的药丸，在朱常洛的催促下用人乳调制药丸，侍候着朱常洛吃下去。朱常洛服药后气色有所好转，直夸李可灼是个忠臣。方从哲人见状长吁一口气，遂告辞出宫，仅留李可灼和几个御医。当天夜里，朱常洛感觉药效渐退，又命李可灼再调制一丸服下。至五更时分，他突然胸闷异常，呼吸急促，不一会儿便驾崩了。

熹宗朱由校

朱由校档案

生卒年	1605—1627 年	在位时间	1620—1627 年
父亲	明光宗朱常洛	谥号	达天阐道敦孝笃友章文襄武靖穆庄勒哲皇帝
母亲	王选侍	庙号	熹宗
后妃	懿安皇后张氏、良妃王氏、成妃李氏等	曾用年号	天启

朱由校,明光宗朱常洛长子,明朝第十五位皇帝。

万历四十八年,明光宗朱常洛驾崩,朱由校继位,时年 16 岁,改元天启。

朱由校几乎没有受过什么教育,文武不通,因此对朝政也提不起兴趣,一门心思玩乐,将朝政大权交到乳母客氏和宦官魏忠贤手中,两人制造了"乙丑诏狱""丙寅诏狱"等冤狱。他在位期间,著名大将辽东经略熊廷弼被罢免,致使沈阳、辽阳、辽东被后金攻陷,局势日趋严峻。

天启七年(1627 年),朱由校驾崩,年仅 23 岁,庙号熹宗,葬于明十三陵之德陵。

乳母阉党　祸乱朝纲

万历三十三年（1605年）十一月，东宫的王选侍生下一子，即朱由校。李太后得知有了曾孙，便让明神宗朱翊钧封王选侍为才人。所谓选侍，就是在太子没有婚配之前侍奉太子的宫女。当时朱常洛身边共有7个选侍，相继给他生了5个儿子，但只有朱由校和朱由检活了下来。朱由校15岁时，因生母去世，改由选侍李氏抚养。但李氏与王氏素来不合，因此冷待朱由校，也导致朱由校没有受到很好的教育。直到万历四十八年明神宗朱翊钧临去世前，朱由校才被册封为皇长孙，正式接受教育。这一年他已经16岁。

出乎人们预料的是，明光宗朱常洛在位仅29天，便因为一粒小红丸而丢了性命。朱由校由此继位，这时又出人意料地发生了历史上著名的移宫案。提起移宫案，不得不说朱常洛身边两位姓李的选侍，当时太监们为了便于区分，称她们为东李和西李。抚养朱由校长大的是西李。朱常洛病逝后，西李为了当上皇太后，竟然挟持朱由校，如果不封她为皇太后，就不让朱由校登基。大臣杨涟等人找不到太子，非常着急，便联合司礼监秉笔太监王安，设法将朱由校救了出来，保护着他来到慈庆宫。这时乾清宫仍被西李占据着，朱由校无法登基。不过，西李毕竟是女流之辈，经大臣们连哄带吓，终于离开了乾清宫，朱由校这才在众臣的护拥下来到奉天门，登上皇帝宝座。

明朝有个特殊规定，皇室生下孩子后，为了增强其体质，生母不负责哺乳，而从农村挑选体质强壮的妇女来哺乳。朱由校的乳母客氏生得眉清目秀，体态婀娜，虽然来自农村，却心灵手巧，机智聪敏，善解人意。她知道自己哺养的是皇子，所以非常用心，也幻想着有朝一日能借助朱由校飞黄腾达。一般来说，皇子断奶后，乳母必须离宫。但客氏走后朱由校便又哭又闹，不吃不喝，其母王氏无奈，只好将客氏重新召了回来，长期留在宫中。母亲去世后，朱由校得不到西李的宠爱，便寄情于客氏，非常亲近她。朱由校继位后不到10天，便封客氏为奉圣夫人。

依仗皇帝的宠爱，客氏在宫中为所欲为，完全不把别人放在眼里。

客氏作为乳母，本应与宫女们同吃同住，但是，朱由校特许她住进成安宫，出入使用仪仗，规格高过后妃，甚至连皇后也不能及。客氏最喜江南妆，广袖低髻，引得宫女们纷纷效仿，使得宫中很快流行起一阵江南风。客氏还有一个特殊爱好，每次梳洗必须有几十个侍女伺候，谁也不敢有半点马虎。

朱由校脑子反应迟钝，十分健忘，即使自己比较亲近的人失踪几天，他也觉察不到。客氏利用他这一弱点，毫无顾忌地对他的妃子下毒手。第一个遭殃的是张裕妃，她性情刚正耿直，对客氏不仅不巴结逢迎，甚至有点鄙夷不屑，因此遭到客氏记恨。后来张裕妃有了身孕，客氏便对朱由校说张裕妃怀的孩子来路不明。朱由校不分青红皂白，下令把张裕妃打入冷宫。客氏还禁止宫人给张裕妃送水送饭，张裕妃饥渴难耐，只能喝屋檐上流下来的雨水，最后不堪折磨而死。

冯贵人曾经劝阻皇帝不要在宫中设内操，触犯了客氏与魏忠贤的利益，后来在他们的逼迫下自尽。朱由校开始并不知道，后来成妃告诉他这件事，他也漠不关心。而成妃因为向皇帝透露了消息，被客氏假传圣旨幽禁起来。幸好成妃已有张裕妃的教训，提前在壁间预藏了食物，所以半个多月后还活着。一天，朱由校突然想起成妃，经询问才知道她被幽禁的事。朱由校念及与成妃生过两个女儿，就向客氏求情，成妃这才得以释放，但却被客氏贬为宫人。

就连中宫皇后，客氏也拿捏在手。张皇后一向知书达理，看不惯客氏的所作所为。客氏最喜欢广袖低髻的江南妆，张皇后便让身边的宫女全部窄袖高髻。有一次，她甚至将客氏召入宫中，狠狠地训斥了一番。客氏因此怀恨在心，让身边的宫女在宫中散布谣言，说张皇后出身盗贼家庭，没有资格当皇后。她还买通了几个大臣，在皇帝面前弹劾张皇后。幸好朱由校与张皇后有着深厚的感情，所以没有听信，还将那些大臣训斥了一顿。后来张皇后怀孕，客氏心生歹计，买通张皇后身边的宫女，趁其腰痛的时候给她捶腰，下了重手，致使张皇后小产。对于其他妃子，客氏更不能容忍她们怀孕，所以朱由校虽然嫔妃众多，却没有皇子。

忠贤不忠　擅权专政

宦官魏忠贤可以说是家喻户晓，人人唾骂，他掌管东厂时犯下的罪行罄竹难书，和英宗时期的太监王振不相上下。

魏忠贤本名李进忠，原本是河北肃宁县的一个市井无赖，家有一妻一女。因为吃喝嫖赌，家产败尽，他在走投无路之下，自宫做了太监。他"形质丰伟，言辞佞利"，善于骑马射箭，又善弹琴、蹴鞠，也算多才多艺，所以深受朱由校喜爱。

朱由校出生以后，魏忠贤有幸成为他的贴身太监，"谨事之，导之宴游，甚得皇长孙欢心"。之后，魏忠贤经太监魏朝介绍，成为朱由校生母王氏和皇后宫中专管膳食的太监。朱由校被册立为太子，他的乳母客氏便推荐魏忠贤做东宫典膳。从此，魏忠贤成为朱由校最亲近的人。朱由校当上皇帝后，魏忠贤身份大涨，成为太监中的第二号人物——司礼监秉笔太监兼掌东厂，地位仅次于先皇朱常洛的近侍王安。

在外廷，魏忠贤培植了一班走狗文臣，如崔呈秀、魏广微等，号称"五虎""五彪""十狗""十孩儿""四十孙"，全都占据要职，又"自内阁、六部、四方总督、巡抚、遍置死党"，被称为"阉党"。朱由检继位后，将魏忠贤之流定为逆党，予以彻底铲除，内外廷共计315人，人数之多令人震惊。

浙江巡抚潘汝桢为了巴结魏忠贤，提议在全国为魏忠贤建造生祠，更有无耻生员陆万龄别出心裁，提出应该让其配祀孔子。将一个目不识丁的专权太监和文化始祖孔子相提并论，实在是滑天下之大稽，但昏庸的朱由校竟然同意了。于是，朝廷诏令天下，为魏忠贤大建生祠。

这以后，魏忠贤更加肆无忌惮、为所欲为，与朝中大臣相互勾结，捏造各种罪名对东林党人进行打压排挤，逐渐将六阁、六部控制在手中，成为朝政大权的实际掌管者。当时，朝中正直的大臣都被以东林党的罪名杀害，枉死者不计其数。其中最著名的当数杨涟、左光斗等6人，他们为了扳倒魏忠贤之流，不畏强权，多次上书弹劾。魏忠贤对他们恨之入骨，当时他们有的已经卸任，有的担任要职，魏忠贤命人将他们6人抓捕入狱，但他们拒不认罪，最后死于狱中。这就是历史上著名的"东林六君子"事件。

朱由校的乳母客氏则为害后宫，谋害了张皇后所生的3个皇子和3个公主，对其他嫔妃也动辄杀戮废黜，其手段之毒辣令人发指。朱由校的弟弟朱由检对魏忠贤、客氏非常仇恨，继位后将他们一一铲除。

天启七年（1627年），朱由校因执意服用"仙药"，驾崩于乾清宫。

思宗朱由检

朱由检档案

生卒年	1611—1644 年	在位时间	1627—1644 年
父亲	明光宗朱常洛	谥号	庄烈愍皇帝
母亲	孝纯皇后刘淑女	庙号	思宗、毅宗、威宗
后妃	周皇后、袁贵妃等	曾用年号	崇祯

朱由检,明光宗朱常洛第五子,明熹宗朱由校异母弟,明朝第十六位皇帝。

朱由检早年被封为信王。天启七年,明熹宗朱由校病逝,朱由检继位,时年17岁,改元崇祯,后世称为崇祯皇帝。

朱由检在位期间,大力铲除阉党,勤于政事,厉行节俭,平反冤狱。但朝廷党争不休,民间灾害不断,以致农民起义频发,关外的后金政权也趁势崛起,明王朝陷入内忧外患之中。

崇祯十七年(1644年),李自成率领的起义军攻陷北京城,朱由检在绝望之中登上煤山,吊死在一棵树上,终年34岁,谥号庄烈愍皇帝,庙号怀宗,后又改为毅宗、思宗,葬于明十三陵之思陵。

尽除阉党　重振江山

明光宗朱常洛共有5个儿子，唯有朱由校和朱由检长大成人。朱由检的生母刘氏是个选侍，地位低微，不受朱常洛宠爱，因此，他们母子的日子并不好过。后来，刘氏病逝，朱由检改由李选侍抚养。当时李选侍也抚养朱由校，不过，他们兄弟二人都不受李选侍喜欢。朱由校得不到读书的机会，便将兴趣转移到木工方面。朱由检则不愿放过任何读书的机会。后来，朱由校当了皇帝，任性贪玩，放纵太监魏忠贤和乳母客氏，致使大权旁落。朱由校病逝后，因为无后，皇位由朱由检继承。

朱由检继位时年仅17岁，此时大明江山已经岌岌可危，内忧外患。他登基后，决定先解决客魏集团。但是，客、魏二人的势力实在太强，朱由检不敢轻举妄动。为了保护自己，他入宫以后，不敢碰宫里的任何东西，连干粮都是自己带去，甚至晚上睡觉也抱着佩剑。过了一段时间，他不动声色地将自己的亲信带入宫中，开始培植自己的势力。为了能够像控制朱由校那样控制朱由检，魏忠贤进献了几位美女。朱由检将美女全部留下，然后对她们进行仔细搜查，发现她们的裙带上都系有一颗小药丸，是一种能够自然挥发的春药，即迷魂香。魏忠贤一计不成又生一计，让一个小太监手持迷魂香坐在夹壁内，但又一次被朱由检识破。朱由检对此感慨万分地说："皇考、皇兄皆为此误矣！"

魏忠贤见朱由检没有上当，又唆使他人上书为自己歌功颂德，并亲自试探皇帝的心思，上了一道奏书《久抱建祠之愧疏》，请求朱由检下令停止全国为自己建造生祠。朱由检顺水推舟，批示："以后各处生祠，其欲举未行者，概行停止。"这一巧妙之举，既不会引起魏忠贤的恼怒，又有效遏制了官员们对魏忠贤的崇拜。当时，朝中大臣见朝政混乱，客、魏掌权，纷纷寻找自保的良策，有主动投到客、魏门下的，有静观其变的，也有不顾性命之危直言劝谏的。天启七年（1627年）十月十三日，魏忠贤的亲信、御史杨维垣上书弹劾崔呈秀，却对魏忠贤美其名曰"厂臣"，说道："呈秀毫无益于厂臣，而且若为厂臣累。盖厂臣公而呈秀私,厂臣不爱钱而呈秀贪,厂臣尚知为国为民,而呈秀惟知恃权纳贿。"崔呈秀是魏忠贤的得力干将,号称"五虎"之一,如果能除掉崔呈秀,就等于砍掉了魏忠贤的一只臂膀。朱由检抓住这一机会,免去崔呈秀的兵部尚书之职,让他辞官还乡。

魏忠贤看到自己的心腹受到打击,产生了一种不祥的预感,就让客氏去试探朱由检,说想要出宫。这正中朱由检下怀,他当即下令同意客氏出宫。客氏无奈,穿着素服来到朱由校墓前,焚烧了自己保存的朱由校的胎发和指甲,痛哭一场后,失魂落魄地离开紫禁城,住进了朱由检特意为她准备的府邸。随后,朱由检又提拔亲信太监曹化醇等多人,以制衡魏忠贤。魏忠贤越来越感到自己将要大祸临头,其党羽似乎也看清了形势,纷纷寻求出路。这个时候,魏忠贤集团又起了内讧,几个首恶分子互相弹劾。没过多久,阉党之外的一些官员也开始行动起来,兵部主事钱元悫(què)直接弹劾魏忠贤,言辞激烈,句句切中要害。海盐贡生钱嘉征上书,列出魏忠贤十大罪行:一并帝,二蔑后,三弄兵,四无二祖列宗,五克削藩封,六无圣,七滥爵,八掩边政,九伤民财,十亵名器,强烈要求惩处魏忠贤,为民除害。朱由检不动声色,故意在朝堂上让人将奏折念给魏忠贤听。魏忠贤深知自己再不退身,恐怕小命不保,便于崇祯元年(1628年)十月以身体不适为由,请求辞去东厂职务。朱由检让他出宫调理,随后传令解散魏忠贤集中在宫中的军士。

魏忠贤出宫一个月后,朱由检便将其罪行昭告天下,接着查抄客、魏家产,并收回封爵。魏忠贤被押往凤阳,行走到阜城时,他知道自己难逃一死,便在当天晚上自缢身亡。次日,客氏被抓捕,押解到浣洗局杖毙。随后,客、魏二人的爪牙被全部铲除。

抵御清军 冤杀忠臣

在东北,建州女真自万历末年起兵发难,建立后金政权以后,势力越来越强大,不断侵掠明朝边境。

为了抗击后金入侵,朱由检起用了前任辽东巡抚袁崇焕。袁崇焕在天启年间长期镇守辽东,非常熟悉辽东的地形,而且智勇双全,屡建奇功。天启七年的宁锦之役,袁崇焕固守宁远,打败努尔哈赤,扭转了整个战局,使明军反败为胜。不过,在举国为魏忠贤建生祠的热潮中,袁崇焕也屈从压力,参与了歌功颂德的活动,由此被定为阉党。但朱由检不计前嫌,任命他为兵部尚书兼右副都御史,督师蓟辽,兼督登莱天津军务,赐予尚方宝剑,将收复全辽的重任寄托在他身上。崇祯元年七月十四日,袁崇焕受到朱由检召见,表示5年便可恢复全辽疆土。朱由检龙颜大悦,说:"卿能5年复辽,朕绝不吝啬封侯之赏。"

袁崇焕出关后,下令整顿兵马、修缮城池,很快使山海关一线的防务稳定下来。崇祯二年(1629年)十月秋高马肥之时,后金10多万精兵分道由龙井关、大安口进犯,迅速占领遵化等几个军事重镇,并消灭了山海关总兵赵率教带领的援军。袁崇焕连忙率军前去救援,但金兵却绕开袁崇焕屯兵的通州,向北京进逼,袁崇焕只得率军拦截,护卫京师。

京师告急,朱由检惊慌失措,但听说袁崇焕已经赶到,便放下心来。袁崇焕派任守忠率500人用火炮攻打金营。与此同时,朱由检任命大将满桂为武经略,统领所有援军,全力保护京师。满桂和袁崇焕分别在德胜门、广渠门屯兵驻守,多次击退后金的进攻。当时,袁崇焕驻军城外,令将领戴承恩在广渠门列阵、祖大寿于南面列阵、王承胤在西北列阵,他自己则率军在西面列阵以备战。后金骑兵从东南面进攻,祖大寿率兵奋力抵抗,后金军无法取胜,被迫撤退。明将刘应国、罗景荣等人率兵追击,歼敌千余人,明军伤亡颇重,但总算解了京都之围。十一月底,袁崇焕在东便门之战中大破金兵,但自己的兵力也损失过半,他要求入城稍做休整,以备再战。

朱由检在铲除客魏集团的斗争中大获全胜,显示了自己的执政才能,但在抵御外患的问题上,他却犯下了一个不可饶恕的错误——中了皇太极的反间计。

当时,魏忠贤的余党散布谣言说袁崇焕与后金军勾结,朱由检起初并不相信,但谣言越传越广,他渐渐对袁崇焕起了疑心。恰巧后金军也设计离间,皇太极曾在北京城下俘获两个太监,他便佯称袁崇焕与后金军有秘密约定在先，借路给他们攻打北京，并故意让这两个太监听到，然后让他们逃回北京城内，向朱由检报告消息。袁崇焕曾誓言5年拿下辽东，现在辽东未复，反而把后金兵引到了家门口，逃回来的太监又说他与后金勾结，朱由俭心中更加怀疑了。十二月初一，朱由俭下令逮捕袁崇焕，袁崇焕的部下听到这个消息，军心涣散。十二月中旬，满桂战死，孙承宗督率各镇援兵力战克敌，总算解了京师之围。

后金退兵后，朱由检愈发感到袁崇焕有负自己厚望，于是下令将袁崇焕凌迟处死。

灾害频发　民变迭起

朱由检杀掉袁崇焕，无异于自毁长城，此时明王朝的财政也已入不敷出。天启年以来，全国灾荒不断，大量人口逃亡，致使土地荒芜，社会动荡不安。尤其是陕西，连年大旱，千里之内庄稼颗粒无收，成为随时都有可能爆炸的火药桶。由于朝廷议裁陕北驿站，驿站兵士李自成变成了无业流民。陕西又闹饥荒，当地巡抚马懋才上折《备陈大饥荒》，称老百姓没有吃的，便争抢山中的蓬草吃。蓬草很快吃完，又开始吃树皮，吃完了树皮再吃观音土，最后腹胀难忍，痛苦地死去。之后山西又大旱，还遭遇蝗虫灾害，耀州、澄城县一带的老百姓超过一半饿死，活下来的也大多流离失所，有的地方甚至出现了人吃人的现象。

河南籍前兵部尚书吕维祺在奏章中写道："盖数年来，臣乡无岁不苦荒，无月不苦兵，无日不苦挽输。庚午（崇祯三年）旱；辛未旱；壬申大旱。野无青草，十室九空。……村无吠犬，尚敲催征之门；树有啼鹊，尽洒鞭扑之血。黄埃赤地，乡乡几断人烟；白骨青磷，夜夜似闻鬼哭。欲使穷民之不化为盗，不可得也。"旱灾又引发了蝗灾，使灾情进一步扩大。在之后10年，河南连续遭受蝗旱，"人相食，草木俱尽，土寇并起"，当地饥民多从"闯王"李自成。崇祯十三年（1640年）至十四年（1641年），"南北俱大荒……死人弃孩，盈河塞路"。

崇祯十三年，顺德府、河间府、大名府相继出现疫情，形势十分严重,当时称"瘟疫传染,人死八九"。崇祯十四年,疫情迅速蔓延,大名府"春无雨,蝗蝻食麦尽,瘟疫大行,人死十之五六,岁大凶"。广平、顺德、真定等府均有大量类似的记载。同年七月,疫疾从河北地区扩散至北京,病名为"疙瘩病","夏秋大疫,人偶生一赘肉隆起,数刻立死,谓之疙瘩瘟,都人患此者十有四五。至春间又有呕血者,或一家数人并死"。

崇祯十六年(1643年)夏秋间发生了腺鼠疫,到崇祯十七年(1644年)春天转化为肺鼠疫。北京城因感染此病死亡者多达百分之四十,民间出现了十室九空的凄凉景象。这年八月,天津又爆发肺鼠疫,天津官员上奏朝廷:"昨年京师瘟疫大作,死亡枕藉,十室九空,甚至户丁尽绝,无人收殓者。"到了秋天,鼠疫向南扩散到潞安府,记载称:"病者先于腋下股间生核,或吐淡血即死,不受药饵。虽亲友不敢问吊,有阖门死绝无人收葬者。"

为了节省资源,朱由检下令免去服务皇室的织造、烧造、采办等所有劳役,皇宫内所有建筑项目全部停止,尽可能削减吃用支出,将镇守各地的太监撤回,不许宦官染指朝政,也不许宦官与官僚相互勾连。同时,他又向边防发放饷银,以安定军心。为了防止官僚结党,他还建立了完备的监察制度,设法提高官僚的工作效率;又下令免除受灾地区的赋税。

江南在崇祯十三年遭大水,崇祯十四年又闹大旱及蝗灾,崇祯十五年(1642年)持续发生旱灾和流行大疫。这时,全国盗匪与流民并起,各地民变风起云涌。陕西一带的农民起义军王嘉胤、张献忠、李自成、罗汝才等部因打不过明军,先后离开大本营,东渡黄河,转战于山西一带,得到当地百姓的热烈响应,几天之内便席卷山西全省。朱由检任命洪承畴为三边总督,剿灭起义军。起义军再次转移,越过太行山,进入畿辅平原地带,一路势如破竹,向京师进逼。十月底,起义军利用黄河结冰的有利时机,向南转移至中原地区,又兵分几路进入安徽、湖广、四川等地。

朱由检任命延绥巡抚陈奇瑜总督山西、陕西、河南、湖广、四川五省军务,负责镇压起义军。崇祯七年(1634年),起义军不慎走进汉中栈道危险地带的车厢峡，被明军包围，只得采取诈降之计。明军信以为真，对起义军网开一面，但起义军刚走出车厢峡，便再次竖起起义大旗。朱由检闻讯十分气恼，罢免了负责受降的陈奇瑜，并将其逮捕入狱，让洪承畴接任五省总督。起义军接连取得重大胜利，第二年打到朱元璋的老家凤阳，将朱家的祖坟也扒开了。

消息传来，朱由检羞愧难当，当着群臣的面失声痛哭，之后又亲自到祖庙告祭，一连几天布衣角带避殿办公，又发布《罪己诏》，将责任揽在自己身上。同时，他严令兵部和吏部彻查凤阳失守的原因，惩处了一大批官员，凤阳巡抚杨一鹏被处死；又下令调拨 100 多万两军费、7 万多官兵，划归洪承畴统领，限期 6 个月剿灭起义军。后来，他又派卢象升总督直隶、河南、山东、四川、湖广等地军务，与洪承畴遥相呼应，分别从西北和东南向起义军发起进攻。至崇祯九年（1636 年）正月，6 个月期限将满，朱由检却没有盼来两路大军胜利的消息。他继续给洪承畴和卢象升施加压力，同时颁布诏书赦免起义军，企图分化瓦解起义军。

这年五月，洪承畴和卢象升在周至会合，打败了高迎祥所率起义军，生擒高迎祥。李自成实力大减，不得已离开陕西，战局开始向有利于朝廷转变。然而，仅仅过了几个月，李自成又卷土重来，从甘肃扑向四川。张献忠、罗汝才也在中原宣布起义，与李自成遥相呼应。

崇祯十年（1637 年）三月，宣大总督杨嗣昌调任兵部尚书，负责镇压起义军。杨嗣昌提出了"四正六隅十面张网"的战术，任命洪承畴为总督、两广总督熊文灿为总理，各自统领兵马，由杨嗣昌本人坐镇指挥，限期 3 个月消灭起义军。

兵力增加了，军饷也要跟着增加，军饷从哪里来？当然是来自老百姓。此时老百姓正处于水深火热之中，对朝廷要增加赋税自然怨声一片。不过，杨嗣昌的确很会用兵，在崇祯十一年（1638 年）取得了一定的胜利——熊文灿在江淮地带招降了张献忠及一些小股起义军，洪承畴则在西北联合陕西巡抚孙传庭对李自成穷追猛打，迫使其逃入深山。朱由检得到捷报后，心里大大地松了口气。然而，张献忠只是假降，李自成也悄悄来到河南招兵买马，几天时间便聚集了十几万人，再次举起义旗。

崇祯十四年（1641年）正月，李自成率领起义军攻克洛阳，将朱由检的叔父、福王朱常洵杀死。同时，张献忠也攻克襄阳，杀死了襄王朱翊铭。杨嗣昌看到眼前的局面，知道皇上一定不会放过自己，绝望之下服毒自杀。这年九月，李自成率领的起义军在项城遭遇原兵部尚书、陕西总督傅宗龙的兵马，双方经过激战后，傅宗龙被杀。之后，起义军几乎占领了河南全部州县。崇祯十五年二月，继任的陕西总督汪乔年也死于李自成之手。此时，张献忠攻占了湖广、四川绝大部分地区。辽东方面，洪承畴的13万大军在朝廷一味催战下，陷入了起义军的包围之中，至崇祯十六年二月，苦撑了一年的洪承畴全军覆没，被迫投降。

同年，李自成夺取西安，建立大顺国，自称皇帝。次年正月初一，李自成誓师伐明，亲率10万大军渡河东征，兵锋直指北京。在李自成建立大顺国的同时，张献忠也在武昌建立了大西政权。

山河破碎　魂归煤山

面对四分五裂的局面，朱由检焦头烂额；而满朝文武仍结党营私、不以国家命运为重，朱由检内心痛苦不已。在这种精神压力下，他的性格变得多疑、暴躁、易怒，甚至濒临崩溃。

朱由检一直奉行节俭，国家财政困难，他便尽可能地减少皇室开支。皇帝和后妃的衣服本来穿一次就不要了，换下来的衣服放在箱子里，在仓库里堆积如山，朱由检却将旧衣服浆洗过后再穿。有时周皇后还自己动手洗衣服。朱由检在位期间，宫中不但没有添置过新的金银器皿，就连旧的也被送到银作局化掉作为军队的饷银。朱由检没有在皇宫里盖过任何建筑，还把大批宫女、太监遣散出宫，以节省用度。他既不好玩乐，也不近女色，后宫只有寥寥可数的几个妃嫔。而且，朱由检十分勤勉，工作不分昼夜，白天在文华殿接见群臣、批阅奏章，晚上回到乾清宫继续看奏章。军情紧急的时候，他甚至几天几夜不休息，但是，他的勤勉已无法挽回大明王朝覆灭的命运。

崇祯十七年（1644年）正月初十，李自成逼近京师，朱由检双手捧着奏书，浑身颤抖，痛哭流涕地说："朕非亡国之君，事事皆亡国之象。祖宗天下一旦失之，有何面目见祖宗于地下。朕愿督师亲决一战，身死沙场无所恨，但死不瞑目耳！"听到皇帝准备御驾亲征，朝中大臣纷纷表示愿意代为出征，最后决定由吏部右侍郎李建泰率军奔赴前线。李建泰出兵后处处受阻，沿途州县根本不供给吃用，不久他就在保定投降了李自成的大顺军。

朱由检下令宁远总兵吴三桂回来抵御大顺军，但内阁首辅陈演担心吴三桂一撤，关外之地将失，自己要承担责任，于是以各种借口拖延。崇祯十七年三月一日，后金攻陷大同，京城危急。三月四日，吴三桂被召入京，封为平西伯，联合吴襄提督京营，负责保护京师安全。三月六日，宣府被李自成攻陷，太监杜勋投降，李自成对京师实施包围，明王朝面临着灭顶之灾。太监曹化淳说："忠贤若在，时事必不至此。"这时，明军在与农民起义军和金军的两线战斗中屡战屡败，战斗力全无。京师告急，国库告罄，全国无兵可用，朱由检仍在苦撑。为了鼓舞士气，他两次发布《罪己诏》，向天下臣民表示要承担一切责任，但这些空头承诺已经无法挽回时局。为了筹集军饷，朱由检拿出了皇宫里的所有金银，又下令勋戚、在京百官捐助，但官员们一点也不积极，就连皇后的父亲周奎也只是勉强拿出了1万两。朱由检忙了一个月，仅筹到了数十万两白银，这对庞大的军费开支来说只是九牛一毛。后来北京城破，李自成率领大顺军进入城内，从太监、大臣家里搜到了数千万两金银。

三月十七日，农民起义军围攻京城，于次日晚上发起总攻，太监曹化淳打开城门，将起义军迎入城内。朱由检得知起义军已经占领外城，知道大明王朝气数已尽，绝望之下，他带着一班贴身太监在京城里盲目地转悠了一圈，之后登上煤山，望见城外火光冲天，他仰天长叹，禁不住潸然泪下。之后，他回到宫中，独自饮酒，恰逢太监王廉报告起义军攻入城中的消息，他长叹说："苦我民尔！"太监张殷劝他投降，他恼怒之下，一剑将其刺死。随后，他命人将三个皇子找来，看着16岁的太子朱慈烺和一个11岁、一个9岁的皇子，他心中万分痛苦，命人分送太子、永王、定王到勋戚周奎、田弘遇家，由他们负责送出城去。回宫后，他写下诏书，命成国公朱纯臣统领诸军并辅佐太子，又命百官"俱赴东宫行在"，但此时百官早已作鸟兽散。

三月十九日凌晨，彰义门被攻破，起义军杀入城内，朱由检奋不顾身，带领几十个太监骑马向东华门冲去，想要抵抗。但他到了东华门后却被乱箭射回，于是又转向安定门，这里已经没有了防守的军队，门也被锁上了。一个太监挥舞手中的大斧，连劈数下，竟然没有打开。拂晓，城内火光四起，映红了整个天空，喊杀声震天。朱由检失魂落魄地回到皇宫，亲自在前殿敲响钟鼓，召集百官，但应召者却没有几个人。朱由检再次仰天长叹："诸臣误朕也，国君死社稷亡，二百七十六年之天下，一旦弃之，皆为奸臣所误，以至于此。"说完，他让心腹太监王承恩搀扶着自己走向煤山。来到煤山上，他回过头来，最后看了一眼宫城，又看了一眼远处起义军点燃的篝火，心中突然有种释然的感觉。最后，他和王承恩来到一棵歪脖子树下，解下自己的佩带，自缢身亡。王承恩也在离他不远的一棵树上吊死。

清 朝

太祖努尔哈赤

努尔哈赤档案

生卒年	1559—1626 年	在位时间	1616—1626 年
父亲	爱新觉罗·塔克世	谥号	高皇帝
母亲	喜塔腊氏	庙号	清太祖
后妃	皇后叶赫那拉氏、寿康妃博尔济吉特氏、元妃、继妃等	曾用年号	天命

爱新觉罗·努尔哈赤,清朝的奠基者,后金政权的创建者。

明嘉靖三十八年(1559 年),努尔哈赤出生于赫图阿拉的女真部落,其父是女真部落贵族。明万历二十一年(1593 年),努尔哈赤统一了西海女真各个部落;明万历四十四年,建立后金,自称"奉承天命覆育列国英明汗",年号为天命,都城为赫图阿拉,后迁都于盛京。

天命十一年(1626 年),努尔哈赤在宁远之战中身负重伤而败退,于七月在清河温泉疗养。因伤势严重,他在返回盛京途中去世,终年68 岁,葬于沈阳清福陵。清王朝建立后,他被尊封为清太祖,谥号高皇帝。

幼年丧母　历尽坎坷

努尔哈赤的六世祖猛哥帖木儿于永乐年间被明成祖朱棣任命为建州卫指挥使，之后努尔哈赤家族一直世袭该官职。到努尔哈赤的祖父觉昌安这一代，这个家族所在的宁古塔部落已经拥有了方圆20里的土地，成为当地的大部落。为了让部落的地位更加稳固，努尔哈赤的父亲塔克世迎娶了建州女真中最强大的部落首领王杲之女，也就是努尔哈赤的母亲喜塔腊·额穆齐。

喜塔腊氏一共生育了三儿一女。努尔哈赤是长子，自幼聪敏好学，勤于习武，深得父母喜爱。努尔哈赤10岁时，喜塔腊氏去世，继母那拉氏为人刁钻刻薄，不仅处处刁难努尔哈赤，还挑拨努尔哈赤与其父亲的关系。努尔哈赤只好带着弟弟舒尔哈齐去投奔外祖父、建州右卫都督王杲。

王杲原名阿突罕，因跟随明朝辽东巡抚张学颜学习武艺和汉文，被赐名王杲。努尔哈赤前来投靠后，王杲一眼就看出了这个外孙的与众不同之处，知道他日后必成大器，于是亲自教他弓马骑射，并传授汉族文化和战术策略。

明万历三年，王杲因为不满明王朝在女真地区推行的政策，领兵攻打辽阳，杀死明军指挥王国栋。之后，辽东总兵李成梁攻占王杲驻地，将他押回京城问斩。努尔哈赤和弟弟舒尔哈齐也被俘虏，眼看难逃被杀的命运，机敏的努尔哈赤跪到李成梁马前，用汉语请求他赐自己一死。李成梁对这个会讲汉语的满族少年突然产生了兴趣，一番问询后，把他们兄弟收为书童。

在李成梁帐下，努尔哈赤有了更多的机会接触汉族文化，对排兵布阵也有了一定的了解。李成梁也很赏识努尔哈赤娴熟的弓马技艺，将他提拔为贴身侍卫。三年后，努尔哈赤利用父亲催自己回家结婚的机会，离开李成梁，回到了女真部落。

努尔哈赤结婚后，因为继母的挑唆，父亲要求他离家独立，并且只分给他很少的家产。为了生活,努尔哈赤不得不去山中采挖人参,捡拾榛子、松子,然后长途跋涉把这些山货卖到清河、抚顺等地,以维持生计。这一时期,努尔哈赤通过与蒙古人、汉人的交流,学会了蒙古语,也学会了很多汉字。

十三遗甲　报仇雪恨

王杲被杀后,他的儿子阿台与明王朝彻底决裂。此后几年间,阿台率领部众以古勒城为据点,不时骚扰、袭杀明军,掠夺物资。

明万历十一年(1583年)二月,李成梁联合叶赫部图伦城主尼堪外兰攻打古勒城。眼看古勒城快要被攻破,努尔哈赤的祖父觉昌安不愿看到亲家落得如此下场,更不忍看到生灵涂炭,便带着塔克世、努尔哈赤及众子孙前去劝降。不料他们进入古勒城后,尼堪外兰便派人放话说:"传李总兵令,杀死阿台者,任古勒城城主!"被围困的将士们无心分辨传言的真假,迅速溃散,明军得以攻入城内,觉昌安和塔克世在混战中被杀。努尔哈赤和舒尔哈齐因为曾经在李成梁帐下当过侍卫,被李成梁的妻子认出,这才躲过一劫。

努尔哈赤率领残部回到部族中后,向辽东都司抗议道:"我先人何罪而歼于兵?"明军方面主动送还觉昌安、塔克世等人的遗体,并准许努尔哈赤承袭其父职务。

努尔哈赤满腔怒火却无法发泄,因为他只有部众数十人,根本无力与尼堪外兰为敌,更无法和明军抗争。而且,尼堪外兰的势力正强盛,宁古塔部落的族人甚至产生了杀掉努尔哈赤,归附尼堪外兰的念头。

这时,苏克素浒河部萨尔浒寨主诺米纳、嘉木湖寨主噶哈善、沾河寨主常书及其弟扬书等人因为对尼堪外兰有所不满,先后率部投到努尔哈赤帐下。努尔哈赤和他们一起对天发誓:共同反抗尼堪外兰。

同年,努尔哈赤将父祖辈留下的十三副"遗甲"取出来,率领部众30人,联合苏克素浒河部萨尔浒寨主诺米纳、嘉木湖寨主噶哈善、沾河寨主常书及其弟扬书,向图伦城发起进攻。其间,诺米纳忌惮尼堪外兰实力强盛，竟然背弃誓约，不仅没有率兵一起打图伦城，反而向尼堪外兰通风报信。尼堪外兰听说努尔哈赤来攻，吓得弃城而去，带着家人逃到了浑河部的甲版城。就这样，努尔哈赤不费一兵一卒就拿下了图伦城，胜利而归。

明万历十四年（1586年），努尔哈赤又一次出兵攻打尼堪外兰，终于将仇敌斩于马下。多年的战火历练，使他成长为一名出色的将领，同时他也没有止步于报仇，而是有了更为远大的抱负——统一女真。

统一女真　建立后金

明朝中叶，女真族分为野人、海西、建州三大部落，隶属于奴儿干都司。这三个部落又分别由很多小的部落组成，比如建州女真的苏克素浒河部就包括图伦、萨尔浒、嘉木湖、沾河等小部落。

努尔哈赤杀死尼堪外兰后，在女真各部的威望日增。不久，努尔哈赤又设法除掉了苏克素浒河部萨尔浒寨主诺米纳，同时允许萨尔浒的部民继续在旧城生活，没有对他们进行屠杀。他一方面采用武力手段，一方面利用计策谋略，恩威并施，很快统一了苏克素浒河部。到明万历十五年，建州女真大部分已在努尔哈赤的控制之中。他还利用建州的土产——东珠、人参、紫貂等，与明朝开展贸易，不断壮大自己的实力。

努尔哈赤的飞速发展引起了海西各部的恐慌，都担心自己会被努尔哈赤吞并。明万历二十一年，以叶赫部为首的海西四部[①]，联合蒙古锡伯、科尔沁、卦尔察以及长白山的珠舍里、讷殷共九部3万人马，向努尔哈赤发起进攻。

眼看九部联军就要攻来，努尔哈赤的手下都有些害怕。努尔哈赤给士兵们打气说："九部联军并非一条心，作战时他们一定会互相观望，不会使出全部实力，这些乌合之众又怎么可能是以一当十的建州兵的对手呢？"

次日，努尔哈赤率军在古勒山迎战九部联军。作战时，建州军队利用地形优势，严阵以待。正当九部联军无计可施时，努尔哈赤抓住有利时机，向九部联军发起反攻，大败九部联军，并俘获大量兵马，取得了古勒山大捷。

随后，努尔哈赤乘胜追击，吞并讷殷、珠舍里，彻底统一了建州女真；接着率兵剿灭了与叶赫部和正在闹饥荒的哈达②部。明万历三十五年（1607年），乌拉部所属海瓦尔喀部③归附努尔哈赤；同年，努尔哈赤又打败辉发部。自此，海西女真仅剩叶赫部没有归降。

到明万历末年，东海女真的大部分都被努尔哈赤或征服，或招抚。他还采取联姻的方式，与蒙古科尔沁部交好。

自明万历十一年起兵到万历末年，努尔哈赤用16年的时间，征服了建州女真、海西女真及野人女真的大部分。

当时女真没有文字，只有语言，为女真语，用的是蒙古文。努尔哈赤命人以蒙古文为基础，创造满文，于明万历二十七年开始通行。

为了适应军队逐渐扩大的要求，努尔哈赤改变之前的"牛录制"，变"牛录"为"固山"，并以黄、白、红、蓝四种颜色的旗帜作为军队的标志，后又增加镶黄、镶白、镶红、镶蓝四旗，共八旗，最终确立了具有生产、军事、行政职能的八旗制度。

明万历四十四年，努尔哈赤在赫图阿拉城称汗，改赫图阿拉为兴京，定为国都，国号为金，建元天命。

誓师出征　伐明复仇

努尔哈赤称汗后，俨然成为明王朝北方的一大威胁，但明廷因为要镇压各地的农民起义，根本没有多余的兵力加强辽东防务。驻守辽东的明军缺粮少饷，训练荒废，名为十万大军，其实只有几万人。努尔哈赤探知明军的弱点后，意识到这是一个南下的好时机。

天命三年（1618年）四月十三日，努尔哈赤在国都兴京"告天誓师"，并宣读了对明王朝的"七大恨"：

第一恨，明王朝寻衅屠城，残杀忠于朝廷的觉昌安、塔克世等人；第二恨，明王朝罔顾约定，出兵帮助叶赫部；第三恨，明臣指责建州擅自杀死越边采矿挖参的村民，并逼迫建州遣送十余人斩于边界；第四恨，明王朝出兵助叶赫部将原许于努尔哈赤的"叶赫老女"东哥转嫁蒙古；第五恨，明军驱逐女真已耕种之村民，不许收获；第六恨，明朝皇帝听信叶赫部片面之言，遣使送函，指责侮辱建州；第七恨，明王朝逼迫努尔哈赤退还征战得来的原哈达部落的土地。

"宣恨誓师"次日，努尔哈赤亲自率领2万人马，向明朝边境重镇抚顺进军。努尔哈赤早年经常到抚顺贩卖土产，颇为了解该地的地形和民情，他设计诱使守城明军和村民出城贸易，又派主力趁机入城，迫使明将李守芳投降，抚顺不战而破。此后不到半年，努尔哈赤先后攻占东州、马根单堡、清河等抚顺以东的10余座城池。

消息传到北京后，朝廷为之震动。天命四年（1619年），明廷派杨镐率领10万人马，兵分四路进攻努尔哈赤，随即打响了萨尔浒之战。努尔哈赤采取"集中兵力，各个击破"的战略，仅用5天时间便大破三路明军，并一举消灭了叶赫部。

萨尔浒之战后，明王朝在东北地区的控制日渐衰落，明军在战场上也由主动进攻变为被动防守。

天命五年（1620年），明神宗朱翊钧病逝。次年三月十日，努尔哈赤趁明朝党派纷争严重、时局动荡之机，再次挥师伐明，攻打沈阳。辽阳是东北的军事中心，明廷派有重兵把守；而沈阳作为辽阳的门户，有着严密的防御系统。

努尔哈赤攻打沈阳时，先派人在城下叫阵，然后诱明军出城。明将贺世贤不知是计，率军追击，进入努尔哈赤的包围圈中，很快被打败，沈阳城陷落。之后，努尔哈赤兵分两路，直取辽阳。辽东经略袁应泰"精敏刚毅"，但对排兵布阵却知之甚少。眼看大军压境，守城将士陷入慌乱，袁应泰自知无力回天，便在辽阳城北镇远楼上自缢身亡。

三月二十一日，辽阳失守。不久，努尔哈赤将都城迁至辽阳，自此，辽沈地区成为后金征伐明朝的根据地。

天命十年（1625年）八月，明朝自毁长城，斩杀了努尔哈赤"独怕的那个熊蛮子"——熊廷弼。

天命十一年正月十四日，努尔哈赤趁明军更换主帅、全线撤防之机，亲自披挂上阵，率领 10 万大军进攻辽西。这一年努尔哈赤已经 68 岁，他以摧枯拉朽之势，连下广宁、义州等 40 余城。他志得意满，自以为迁都北京指日可待，不料却在宁远城下遭到了袁崇焕率领的宁远军民的顽强抵抗。

当时宁远城只有守军 1 万余人，被后金军重重包围，断绝了与外界的联系。守将袁崇焕临危不惧，组织军民共同守城，并下令遇逃兵即斩。面对军民一心、众志成城的宁远城，努尔哈赤在宁远城下遭遇了平生最大的败绩，不得不下令撤军。

八月十一日，努尔哈赤病逝于瑷（ài）鸡堡。

注释：

①海西四部：又称扈伦四部，源自黑龙江的一个女真族部落，明中叶以后逐渐南迁至松花江中游一带，史称乌拉或哈达，后又有辉发、叶赫两部加入，形成四部。

②哈达：女真的氏族部落之一，因世居于哈达河畔而得名。属于海西四部之一，由与乌拉同祖的哈达那拉氏所统治。

③瓦尔喀部：明末清初东海女真之一部，居住在图们江流域及乌苏里江以东滨海地区，东至海滨及沿海岛屿之地。

太宗皇太极

皇太极档案

生卒年	1592—1643 年	在位时间	1626—1643 年
父亲	清太祖努尔哈赤	谥号	文皇帝
母亲	皇后叶赫那拉·孟古哲哲	庙号	清太宗
后妃	元妃、孝端文皇后、淑妃、孝庄文皇后等	曾用年号	天聪、崇德

爱新觉罗·皇太极,又作黄台吉、洪太主,清太祖努尔哈赤第八子,后金第二位大汗(皇帝)。

天命十一年,清太祖努尔哈赤驾崩,在众多贝勒的推举下,皇太极成为汗位继承人。同年九月初一,皇太极正式登上后金汗位,次年改元天聪。

天聪十年(1636年)四月十一日,皇太极在盛京正式称帝,将国号改为"大清",改元崇德。

皇太极在位期间,政治上,实行大刀阔斧的改革,设立都察院、八衙门,加强中央集权;文化上,振兴文教,重视吸收汉族的先进文化;经济上,爱惜民力,减轻农民负担,发展生产;军事上,逐步建立蒙古八旗和汉军八旗,增强军事力量,不断对明朝作战,为清军入主中原打下了坚实的基础。

崇德八年(1643年)八月九日,皇太极驾崩于盛京,终年52岁,谥号文皇帝,庙号太宗,葬于昭陵(沈阳北陵)。

战功赫赫　谋取汗位

皇太极是清太祖努尔哈赤第八子,生母叶赫那拉氏为人和善,从不干预政事,一心一意相夫教子,深得努尔哈赤宠爱。努尔哈赤曾经先后立长子褚英和次子代善为"太子",但他们最后都失去了"太子"之位。直到去世,努尔哈赤再也没有指定过继承人,只是在生前多次强调:"八和硕贝勒共治国政。"

努尔哈赤病逝后,汗位之争在当时势力较大的4个和硕贝勒之间展开,他们分别是:大贝勒代善、二贝勒阿敏、三贝勒莽古尔泰和四贝勒皇太极。

二贝勒阿敏是皇太极的叔父舒尔哈齐之子,舒尔哈齐因罪致死,阿敏也曾犯过大错,所以取得继承权的可能性很小;三贝勒莽古尔泰生性鲁莽,虽有战功,但无政见,而且还犯下了弑母大罪,在朝中威望很低;大贝勒代善和四贝勒皇太极实力相当,两人都军功赫赫,在朝中权势很大。

为了让代善放弃皇位,皇太极极力怂恿代善的长子去说服代善。代善也考虑到自己曾经"被废",在朝中威望有所降低,决定不参与汗位之争,转而支持皇太极。朝议时,代善提议由四贝勒继承大位,得到了众贝勒的一致赞同。

天命十一年九月一日,皇太极依靠自己的实力与谋略登上了后金汗位。后来,他废除"与三大贝勒俱南面坐"、共理朝政的旧制,又借机铲除了威胁汗位的三大贝勒势力,将朝政大权集中到自己手中。

征朝联蒙　巩固基业

皇太极继位后,先与明朝议和,为后金的发展及日后进攻明朝争取时间，然后把主要精力放在征服朝鲜和蒙古上。

当时蒙古分为漠南蒙古、漠北蒙古和漠西蒙古三大部，其中又以漠南蒙古最为重要。天聪二年（1628年），皇太极亲征察哈尔部。察哈尔部是漠南蒙古最大的部落，与明王朝关系很好，所以拒绝后金的招抚，选择与后金为敌。此战察哈尔部大败，皇太极对不归附的蒙古各部予以打击，加强了对蒙古各部的控制。天聪六年（1632年），皇太极再征察哈尔部，察哈尔部首领林丹汗逃走，病逝于逃亡途中。后来，在贝勒多尔衮的招抚下，林丹汗之子额哲率残部归附，漠南蒙古自此归于后金。

皇太极征服蒙古，除了使用武力，还采取了联姻的方式。从努尔哈赤时期起，联姻一直是后金笼络蒙古各部的重要手段。皇太极的"一后四妃"都来自蒙古科尔沁部和察哈尔部，皇太极的长子、二兄和七弟也迎娶过蒙古女子，皇太极还把次女嫁给了林丹汗之子额哲。

朝鲜一直依附明朝。天聪元年（1627年），朝鲜内乱，皇太极趁机派二贝勒阿敏率军征伐朝鲜。阿敏攻城略地，顺利擒获朝鲜王子和大臣，逼迫朝鲜定下"兄弟之盟"。

天聪十年四月十一日，皇太极在盛京正式称帝，改国号为大清。因为朝鲜使臣在皇太极举行称帝大典时拒绝跪拜，给了皇太极再征朝鲜的理由。十二月二日，皇太极率领大军亲征朝鲜，朝鲜被迫投降，成为大清的属国。

在东征西讨的同时，皇太极也积极调整国策，一方面通过改善汉人的政治、经济状况及大量任用汉族知识分子来收拢民心；另一方面改善"八旗制"，增设蒙古八旗和汉人八旗，并逐步强化各政府机构，大大巩固了清朝的统治。

经过这一系列措施，皇太极彻底解决了"入关"的后顾之忧，开始积极准备一统中原的大决战。

施计反间　降服松锦

天聪元年五月，皇太极向明王朝发起进攻。但在辽西，皇太极久攻锦州不克，转战宁远仍旧不下，最后只得回师。

天聪三年（1629年），皇太极绕过山海关，由内蒙古绕道直扑北京城。明蓟辽督师、兵部尚书袁崇焕曾多次上书要求加强蓟门防务，但一直没有受到明廷的重视。清军来袭时，袁崇焕正在山海关驻防，得知消息后立即兵分两路，驰援北京城，经过几番激战，终于打败清军，使京城转危为安。

为了除掉袁崇焕，皇太极使出了离间计。当时清军正好俘获了两个喂马的太监，皇太极派人故意透漏"机密"给他们，称袁崇焕与皇太极有密约，大事很快可成，然后故意让两个太监"逃走"。两个太监回到京城后，向朱由检报告了袁崇焕"叛变"的消息。朱由检本来就忌惮袁崇焕手握重兵，对太监们的话深信不疑，随即下令将袁崇焕逮捕下狱。次年八月，被明朝君民认定为"大汉奸"的一代名将袁崇焕，被施以凌迟酷刑，惨死于京城。史书记载说："自崇焕死，边事益无人，明亡征决矣。"

崇德五年（1640年）三月，郑亲王济尔哈朗、豫亲王多铎奉皇太极之命，各自统兵开赴义州驻城屯田，将锦州城包围起来，切断城内供给。锦州守将祖大寿向朝廷求救，朱由检派洪承畴率13万人马前去支援。洪承畴采取"步步为营，且战且守，待敌自困，一战解围"的策略，多次击败清军，正在盛京的皇太极得到战报后，星夜兼程赶赴战场。

皇太极御驾亲征，使清军将士受到了极大鼓舞。在他的指挥下，清军将驻扎在松山的洪承畴大军围困起来，断其粮草。洪承畴几次突围失败，加上粮草已断，军心动摇，他主张"决一死战"，但部下却想回宁远取粮。当天夜里，总兵王朴等私自带领本部兵马撤退，遭到清军伏击，被斩杀者达5万之众。最后，洪承畴率1万余人退守松山城。

崇德七年（1642年）二月，由于部将暗降清军，洪承畴被擒，松山城陷落。三月，祖大寿见坚守已无意义，遂率领驻守锦州的兵将向清军投降。

松锦之战结束后，清军彻底掌控了关外的局势。此时明朝已是元气大伤，精兵强将所剩无几，但就在清军大举入关之前，皇太极突然于崇德八年八月辞世。

世祖福临

福临档案

生卒年	1638—1661 年	在位时间	1643—1661 年
父亲	清太宗皇太极	谥号	章皇帝
母亲	孝庄文皇后博尔济吉特氏	庙号	清世祖
后妃	孝惠章皇后博尔济吉特氏、孝康章皇后佟佳氏、恭靖妃、端顺妃等	曾用年号	顺治

爱新觉罗·福临，清太宗皇太极第九子，清朝第三位皇帝，清朝入关的首位皇帝。

崇德八年，清太宗皇太极病逝，年仅6岁的福临继位，次年改元顺治，史称顺治帝，由其叔父摄政王、和硕睿亲王多尔衮辅政。顺治元年（1644年），清军入关，并迁都北京。顺治七年（1650年），多尔衮外出打猎，意外身亡，福临正式亲政。

福临在位期间，政治上，推行甄别之法，擢优汰劣，惩治贪官污吏，注重发挥汉官的作用，对各地的抗清活动实行剿抚并施的方针；经济上，设立兴屯道厅，推行屯田，鼓励垦荒，减轻农民赋税；文化上，号召臣民尊孔读经，提倡忠孝节义。

顺治十八年（1661年），福临驾崩，终年24岁，谥号章皇帝，庙号世祖，葬于清东陵之孝陵。

身同傀儡　受制于人

清太宗皇太极骤然驾崩，没有留下遗诏，也没有册立后继之君，只是说由满洲贵族来讨论决定皇位继承人，使得皇位之争一触即发。

当时，势力较大、威望较高的满洲贵族分别是礼亲王代善、郑亲王济尔哈朗、睿亲王多尔衮、肃亲王豪格、英郡王阿济格、颖郡王阿达礼和豫郡王多铎。这7人中，多尔衮和豪格最有实力，双方各不相让。多尔衮得到了正白旗和镶白旗的支持，而作为皇长子的豪格则有正黄旗、镶黄旗和正蓝旗的支持，两人均军功卓著，因此，其他三旗的意见将最终决定谁是皇位继承人。

在众贵族共同协商的时候，礼亲王代善表示支持皇长子豪格。代善和代善的儿子分别掌管着正红、镶红两旗，得到了他们的支持，豪格似乎胜券在握。但多尔衮眼看大势已去，知道再争下去不会有什么好处，便以退为进，提出让同样是皇子的福临继承皇位，由他和郑亲王济尔哈朗共同辅政。这样一来，皇位继承人是皇子，其他人也就不好多说什么了。就这样，年仅6岁的福临登基继位。

福临继位第二年，即顺治元年，李自成攻破北京城，明朝崇祯帝朱由检在煤山自缢身亡。这时，降清的汉人范文程上书称现在是大清问鼎中原的大好时机，李自成的农民起义军在北京根基尚不牢固，此时入关，大事可定。

福临接受范文程的建议，打着为崇祯帝朱由检报仇的旗号，派多尔衮率领大军浩浩荡荡地向山海关进发。当时李自成已经率军追击吴三桂到山海关，在前有清朝大军、后有李自成追兵的情况下，吴三桂投降了大清。李自成率农民军与清军在山海关展开大战，最终不敌，退回北京，后又撤出北京城。

李自成一撤，清军便在多尔衮的率领下攻进了北京城。年幼的福临在众大臣的陪同下来到北京，举行了规模空前的登基仪式。

不过，福临只是名义上的皇帝，朝政大权完全掌握在多尔衮手中，以至于"人人皆知摄政王，无人知有幼帝"。为了使自己的地位更加稳固，多尔衮首先取消了"八旗贝勒共议军国大事"的制度，改为由两位摄政王决策；接着又借故剥夺了济尔哈朗的辅政大权。当年与多尔衮争夺皇位的劲敌豪格也犯下大罪，猝死于大狱之中。

多尔衮一步步铲除了所有阻碍他大权独揽的势力，成了大清实际上的"皇帝"。孝庄太后深知唯有委曲求全才能保全幼帝，她先是让福临封多尔衮为"皇父摄政王"，并下令摄政王可以"便宜行事，不必避嫌"。通过一再的退让及不断给多尔衮加封，孝庄太后以自己的智慧，使多尔衮最终未能找到"废帝自立"的借口。

亲政治国　休养民生

顺治七年十二月，多尔衮在围猎时突然病逝。次年正月，时年13岁的福临宣布亲政。他在多尔衮的嚣张气焰下忍气吞声当了7年傀儡皇帝，心中的怨恨可想而知。所以，他亲政后第一件事就是对多尔衮进行报复，不仅收回了多尔衮的爵位、封号，将他的财产籍没入宫，而且毁其陵寝，把他的尸体也挖出来挫骨扬灰。

福临还采取了一系列措施来革除多尔衮摄政时期的弊政。为了拉拢各方势力，多尔衮曾经进行过两次大规模的圈地运动，从老百姓手中掠夺了大量土地，分给八旗子弟，使得很多百姓失去了安身立命之所，到处都是无家可归的流浪者。福临颁布法令严禁圈地，并责令所有涉事官员退还圈占的土地。为了安抚民心，他还下令减轻农民赋税，鼓励开垦荒地，使社会生产力得到提高。同时，他大力整顿吏治，惩治了大批贪官污吏，派监察御史巡察各地，对各级官员进行监督检举。短短一年内，他就惩处了大小官员200多名。

顺治十年（1653年），西南地区的抗清势力崛起，洪承畴奉命率兵平叛，福临准许他"便宜行事"，遇到重大战机可以先斩后奏。在武力进剿的同时，福临还颁布法令，规定主动投降效忠清朝的可以免罪，并且由当地官府负责安置。政令一出,洪承畴进军的压力锐减,很快便将西南地区的反清势力清除干净。与此同时,在东南,郑成功的郑家军对清朝的统治也构成了威胁。福临先是采取招抚政策,多次派人前去劝降,均遭到拒绝,于是下令使用武力手段予以征服。郑成功战败后退守厦门,后收复台湾,把台湾当成了抗清的根据地。

清王朝入关后,为了加强统治,采取了重用汉人的政策。福临先是废除了汉人不能掌印的规定,把汉人为官的品级提高到和满人一样,并让汉臣范文程担任自后金以来一直由满人任职的议政大臣。同时,福临广开言路,鼓励大臣们直言进谏,这一开创性的决策甚至影响了清朝后世几代君王。除了重用汉人,福临还在范文程的引荐下,将外国传教士汤若望封为朝廷命官。据说,福临萌生"退意"的时候,曾就立嗣问题咨询过汤若望,汤若望提出玄烨出过天花,以后便不必再担心此病,因此可以考虑让玄烨当下一任皇帝。

通过以上种种举措,福临稳定了入关之初的局面。

痛失爱妃　万念俱灰

福临先后有过两位皇后,但都不是他心仪之人。福临14岁那年,在多尔衮的主张下,娶了科尔沁卓礼克图亲王吴克善的女儿博尔济吉特氏。但是,福临成亲后便开始厌恶这个小皇后,觉得她娇生惯养,奢侈又善妒。没过多久,福临决定要废后,但却遭到孝庄太后和大臣们的反对,毕竟皇后没有犯什么重大过错。但是,福临执意将皇后降成静妃,随后又娶了一位皇后博尔济吉特氏,仍然不满意,但碍于孝庄太后的干涉,他最终没有废掉这个皇后。

福临最钟情的妃子是董鄂妃。董鄂妃入宫不久便被封为皇贵妃,这种晋升速度是非常罕见的,由此可见福临对其爱意之深。可惜天不遂人愿,善解人意的董鄂妃在幼子夭折后,很快也病逝了。福临悲痛之余,萌生出了遁入空门的想法。

当时,福临与玉林通琇禅师的关系很好。出于对佛教的热爱,福临给自己取法名为"行痴",并多次到高僧馆舍经宿谈论佛法。董鄂妃死后,万念俱灰的福临让玉林通琇禅师的弟子溪森为自己剃度。孝庄太后自然极力劝阻,派人召来玉林通琇,逼迫他对溪森实行火刑。眼看溪森要被玉林通琇烧死,福临不得不放弃出家的念头。

尽管放弃了遁入空门的念头,福临仍然无法从悲痛中走出来。顺治十八年正月七日,自董鄂妃死后便郁郁寡欢的福临因患天花,医治无效去世。

福临死后不久,清廷公布其遗诏,立三子玄烨为后继之君,由索尼、鳌拜、遏必隆和苏克萨哈四位大臣辅政。

乾隆帝后妃嫔图↑

郎世宁绘，绢本设色，现藏美国克利夫兰艺术博物馆。画卷由右向左展开，依次呈现了乾隆皇帝和他的皇后以及十一位妃嫔的半身画像。此为乾隆和孝贤纯皇后。

于成龙→

清朝有两个于成龙，都是康熙名臣。老于成龙被康熙赞誉为"天下廉吏第一"，小于成龙是治河名臣。此为小于成龙。画像出自《历代帝王贵妃大臣朝服像》。

清仁宗嘉庆帝↑

清宫画师绘制，现藏故宫博物院。

清宣宗道光帝↑

清宫画师绘制，现藏故宫博物院。

孝淑睿皇后↑

出自《历代帝王贵妃大臣朝服像》，现藏台北故宫博物院。孝淑睿皇后（1760－1797年），嘉庆帝结发妻子，道光生母。

故宫太和殿前的石狮↓

避暑山庄金山岛↓

避暑山庄，为清代皇帝避暑和从事各种政治活动的地方。山庄的金山岛是用巨石堆叠砌筑起来的小岛，岛上建筑为康熙年间仿镇江金山的意境而建。

香港开埠图↑

19世纪广州画家制作的"外销画",现藏国家博物馆。

花翎→

清朝时期贵族以及官员帽子上的一种装饰,有单眼、双眼和三眼之别。"花翎"其实就是孔雀的羽毛,而"眼"指的是孔雀毛上的"彩晕"。

清文宗咸丰帝↑

清宫画师绘制,现藏故宫博物院。

恭亲王像→

约翰·汤姆森摄。约翰·汤姆森(1837-1921年),苏格兰摄影家、地理学家、探险家。此照片的摄影地点是北京恭亲王府花园。

圆明园大水法遗址↓

大水法是北京圆明园中西洋楼景区的一部分。西洋楼景区的主景就是人工喷泉,时称"水法"。1860年,被英法联军放火焚烧,今仅存大水法、远瀛观的几个大理石石柱屹立在那里。

乾隆粉彩镂空转心瓶→

镂空转心瓶由外瓶、内瓶、底座组成。外瓶套于内瓶外,内瓶与底座有轴碗相连。现藏国家博物馆。

慈禧太后像（照片）↑

←清德宗光绪帝

清宫画师绘制，现藏故宫博物院。

御笔五福图 ↑

清代皇帝有亲笔书"福"、赐"福"的习俗。从右至左依次为后人从康熙、雍正、乾隆、嘉庆、道光御笔中集出的福字。

←瓦德西和联军将领

莫理循摄于1900年。莫理循（1862-1920年），澳大利亚出生的苏格兰人，曾任《泰晤士报》驻华首席记者。

瓦德西（前排右一，1832-1904年），德国人，1900年8月任侵华八国联军统帅。

李鸿章像 ↑

莫理循摄，约摄于1868-1878年。

黄花岗七十二烈士墓↑

位于广州市北的白云山南麓,是为纪念1911年同盟会广州起义中牺牲的烈士而建。

义和团团民的装束(照片)↑

康有为像(照片)↑

梁启超像(照片)↑

谭嗣同像(照片)↑

←**溥仪和父亲载沣(照片)**

清帝退位诏书→

1912年2月12日,在袁世凯的逼迫下,清室颁布退位诏书。次日,《京师公报》刊载了《退位诏书》及"清室优待条件"的号外。

圣祖玄烨

玄烨档案

生卒年	1654—1722年	在位时间	1661—1722年
父亲	清世祖福临	谥号	仁皇帝
母亲	孝康章皇后佟佳氏	庙号	清圣祖
后妃	孝诚仁皇后赫舍里氏、孝昭仁皇后钮祜禄氏、敬敏皇贵妃章佳氏等	曾用年号	康熙

爱新觉罗·玄烨，清世祖福临第三子，清朝第四位皇帝。

顺治十八年，年仅8岁的玄烨继位，次年改元康熙，史称康熙帝。康熙六年（1667年），玄烨亲政，时年14岁。

玄烨在位61年，是中国历史上在位时间最长的皇帝。他成功地捍卫了多民族国家统一的基础，奠定了清王朝兴盛的根基，开创了"康乾盛世"。

康熙六十一年（1722年），玄烨驾崩，终年69岁，谥号仁皇帝，庙号圣祖，葬于景陵。

少年天子　智擒鳌拜

玄烨是顺治帝福临第三子，生母是汉人佟佳氏。佟佳氏的祖父曾是清太祖努尔哈赤手下的一名战将，为大清开国奠基立下了汗马功劳；她的父亲也在汉军正蓝旗军中立下了赫赫战功，使佟佳氏成为清王朝汉人中的名门望族。顺治时期，为了缓和满族与汉族之间的矛盾，顺治帝福临曾召选几批汉族女子入宫，佟佳氏由此入宫为妃。但她当时并未受到福临多少宠爱，在生下儿子玄烨后境遇虽然有所改善，但福临还是没有花多少心思在他们母子身上。幸好孝庄太后非常喜爱年幼的玄烨，不仅派专人照顾他，还亲自教他读书认字，教导他如何做人理政。这也是玄烨一直很孝敬祖母的重要原因。

玄烨年幼时便展现出过人的天资，5岁时随众上朝，"站班当差"，并进入书房读书。他读书十分用功，还练习书法，并且对中国的古代典籍甚至西洋的科技文化都有着浓厚的兴趣。

顺治十八年，顺治帝福临驾崩，在孝庄太后的主持下，年仅8岁的玄烨在太和殿登基，次年改元康熙。"康乾盛世"由此拉开了帷幕。

由于皇帝年幼，朝中有4位辅政大臣，首辅是四朝元老索尼，他威望最高，但年迈多病；其次是在朝中根基不深的苏克萨哈；然后是鳌拜和遏必隆。朝中大小事务一般由他们协商好，再交由孝庄太后定夺。但是，因为索尼年老，苏克萨哈又与索尼有嫌隙，而遏必隆又依附鳌拜，所以辅政大臣之间的平衡很快就被打破了，大权逐渐落入鳌拜一人手中。大权在握的鳌拜骄横跋扈、结党营私，完全不把孝庄太后和年幼的玄烨放在眼里。

康熙六年（1667年），首辅大臣索尼病逝，玄烨举行亲政大典，但权力欲膨胀的鳌拜并不打算归政于玄烨，反而想进一步扩张自己的势力。为了扳倒不与自己合作的苏克萨哈，鳌拜不断上书，逼迫玄烨处死苏克萨哈及其子孙。玄烨因为羽翼未丰，只得照办。这样一来，辅政大臣便只剩下鳌拜以及唯鳌拜马首是瞻的遏必隆。

对于鳌拜的专权，14岁的玄烨表面上不动声色，但是暗中已在谋划对付鳌拜的计策。为了一举铲除鳌拜，他挑选了一批满洲子弟组成宫廷卫队，在皇宫里天天练习摔跤。鳌拜知道后觉得玄烨是在玩乐，并没有放在心上。为了消除鳌拜的戒备心理，玄烨还升鳌拜为一等公。同时，玄烨常常以下棋的名义，召索额图（索尼之子）进宫密议铲除鳌拜的计策。时机成熟后，玄烨先把鳌拜的亲信党羽派出京城办事，然后像往常那样传鳌拜进宫议政。鳌拜入宫后，早已埋伏好的满洲少年趁其不备，合力将其擒住。随后，玄烨一举铲除了鳌拜的党羽，宣布鳌拜的"三十大罪"，但是念他曾经救过清太宗皇太极，赦免其死罪，终身监禁。至此，玄烨终于将朝政大权完全掌握在自己手中。

经文纬武　稳定政权

玄烨亲政后，面临的第一个问题便是"削藩"。当时，明朝降清的藩王包括镇守云南的平西王吴三桂、镇守广东的平南王尚可喜以及镇守福建的靖南王耿精忠。这三个藩王都占据要地，大有割据分土为王之势。为了巩固皇权，玄烨决意削弱他们的实力。

这个时候，平西王吴三桂为了试探玄烨亲政后对待藩王的态度，上书请求"撤藩"。朝中大臣大都主张不要撤藩，以免激起叛乱。但也有少数大臣持反对态度，如兵部尚书纳兰明珠、户部尚书米思翰等都表示现在正是撤藩的好时机。玄烨听了大臣们的意见，宣布了自己早已做好的决定——撤藩！

朝廷立即派遣相关官员分赴三地，处理撤藩事宜。吴三桂知道后马上举兵反叛。玄烨对此早有预料，也征调大军迎战吴三桂。经过8年的战争，玄烨的第一个心头之患——三藩终于被铲除。

削藩成功后，玄烨又盯上了台湾。当年郑成功战败后退守台湾，玄烨有意趁平定三藩的有利时机，一举攻下台湾。此时台湾由郑成功的孙子郑克塽执政。玄烨任命施琅为水师提督，率军攻台；福建总督姚启圣负责后勤。经过激战，台湾被清军拿下。为了加强对台湾的管辖，玄烨在台湾设立台湾府，府下设三县，并派8000人驻守台湾。

清军入关后，一直觊觎黑龙江地区的沙俄趁机侵占了雅克萨、尼布楚等地。玄烨数次派人与沙俄政府交涉，但沙俄方面毫无谈判的意愿，反而趁清朝"平藩收台"之机继续扩张。对此，玄烨果断采取武力措施，派大军奔赴黑龙江地区，与当地民众一同抗击沙俄侵略者。双方两次在雅克萨交战，清军均大获全胜，沙俄侵略者被迫同意谈判。康熙二十八年（1689年），清廷和沙皇俄国签订了《尼布楚条约》，确定以外兴安岭、额尔古纳河和格尔必齐河为界，黑龙江流域、乌苏里江流域和整个外兴安岭以南都是清王朝的领土。

赶走沙俄侵略者后，玄烨又着手解决噶尔丹叛乱。噶尔丹作为漠西厄鲁特蒙古准噶尔部的首领，先是大肆扩张，完全控制了厄鲁特蒙古各部，紧接着又勾结沙俄，企图再次吞并漠北喀尔喀蒙古。喀尔喀蒙古战败后，投降了清朝，玄烨命人将他们安置在科尔沁草原。但是，噶尔丹意欲再次进攻喀尔喀部。玄烨多次劝诫无果，决意御驾亲征，一举扫平噶尔丹。经过三次亲征，他终于彻底平定噶尔丹叛乱，恢复了西北边疆的安宁，让老百姓过上了安定的生活，而且彻底粉碎了沙俄企图分裂中国的阴谋，捍卫了国家的领土完整。

轻徭薄赋　发展经济

玄烨亲政后，宣布停止圈地，放宽垦荒地的免税年限。他认为，"家给人足，而后世济"，在继续采取轻徭薄赋、与民生息政策的同时，又下令废止贵族圈占近京州县田地的特权，将土地还给老百姓耕种。他在诏书中说："自后圈占民间房地，永行停止，其今年所已圈者，悉令给还民间。"

清初规定垦荒3年内免税，后又改为6年；康熙年间，朝廷重申新垦荒田10年后征税。这一政策调动了农民垦荒的积极性，使耕地面积迅速增加。清廷规定：对于农民耕种的原先属于明朝宗室的土地，可以不必支付田价，照常耕种；对于已经交过"易价银两"的，可以从来年的常税中冲抵。

玄烨秉持"藏富于民"的思想,在陕、云、贵、川、粤等20多个省区蠲免钱粮、丁银、通赋,其中重大蠲免计32次;从康熙五十一年开始,在全国普免天下钱粮。"凡遇蠲免之年,免业主七分佃,户三分",使佃农也能得到好处。玄烨在位年间,蠲免钱粮共计545次,免除天下钱粮计银1.5亿两。

对于按丁征收丁税的方法,玄烨进行了改革。康熙五十一年,玄烨决定以康熙五十年(1711年)的丁税额数作为定额,以后新增人丁,不收丁税。这就叫作"盛世滋生人丁,永不加赋"。这样,丁税额数便固定下来,实现了地丁合一。这种办法先在康熙末年行之于广东、四川等省,到雍正元年(1723年)以后相继在各省普遍推行。

清初,黄河多次泛滥成灾,在河南、安徽一带经常决口,后来竟改道与淮河合流,从今天的苏北地区入海,既影响了漕运,又使许多良田成了沙洲,严重威胁着国库的收入和百姓的生活。对此,玄烨把"三藩、河务、漕运"作为当时的三大要事,并亲自书写成条幅,悬挂于宫中大柱上。他任命靳辅为河道总督,又对治河专家陈潢委以重任,经过十年(1677—1687年)的辛苦经营,终于使黄河、淮河各归故道。永定河原名浑河,又称"小黄河",在流经北京附近时经常淤塞成灾。康熙三十七年(1698年),清廷招募了十几万民夫,在卢沟桥附近的良乡张家庄到东安郎神河开掘了一条长200里的新河道,使原来的斥卤之地成为膏腴良田。玄烨还亲自视察,并将浑河改名为"永定河",寓意永远安定。

清朝初年,凡手工业工匠,均另有匠籍,要按官府规定服劳役,或者缴纳班匠银代役。康熙三十九年(1700年),玄烨下令将班匠银并入田赋中征收,从而使工匠们摆脱了人身控制,有利于手工业的发展。

尊儒右文　注重西学

玄烨强调兴礼教,于康熙十八年下诏说:"盛治之世,余一余三。

盖仓廪足而礼教兴，水旱乃可无虞。比闻小民不知积蓄，一逢歉岁，率致流移。夫兴俭化民，食时用礼，惟良有司是赖。"他自幼就对儒家学说有着浓厚的兴趣，认为"殊觉义理无穷，乐此不倦"。康熙十六年（1677年）十二月，他在御制《日讲四书解义序》中明确宣布要将治统与道统合一，以儒家学说（尤其是程朱理学）为治国之本。

玄烨曾经举办博学鸿儒科[①]，创建南书房[②]制度，并亲临曲阜拜谒孔庙。他还组织编辑出版了《康熙字典》《古今图书集成》《全唐诗》《佩文韵府》《骈字类编》《子史精华》《朱子全书》《大清一统志》《历象考成》《数理精蕴》《康熙永年历法》《康熙皇舆全览图》等图书、历法和地图。

玄烨对西方文化也很感兴趣，曾向来华传教士学习代数、几何、天文、医学等方面的知识，并颇有著述。有才华的传教士受到了他的欣赏和重用，西方先进的科学技术也受到了推崇和应用。在民间，百姓与西方传教士能够互相交流，西学在社会上得以自由传播。由玄烨敕辑的丛书《古今图书集成》收录了传入中国的西方科学技术。

除了学习西方科技以外，玄烨还努力应用于实践，其最突出的成就是在发现原来的地图绘制方法相对落后之后，用科学方法和西方仪器绘制全国地图。与此同时，他利用巡行和出兵之便实地测量，吸取经验。他派耶稣会士雷孝思、白晋、杜德美与中国学者何国柱、明安图等人走遍各省，运用当时最先进的经纬图法、三角测量法、梯形投影技术等，在全国大规模实地测量，绘制成的《康熙皇舆全览图》，被称为当时世界地理学的最高成就。

玄烨经常召耶稣会教士进讲西洋科学，并任用其为历政的顾问，改革明代的历法而编纂成《康熙历法》。他还利用巡视的机会访求民间有才之士，比如在数学方面有很大成就的梅毂成便被调入宫中培养深造。梅毂成通过学习西方数学知识，使中国古代数学重新受到了重视。

对于宗教，玄烨基本持宽容态度，除了笼络藏传佛教，他也大致接受基督教传教士讲道，还褒封道教白云观方丈王常月。他对基督教也很有好感，但后来逐渐发现罗马教廷试图过多地干预中国文化传统和清朝政治，遂开始对天主教有所抵制。

九子夺嫡　四子胜出

玄烨共有35个儿子，成年序齿的24个，其中有9个参与了皇位争夺，分别是：大阿哥胤禔（zhī）、二阿哥胤礽（réng）、三阿哥胤祉（zhǐ）、四阿哥胤禛（zhēn）、八阿哥胤禩（sì）、九阿哥胤禟（táng）、十阿哥胤䄉（é）、十三阿哥胤祥、十四阿哥胤禵（tí）。

康熙十四年（1675年），玄烨立年仅2岁的二阿哥胤礽为皇太子，不料胤礽渐渐变得骄纵蛮横，而且结党营私。玄烨杀掉索额图后，父子关系趋于紧张。康熙四十七年（1708年），康熙在木兰围场的布尔哈苏行宫，以皇太子胤礽"不法祖德，不遵朕训，惟肆恶虐众，暴戾淫乱"为由，宣布废除太子。

皇长子胤禔是庶长子，一向不受玄烨喜欢，自知无望继位，便提议立八阿哥胤禩，理由是"术士张明德尝相允（胤）禩必大贵"，又说要替父杀掉胤礽，令玄烨极为寒心，对他进行了严厉训斥，同时对胤禩严加提防。这时，三阿哥胤祉揭发大阿哥胤禔搞魇镇加害胤礽之事，玄烨便将胤禔囚禁起来。因为厌恶胤禩与胤禔相互勾结，玄烨也将其关押，后又释放。

康熙四十八年三月，胤礽又恢复了太子之位。康熙五十年年底，胤礽被告与刑部尚书齐世武、步军统领托合齐、兵部尚书耿额结党营私。次年九月，玄烨再次下诏废掉太子。从此，胤礽一直被囚禁到死。三阿哥胤祉见此乱局，主动退出了竞争。

太子胤礽再度被废后，八阿哥胤禩转而支持十四阿哥胤禵，九阿哥胤禟、十阿哥胤䄉支持八阿哥胤禩，十三阿哥胤祥支持四阿哥胤禛。胤禛在太子首次被废后，敢于为胤礽说好话，属于太子党。胤礽二度被废后，胤禛见胤礽绝无复立之可能，便开始结党营私，窥视储位。朝廷中形成了以胤禛为首的"四爷党"和以胤禩为首的"八爷党"两大势力。

康熙六十一年（1722年），玄烨驾崩于畅春园。当时，"八爷党"支持的十四阿哥胤禵远在西北，四阿哥胤禛则留京。玄烨近臣、步军统领隆科多（孝懿仁皇后之弟）宣布玄烨遗嘱，由胤禛继承皇位。后来"八爷党"遭到清算，"九子夺嫡"以胤禛取胜而告终。

注释：

①博学鸿儒科：封建时代制科的一种，始于宋高宗绍兴三年，当时称为博学宏词科。清康熙十七年改为博学鸿儒科。目的是把散居各地，尤其是东南地区的隐逸之士、博学大儒，吸引到清廷的直接统治范畴之内。

②南书房：又称南斋，坐落于北京故宫乾清门内西廊。康熙十六年，康熙帝选派翰林入值南书房，南书房由此成为文学侍从值班之所，入值者称为南书房翰林。

世宗胤禛

胤禛档案

生卒年	1678—1735 年	在位时间	1722—1735 年
父亲	清圣祖玄烨	谥号	宪皇帝
母亲	孝恭仁皇后乌雅氏	庙号	清世宗
后妃	孝敬宪皇后乌拉那拉氏、孝圣宪皇后钮祜禄氏、敦肃皇贵妃年氏等	曾用年号	雍正

爱新觉罗·胤禛，清圣祖康熙第四子，清朝第五位皇帝。

康熙六十一年（1722年），康熙帝玄烨驾崩，胤禛继位，时年45岁。因为他之前的身份是雍亲王，继位后改元雍正，史称雍正帝。

胤禛在位期间，勤于政事，政治上，整顿吏治，完善了密折制度，设立军机处，确立了秘密立储制度；经济上，兴修水利，鼓励开荒，实行摊丁入亩，减轻无地和少地农民的经济负担，同时采用耗羡①归公和养廉银制度，以增加朝廷的财政收入，并限制地方横征暴敛；文化上，加强思想统治，大兴文字狱；军事上，继续执行扩张政策，用兵西北。

雍正十三年（1735年），胤禛病逝于圆明园，终年58岁，庙号世宗，谥号宪皇帝，葬于清西陵之泰陵。

韬光养晦　谋求继位

康熙帝玄烨对子孙的教育向来严格，胤禛天资聪慧，求知欲强，从6岁起便每天到南书房学习蒙、汉、满语；8岁便随康熙帝前往边塞视察；15岁到曲阜与几位兄弟一起参加祭孔大典，接着又随康熙帝去无定河考察，并负责监管无定河的治理工作。征伐噶尔丹时，他也和众兄弟一起参战，且掌管了正红旗大营。胤禛在不断的学习和磨炼中渐渐成长起来，不仅学识渊博，而且在与皇室成员的交往中练就了八面玲珑的本领。

清朝对于皇位的继承一直没有定制，康熙帝决定仿照顺治帝福临的做法，在自己在世的时候选好继承人，册立皇太子。他这样做本来是为了避免他去世后的皇位之争，不料却引发了皇太子和其他皇子之间的争斗。

康熙十四年，二阿哥胤礽被立为太子。胤礽是康熙帝次子，生母为皇后赫舍里。赫舍里皇后因为生胤礽难产致死，康熙帝非常难过，也因此对胤礽倾注了很多的关爱，在教育和生活上都给予特别照顾。胤礽染上天花后，康熙帝为了照顾他，甚至将奏章搁置了12天。

但令康熙帝没有料到的是，朝廷中渐渐形成了"太子集团""皇八子集团"和"皇四子集团"。其中，"皇八子集团"和"太子集团"一直明争暗斗，且有愈演愈烈之势，闹得朝廷上下不得安宁。为此，康熙帝曾两次废掉胤礽的太子之位。在皇子们争得难分难解的时候，皇四子胤禛却出奇的平静，他暗中关注着形势的发展，韬光养晦。他知道自己并没有多少优势，要想在争夺皇位的斗争中取得胜利，必须处处小心谨慎。为此，他妥善地处理与各方势力的关系，不靠近也不疏远任何一方。他还接受心腹戴铎提出的建议，对兄弟友爱，对父皇孝诚。

初次废掉太子胤礽后，康熙帝因为伤心和失望而病倒。这个时候，其他皇子都想趁机扩大势力、拉拢贵族，唯独胤禛和胤祉关心父皇的身体，尽心守护在康熙帝身边。平日里，胤禛在康熙帝面前也经常表现出对兄弟们的关心和照顾，遇到问题总是想办法为他们说好话，因此深得康熙帝的欢心。后来，康熙帝赐给胤禛亲王爵位，但胤禛却主动上书要求降低自己的爵位，以使自己和兄弟们地位相同。

康熙五十一年，太子胤礽再次被废。康熙帝对皇子们为了争夺皇位而手足相残深感失望，公开表示不会再立太子。不过，胤禛不仅得以参加对"太子集团"的审判，而且在西北军事和祭祀大典上都受到重用，可见康熙帝还是很看好他的。除了努力赢得父皇的好感外，胤禛还赢得了川陕总督年羹尧、步军统领隆科多的支持。

康熙六十一年，康熙帝驾崩，隆科多对外宣称康熙帝曾向自己和胤祉、胤祥等人表示死后由四阿哥胤禛继位，并当众宣读了康熙帝命胤禛继位的遗诏。胤禛于太和殿继位，次年改元雍正。

正因为亲身经历过残酷的皇位之争，胤禛后来用心地建立了可以保证皇位顺利过渡的秘密立储制度。也就是皇帝生前确定皇位继承人后并不公布，而是将诏书盛于锦盒之内，放置在乾清宫"正大光明"牌匾的后面。待皇帝驾崩后，再由皇子、大臣们将锦盒取下，当众宣读遗诏，明确继承人。这项制度既确保皇位可以传给最优秀的皇子，又有效避免了皇子们为了争夺皇位而自相残杀。

整治贪官　定国安邦

康熙末年，由于官员腐败贪污，国库亏空，粮食短缺的问题也越来越严重。胤禛在继位前便已深刻认识到整顿吏治的重要性，继位之后，为了解决财政问题，他立即开始对朝政进行改革。

针对官员的贪污问题，胤禛下令所有官员在3年内将所欠亏空补齐，并且不能盘剥百姓。当时，即便是贝勒、郡王这样的皇亲国戚，只要涉嫌贪污的，都得变卖家产来填补亏空。对于情节特别严重的，其家产将被查没，如果还不够，由贪污官员的亲友代为补偿。胤禛惩治贪污官员的力度之大可谓前所未有。在3年的整顿清查期内，全国被革职查办的地方官员多达三分之一，很多省级官员也难逃严惩。此举大体解决了自康熙朝以来的国库亏空问题。

当时，很多官员因为薪俸太低，不足以维持日常开支，因此动了贪念。有的官员巧立名目，从百姓身上搜刮耗羡①以中饱私囊。胤禛得知后，下令实行耗羡归公政策，规定各地正式设置火耗赋税，并明文规定各地应按本地实际情形制定，而且只能比之前所收耗羡少；同时规定从所收的耗羡中拨取一部分作为"养廉银"，此举不仅减轻了百姓的负担，对于减少官员贪污腐败也起到了积极作用。

为了进一步减轻农民负担，胤禛颁布法令取消人头税，采取"摊丁入亩"制。此令一出，有利于刺激清朝人口增长，而且促进了社会经济的发展。

康熙帝在位时，为了了解官场隐秘、地方治安以及风土民情，曾命心腹给自己写秘密奏折，除了皇帝之外，任何人不得开启，待皇帝批阅后再把密折返还上奏人。胤禛觉得这种皇帝和地方官员直接对话的方法很不错，便下令在全国范围内推广密折制度，很多官员都可以秘密奏事。密折制度的施行，使得各级官员相互牵制、人人自危，胤禛由此将整个政府机构牢牢掌控在自己手中。

胤禛还设立了军机处。军机处的前身是当年他为了方便对准噶尔部用兵而设置的临时军事机构，内设由京城调过来的军机大臣和军机章京。其中，军机章京主要负责文字处理工作，军机大臣则定时甚至随时接受胤禛召见，协助其处理各种军机大事。渐渐地，军机处取代了内阁，发展成为处理全国机密事务的机构。军机大臣均由皇帝亲自挑选任命，直接听命于皇帝。军机处的设立，使得胤禛成为真正集朝政大权于一身、总理天下庶务的一国之君。

谨慎用人　勤于理政

胤禛的勤政在历史上是出了名的，他在位十三载，既不巡幸也不游猎，将大部分时间用在批阅奏折、处理朝政上。他不仅每天批阅大量奏折，而且无论事情大小，总是亲自批阅，有时他在奏折上写的批语字数达千字之多。一旦发现问题，他就会派人追查，直到把事情搞清楚才罢休。

康熙帝在世时曾说胤禛"喜怒无常"，他确实容易发怒。有一次，有个大臣惹恼了他，他便在朝堂上痛骂了对方一顿，但是气消以后，他又把这个官员赞扬了一番。他脾气不好，却勇于认错，处理完年羹尧事件后，他多次公开表示自己用人不当。

胤禛在用人方面自有一套道理，不会受法规制度的束缚。他认为，有才之士往往恃才傲物，不易驾驭，因此，他对那些狂傲的才子抱着宽容的态度。在给心腹鄂尔泰、田文镜等人的谕旨中，他也反复强调要对有才干的人破格任用，或者推荐给朝廷。他还坚决罢免"在其位不谋其事"的无能官员，把职位给那些有才干、有能力的人。对于政绩突出的官员，他常常予以奖励，不仅给予丰厚的赏赐，有时甚至对他们加官晋爵。对于忠于朝廷但是与自己政见不合的官员，胤禛也很信任。大学士朱轼曾经反对用兵西北及耗羡归公的政策，监察御史李元直曾在奏折中言辞激烈，胤禛知道他们都没有恶意，而是在尽力施为，所以依然对他们委以重任。也正因为如此，他身边才能聚集一大批有真才实学的治世能臣。

雍正十三年（1735年）五月，贵州古州、台州等地的苗族闹事，胤禛任命哈元生为扬威将军，率军前去征讨。之后，他命果亲王胤礼、皇四子弘历、皇五子弘昼、大学士鄂尔泰和张廷玉等人负责协调苗疆事务；又让刑部尚书张照、副都御史德希寿帮办苗疆事务，很快平定了叛乱。

同年八月，胤禛突然得病，隔日暴卒。

注释：

①耗羡：即火耗银，是明清于正规税粮或税金之外的一种附加税。"火耗"一词原本指零碎白银经火熔铸成银锭或元宝过程中所产生的损耗。

高宗弘历

弘历档案

生卒年	1711—1799 年	在位时间	1735—1796 年
父亲	清世宗胤禛	谥号	纯皇帝
母亲	孝圣宪皇后钮祜禄氏	庙号	清高宗
后妃	孝贤纯皇后富察氏、纯帝继皇后那拉氏、慧贤皇贵妃高佳氏等	曾用年号	乾隆

爱新觉罗·弘历，清世宗胤禛第四子，清朝第六位皇帝。

雍正元年（1723年）八月，雍正帝胤禛写下密诏，册立第四子弘历为皇位继承人。雍正十一年（1733年），弘历被封为和硕宝亲王。雍正十三年八月，雍正帝胤禛病逝，弘历继位，次年改元乾隆，史称乾隆帝。

弘历在位期间，政治上，厘定各项典章制度，优待士人，重视官吏选拔，严格运用"京察""大计"考核官吏，严惩贪腐；经济上，重视农业生产，鼓励开荒，兴修水利，5次普免天下钱粮，3次免八省漕粮，减轻了农民负担，同时重视发展商业并实施宽松政策，使清朝的经济达到鼎盛；文化上，指示编纂了很多有价值的典籍，如《四库全书》《续文献通考》《皇朝文献通考》《大清会典》等，又大兴文字狱；军事上，平定边疆地区叛乱,完善对西藏的统治,正式将新疆纳入中国版图。他晚年志骄意满,思想僵化,挥霍浪费,故后世学者称"乾隆六下江南"是"康乾盛世"由盛转衰的源头。

嘉庆元年(1796年),弘历退位,自称太上皇,由第十五子颙琰(yóng yǎn)继位。

嘉庆四年(1799年)二月七日,弘历驾崩,终年89岁,谥号纯皇帝,庙号高宗,葬于清东陵之裕陵。他在位60年,禅位后又继续训政4年,是中国历史上实际执掌国家最高权力时间最长的皇帝,也是最长寿的皇帝。

文治卓绝 开创盛世

弘历是雍正帝胤禛第四子,于康熙五十年八月十三日出生,幼名元寿,生母为熹妃。因为3个兄长相继早逝,他便成了老大。弘历从小聪明伶俐,记性很好,过目不忘。10岁那年,他受到祖父康熙帝召见,被收养在宫中,康熙帝还亲自给他传授功课,并带其巡幸热河避暑山庄。雍正元年八月,弘历被立为皇太子;雍正十一年又被封为和硕宝亲王。

弘历登基非常顺利,不像父亲胤禛那样经历过很多惊心动魄的斗争。雍正十三年,雍正帝胤禛骤然辞世,众皇子和人臣在张廷玉、鄂尔泰的主持下,从乾清宫"正大光明"牌匾后取出雍正帝提前写好的传位诏书,宣布由宝亲王弘历继承大统。在大臣的簇拥下,弘历顺利登基,次年改元乾隆。

弘历继位不久便意识到首先需要解决先帝遗留的问题。康熙后期,各皇子为了继承皇位,拉帮结派,相互争斗。雍正帝继位后,将兄弟们或流放或监禁,甚至不惜痛下杀手。到乾隆时期,清朝统治阶层的力量被大大削弱,为了缓和皇室成员之间的尖锐矛盾,弘历采取了一些补救措施。当时,皇八叔允禔(即胤禔,雍正帝继位后改名)等人仍然受到监禁,弘历立即将他们放了出来,并恢复他们的爵位,归还家产。不久,允禵、允裪的子孙后代也恢复了宗籍,当年追随他们的官员家属也得到了宽恕和释放。

为了进一步削弱内阁的权力,弘历进一步完善了奏折制度。他赋予军机处更大的权力,使军机处取代内阁,成为清王朝真正的军政中心。为了防止宦官干政,他颁布了不许宦官读书识字的法令,同时派部门进行监督,对勾结朝廷官员的宦官予以严惩。

弘历非常痛恨朝中大臣攀附结党、相互倾轧的行为,曾多次在朝堂上警告臣子们不可拉帮结派。尽管如此,朝廷中还是出现了以鄂尔泰为首的满臣派系和以张廷玉为首的汉臣派系,这两个派系互相排挤争斗,严重影响了皇帝一人"朝纲独断"的皇权秩序,弘历决心找机会狠狠地惩治他们。他首先打击了鄂尔泰为首的满臣派系,又趁张廷玉怠慢皇恩之机,将其痛骂了一顿,并夺去其伯爵之位。不久,张廷玉的亲家受贿,张廷玉也牵连其中,受到罚钱、没收房产的惩罚。为了独掌朝纲,弘历除了打击朋党,在选任官吏的时候还特意选择与鄂尔泰、张廷玉两派没有什么关系的人,这样选出来的官员均"唯上命是听",从而保证了朝廷以皇帝一人为中心有效运行。

为了提高农民的生产积极性,弘历也采取了一系列有效的措施。首先,继续在全国施行摊丁入亩、耗羡归公、养廉银等政策;其次,颁布法令让地方官员引导民众种植产量高的作物,鼓励开垦荒地;第三,多次减轻赋税,让农民少交粮食,有时某个地区遇到自然灾害,弘历不仅免除该地的赋税,还让官员拨粮赈灾。种种举措,使乾隆时期的农业、手工业及商业都欣欣向荣,清王朝出现了前所未有的繁荣景象。

东征西讨 绰号"十全"

为了维护边疆地区的安宁,弘历多次对外用兵。乾隆十五年(1750年)十一月,西藏贵族杀死清朝驻藏大臣傅清、拉布敦,发起武装叛乱。弘历马上派兵前往西藏,联合藏兵,与叛乱贵族展开激战,平息了叛乱。鉴于此事的教训,弘历在藏区设置了新的政府职能机构噶厦[①],

并宣布废除原来实行的藏王制度。后来，西藏贵族勾结廓尔喀（今尼泊尔）两次入侵西藏，极大地破坏了西藏地区的和平与稳定。弘历派遣福康安率领大军前往西藏痛击侵略者，使西藏地区恢复了和平与稳定。经过两次大战，弘历深刻意识到需要对西藏地区进行改革。他派人在西藏地区颁布实施了《钦定西藏章程》，使清廷对西藏的治理和控制得到了改善，也使中原与西藏地区的经济贸易联系有所加强。

弘历还两次对位于新疆北部的准噶尔部用兵，最后，准噶尔部首领达瓦齐被清军擒获，阿睦尔撒纳②的反叛势力也被消灭，新疆地区再次归于安宁。然而，就在弘历对准噶尔部用兵的时候，位于天山以南的大和卓、小和卓先后起兵叛乱，宣布独立。平定准噶尔部叛乱后，弘历命大军直接去平定大小和卓叛乱，并取得胜利。之后，弘历在南疆各城设置参赞大臣，允许他们因俗而治，加强清朝对南疆的控制。同时，为了进一步加强对新疆地区的控制与管理，他还在新疆设立伊犁将军，驻扎军队，巡察边界。

在清军平定阿睦尔撒纳期间，大量厄鲁特牧民因为不堪准噶尔部长期以来的欺压和战火的荼毒，外迁至哈萨克、蒙古和沙俄。后来，土尔扈特部的渥巴锡汗得知伊利局势已经稳定，准噶尔部已被消灭，产生了返还故土的念头。他带领3.3万余户土尔扈特牧民，共计16.9万余人，趁伏尔加河结冰之机返回祖国。途中，他们击退了沙俄追兵，不料在哈萨克和沙喇伯勒又遭到当地部落的抢劫，只得改走茫茫戈壁。经过千里跋涉，他们终于走出了戈壁滩，但幸存者也只剩下一半。乾隆二十六年（1771年）六月，土尔扈特部终于来到了伊犁附近的清军卡伦③处。听说土尔扈特部回归，弘历非常高兴，不仅举行了隆重的欢迎仪式，还从陕西调拨200万两库银运至甘肃，为土尔扈特部购买物资，切实解决他们遇到的生活问题。

到了晚年，弘历对自己创下的"十全武功"十分满意，自号"十全老人"，不仅篆刻了"十全老人之宝"玉玺，还写了一本书叫《十全武功记》。所谓十全武功，即"平准噶尔为二，定回部为一，扫金川为二，靖台湾为一，降缅甸、安南各一，即今两次受廓尔喀降，合为十"。乾隆五十七年（1792年），弘历为把自己的功绩"昭示后人"，命人将

"十全武功"用满、汉、蒙古、藏四种文字刻在石碑上。

编著四库　兴文字狱

随着国力的强盛，清廷在乾隆时期启动了大型图书编纂工作，一来可以整理浩如烟海的中华古籍，推动中国文化的发展；二来也可以作为笼络汉族知识分子的一个有效的政策手段。

乾隆初期，清廷开始组织知识分子修史编书，陆续编成了数十种大型典籍，包括《续通典》《续通志》《续文献通考》《清三通》《国朝宫史》《大清一统志》《通鉴辑览》等。

乾隆三十七年（1772 年），安徽学政朱筠提议说可以征集天下书籍来校对《永乐大典》，这个提议给了弘历很大的灵感，他决意仿照《永乐大典》的体例制式，在此基础上进行扩充，汇天下藏书编成一部超越前人的巨著——《四库全书》。随后，他向全国各地，特别是江浙等文化发达的地区，下达了征书的命令。政令一下，全国立即掀起了征书热潮。到乾隆三十九年（1774 年），清廷在全国征集了数以万计的书籍。

大量书籍到京城后，弘历马上成立了四库馆，召纪昀（即纪晓岚）、王念孙、于敏中等数百位著名学者入馆，分别担任总裁官、总纂官、纂修、校对整理等职务。很快，《四库全书》的编纂工作如火如荼地开展起来。由于是由弘历主持编纂，这次古籍整理工作，从选书、比较版本到校对勘正，再到各种入选书目的誊写编纂，每一个环节都做到了精细入微的地步。

从立馆开始编纂成书，众多文人学者耗费了大量心血，历时 10 年终于编纂完成这部中国历史上最大的丛书——《四库全书》。除了《四库全书》以外，《四库全书总目》《四库全书荟要》《四库全书简明目录》《四库全书考证》也一并编修完成。

《四库全书》分为经、史、子、集四部，共收书 500 多种、79000 多卷、36000 多册。《四库全书》编纂完成后，弘历又命人誊写了 7 部正本，分别收藏于北京紫禁城文渊阁、圆明园文源阁、沈阳文溯阁、热河避暑山庄文津阁、杭州文澜阁、扬州文汇阁和镇江文宗阁。

与此同时，为了加强对民众的思想控制，弘历在位时还制造了比较出名的"王肇基献诗案""程明诬寿文案""王锡侯字贯案"，以及高达130余起的文字狱，数量超过了中国历代皇帝兴文字狱的总和。当时，一旦身陷文字狱，不仅本人，连亲属也会有牢狱之灾，甚至性命难保。情节严重的，连刻坊伙计、书店老板也受到牵连。一时间，清朝学术界人人自危，不光走在大街上，就连在卧房也闭口不言。

弘历施行的残酷的文字狱，不仅严重迫害了清朝的知识分子，更阻碍了思想和学术的发展，后患无穷。

昏庸虚荣　吏治败坏

弘历在中年以后逐渐好大喜功，大兴土木、六下江南，耗费国家人力物力，官员贪污受贿又开始盛行，使得清王朝在其后期由盛转衰。弘历本人生活十分奢侈，在他的影响下，不仅王公贵族骄奢淫逸，文武百官也日益腐败。全国又出现了土地兼并现象，司法系统开始败坏。

康熙帝玄烨在位时，曾多次出宫巡幸，考察地方的风俗人情、司法吏治。到乾隆时期，弘历也模仿康熙帝多次外出巡幸，但是，他们巡幸的性质却大不相同。康熙帝出巡的时候极尽简朴，能省则省，绝不劳民伤财；而弘历的巡幸则是穷奢极侈。据不完全统计，弘历巡幸次数高达100多次。他最爱去的地方是热河避暑山庄，去了52次，其次是6次南下江南、5次祭祀曲阜、5次游览五台山、4次出巡盛京。每次出巡，他都带上阵势庞大的随从队伍，给途经的地方造成极大的经济损耗。

尤其是在巡幸江南的时候，数百名陪同人员，几千人护卫，沿着运河而行。所经之地的官员为了讨得皇帝的欢心，不仅搭棚结彩、净道垫街，命当地百姓无论男女老幼统统跪伏道旁，恭迎圣驾，还大摆筵席，珍馐美味应有尽有。为弘历准备的奢华行宫，往往只用了一次就被封存。除了朝廷官员，沿途的地主豪绅也是争先恐后地在弘历面前"露脸"，他们煞费苦心地斥重金采购奇石来讨弘历欢心。弘历也会赏赐他们酒食衣物，拿出大笔的银两来"还礼"。

弘历的另一大嗜好是修建园林。雍正时期，圆明园有简单的二十八景。到乾隆时期，圆明园被扩建成了四十景，而且这四十景都是集全国各地著名园林大成的"精装版"。除了扩建圆明园，他还修建了颐和园。从江南巡游回来，他便把江南园林也给"搬"了回来。热河的避暑山庄就是仿照江南园林，把原来的三十六景扩建成了七十二景。

弘历给自己和太后庆万寿节（生日）也是极尽奢华，堪称清朝一大盛事。朝廷官员、王公贵族都得为皇帝、太后送上价值不菲的礼物。有记载称，弘历在给母亲孝圣皇太后过六十圣寿的时候，彩棚从紫禁城西华门一直排到了十几里外的西直门，彩棚里面不仅有数不清的奢华景致，还有各种街头杂耍，比如舞龙舞狮、耍刀弄棒，可谓应有尽有。乾隆的88岁万寿由和珅一手操办，花费超过此前所有庆典的花销总和。

和珅是乾隆朝吏治败坏的一个典型代表。他早年参加科举没有考上，但因为是满族人，得以在宫中谋了个侍卫的差事。由于他为人八面玲珑，而且精通满、汉、蒙古、藏四种语言，很快得到了弘历的赏识和重用。一段时间后，和珅被升为户部侍郎。和珅在职期间因为贪污屡次受到弹劾，但在弘历的庇护下，他在清廷的地位越来越高，由军机大臣到尚书，最后成为清朝大学士。

风流君主　凄惶而终

弘历是个风流君主，为后世留下了许多风流韵事。弘历先后有过3个皇后、4个皇贵妃、5个贵妃，以及其他数不清的妃子、贵人。第一任皇后富察氏是弘历当宝亲王时的嫡福晋，两人感情深厚，但富察氏年纪轻轻便病故于东巡途中。

就在弘历满足于自己缔造的辉煌盛世而贪图享受的时候，西方社会正在发生巨大的变化——英国发生工业革命，法国爆发大革命，美利坚合众国成立。对于西方科技文化，弘历没有康熙帝那么开明，他不仅不重视西方的科技变革，而且为了杜绝中外商人勾结赢利，颁布了《防范外夷规条》，使中国进入了闭关锁国的历史阶段。

乾隆六十年（1795年），弘历决定将皇位传给儿子，自称太上皇，他对大臣们说："我25岁继位时曾对天发誓，如果能在位60年，就传位给嗣子，不敢与皇祖61年在位年数相同。现在初愿已偿，不敢再生奢望。现在立皇十五子颙琰为太子，由他嗣位。我自应随时训政，不劳你们担忧。"于是改次年为嘉庆元年，命礼部制定禅位大典。

嘉庆元年（1796年）正月，清廷举行了禅位仪式，礼部鸿胪寺官员登上天安门城楼宣读太上皇禅位诏书。之后，弘历仍居住在养心殿掌控朝政。就在这一年，弘历在圆明园召见属国使臣，告诉他们自己虽然已经退位，但仍然掌管国家大权。不久，白莲教起义爆发了，烽火遍及川、陕、楚、豫、甘五省，直到嘉庆九年（1804年）才得以平息。

弘历退位后，又做了4年太上皇，于嘉庆四年正月在养心殿驾崩。

注释：

①噶厦："噶"是命令的意思，"厦"是房屋的意思，"噶厦"就是发号施令的地方。清乾隆十六年（1751年）置。噶厦驻地在拉萨大昭寺，长官为噶伦。

②阿睦尔撒纳（1723—1757年）：清朝厄鲁特蒙古辉特部台吉，准噶尔汗策妄阿拉布坦外孙。原游牧于塔尔巴哈台一带。

③卡伦：清代在东北、蒙古、新疆等边地要隘处安排官兵瞭望戍守并兼管税收等事的地方。相当于现在的哨所。

仁宗颙琰

颙琰档案

生卒年	1760—1820 年	在位时间	1796—1820 年
父亲	清高宗弘历	谥号	睿皇帝
母亲	孝仪纯皇后魏佳氏	庙号	清仁宗
后妃	孝淑睿皇后喜塔腊氏、孝和睿皇后钮祜禄氏、和裕皇贵妃刘佳氏等	曾用年号	嘉庆

爱新觉罗·颙琰,原名永琰,清高宗弘历第十五子,清朝第七位皇帝。

乾隆六十年(1795 年),乾隆帝弘历宣布退位,次年颙琰正式继位,改元嘉庆,史称嘉庆帝。

颙琰继位后,大权仍然掌握在乾隆帝手中,直到乾隆帝驾崩,颙琰才得以亲政。他亲政以后,马上开始整顿朝政,严厉打击贪官污吏,惩治贪官和珅等人,使社会风气有所扭转。但是,为了保持政权的稳定,他没有采取强硬手段,所以收效甚微,官员贪污问题越来越严重。

嘉庆二十五年(1820 年),颙琰病逝,终年 61 岁,谥号睿皇帝,庙号仁宗,葬于清西陵之昌陵。

内禅继位　侥幸称帝

颙琰出生于乾隆二十五年（1760年），生母是孝仪纯皇后魏佳氏。颙琰非常聪明，6岁时分别拜兵部侍郎奉宽、工部侍郎谢墉为师，13岁就能通读五经。颙琰长大后尤其喜欢读诸史、通鉴，可以说"上下三千年，治迹目了然"。

乾隆帝共有17个皇子，他在位时仍然沿用前朝立储的方式，将写着皇位继承人的诏书置于"正大光明"匾额之后。乾隆三年（1738年），次子永琏不幸早夭，大家才知道原来他是皇位继承人。正所谓祸不单行，乾隆帝立的第二任太子、第七子永琮又得了天花，救治无效夭折。乾隆帝悲痛万分，很长时间不愿再提及子嗣继承的事情。

到乾隆三十八年（1773年），乾隆帝已经63岁，自感身体日渐衰老，不得不再次考虑皇储问题。经过仔细考量，他认为十五子永琰忠厚老实，可担大任。乾隆五十四年（1789年），永琰被封为和硕嘉亲王。

后来，乾隆帝决定隐退，宣布永琰为皇位继承人。为了避讳，他还特意嘱咐将"永"字改为"颙"。嘉庆元年（1796年）正月初一，乾隆帝举行禅位大典，颙琰在太和殿继位。不过，乾隆帝退位后仍然掌握大权，所以年号也很耐人寻味，在皇宫里一律沿用"乾隆"年号，而地方各省则改用"嘉庆"年号。

严惩腐败　扳倒和珅

颙琰在位前三年，手中并没有多少权力，不过他并没有因此而有任何不满情绪，总是耐心听从父亲教导，从来不与父亲争权。乾隆帝驾崩后，他终于亲政，有了施展抱负的机会。为了挽救清王朝江河日下的局面，他决心进行改革。

乾隆时期，朝中的腐败问题日益严重，成为清王朝走向衰败的重要因素。当时，最大的贪官就是和珅。和珅因为善于揣摩帝心而深受乾隆帝恩宠，官越做越大，贪欲也越来越强。颙琰对和珅非常痛恨，乾隆帝刚刚驾崩，他便下令将和珅革职查办，列举其20条罪状，将其打入大牢。

三天后，颙琰下发赐死诏书，和珅上吊自杀。查抄和珅家产时，仅白银就搜出8亿两。按照清廷当时的年收入7000万两白银计算，和珅一人的财产就比清廷11年的收入总和还要多，所以民间有句话说"和珅倒，嘉庆饱"。

除了和珅及其党羽外，颙琰还陆续惩治了一些贪官，比如向粮道和卫弁索取数万两银钱的漕运总督富纲、侵吞帑银31万两的直隶司书王丽南、贪污救灾款并杀害查赈官员的安徽山阳知县王伸汉，以及两江总督铁保、江苏巡抚汪日章。

发展经济　力不从心

清朝的人口出生率和存活率有大幅度提升，庞大的农民群体和有限的土地之间的矛盾也日益突出。政府官员管控着大量土地，农民却连最基本的温饱问题都不能解决，这导致各地不断出现小规模的农民反抗斗争。颙琰审时度势，出台了相应的措施，减少一般经济作物的种植，鼓励大家出海捕鱼，适当发展商业；同时对耕种进行技术指导，推广大豆、玉米等高产农作物。

颙琰面临的还有接连不断的农民起义问题，其中尤为突出的是白莲教起义，从嘉庆元年持续到嘉庆九年（1804年）。为了镇压农民抗争，朝廷出动军队，增加了军费开支，这对逐渐走向衰落的清王朝来说，无疑是雪上加霜。而此时西方英、法等国已经开始了工业革命。它们为了扩大市场，推动本国资本积累和经济发展，不断扩张殖民范围，中国便成了它们的目标。对此，颙琰采取了"闭关锁国"的外交政策，面对殖民者的挑衅，他态度十分强硬，命令各地官员密切关注他们的动向，并限制他们的自由。与此同时，颙琰也注意到鸦片对人民和国家的危害,严令禁止输入,并打击鸦片贩运者和吸食者。此外,他对在中国传教的洋人也严格限制,规定如有违背政府法令者予以严惩。

颙琰在位期间严于律己,对朝中大小政务事必躬亲,并下诏要求官员上书直言,要求地方官员对于民情要据实陈报,戒除欺隐、粉饰、怠惰之风。他还力戒乾隆帝的奢靡之风,大力提倡勤俭节约。每次外出,他都不允许地方官员铺张造势,甚至在他50岁生日的时候也没有大摆筵席。尽管如此,他仍然无法挽回大清的颓败之势。

嘉庆二十五年,颙琰在热河狩猎时,因天气炎热而中暑,虽经抢救保住了性命,但不久便驾崩于热河避暑山庄。

宣宗旻宁

旻宁档案

生卒年	1782—1850 年	在位时间	1820—1850 年
父亲	清仁宗颙琰	谥号	成皇帝
母亲	孝淑睿皇后喜塔腊氏	庙号	清宣宗
后妃	孝穆成皇后钮祜禄氏、孝慎成皇后佟佳氏、庄顺皇贵妃乌雅氏等	曾用年号	道光

爱新觉罗·旻（mín）宁，原名绵宁，清仁宗颙琰次子，清朝第八位皇帝。

嘉庆二十五年七月，嘉庆帝颙琰驾崩，旻宁继位，时年39岁，次年改元道光，史称道光帝。

旻宁继位时，清王朝官僚贪污腐败成风，鸦片泛滥成灾。他勤于政务，改组军机，清查陋规，修改盐法，允许开矿，平定张格尔叛乱，严禁鸦片，然而社会弊端已经积重难返。道光二十年（1840年），鸦片战争爆发，清廷战败，被迫签订了丧权辱国的《南京条约》。从此，清王朝加速走向没落。

道光三十年（1850年）正月十四日，旻宁驾崩，终年69岁，谥号成皇帝，庙号宣宗，葬于清西陵之慕陵。

平叛有功　荣登帝位

旻宁出生于乾隆四十七年（1782年）八月初十，当时他的父亲颙琰还不是太子。旻宁从小勤于读书，注意修身养性，养成了很好的品格。乾隆五十六年（1791年）八月，旻宁跟随祖父乾隆帝外出打猎，收获颇丰，被赐予黄马褂、花翎。嘉庆四年（1799年）四月，旻宁被秘密立为皇储。

旻宁本名绵宁，因为老百姓需避讳君主的名字，而"绵"为民间常用字，百姓避讳会有很大不便，因此，乾隆帝曾规定，将来"绵"字辈的子孙继位为皇帝，要把"绵"改为"旻"。

嘉庆十八年（1813年）九月，一大批天主教徒在林清的率领下突然攻入紫禁城，发起叛乱。当时，嘉庆帝颙琰正在木兰围场打猎，旻宁在上书房读书，他没有惊慌，一面派人火速前往木兰围场报信，一面亲自率领宫廷侍卫抵抗，很快将叛乱平息。之后，他亲自出宫查访，看有没有百姓受伤。嘉庆帝在途中听到捷报，十分高兴，当即封旻宁为智亲王。旻宁因为在这次事件中的出色表现，受到了王公贵族、文武百官以至平民百姓的赞扬，声望大大提高。

嘉庆二十五年，嘉庆帝驾崩于热河避暑山庄。依照旧例，近侍找到并宣读了锦盒中的遗诏，宣布由旻宁继承皇位。随后，旻宁在京城登基，次年改元道光。

勤俭持家　国难当头

为了扭转自乾隆时期开始盛行的奢靡之风，旻宁以身作则，处处奉行节俭，并且颁布法令要求朝中大臣严格约束自己，凡事不可铺张浪费。

在旻宁以前，皇帝用膳一般有20多道菜，旻宁每顿饭最多只有4

道菜。他穿着也很节俭，很少做新衣，衣服旧了继续穿，破了还打上补丁接着穿。大臣们见皇帝穿着打补丁的衣服，也开始模仿，不管新衣还是旧衣统统打上补丁。

为了增加财政收入，前朝制定了捐纳制度，即捐纳一定数量的银子便可以做相应的官。旻宁认为这种制度助长了官员们行贿受贿的风气，想要废除，但却遭到大臣们的一致反对，纷纷上书劝谏。旻宁生性软弱，不得不做出让步，由"废除"改为"控制"捐纳制度。

对于皇室成员贪污受贿及与朝中官员相互勾结，旻宁打击起来毫不手软。比如他的侄子奕纪收受下级官员的贿赂，被发配到黑龙江；他的弟弟绵恺因为和宫中太监交往过密，也被革职惩治。

当时社会上鸦片问题很严重。道光年间，英国向中国大量输入鸦片，使清朝的白银大量外流，而且严重危害百姓身心健康，也削弱了军队的战斗力。

鸿胪寺卿黄爵滋上书提出"吸烟论死说"，建议禁烟。旻宁采纳他的建议，令官员制定具体的应对措施。在他的支持下，全国掀起了力度空前的禁烟运动，禁烟英雄林则徐将收缴的大量鸦片在虎门海滩销毁。这个时候，英国的资本家们坐不住了，为了使罪恶的鸦片贸易继续进行下去，道光二十年，英国政府对清王朝发动了第一次鸦片战争。

签订条约　丧权辱国

英国派出数十艘战舰，封锁了珠江口。面对气势汹汹的侵略者，一向作威作福的官员们慌乱起来，纷纷把责任推给林则徐，请求旻宁予以严惩。旻宁本来就对林则徐不信任，便借机罢免了林则徐等人的官职，定罪发配到伊犁。

由于国家财政空虚及武器装备陈旧、观念落后，清军根本无力抵抗英军的进攻。英军一路势如破竹，距离京城越来越近。旻宁急忙派人与英军谈判，道光二十二年（1842年），伊里布、耆英代表清朝与英国代表签订了我国近代史上第一个丧权辱国的不平等条约，因为条约是在南京签订的，所以称为《南京条约》。

根据《南京条约》，香港岛被割让给了英国。道光二十三年（1843年）三月，英国女王颁布了香港皇家殖民地宪章（即《英王制诰》），任命璞鼎查为香港首任总督兼驻港英军总司令。同年八月，耆英奉命与璞鼎查在虎门签订《五口通商章程》，上海等五地被迫开埠。后来，《中美望厦条约》《中法黄埔条约》等相继签订。耆英还奉旻宁之命，与比利时谈判代表兰纳达成协议，准许比利时按《五口通商章程》中规定的办法通商。随后，英国在上海设立租界。

道光二十七年（1847年）二月，清廷又与瑞典、挪威签订《五口通商章程》。次年正月，旻宁下令，不允许法人擅入内地传教，同时拒绝沙俄在新疆进行通商贸易活动。英国驻沪领事阿利国向香港总督文翰建议对清王朝再次发动战争，以便从中获得更多利益。葡萄牙澳门总管亚马留不经清廷同意，私自宣布澳门为自由港，停征关税，并下令封闭粤海关衙门。

道光三十年正月，旻宁病重，自知将不久于人世，于是召宗人府宗令[①]载铨（quán）、御前大臣载垣、端华、僧格林沁，军机大臣穆彰阿、赛尚阿，总管内务府大臣文庆等入宫议事，从乾清宫"光明正大"匾额后面取出秘匣，当众打开并宣读，册封皇四子奕詝（zhǔ）为皇太子，皇六子奕䜣为恭亲王。正月十四日，旻宁驾崩。

注释：

①宗令：清代宗人府的负责长官。掌皇族属籍等事。

文宗奕詝

奕詝档案

生卒年	1831—1861年	在位时间	1850—1861年
父亲	清宣宗旻宁	谥号	显皇帝
母亲	孝全成皇后钮祜禄氏	庙号	清文宗
后妃	孝德显皇后、孝贞显皇后钮祜禄氏、孝钦显皇后等	曾用年号	咸丰

爱新觉罗·奕詝，清宣宗旻宁第四子，清朝第九位皇帝。

道光二十六年（1846年），奕詝被立为储君。道光三十年，道光帝旻宁驾崩，奕詝继位，时年20岁，次年改元咸丰，史称咸丰帝。

奕詝是清朝及中国历史上最后一位有实际统治权的皇帝，也是清朝最后一位通过秘密立储继位的皇帝。他继位后，大刀阔斧地对朝政进行改革，除旧布新，大力提拔新人，力求重振纲纪。但是，此时的清王朝，外有列强侵略，内有农民起义，他以一己之力根本无法扭转王朝必然灭亡的命运。

咸丰十一年（1861年）八月二十二日，奕詝于承德避暑山庄驾崩，终年31岁，谥号显皇帝，庙号文宗，葬于清东陵定陵。

幼年丧母　成年继位

奕詝出生于道光十一年（1831年）六月初九，生母为孝全成皇后钮祜禄氏。钮祜禄氏本是乾清门二等侍卫颐龄之女，入宫后被封为嫔，她长相貌美，又善解人意，深得道光帝旻宁喜爱，很快晋封为贵妃。奕詝2岁的时候，孝慎成皇后佟佳氏病逝，钮祜禄氏得以晋升为皇贵妃，位居六宫之上。次年，钮祜禄氏被册封为皇后。

和其他皇子一样，奕詝6岁便开始了繁重的学业，除了满、汉、蒙古、藏四种语言，还要背诵大量儒家典籍，学习治世之术及练习骑马射箭。他10岁那年，母亲钮祜禄氏因为年龄的增长，渐渐失去了对道光帝的吸引力，郁郁而终。之后，奕詝被静贵妃带在身边抚养。当时静贵妃也有一个儿子，名叫奕䜣，与奕詝年龄相仿。静贵妃为人和善，对待奕詝视如己出，予以悉心照料，倍加呵护。因此，奕詝一直非常尊敬和爱戴静贵妃。奕詝和奕䜣朝夕相处，两人的感情也非常好。看着两个聪明可爱的孩子，道光帝开始犯愁，奕詝温和聪敏，奕䜣活泼好动，两人虽然性格迥异，但都非常优秀，他一时拿不定主意让谁来继承皇位。

随着年龄的增长，兄弟二人也渐渐懂得了彼此竞争的关系，开始暗中较劲。他们的老师也都希望自己的学生将来能够荣登大宝，所以也积极地出谋划策。道光帝晚年身体每况愈下，知道必须在两个孩子之间选一个立为皇储。

有一次，兄弟二人随同道光帝外出狩猎。出发之前，奕詝的老师考虑到奕詝的学问不及奕䜣，若想被立为皇储，必须取长补短，于是暗授机宜。这次狩猎，众皇子中奕䜣打到的猎物最多，受到了道光帝的赞赏。而奕詝却一只猎物也没有打到，道光帝十分诧异，询问原因。奕詝说，现在是鸟兽孕育繁衍的时候，自己不忍心猎杀它们。道光帝听了觉得奕詝很有爱心，对他另眼看待，也下定了立奕詝为继承人的决心。道光三十年，道光帝驾崩之后，奕詝继位，次年改元咸丰。

锐意改革　积弊难除

奕詝继位后,采取了一系列针对内乱和外敌的措施。对内,他认为要想挽救时局,必须清除官僚体系中的腐败分子,选择能人志士,为朝廷注入新鲜血液。当时,朝中权臣穆彰阿和耆英通过各种手段排除异己,还利用职务之便谋求私利。奕詝将整顿吏治的矛头首先指向他们二人,对他们进行严惩:耆英被处死,穆彰阿被革职,永不录用。同时,奕詝又对肃顺、匡源在内的有才之士委以重任。肃顺提出"严政救清"的主张,与奕詝的想法不谋而合,由此得到了迅速升迁,成为朝中一人之下、万人之上的权臣,俨然另一个"穆彰阿"。所以,奕詝虽然任用了一些能做实事的官员,但却无力从根本上治理清廷的腐败现象,而且因为对这些人过于宠信,又埋下了新的隐患。

除了混乱的官僚体系,奕詝需要面对的另一个重大问题,就是太平天国起义军。起初,因为害怕汉臣的权力太大会对朝廷造成威胁,奕詝一直不敢重用曾国藩和他的湘军。但是,朝廷所依仗的绿营兵和八旗兵在与太平天国的对战中连连失利,奕詝无奈,只好打破清朝历来对汉臣的限制,重用曾国藩,命其镇压太平天国运动。曾国藩也不辱使命,有效地抑制了太平天国迅速扩张的势头。

御敌无方　北逃热河

正所谓一波未平一波又起,当奕詝大力镇压太平天国之际,咸丰六年(1856年),英国和法国分别借"亚罗号事件"和"马神甫事件",联合起来进攻清朝,第二次鸦片战争爆发。

同年,英法联军攻占广州,后被击退。由于清廷拒绝派代表到上海谈判,咸丰八年(1858年)三月,英法联军北上进攻大沽口,不久大沽口沦陷,英法联军进逼天津。奕詝慑于外敌的淫威,只得派人前去议和,签订了《天津条约》,并约定一年后交换批准书。

英法联军退出大沽口后,奕詝派大学士桂良等前往江苏,与英法侵略者谈判通商税则等问题,并令他们在谈判中把"派员驻京、内江通商、内地游行、赔偿兵费"四项条款取消。但英法两国拒绝修改,并坚持在北京换约,拒绝了清廷对于换约的安排。为了向清廷施压,英法舰队进攻大沽炮台,僧格林沁率领清军英勇抵抗,击败敌军。捷报传到京城,奕詝非常高兴,立即下令废除《天津条约》。

咸丰十年(1860年),英法联军卷土重来,依靠先进的战术和装备,分别占领了大连湾和烟台,封锁渤海湾,一直攻到北京城下。面对强敌,奕詝束手无策,欲再度和谈,但却遭到英法联军拒绝。为了活命,奕詝带着妃嫔、皇子,领着王公大臣以北狩为名逃往热河,住进了承德避暑山庄。

咸丰十一年(1861年)七月十五日,奕詝在热河行宫病重。次日,他在烟波致爽殿寝宫召见怡亲王载垣、郑亲王端华、肃顺、景寿、穆荫、匡源、杜翰、焦祐瀛,口授遗诏:"立皇长子载淳为皇太子。"并委任载垣、端华、景寿、肃顺、穆荫、匡源、杜翰、焦祐瀛为辅政大臣,史称"顾命八大臣"或"赞襄政务八大臣"。载垣等人请求奕詝亲笔写于纸上,但此时奕詝已经无法握笔,便让廷臣承写朱谕。奕詝病逝之前,御赐皇后钮祜禄氏印章一枚,并将"同道堂"印章一枚授予皇子载淳(由懿贵妃掌管)。七月十七日清晨,奕詝驾崩。

穆宗载淳

载淳档案

生卒年	1856—1875 年	在位时间	1861—1875 年
父亲	清文宗奕詝	谥号	毅皇帝
母亲	孝钦显皇后叶赫那拉氏	庙号	清穆宗
后妃	孝哲毅皇后阿鲁特氏、淑慎皇贵妃富察氏、庄和皇贵妃阿鲁特氏等	曾用年号	同治

爱新觉罗·载淳，清文宗奕詝长子，清朝第十位皇帝。

咸丰十一年，咸丰帝奕詝驾崩，年仅6岁的载淳继位，次年改元同治，史称同治帝。因为载淳年幼，慈禧太后和慈安太后垂帘听政。同治十二年（1873年），载淳亲政，但朝政大权依然掌握在慈禧太后手中。

载淳驾崩于北京紫禁城养心殿，年仅19岁，谥号毅皇帝，庙号穆宗，葬于清东陵之惠陵。

受制于母　少年平庸

载淳出生于咸丰六年三月二十三日，母亲为叶赫那拉氏，即历史上著名的慈禧太后。咸丰八年，载淳的弟弟悯郡王夭折，载淳由此成为咸丰帝奕詝唯一存活的儿子。咸丰十一年，载淳拜编修李鸿藻为师。同年七月，咸丰帝病危，召户部尚书肃顺、怡亲王载垣、郑亲王端华、协办大学士及军机大臣穆荫、匡源、杜翰、焦祐瀛代写诏书，正式册立载淳为皇太子，并命这几个大臣赞襄政务。七月十七日，咸丰帝驾崩，年仅6岁的载淳继位，拟定年号"祺祥"，并尊载淳嫡母钮祜禄氏和生母叶赫那拉氏为皇太后。

载淳继位后，朝政大权落入"顾命八大臣"手中，引起了慈禧太后的强烈不满。咸丰帝在位时，她就经常帮助处理政务，慢慢滋长了把持朝政的野心。现在贵为太后，她更觉得应该由自己来辅佐儿子。为了达到这一目的，她先说服慈安太后和她一同执政，然后联合恭亲王奕䜣，商量共同图事。奕䜣虽然与咸丰帝一同长大，但是一直没有受到重用，而且咸丰帝率领嫔妃、百官逃到热河的时候，他被留在北京"善后"。更令他气愤的是，咸丰帝在选择顾命大臣时，居然没有考虑他。"顾命八大臣"完全不把他放在眼里，处处打压他。咸丰帝病逝后，他仍被命令留守北京，不许到热河治丧。这使他对"顾命八大臣"充满了仇恨，所以，当他听说慈禧太后的打算后，毫不犹豫地答应下来。

得到了奕䜣支持后，慈禧太后马上制定除掉肃顺等人的计划。一天，她对"顾命八大臣"说想返回北京，八大臣不知是计，同意起程回京。这时，奕䜣早已做好准备，等他们一到北京，便下令捉拿八大臣。随后，肃顺被斩，端华、载垣被赐自尽，剩下的5人或被革职查办，或流放边疆。这就是历史上著名的"北京政变"。

之后，在慈禧太后和慈安太后的"辅佐"下，载淳在紫禁城太和殿登基。定年号时，慈禧没有选用咸丰帝以前拟定的"祺祥"，而是取两宫太后共同临朝治国之意，改年号为"同治"。就这样，载淳成为两宫太后的傀儡，开始了"垂帘听政"的时代。

起初，两位太后并没有想过要一直"垂帘听政"，也有意将载淳培养成一代明君，为此她们煞费苦心，对载淳的学习要求非常严格，并将有才干的大臣翁同龢、倭仁等请来当载淳的老师。但载淳不爱学习，贪图享受。

同治元年（1862年），载淳下诏命曾国藩、左宗棠抵御太平军，死保衢州，并解徽州之围，随后又命曾国藩派兵保卫上海。曾国藩将蒋益澧部调入左宗棠军。不久，太平军进逼上海，薛焕上书表示，英法各国将派兵联合清军，共同围剿太平军，得到了载淳的嘉奖。这时，捻军也向沭阳发起攻击，载淳命僧格林沁南北兼顾进行驻防，很快收复了莘县。同治二年（1863年）二月，左宗棠率军攻取浙江金华等地，石达开在四川大渡河被围剿。同治三年（1864年）六月，太平天国运动在清军的多次清剿下宣告失败。

同治十一年（1872年），载淳17岁，到了大婚年龄。按照祖制，皇帝结婚后就要亲政。当时皇后的人选有两个，一个是富察氏，另一个是郑亲王端华的外甥女阿鲁特氏。载淳一眼就看上了阿鲁特氏，但慈禧太后却一心想立富察氏为后。出乎她意料的是，载淳一反往日唯命是从的态度，执意立阿鲁特氏为皇后，只给富察氏封了个慧妃的名号。

阿鲁特皇后文静和善，把载淳照顾得无微不至，而且从不过问政治，两人关系十分融洽。不久，阿鲁特皇后怀孕了，载淳自然非常高兴，但慈禧太后依然看阿鲁特皇后不顺眼，处处给她"穿小鞋"，甚至将她与载淳强行分开，不让他们同住。不过，载淳对富察氏依然冷淡，后来索性住到了养心殿，不久积郁成疾。

终得亲政　少年崩逝

同治十二年（1873年），尽管慈禧太后内心很不情愿，还是依照清朝祖制将朝政大权归还给载淳。但是，载淳亲政以后仍然无法摆脱傀儡的命运，名为皇上，真正的大权仍然掌握在慈禧太后手中，无论他想干什么，都得先征求慈禧太后的意见。

载淳病逝后，两宫太后召醇亲王奕譞的儿子载湉入承大统，为嗣皇帝。

载淳在位13年，亲政一年多，因为受制于人，一直没有什么作为。不过，他在位时国家正处于太平天国与义和团两次重大社会动荡之间，在国际上则处于英法联军与八国联军两次入侵之间，社会还算比较安定，甚至出现了短暂的繁荣景象。值得一提的是，这一时期恭亲王奕䜣、曾国藩等人力主向西方学习，成立了总理衙门，还派留学生出国、修建铁路、开矿办厂、兴建新学堂等，提倡学习西方近代化，被封建史学家称为"同治中兴"。

德宗载湉

载湉档案

生卒年	1871—1908 年	在位时间	1875—1908 年
父亲	醇亲王奕𫍽	谥号	景皇帝
母亲	叶赫那拉氏	庙号	德宗
后妃	叶赫那拉氏、珍妃、瑾妃等	曾用年号	光绪

爱新觉罗·载湉，道光帝旻宁之孙，醇亲王奕𫍽之子，清朝第十一位皇帝。

同治帝载淳驾崩后，年仅 4 岁的载湉继位，次年改元光绪，史称光绪帝。因为载湉年幼，无法处理朝政，起初仍由慈安、慈禧两宫太后垂帘听政。

光绪七年（1881 年）三月，慈安太后病逝，此后便由慈禧太后一人垂帘听政。光绪十五年（1889 年），载湉亲政，但也只是名义上的亲政，朝政大权仍然掌握在慈禧太后手中。

光绪三十四年（1908 年）十一月十四日，载湉驾崩，终年 38 岁，谥号景皇帝，庙号德宗，葬于清西陵之崇陵。

被动登基　太后摄政

载湉出生于同治十年（1871年）六月，生母为慈禧太后的妹妹叶赫那拉氏·婉贞。婉贞生育了两个儿子，长子载澍不幸夭折，次子便是载湉。

同治帝载淳驾崩后，因为没有子嗣，依据清朝惯例，可以从宗室近族中挑选继承人。按照辈分，本来应该选"溥"字辈的人，但是慈禧太后利用手中的权力，确定由同治帝的堂弟载湉继承皇位。众大臣听到诏书无不愕然，但慑于慈禧太后的淫威，都敢怒不敢言。

载湉继位的时候年仅4岁，慈禧太后便继续垂帘听政，独掌朝政大权。载湉继位之初，有幸得到了慈禧太后的照料。据史料记载，载湉可以睡在慈禧太后的屋里，慈禧太后高兴的时候，还会提醒他添减衣物、注意膳食，并亲自传授四书五经等。不过，这只是她加强对皇帝管控的"特殊"手段而已。

慈禧太后对载湉要求极其严苛，每天一大早载湉就要去给慈禧太后请安，行跪拜之礼。正是这种严格的管教，使载湉对慈禧太后非常惧怕，对她言听计从。慈禧太后每次出行，载湉都必须亲自陪送。长此以往，载湉养成了胆小怕事的性格。

甲午战败　割地赔款

载湉在位的30多年里，正是整个清朝动荡不安、内忧外患、剧烈变革的时期，他在光绪十五年亲政后有意革旧图新。

驻美公使张荫桓从美国回来，受到了载湉的召见；之后，载湉又从驻日参赞黄遵宪撰写的《日本国志》里知道了明治维新，并留下了深刻的印象。他还读了冯桂芬的《校邠庐抗议》。这些都对他产生了很大影响。

光绪二十年（1894年），日本以保护侨民、向朝鲜增加驻军为借口，蓄意挑起战争。载湉多次下诏命直隶总督兼北洋大臣李鸿章筹备战守之事，又下令南洋各督抚大臣预为筹备，坚决拒绝李鸿章建议由其他国家出面调停的做法。他还派户部尚书翁同龢、礼部尚书李鸿藻参与处理军务，与军机大臣们一起商讨朝鲜争端。在会上，翁同龢、李鸿藻二人提出了积极防御的方策，得到了载湉的同意。第二天，与会诸臣联名向载湉递交《复陈会议朝鲜事宜折》，表示赞同翁同龢、李鸿藻的主战见解。

六月十六日，载湉又一次命令李鸿章抓紧军事部署。然而，日本蓄谋已久，战争的准备工作做得非常充分。当清军"高升"号轮船在北洋水师"济远""广乙"舰的护卫下，运兵行至丰岛海面时，日本海军舰队突然发动袭击，击沉"高升"号轮船，悍然挑起丰岛海战。这时，朝野上下主战御敌的呼声日趋高涨，载湉毅然决定发起反击，发布了对日宣战诏书。

之后，载湉令朝鲜牙山南路叶志超与进入朝鲜北部的清军共同打击侵朝日军。为了保证军队的粮饷，他还下令停止修建颐和园。然而，李鸿章没有执行他的诏令，导致清军先后在牙山战役、平壤之战中失利。日本乘势发起辽东战役，接连攻陷九连、凤凰诸城，大连、旅顺也相继失守。之后，威海卫、刘公岛又相继陷落。在威海卫战役中，清朝海军全军覆灭。

在李鸿章的主持下，清廷与日本签订了《马关条约》，条约规定：确认朝鲜独立，割让台湾岛及附属岛屿、澎湖列岛、辽东半岛给日本，赔偿日军军费2亿两白银，等等。由于条款极为苛刻，载湉拒绝签字加印。光绪二十一年（1895年）四月初八，军机大臣孙毓汶拿着李鸿章从天津传来的和约稿本，与奕䜣等人一起逼迫载湉签字；慈禧太后也口气强硬地要求载湉签字。载湉悲伤至极，"绕殿急步约时许，乃顿足流涕"，最后无奈地在《马关条约》上签了字。

同月，康有为联合在北京参加会试的1300名举子发起"公车上书"，要求拒绝和谈、迁都、变法。接着，康有为撰写了《上清帝第三书》，呈递都察院。此时，载湉正为甲午丧师悲愤万分，为签约之事深怀内疚，见康有为在上书中详细陈述的"富国""养民""教民""练兵"等实施变法的内容和"及时变法""求人材而慎左右，通下情而图自强，以雪国耻，而保疆圉"的言辞，"览而喜之"，于是命人抄录副本4份，一份呈送慈禧太后，一份留存于军机处待日后发交各省督抚讨论，一份存放于乾清宫南窗小箧，一份存于勤政殿以备随时"览观"。

六月，康有为与梁启超在北京组织了"强学会"。十月，在俄、德、法三国的干涉下，日本被迫放弃对中国辽东半岛的主权要求，史称"三国干涉还辽"。

光绪二十二年（1896年）四月，在沙俄的逼迫下，清廷与沙俄签订《中俄密约》，沙俄获得了中东铁路权，将侵略势力扩张至东北三省。

次年十月，巨野教案发生，德国以此为借口强占胶州湾，从而引发了新一轮帝国主义瓜分中国的热潮。

推行变法　百日维新

光绪二十四年（1898年）正月初三，载湉特意请康有为到总理衙门西花厅问话。参与会谈的还有翁同龢。翁同龢向载湉详细汇报了康有为主张的有关变法的重要性、内容及步骤，载湉当即下令，对于康有为递上的条陈，要即日进呈，不得阻拦和积压。5天后，康有为又一次向载湉上第六书，强调中国变法"莫如取鉴日本之维新"，要义共分为三点："一曰大誓群臣以革旧维新"；"二曰开制度局于宫中"；"三曰设待诏所"。载湉看后深受触动，进一步坚定了变法的决心。二月二十日，康有为向载湉上第七书，请皇帝效仿沙俄的彼得大帝，利用君权厉行变法。

三月二十七日，康有为等人又组织了保国会，首领为御史李盛铎。但是，保国会遭到了守旧大臣的强烈反对，他们诬蔑该会"名为保国，势必乱国"，甚至要追究入会之人。载湉知道后十分气愤地说："会为保国，岂不甚善！"极力支持维新派。

四月，载湉委派亲王、贝勒等到国外参观游历，接受新思想，同行的还有被保荐的非正式官员。康有为被任命为总理各国事务衙门章京，颁布"定国是诏"，正式拉开了维新大幕。

五月，载湉下令成立京师大学堂；陆军改为练习洋操；自下科始，乡、会、岁科等各试，改试策论；八旗两翼诸营，均以其半改习洋枪；改定科举新章；下令詹事府、通政司、大理、光禄、太仆、鸿胪诸寺，归并其事于内阁，礼、兵、刑部负责处理；内阁侍读杨锐、内阁中书林旭、刑部主事刘光第、江苏知府谭嗣同加四品卿衔，参与新政；又诏令袁世凯进京。同时，《时务报》也在上海创刊，以汪康年为总理、梁启超为总主笔。

这一系列改革措施虽然带有一定的局限性，但却表达了载湉致力改革的决心，也使维新派的变法愿望部分得以实现，在文化上打击了旧学，提倡了新学，在经济上有利于发展资本主义，在政治上给了人们部分言论、出版、结社的权利，具有重要的进步意义。

但是，变法猛烈冲击了皇室贵族的利益，守旧派大臣以"祖宗之法不可变"为借口，指责维新派"用心不良"，请求慈禧太后出面干涉。慈禧太后为了维护自己的统治地位，伙同守旧势力对维新人士进行残酷镇压，将谭嗣同、林旭、杨锐、杨深秀、刘光第、康广仁6人杀害，这就是历史上著名的"戊戌六君子事件"。至此，维新派的变法没过百天便草草收场，载湉也被囚禁于瀛台。

光绪三十四年（1908年）十月，载湉卧病在床，慈禧太后也恰巧同时生病。载湉在日记中写道："我病得很重，但是我觉得老佛爷（指慈禧）的病更重，一定会先于我而死，到那时，我要下令斩杀袁世凯和李莲英。"不料这段日记被李莲英看到，他立即向慈禧太后密报，慈禧太后说："我一定不能让他得逞！"

同年冬天，载湉病重，慈禧太后下令将醇亲王奕𫍽之孙、摄政王载沣之子溥仪收养在宫中，准备让他继承皇位。光绪三十四年（1908年）十月二十一日，载湉驾崩。

宣统帝溥仪

溥仪档案

生卒年	1906—1967年	在位时间	1908—1912年
父亲	爱新觉罗·载沣	谥号	无
母亲	苏完瓜尔佳氏	庙号	无
后妃	文绣、李淑贤等	曾用年号	宣统、大同

爱新觉罗·溥仪，字曜之，号浩然，醇亲王奕𫍽之孙，摄政王载沣长子，清朝十二帝中继位年龄最小、在位时间最短的皇帝，也是清朝及中国历史上最后一个皇帝。

光绪二十四年（1908年），光绪帝载湉驾崩，年仅3岁的溥仪继位，改元宣统，史称宣统帝。

宣统三年（1911年）辛亥革命爆发，次年溥仪被迫退位。1917年，张勋拥立溥仪复辟，仅12天后失败。1934年，溥仪在日本的扶持下，在东北地区建立伪满洲国。

1967年10月17日，溥仪因肾癌在北京逝世，终年62岁，先葬于北京八宝山，后迁至清西陵之华龙陵园。

穷途末路　被迫退位

溥仪出生于光绪三十二年（1906年）正月十四日，生母为光绪帝异母弟载沣的嫡福晋苏完瓜尔佳氏。苏完瓜尔佳氏是大臣荣禄之女，因为受到慈禧太后的喜爱而被收养在宫中，后指婚给载沣。当时载沣已经订婚，在慈禧太后的命令下不得已退婚，和苏完瓜尔佳氏定亲。慈禧太后有意让端郡王载漪次子溥儁继承皇位，立他为大阿哥，但后来又下令将其废黜。

光绪三十四年十月二十一日，光绪帝载湉驾崩，因为光绪帝无嗣，慈禧太后最终选择了溥仪。慈禧太后去世后，年仅3岁的溥仪登基，次年改元宣统。

因为溥仪年幼，溥仪的父亲载沣遵照慈禧太后的遗诏，任监国摄政王；光绪帝的遗孀裕隆太后负责决断国家大事。此时清王朝已是穷途末路，尽管载沣和裕隆太后先后采取了一些举措，但仍无法"救清朝于水火之中"，反而更加快了其覆灭的进程。

宣统二年（1910年）正月，由同盟会领导的广州新军起义爆发，但不久便失败。革命党人汪兆铭（即汪精卫）、黄复生、罗世勋经过密议，准备用炸药刺杀摄政王载沣，但在安放炸药的时候被发现，三人都被逮捕。

宣统三年（1911年）八月，武昌起义打响了革命的第一枪。武昌起义的成功，激起了全国革命党人的斗志，湖南、陕西及南方和西部的10多个省相继宣布独立。清廷急忙命袁世凯率领北洋军到南方各地镇压起义军。然而，袁世凯到了南方以后，马上背叛清廷，支持共和，逼迫溥仪退位。此时的清廷风雨飘摇，对于袁世凯的背叛无可奈何，看着他送来的"优待条件"，裕隆太后和摄政王及各位大臣为了自保，只好同意让溥仪退位。

公元1912年2月12日，溥仪颁布退位诏书。自此，清朝宣告灭亡，中国彻底结束了2000多年的封建帝王统治。

政变被逐　日本扶植

溥仪退位后，皇宫的原班人马基本没变，他凭着"优待条件"在紫禁城中继续过着"皇帝"的生活。他这个"宫内皇帝"一当就是16年，其间还曾短暂复辟。1922年，他的婚礼给沉寂已久的紫禁城增添了不少喜庆气氛。当时的民国总统黎元洪派兵保护，各路军阀也送来了贺礼。

1924年，军阀冯玉祥率军占领了北京。冯玉祥认为，只要溥仪还住在紫禁城中，就难免有人想要拥戴他"复辟"，为了消除后患，他派人将溥仪从皇宫里赶了出来。溥仪先搬进了醇亲王府，后来又移居天津租界张园和静园。

1932年3月，日本在我国东北地区建立伪满洲国。3月9日，在日军的撺掇下，溥仪从天津秘密逃至东北，成为伪满洲国的"执政"，后称"皇帝"，但无论称号怎么变，他都只是日本帝国主义操控的傀儡而已。

接受改造　重获新生

溥仪的在伪满洲国的傀儡生活一直持续到1945年。日本战败投降后，溥仪先是作为战犯被押送到苏联。中华人民共和国成立后，苏联于1950年将溥仪移交给中国。

溥仪回国后被送进抚顺战犯管理所接受改造。在那里，他认真改造自己的思想，反思自己曾经犯下的罪行，在监狱里参加一些力所能及的体力劳动，有时还到东北各地参观，并撰写了自传《我的前半生》。

1959年溥仪获特赦。当他听到自己被特赦时，几乎不敢相信这是真的。

1960年3月，溥仪被分配到北京植物园担任园丁及售票员。1962

年4月30日，溥仪与朝外关厢医院的护士李淑贤结婚。1964年，溥仪又被调到全国政协文史资料研究委员会担任资料专员，同时担任第四届全国政协委员。

1967年，溥仪患了尿毒症，在周恩来总理的关心下，他被安排到医院进行中西医会诊。他病危时，周总理又指派著名老中医蒲辅周去给他看病，并转达了自己对他的问候。

1967年10月17日凌晨2时30分，溥仪因病去世，其骨灰安放在北京八宝山革命公墓内。1995年，溥仪的遗孀李淑贤将他的骨灰重新安葬在河北易县华龙陵园，位于清西陵附近。